Argentina, un caso singular de decadencia en el capitalismo

Jacob Goransky

Argentina, un caso singular de decadencia en el capitalismo

CORREGIDOR

Diseño de tapa: P.P.

Todos los derechos reservados

© Ediciones Corregidor, 2002
Rodríguez Peña 452 (C1020ADJ) Bs. As.
Web site: www.corregidor.com
e-mail: corregidor@corregidor.com
Hecho el depósito que marca la ley 11.723
I.S.B.N.: 950-05-1451-6
Impreso en Buenos Aires - Argentina

Este libro no puede ser reproducido total ni parcialmente en ninguna forma ni por ningún medio o procedimiento, sea reprográfico, fotocopia, microfilmación, mimeógrafo o cualquier otro sistema mecánico, fotoquímico, electrónico, informático, magnético, electroóptico, etc. Cualquier reproducción sin el permiso previo por escrito de la editorial viola derechos reservados, es ilegal y constituye un delito.

PRÓLOGO

Para mí –obispo católico– aceptar el pedido del ingeniero Jacob Goransky de prologar su libro: *La decadencia argentina*, es un desafío no tanto a la fidelidad de amistad que nos une, cuanto de fidelidad a la cruda realidad que desentraña cada uno de los temas recopilados con orden magistral.

Desde hace años, venimos tejiendo una sólida amistad con Jacob Goransky, fruto de una misma inquietud: la dignidad humana, los Derechos Humanos en toda su gama, el bien integral de la ciudadanía argentina y sobre todo las causas o la "causa profunda" de lo que llamamos la "crisis argentina". Desde diversa vertiente, nuestros encuentros amistosos tuvieron un mismo interrogante: ¿"qué nos pasa a los argentinos"? En un país inmensamente rico ¿por qué hay tantos bolsones de pobreza? ¿Cuál es la raíz?

No conozco muchos que como Jacob Goransky con lucidez notable y desde hace décadas, vengan apuntando certeramente a la causa profunda de la, hoy, declamada "miseria argentina".

Señala –con modestia en la presentación– que su libro *La decadencia argentina* es un "aporte, desde la economía política, a la investigación de la crisis sistemática que agobia a nuestro país". Pero, es tal la seriedad y rigor científico con que Jacob Goransky encara la fenomenología de la situación socio-económica-política que se viene dando en la Argentina que, en forma lúcida y valiente, denuncia la raíz ideológica que dinamiza sistemas y estructuras que han arrastrado a la injusticia social, a la corrupción, a la impunidad, a la inseguridad social, a la drogadicción infantil de la Argentina de hoy.

En las páginas del libro *La decadencia argentina* serpentea, en forma notable, el profetismo "profano" de Jacob Goransky que en mi Fe Cristiana llamo "Evangelio del Reino". Por eso, afirmé que he aceptado escribir estas líneas no sólo por amistad sino en cumplimiento de mi misión cristiana. Porque el lector criterioso encontrará en las páginas del libro, que me honro en prologar, una denuncia crítica y "fáctica" al *Neoliberalismo*, ideología perversa que domina a vastos sectores de la sociedad argentina, incluidos algunos "nominados" cristianos.

Con razón Jacob Goransky "mecha" su crítica científica a la política económica, que ha derrumbado a la Nación argentina, con llamadas de atención a la concientización ciudadana para que pase de meras protestas a la confrontación ideológica. Porque de lo contrario seguiremos "en peor de lo mismo". Y así, desde enfoques diversos, coincidimos, plenamente, con mi amigo Jacob Goransky, tal cual lo expresa Juan Pablo II condenando "un sistema conocido como 'neoliberalismo', sistema que haciendo referencia a una concepción economicista del hombre, considera las ganancias y leyes del mercado como parámetros absolutos en detrimento de la dignidad y del respeto de las personas y de los pueblos. Dicho sistema, se ha convertido en una justificación ideológica de algunas actitudes y modos de obrar en el campo social y político que causan la marginación de los más débiles. De hecho, los pobres son cada vez más numerosos, víctimas de determinadas políticas y de estructuras frecuentemente injustas". ("Iglesia en América" Nº 56)

La lectura atenta del libro *La decadencia argentina* será provechosa para la ciudadanía argentina, perpleja ante el derrumbe del bienestar que, en general, se había logrado. Más aún, será muy útil para dirigentes civiles y eclesiásticos que con honestidad busquen la causa real y profunda del caos social-económico que sume en angustias y desesperanzas y ha hecho retroceder a una Nación pujante a impensados límites de subdesarrollo político-socio-económico-cultural.

Jacob Goransky, amigo fiel, gracias por tus desvelos desinteresados en ofrecernos caminos de una esperanzada recuperación del País en la medida que se libere del sistema neoliberal.

Miguel Esteban Hesayne
Obispo Emérito de Viedma

PRESENTACIÓN

Nuestro país vive la crisis más grave de su historia. Caracterizarla ya entraña una posición y surge el interrogante de qué hacer, cómo manifestarse frente a la misma, apelando a la inexcusable responsabilidad de tomar una posición activa como intelectual y como ciudadano.

La necesidad de responder a esos interrogantes es un sentimiento compartido por numerosos investigadores, evidenciado en la cantidad de mesas de debates y de libros publicados por economistas, sociólogos, politólogos y filósofos. En ellos hay enfoques que en algunos aspectos tienen precisiones comunes aunque, en mi opinión, muchos de ellos padecen de una visión parcial, propia a la disciplina del autor.

Lo expresado, si estoy en lo cierto, conduce a considerar que hay una deuda, no satisfecha por los intelectuales en la investigación de la crisis económica, social, política, ética, e institucional que se abate sobre el país; decirlo así puede ser difícil de aceptar por numerosos académicos que han tratado nuestro desenvolvimiento, sin embargo, en la medida que no se la caracteriza en su magnitud e implicancia, falta una explicación de las razones que condujeron a nuestro país a una decadencia no comparable a ningún otro país en la historia del capitalismo contemporáneo.

Desde fines de la década del sesenta escribí artículos sobre los acontecimientos que más se destacaban, insertándolos en un análisis crítico de la estrategia económica vigente, y ofreciendo escenarios posibles como prospectivas. Y en el año 1999 escribí "Sugerencias para una Propuesta de Investigación de la Crisis Sistémica Argentina"; la denominé "sugerencias" para hacer notar que era un borrador, un papel de trabajo que daría lugar, luego de un necesario debate inter o pluri disciplinario, a un proyecto definitivo.

Al decidir editar un libro se consideró pertinente, hacer una recopilación de los artículos. Tienen la virtud de su oportunidad y reflejan las causas y razones que motivaron cada plan. Tal cual lo indica su título, me propuse aportar reflexiones e información para comprender las razones de semejante declive. No se pretende decir la última palabra y en algunos de los artículos hay propuestas, o ideas fuerzas, que son coherentes con las reflexiones vertidas a lo largo de la recopilación. Es un aporte, desde la economía política, a la investigación de la crisis sistémica que agobia a nuestro país.

En lo escrito durante 30 años, y en cada ocasión, se argumentó que en la medida que se mantuviera una estrategia que, con matices y adecuada a las circunstancias nacionales e internacionales, privilegiara idénticos intereses, el país sería conducido inexorablemente a la situación que hoy vivimos. Como se tratan de artículos hay concepciones que se reiteran, pero siempre en los contextos y coyunturas cambiantes de nuestro declive.

Para precisar mejor la presentación y orientar al lector en los propósitos que se persiguen, he de intercalar algunos párrafos de los mismos y que, por la situación que vivía el país cuando fueron escritos, tienen un valor explicativo y testimonial. Irán en letra más pequeña y dejando mayor margen.

Obviamente, al considerar remontarme al pasado descarto la opinión tan común de que no se necesita diagnosticar, porque todo es conocido. Esa opinión significa que no se alcanza a precisar la profundidad y amplitud de la crisis y cuánto hay en ella de deliberado; su caracterización importa porque de ella resultan las propuestas posibles.

En una trágica parábola nuestra decadencia fue el resultado de la materialización de lo propuesto por los ideólogos del Poder, y que se denuncian en el artículo sobre Desarrollismo escrito treinta años atrás.

La crisis es sistémica, deliberada, económica, política, social y, esencialmente, cultural y ética;

¿Por qué sistémica? Porque los aspectos señalados se retroalimentan en cada acto, de tal manera que las causas y los efectos de los problemas se entremezclan temporal y espacialmente;

¿Por qué deliberada? Porque las estrategias seguidas privilegiaron, en cada contexto concreto, los objetivos de una corporación cuyos intereses dejaron de identificarse con los de la Nación;

¿Por qué esencialmente cultural y ética? Porque los empresarios, políticos y economistas que defienden sus intereses y que conforman la corporación (y no hablo de acción conspirativa), con poder en el funcionamiento del mercado, tienen una actitud de capitalistas en cuanto a su afán de acumular ganancias, pero que contraría su lógica por la forma en que lo hace.

En el artículo en que analicé las propuestas desarrollistas en la Argentina, publicado en 1972, decía:

> "La continuidad de la política económica que nos ha llevado a la situación actual sólo puede traducirse en una profundización y generalización de la crisis conduciendo al país a un 'callejón sin salida'.
> "La situación económica nacional es el resultado de la aplicación de la política del FMI en los últimos 15 años. Es el resultado de la común política económica aplicada por Frigerio, Alsogaray, K. Vasena y todos los otros.
> "La inestabilidad política es consecuencia de querer perpetuar las políticas económicas que se siguen. La inestabilidad política, los cambios formales de rumbo en la política económica, los cambios de ministros y de gobierno son maniobras destinadas a preservar el poder que se hace cada vez más agresivo en la medida que el pueblo se resiste al creciente despojo.

En el artículo denominado "Opinión sobre el desenvolvimiento de la economía argentina y su crisis", escrito en 1982 y publicado en 1983, decía:

> "Es común que diversos economistas responsabilicen de las carencias de nuestro desarrollo a la inestabilidad política y/o a la falta de continuidad en las políticas económicas seguidas; con la porción de verdad que tales afirmaciones tienen, considero que no desentrañan el origen de aquellas.
> "Dan los cambios políticos y económicos como un dato de la realidad, sin investigar sus causas, como si no las hubiera; atribuyéndolas, por ejemplo, al electoralismo, a la demagogia, a la política de comité de los partidos; así como al afán desmedido de poder de los militares.

"No hay duda de que la forma en que los sectores políticos y militares respondieron a circunstancias históricas precisas influyeron en nuestro desenvolvimiento, pero siempre, y en cada momento, hubo causas que motivaron las diversas actitudes. En algunos casos las políticas económicas seguidas nos llevaron a situaciones económico-sociales y políticas insostenibles; en otros casos, los sectores que concentraban lo esencial del poder consideraron que sus intereses estaban afectados y lo estarían más en el futuro de seguir el gobierno de turno.

"La discontinuidad de las políticas económicas y la alternancia de los gobiernos civiles y militares tienen una misma raíz: no se ha dado solución a la crisis estructural basada en las relaciones de propiedad y de poder consiguientes que determinaron nuestro derrotero. La política económica del "populismo", por ejemplo, en tanto no las afectó en lo esencial, no resolvió los problemas que nos aquejan; en cuanto a la política económica liberal, refuerza esa estructura y ese esquema de crecimiento, el orden que pretende establecer el juego de mercado no hizo ni hace más que agudizar la crisis.

"En varias oportunidades me reitero sobre «cómo podría haber sido nuestro desarrollo». La idea es mostrar en cada caso que, si bien estaban dados el capital, la fuerza de trabajo y los recursos para haber recorrido un camino distinto, hubo un marco histórico y una dinámica de crecimiento concreta que lo impidió. Ello me aporta elementos no sólo para concluir sobre nuestro pasado sino también para bucear sobre nuestro futuro.

"Nuestros avatares políticos no han sido hechos casuales. Sin negar la importancia de lo casual, hubo una dinámica social y política que se correspondió con la económica y, resultado de lo cual, resultó el camino andado.

"De lo anterior surge, a su vez, el interrogante de si podemos encarar una vía capitalista que supere nuestra inestabilidad, sin remover lo que condicionó nuestro desenvolvimiento hasta ahora y, en segundo lugar, si removidos los condicionamientos nuestro camino de desarrollo ha de ser capitalista".

No hay afán de lucro produciendo, ahorrando para invertir (para mantenerse con la tecnología adecuada y competir con ventajas) y consumiendo, en ese orden, como enseñan los libros de texto. Y esa actitud, esencialmente rentística, no es propia de la moral y ética del capitalista hacedor de empresas y propulsor de la economía. Ética y cultura que, entre los industriales, se remonta a más de 50 años atrás, mucho antes del 76. Y cuyo origen la podemos encontrar en la mentalidad de nuestros latifundistas de comienzos de siglo.

Los empresarios, me refiero a los que tienen poder para manipular precios y expectativas, con esa "cultura", orientaron nuestro desenvolvimiento: Lo hicieron en el marco del "Estado de Bienestar", usufructuando los beneficios del proteccionismo y los promocionales y lo siguieron haciendo cuando los "paradigmas" neoliberales dominaron las Universidades y las políticas económicas. Ello explica que tuviésemos el peor desempeño desde 1900 (*L'Economie Mondiale au 20 Siècle*, Angus Maddison, OCDE) y, lo trascendente, desde los años cincuenta entre los países latinoamericanos, a pesar del crecimiento.

Es errado considerar el pasado y atribuirlo a errores e incapacidad de los equipos gobernantes, o al resultado de acciones individuales. La historia de las últimas décadas evidencia la imposibilidad del poder corporativo para resolver los problemas del país en un entorno de cierta estabilidad, desde ya la estabilidad dentro de los ciclos capitalistas.

Las circunstancias, hechos, personas con poder político, conductas empresarias, evasión o ilícitos, debilidades, traiciones, formas de búsqueda de beneficios de los sectores agrarios, industriales, comerciales, financieros, las leyes que ampararon las privatizaciones de empresas productivas, de servicios y de previsión social, la ineficiencia de la administración pública, la falta de integración geográfica, la crisis de las economías regionales, la inestabilidad económica y política, las políticas desestabilizadoras, la deformación ideológica de nuestros militares, de políticos y economistas, la deuda externa, TODO CONFORMA NUESTRA CRISIS.

Sigo con lo dicho en el artículo sobre Desarrollismo citado:

"Los desarrollistas reducen el papel de las empresas estatales a un fuerte y necesario apoyo a la gran empresa privada. Más aún; avanzan sobre lo que ya es del Estado para privatizarlo. **Al entregar el desarrollo de la industria básica al capital extranjero, el desarrollismo le da en propiedad el presente y el futuro del país**. Al darle la propiedad, le da su renta, que manejaría a su arbitrio. Al darle la herramienta del poder económico le da el poder político. Al igual que con el problema de la tierra, en los sectores básicos todo comienza y termina con el de la propiedad y con el manejo de su renta.

"El resultado objetivo de la política de puertas abiertas ha significado:
1) creciente desnacionalización;
2) creciente dominio de los sectores básicos de la economía;
3) incremento permanente de egreso de divisas por royalties, beneficios, patentes, servicios financieros, etc.
4) agudización de la monopolización y concentración industrial;
5) desarrollo de los sectores que interesan a la política global de las empresas multinacionales y que han contribuido a deformar la economía argentina.

"Desde el llano o sucediéndose en las funciones del gobierno, los 'economistas', al referirse al *ahorro-consumo* pretenden convencer al pueblo de la necesidad de constreñir el consumo (redistribuir el ingreso en perjuicio del pueblo) para aumentar el ahorro (a través del incremento de los beneficios y consiguiente capitalización de las grandes empresas); y ahorro-inversión, para que las mismas grandes empresas, manejando el ahorro decidan la inversión, satisfagan las necesidades sofisticadas de una minoría e incrementen sus beneficios, sustrayendo el remanente que convierten en divisas que fugan del país".

Desde que el ingreso es uno solo, la lucha por el mismo es constante, entre sus dueños y todos juntos contra el del pueblo. El crecer atendiendo el apetito de los menos lleva a un estrangulamiento económico que en los países subdesarrollados se muestra en toda su crudeza, entre otras cosas porque amen de las citadas remesas de beneficios de las empresas extranjeras están las de servicios financieros, royalties, fletes.

Las medidas tomadas y enunciadas, expresan la voluntad de cargar los efectos de la crisis en las espaldas de los asalariados manuales e intelectuales, sectores de ingreso fijo y sectores medios, que son los que ya la sufren: i) La alternativa que fracciones de las clases dirigentes cedan prerrogativas profundamente enquistadas en sus estructuras de acción y pensamiento, es imposible que se concrete. ii) Mayor endeudamiento público para pagar el ajuste es imposible; iii) La estrategia es la misma; iv) El poder y su dinámica que están en la raíz de los condicionamientos siguen actuando como siempre; v) Los intereses predominantes y sus objetivos son los de siempre; vi) Un entorno mundial en la que los gobiernos que son sede de los Conglomerados Transnacionales (CTN) los incita a mayor rapiña y voracidad.

Si se sigue mirando nuestras posibilidades, cumpliendo las exigencias de los responsables y beneficiarios de las políticas seguidas y obviando el estado de desesperación de nuestro pueblo (por la magnitud de la pobreza, indigencia e indefensión, que es lo que está implícito en las propuestas que se barajan), caeremos en un peligro cierto de conmoción, y en el que estará en juego la posibilidad de un desenvolvimiento autónomo y soberano.

Nuestro problema nunca radicó en nuestras posibilidades concretas y realizables. Hoy, como nunca antes, se requiere una política independiente de los centros internos y externos de poder para poder llevar adelante la integración, reestructuración y modernización, pero en interés del país y su pueblo. Estrategia hasta hoy no probada.

En un artículo denominado "Aspectos Metodológicos de la Investigación", escrito en 1983 y publicado en 1985, decía:

"6. Síntesis de nuestra dinámica de desenvolvimiento:

6.1. Un desenvolvimiento del sector agrario que se correspondía **objetivamente** con los intereses de los grandes terratenientes y que **objetivamente** dificultaba el crecimiento de la producción basada sobre la aplicación de técnicas modernas.

6.2. Un desenvolvimiento del sector industrial que **objetivamente** respondió a los intereses del gran capital extranjero –determinado por un centro de decisión externo– y del gran capital local, que **objetivamente** se basó en una redistribución regresiva de la renta por estar orientado a satisfacer las necesidades del consumo de las capas cada vez más exclusivas de la población y que periódicamente nos llevó a una crisis al margen de las crisis cíclicas propias del sistema.

6.3. Un sector externo condicionado objetivamente por el desarrollo interior descrito en 6.1 y 6.2 y en los intereses del mercado mundial y de la oligarquía financiera, y cuyo estrangulamiento terminaba **objetivamente** con todo intento reactivador.

6.4. Un sector estatal que creció con contradicciones en sus entrañas y que multiplicó los conflictos. Sus grandes empresas surgieron respondiendo a exigencias de desarrollo económico. Exigencias no atendidas, en general, por las grandes empresas privadas que cuando las satisficieron eran amparadas con créditos y recursos fiscales por medio de convenios lesivos al interior nacional. Políticas presupuestarias, monetarias y generales, así como de la gestión de las empresas estatales, respondían a coyunturas y en esencia protegían los intereses descritos. El Estado estaba a su vez presionado por la conformación social y política **objetiva** del país, a la que cada tanto debía dar respuestas ante situaciones insostenibles.

6.5. La conformación social objetiva citada gestó históricamente: una oligarquía terrateniente, bancaria e industrial tradicional, ligada con las formas de producción descrita en lo que lo moderno se confunde con lo antiguo, con pautas de consumo sofisticado, y muy enquistado en el poder político y en el aparato administrativo gubernamental.

Amplias capas de burguesía nacional que se distinguía de otros países en desarrollo por su magnitud, su cultura general y sus apetencias. Un proletariado que, se puede afirmar, nació politizado y consolidó formas organizativas y de gestión avanzadas.

6.6. Tal desenvolvimiento económico general, contribuyó a consolidar la desintegración económica y geográfica del país, en contraste de los resultados de la evolución del capitalismo en los países metrópolis.

Dificultó el proceso de autogeneración de innovaciones y de autocrecimiento del capital con pautas modernizadoras adecuadas al país real. No satisfizo el nivel de apetencias de la población propias de su origen y las que surgieron dentro mismo de la dinámica de crecimiento.

6.7. La evolución político-institucional se correspondió con lo señalado.

Las dirigencias que correspondían a los grandes intereses no gozaron nunca de consenso y ascendieron al poder por la manipulación de cúpulas militares. Sus políticas que se adecuaban **objetivamente** a sus intereses no se correspondían con las potencialidades y las exigencias que surgían de las peculiaridades concretas de la estructura económico-social, por lo que fatalmente terminaban en una encrucijada.

Las dirigencias más comprometidas con las capas de la burguesía no monopolistas y con amplios sectores populares cuando fueron gobierno, a pesar de tener programas que atendían a sus requerimientos, como **necesariamente** chocaban con las dirigencias tradicionales, caían en la alternativa de profundizar las realizaciones prometidas apoyándose en sus electorados y movilizándolos, o claudicaban en un camino de concesiones que les enajenaba el apoyo popular y los hacía presa fácil de planes de desestabilización. Planes que en general ya habían sido pergeñados durante los gobiernos anteriores a su ascenso.

La discontinuidad o inestabilidad política y económica no fueron causas de nuestras reiteradas crisis políticas y económicas, sino consecuencias de nuestra dinámica de crecimiento, enchalecada por la peculiar manera de búsqueda de beneficio –y acumulación consiguiente– de los sectores dirigentes.

La toma de conciencia por esos mismos sectores de que el país estaba en una encrucijada, les dio un cariz más agresivos a los golpes militares de 1966 y –particularmente– al de 1976.

La política económica de Martínez de Hoz, y sus sucesores, su concepción ideológica y su gestión, estuvo orientada a adecuar nuestro país, su economía y su sociedad a las necesidades del sistema capitalista mundial en el marco de sus crisis, a las necesidades de la oligarquía financiera internacional, en particular la bancaria, a las del capital monopolista y de la oligarquía agraria.

Sus resultados, aun los no buscados, han sido consecuencia del afán permanente de acrecentar y/o afianzar su poder y patrimonio y estabilizar nuestro desenvolvimiento con esos fines.

A pesar de los vaivenes y de las contradicciones entre los sectores dominantes, tal política tuvo un hilo conductor que respondió a sus intereses generales.

La modificación de nuestra compleja estructura y superestructura –no debemos olvidar que el Estado en su globalidad y sus instituciones, formaba parte, igualmente, del objetivo subalternizador– a pesar del gran daño inferido, fracasó. No se trató en esencia de errores de gestión, nunca se fue tan contumaz en la continuidad de la línea trazada. Los condicionamientos de la Argentina concreta fueron más fuertes.

Quedó claro que la crisis global de la sociedad argentina no podía ser resuelta ni siquiera tener una salida con la política seguida que sirvió, finalmente, para agudizarla.

El sector dirigente tradicional, si bien acumuló beneficios y ganó posiciones con cargo a todo el pueblo, se desprestigió y su acción pretendidamente modernizadora del capitalismo, quedó como rapiña y plagada de ilícitos.

Es importante esta primera conclusión ya que entraña la inviabilidad de los proyectos para encauzar el país por una vía de desarrollo de sus potencialidades que no atienda sus intereses.

La apelación a la crisis global de nuestra estructura económico-social y de la superestructura, y a los condicionamientos de la Argentina concreta, para observar el afán de modernización capitalista y sus resultados, la consideramos esencial porque si no caemos en las opiniones interesadas de economistas, sociólogos y politólogos que lo atribuyen: 1) a errores de conducción; 2) a la inestabilidad política provocada por la integración del militarismo en la sociedad argentina; 3) a la inestabilidad económica, social y política debida a rasgos de la evolución política. Con la parte de verdad que hay en lo expresado, no son más que la manifestación y no las causas de nuestros problemas".

Lo reseñado configura nuestra crisis que consideramos global, al mismo tiempo que indica los parámetros a que debe ceñirse un programa de reactivación dentro de una estrategia de cambio.

Vuelvo al artículo sobre "Opinión sobre el desenvolvimiento de la sociedad argentina y su crisis" del que extraigo el siguiente párrafo:

"Sin embargo, es preciso destacar que si aceptamos teniendo en cuenta la experiencia, que en nuestro país sólo puede haber un despegue si rompemos la dependencia, debemos admitir que no es posible un desenvolvimiento estable de un Capitalismo Monopolista de Estado (CME) dependiente, ya que la ruptura de la dependencia interna-externa es, por todo lo anteriormente expuesto, la condición sine qua non para nuestro desarrollo. Resulta de ello que terminar con la continuada inestabilidad y el carácter contradictorio en lo económico y social de nuestra estructura presupone un camino con rasgos distintos al de los Países Capitalistas Desarrollados (PCD). Si afirmamos que es imposible salir de nuestra crisis estructural propia por el camino de un CME dependiente, debemos incluir en la afirmación la imposibilidad de salir de la misma con un desarrollo capitalista.

"Es necesario entender que la dependencia que limita, deforma y perturba el desarrollo del país es no sólo económica sino también social y política, aunque en la forma seamos independientes en este último aspecto.

"Nuestro país puede adelantarse, crecer, pero no lograr su desarrollo en un país integrado. No puede haber desarrollo normal, estable, por el camino del capitalismo dependiente:

1º) porque a la iniquidad entre el trabajo y el capital propia del sistema, se suma la iniquidad en las relaciones económicas internacionales e internas, impuestas por las trasnacionales;

2º) porque en el país las fuerzas productivas son frenadas no sólo por las viejas estructuras socioeconómicas, sino por las nuevas formas de crecimiento que dificultan el proceso de acumulación y deforman el de inversión; en tanto avanzamos en el proceso de industrialización ha ido creciendo la dependencia que nos caracteriza;

3°) porque a la desproporción entre los sectores básicos y los de bienes de capital por un lado, y los de consumo, por el otro, que gravita en los ciclos en los PCD, se suma en el nuestro una desproporción continuada y agudizada por la particular asignación de la renta;

4°) porque el desarrollo capitalista en las metrópolis promovió la integración, mientras que en nuestro país concentró la industrialización y, en general, el proceso de capitalización en ciertas zonas y reforzó la marginación del resto;

5°) por las contradicciones y conflictos de toda índole que generan las relaciones de dependencia. Ello hace que toda medida tendiente a hacer factible nuestro "despegue", se constituya en una acción antiimperialista, antimonopólica y antioligárquica.

En el artículo "Argentina ¿un país ingobernable?", decía:

"Julio de 1989, ¿la última carta?
"El presidente Dr. Menem y sus colaboradores han reseñado la estrategia económica –en verdad también política y social– que ampara su gestión. Lo conocido en sus enunciados no difiere en su esencia de los objetivos que las clases dirigentes, a través de los personeros de turno, se dieron en cada volver a empezar, luego de un renovado agravamiento en la crisis a que empujaron al país.

"Desde ya la situación no es la misma. El país, su pueblo, pagó un tremendo costo económico, social y político, debido a la constancia durante años de la recesión, la descapitalización neta, el deterioro de las infraestructuras de transporte, sanitarias, de comunicaciones, de salud pública, de vivienda y educación. Es común comparar la situación actual con la devastación de una guerra. Desde la crisis de los años 30 no se vio semejante agravio a las más mínimas exigencias, como en la eliminación diaria de capas numerosísimas de la población.

"De las diversas fracciones de las clases dirigentes que ejercieron el poder a través de dictaduras y gobiernos constitucionales, hoy una de ellas lo asume públicamente. Quizás ello simbolice la gravedad de la crisis; ya no podemos hablar de poder formal y poder real, hoy están identificados. La historia dirá si el Sr. Presidente, para el caso que no se cumplan las expectativas formuladas en su libro *La revolución productiva*, ejercerá el poder político que la Constitución Nacional le asigna. Las encuestas de opinión revelan un apoyo mayoritario a su figura. ¿Esperanzas?, ¿Necesidad?

"Como marco que haga posible el cumplimiento del programa, se apela a la Unidad Nacional y se señala que todos los sectores deben resignar algo, dando la idea de una común responsabilidad. Esto ya es un mal comienzo, con ello se distorsiona el análisis y le quita rigor. Hay sectores que se han beneficiado con lo acontecido, algunos que han mantenido sus niveles de ingreso y otros que han sido brutalmente agredidos. Los primeros fueron quienes influenciaron en las políticas seguidas por lo que fueron únicos responsables, y el resto ha sido receptor pasivo, o impotente, de sus desgracias.

"Es común leer o escuchar de los analistas más serios, recalcar que la factibilidad de concretar en esta oportunidad las "transformaciones necesarias" descansa en el carisma, o poder de convocatoria del Sr. Presidente, es decir que pueda mantener consenso en el pueblo y seguir adelante con las estrategias y sus objetivos. Pero, lo señalado hasta aquí indica que son las grandes empresas quienes tienen que estar dispuestas a sacrificar sus arbitrarias prerrogativas. El pueblo ya dio lo que puede dar y lo que le pueden sacar en más no resolverá ya los problemas del capitalismo.

"Sin embargo no se trata sólo de señalar culpables, ni es una mera polémica política- ideológica. Desentrañar responsabilidades y responsables nos permite precisar la no disposición de los diversos sectores dirigentes a resignar intereses o "hábitos"; 30, 40 o 50 años de nuestra historia lo evidencian.

"No puede ser casual o mera conjunción de circunstancias lo que ha conducido a la conformación del gabinete.

"Las clases dirigentes o más precisamente un grupo altamente representativo –agro, agro-industria, productos intermedios, petroquímica, textil, trasnacional exportadora–, de nuestra estructura económica se hizo cargo del manejo económico. Antes intentaron todo, faltaba tratar de lograr la reestructuración de la economía y sociedad argentina con el único partido que podría lograr consenso en la clase obrera, a la que consideran el sector que mayor resistencia ofreció siempre.

"En lo que hace a la confrontación social hay habilidad en la intención, pero se equivocan al no apreciar el freno que siempre se manifestó en los intentos anteriores, constituido por los rasgos específicos en que se ha desenvuelto el sistema.

"Entre quienes hoy dirigen la política económica y quienes la influencian están los que impulsaron y se beneficiaron con:

—"Las diversas licuaciones selectivas de pasivos.

—"La ley de rehabilitación de empresas de Krieger Vasena por la que el Banco Nacional de Desarrollo y la Caja Nacional de Ahorro compró acciones de las principales empresas del país, que fueron vendidas posteriormente a sus ex propietarios por Martínez de Hoz.

—"La estatización de la deuda externa privada y los seguros de cambio.

—"Las contrataciones públicas que multiplicaron el costo de las Administración Pública y de sus empresas.

—"Las sobre y subfacturación del sistema tributario. Con promociones que significaron que de hecho el erario público pagó las grandes inversiones del sector privado.

—"La perversidad del sistema financiero. Fueron quienes en estos años han ganado más especulando que en la producción.

—"Toda política de precios, en congelamiento y con precios libres. Manejaron precios, ofertas y por ende el mercado".

Lo destacado era evidente para cualquier observador y la conclusión no podía ser otra que las políticas a implementar serían acordes con los intereses que habían usufructuado de lo acontecido. A raíz de ello la aplicación de las propuestas del Consenso de Washington se hizo en el marco de nuestra especificidad. Y un papel decisivo jugaron las leyes de Reforma del Estado y Emergencia Económica

Al respecto, como en el resto de los artículos no se dejó de señalar lo que habría que hacer y su factibilidad concreta. En el artículo "Reflexiones acerca del Plan de Convertibilidad" RE 1994, decía:

"Para una estrategia alternativa.
"Al decir estrategia señalamos algunas ideas fuerza que deben amparar a un plan de alternativa.

"* **Establecimiento de un nuevo papel del estado.** Es necesario e imprescindible que el estado juegue un papel activo en la política nacional a encarar, para lo cual hay que modificar su aparente pasividad y dotarlo de los instrumentos requeridos para que asuma una presencia plena en todos los terrenos, económicos y sociopolíticos.

"Utilización de su capacidad de arbitrar y aprovechar las economías externas que su acción puede desarrollar; a un mismo tiempo limitar o eliminar las deseconomías externas que se produzcan por su propia actividad o por la del sector privado. Fijar límites a la magnitud de acumulación de renta de ese sector y orientar porcentajes de ésta.

"Revisar las privatizaciones: por ejemplo, la forma en que se ha privatizado implicó que monopolios estatales, con formas de gestión corruptas en un país con instituciones corruptas, sean transferidos a empresas privadas con similares perversidades que sus predecesoras, sin organismos de control constituidos y con gran riesgo de que los que se constituyan estén captados, desde el comienzo, por aquellos a quienes deben controlar; se desprende que es indispensable hacer funcionar con todo rigor los organismos de control de las empresas privatizadas y llegado el caso renacionalizarlas, particularmente aquellas que con sus precios y tarifas influyen decididamente en todo el proceso económico.

"* **Oferta y demanda:** aplicar una política de reactivación económica; adecuar la producción a la demanda global, y en ella a las demandas de los sectores populares, que se estrangulan con más rapidez ya que la producción de bienes está orientada a los de mayores ingresos.

"Racionalmente se debe producir en cantidad, precio y calidad lo que la demanda requiere en una sociedad con plena ocupación. ¿Cómo unir lo que se necesita con lo que se produce?

"¿Es posible que el mercado sea equitativo y eficiente?

"Raymond Barre (1977), ex ministro francés de Economía, señala que con el funcionamiento del mercado es posible que se arbitre a favor de un vaso de leche a un gato, en lugar de un vaso de leche a un niño. No se puede dejar al arbitrio del mercado cómo y cuánto se acumula y cómo se asigna el excedente social.

"¿Es posible la eficiencia en el plan?

"¿Cómo vencer la tendencia al burocratismo, al estatismo y lograr correspondencia entre los requerimientos de los consumidores y las respuestas de los planificadores?

"¿Cómo superar la arbitrariedad del mercado –en verdad del poder de los oligopólios– y la de los planificadores?

"Si pensamos en la eficiencia, en esencia lo que se busca es la correspondencia entre la oferta y la demanda al menor costo.

"En el sistema, los avances de la tecnología permiten hoy –con el *just in time*– acercar las demandas de los grandes almacenes con las decisiones de producción de las industrias prácticamente en tiempo real.

"Sin embargo con ello no pueden superar ni las desproporciones entre los sectores que producen bienes de capital con los que producen bienes de consumo; tampoco entre los salarios productivos con aquellos improductivos. Aspectos que los lleva inexorablemente a la crisis y consecuentemente a la concentración y centralización del capital y a la desocupación.

"Debemos sumar a lo anterior, las diversas relaciones inequitativas al interior de las naciones y entre ellas.

"Si queremos personificar la relación entre oferta y demanda debemos pensar en el asalariado productor y consumidor.

"Con ello se hace evidente lo absurdo de despreciar el mayor mercado para nuestros productos de consumo al mantener semejantes porcentajes de desocupación de los asalariados, cuya disminución permitiría la reactivación de los sectores en crisis.

"Lo anterior nos lleva a concluir que se hace imprescindible cambiar el criterio de priorizar la búsqueda de ganancias por un criterio mixto de rentabilidad social que contemple las necesarias apetencias individuales.

"La única manera de lograrlo es conciliando plan y mercado y ello sólo es posible con una política pública que lo contemple y oriente. Política que los partidos tradicionales no encararán por sus compromisos con quienes hasta hoy se han beneficiado con lo sucedido en el país.

De "El Plan de Convertibilidad 8 años Después" extraigo los siguientes párrafos que explicitan la estrategia del Plan, sus objetivos y, esencial para restar cualquier apelación a una teoría económica sobre la que se apoyaría el Plan, precisan los intereses particulares, locales y extranjeros, para los que estuvo diseñado:

"Carlos Menem, asume el poder en 1989 con el propósito y el compromiso con los sectores dominantes de resolver el problema de la quiebra del Estado, la hiperinflación, y el desprestigio institucional, por lo que, aunado a su carácter justicialista, gozó desde un comienzo del apoyo de la corporación empresaria y de la corporación sindical.

"En los dos primeros años la hiperinflación no cedió, hasta que, recién después de los primeros meses del '91 se encara el Plan de Convertibilidad. Se hacía imprescindible recuperar la moneda y los disturbios sociales que no tenían fin exigían medidas de schock.

"Al país, al estado, se lo había despojado de todo lo posible. No daba para mas, había que cambiar y urgente. Y se encaró una reforma acorde con los intereses empresarios y políticos decisorios.

"Si el estado estaba quebrado había que terminar de despojarlo al mismo tiempo que se estimulaba una redistribución de la renta a todo nivel social. Ni gobernantes, ni economistas del establishment, apreciaron los estrangulamientos a los que hice referencia.

"La estrategia del PdeC quedó esbozada: Reforma del Estado; Apertura económica; Flexibilización laboral; Solidez de las Finanzas Públicas y Privatizaciones.

"Una política activa obligó a la economía y sociedad argentina a transformarse en un operativo sin anestesia, ni previsión.

"Para recuperar la moneda no bastaban compromisos públicos. No había respeto ni credibilidad en un Estado que no tenía el prestigio ni el poder necesario para gestionar una política monetaria previsible. La única forma de hacerlo era retornar a épocas pasadas y respaldar la moneda vinculándola al dólar, moneda fuerte, confiable para el público y ya aceptada al punto que se ahorraba en ella y se la usaba de hacía tiempo como medio de pago y circulación. Y la forma de hacerlo era a través de una ley para que la política monetaria y cambiaria quede fuera del arbitrio de las autoridades de turno".

Destaquemos algunos rasgos que son consecuencias del Plan de Convertibilidad y de las medidas implementadas a continuación, como el corralito y lo que hoy tiene embretado al país:

El estado quedó reducido a administrar los magros recursos de un presupuesto limitado; La situación social se degradó a la de los años treinta; Se extranjerizaron industrias (siderurgia, petróleo) y servicios (bancos, comunicaciones y generación, suministro y distribución de energía), como en ningún otro país; Se ha roto el tejido industrial; Se consolidó la corrupción institucional; Hubo una manipulación ideológica comunicacional basada en mentiras que se reiteran de décadas atrás. Es necesario despejarlas, tanto más que los "expertos" economistas las usan para justificar sus mensajes y adormecer a la sociedad:

— Es mentira la desaparición de los "resultados positivos" del Plan de Convertibilidad por la recesión de los últimos años, porque nunca los hubo (en el año 94, considerado como el mejor del Plan, ya se habían manifestado los condicionamientos que lo harían fracasar);
— Es mentira que la exportación puede ser en nuestro país motor del crecimiento, los países exitosos que exportan lo hacen desde un fuerte y consolidado mercado interno;
— Es mentira que la carga tributaria sea mayor que en otros países (es menor que en el resto de los países grandes de América Latina y muy inferior a los países de la OCDE); el Banco Mundial nos ubica como uno de los países de mayor regresividad e ineficacia del sistema tributario; Es mentira que el gasto público en relación con el PBI sea mayor que en otros países.
— La flotación defendida por tantos fue el cambio que explica, en los años setenta, la consolidación de las políticas neoliberales. La crisis financiera en sus reiteradas expresiones en los últimos treinta años comienza con la imposición de las tasas de cambio flexibles. Ello nada tiene que ver con la teoría, es exclusivamente ideología y defiende los intereses de siempre: impulsaron la devaluación, sabiendo de antemano (de acuerdo a nuestra historia), ¿quiénes la pagarán, quiénes se beneficiarán y cuánto (habida cuenta de la inflación que fue siempre su consecuencia inmediata), durarán sus supuestos beneficios para mejorar la competitividad. La política cambiaria deberá encararse desde otra estrategia económica, social, política y, esencialmente, desde otra actitud respecto a lo que hace a nuestra dignidad y soberanía. La flotación sucia o limpia, no resolverá nuestros problemas.

Antes de detenerse en el tipo de cambio (que hace a la competitividad), es excluyente tomar medidas que hacen a la productividad del trabajo y del capital al interior del país; considerando asimismo la importancia de la desocupación y exclusión que afecta a la fuerza de trabajo que, siendo el sostén material del conocimiento, fue despreciada por las políticas aplicadas. Deben considerarse previamente:

— Una nueva distribución del ingreso, recreando el mercado interno mediante el incremento de los salarios, e implementando la propuesta de empleo y formación

de la CTA, actualizada, que satisface un ingreso mínimo para todo hogar desocupado;
— La reforma del rol del Estado, que le permita asumir un rol activo en el desenvolvimiento de la economía, lograble con su democratización, desburocratización y descentralización, facilitando mecanismos de participación y control social. En definitiva posibilitando aprovechar economías externas, superando las deseconomías externas.

El Presupuesto es el campo de la confrontación y lucha de clases y capas sociales: es imperativo implementar la participación pública en su elaboración y control;

Ingresos: reglamentar un empréstito patriótico, imponer pagar ganancias a los accionistas y no sólo a las empresas, restaurar el impuesto a la herencia, eliminar las exenciones a las imposiciones financieras, compra y venta de acciones, en definitiva privilegiar la tributación directa y disminuir apreciablemente el IVA;

Egresos, privilegiar la satisfacción de bienes públicos (que constituyen una inversión, a pesar de su inserción como gasto), educación permanente, salud, vivienda, atención de la infancia y ancianidad; encarar el problema de la deuda pública interna y externa que debe ser negociada a partir de la afirmación que el país no está en condiciones de aceptar pagarla sin revisar su origen y lo ya pagado; pero hacerlo sentado en la mesa de negociación;

Con el FMI, mantener relaciones sin solicitarle asistencia financiera ya que no la necesitamos. Ello nos permite aplicar una política que atienda los requerimientos del mercado interno. Las políticas recomendadas por el FMI responden a esquemas y paradigmas ideológicos que desprecian los resultados de sus aplicaciones. Malasia hizo una política acorde con sus intereses y no rompió con el FMI, ni el FMI la sancionó de manera alguna.

— La limitación a lo indispensable de la movilidad de capitales;
— Investigar lo sucedido en el agro: su fisonomía cambió, se capitalizó (aunque no como en los países más desarrollados), se concentró aún más, los exportadores proveen como pago a cuenta insumos, hay grandes empresas que suministran servicios; todo lo cual implica que, a pesar del incremento muy importante de su productividad, los ingresos del sector lo reciben el mismo décil de ingresos que existen en la industria y en los servicios. Es necesario revertir lo acontecido, con el mismo espíritu que anima el resto de las medidas, sucintamente expuestas.
— Encarar una nueva política productiva para satisfacer a un pueblo con crecientes ingresos; evitando los tradicionales cuellos de botella del sector externo que se producían cuando aumentaba el consumo de los deciles inferiores de la pirámide de ingreso
— Revisar las privatizaciones: las de energía, servicios y producción. Es necesario precisar los sectores que por su condición de estratégicos para el país, deben retornar a la propiedad social, no estatizando, sino dando participación a los proveedores, usuarios y ciudadanos.
— Revisar las AFJP, y las ART. Establecer una conducción en la que participen sus usuarios, beneficiarios y ciudadanos, una forma cooperativa puede ser una solución;

— Revisar el régimen automotor, que contribuye con un alto porcentaje en la industria, pero que desequilibra fuertemente la balanza de pago de la cuenta corriente; el artículo sobre el sector (escrito a fines de los sesenta) ilustra el retroceso en que se incurrió por el nivel de su extranjerización, habiéndolo tornado más perjudicial para el país que 30 años atrás.
— Revisar la industria de medicamentos (tanto la local como la extranjera) que, con precios muy superiores al resto del mundo, gravita en el presupuesto familiar, en las obras sociales y particularmente dificulta la viabilidad del PAMI;
— Negarse al ALCA, privilegiando a un MERCOSUR en interés de nuestros pueblos;
— En cuanto a la política cambiaria, es necesario un estricto control de cambio. Los fracasos anteriores fueron propios del funcionamiento ya precisado; sería diferente en un contexto en el que un gobierno soberano (por el consenso que es posible lograr si es ejemplar, y ejemplificador en su accionar), impone una política activa de control con formas diversas de participación de asociaciones populares; y un Banco Central que centralice, para su disposición, a las divisas que se generan de las exportaciones y entregando las necesarias para importar lo imprescindible.

En el "Plan de Convertibildad 8 años Después", luego de sugerir similares ideas fuerzas, señalo:

"Cada uno de los objetivos reseñados contienen en si verdaderas banderas transformadoras del estado y la sociedad, y movilizar al pueblo para satisfacerlas y, para el caso de leyes, exigir su cumplimiento, entraña un real programa para las instituciones y partidos representativos de los intereses del país y de su pueblo. Encarar las medidas propuestas, implica enfrentar al Poder constituido y las instituciones que lo amparan: grandes empresas, burocracias nacionales y provinciales, organismos corporativos, partidos políticos afines, o sectores dentro de ellos. Un desafío singular y trascendente."

Luego de ocho años no hace falta recurrir a la teoría para apreciar que la contradicción entre producción (**dirigida a sectores reducidos de la población**) y consumo (limitado por el incremento de la marginación, los altos niveles de desocupación, el deterioro de los sectores medios y su correlato en la **disminución de la capacidad de compra de la mayoría de la población**), dificulta crecientemente la viabilidad de las políticas seguidas. Los años transcurridos evidencian que con el ajuste y el endeudamiento arruinaron al país e hipotecaron su futuro. Lo único cierto del neoliberalismo es la contumacia en imponer coactivamente sus políticas.

Finalmente, surge de lo anterior que si bien, como se ha dicho, lo sugerido presupone un fuerte enfrentamiento con el Poder corporativo no hay otra alternativa para el país. De no cambiar las políticas seguidas nos convertiremos en un país de 12 a 14 millones de habitantes con un nivel medio de consumo, y el resto con un consumo similar al noreste brasileño. La sucesión de artículos escritos frente a situaciones concretas nos enseña que la decadencia argentina tiene que ser detenida ahora. Al poder corporativo hay que comenzar a derrotarlo, sino el mismo terminará con el País. Está en juego nuestra soberanía y el bienestar de nuestro pueblo.

El futuro del país no puede quedar prisionero de las propuestas de "expertos" economistas que siempre respondieron a los mismos intereses; las movilizaciones populares no deben quedarse en el reclamo, o reducirse a la denuncia. Si sus protagonistas aceptaron jugar un papel clave y ser recordados como patriotas en la situación más grave que vive el país desde su constitución como República en 1853, hay que pasar de las Asambleas a la organización y de la resistencia a la confrontación. Debemos contribuir a crear conciencia que las medidas para el presente marcarán el futuro.

En el aporte "La Argentina un país ingobernable", ya en 1989 decía:

"Como síntesis, me permito la siguiente reflexión:

"Del camino real de un país capitalista dependiente ha resultado que, sin haberlo recorrido en su totalidad, haya surgido, como necesidad objetiva, la exigencia del inicio de un cambio en las relaciones de producción porque éstas bloquean el desarrollo de la sociedad en su conjunto. Y mientras esa transformación no se inicia, el país vive de crisis en crisis –al margen del ciclo– debido justamente al empeño de las clases dirigentes en impedirla. El camino clásico –capitalismo monopolista que da paso al CME– está deformado desde el inicio y aún el crecimiento y la modernización de las fuerzas productivas no hace más que agravar la crisis.

"Si seguimos mirando nuestras posibilidades desde el punto de vista del desarrollo de las fuerzas productivas haciendo abstracción del país concreto, que es lo que está implícito en las propuestas de reestructuración y modernización, seguiremos inmersos en la crisis, como suficiente y probadamente lo evidencia nuestra historia.

"Nuestro problema nunca radicó en nuestras posibilidades concretas y realizables. Nuestro problema radicó en aquello que imposibilitó el desarrollo, franco, sostenido, integrador del país. "Cuando hablamos de crisis, de imperialismo, de dependencia interna-externa, de oligarquía agraria, industrial, bancaria, de capital extranjero, de la "incapacidad" de la burguesía para sacar el país de la crisis, no hacemos ideologismo, estamos observando y sacando conclusiones de 50 años de historia argentina.

"La alternativa imaginada y promovida por el gobierno, de reestructuración y modernización dentro de los cánones y condicionamientos que han limitado y deformado nuestro crecimiento servirá para acrecentar la vulnerabilidad económica y política del país, y el sacrificio de nuestro pueblo seguirá satisfaciendo las necesidades y los apetitos de las TN y de la gran burguesía.

"La política económica en curso va a poner al rojo vivo las contradicciones de nuestra sociedad y se van a agudizar los conflictos de clase y fracciones de clase. Su discrecionalidad en favor de sectores dominantes minoritarios ubicará objetivamente en la oposición a la enorme mayoría de la población.

"A su vez en el ámbito político llega la hora de la verdad. La realidad acorta los tiempos de la demagogia y de los mensajes de los comunicadores sociales del sistema. Un campo amplio y fértil se abre para la confrontación política fundada en los conflictos sociales antedichos.

"El frente de izquierda tendrá una acrecentada receptividad si inmerso en el seno de las masas las acompaña, organiza y politiza en las luchas por reivindicaciones inmediatas sentidas por la clase obrera y el pueblo y otras que confluyen con las anteriores en la defensa de la independencia económica, soberanía política y justicia social y que motivan adhesiones de sectores medios que posibilitan alianzas más amplias.

"Desarmar la estructura del poder es una exigencia ineludible a satisfacer para nuestro desenvolvimiento económico y, al poner en primer plano a los responsables de nuestra situación, quitarles el poder que ejercen, es la única forma de profundizar en el proceso de democratización y de saneamiento de la economía y sociedad argentina. Ello implicaría encaminarnos hacia la superación de los condicionamientos y la ruptura de la dependencia-subordinación interna-externa".

La lectura del libro nos demuestra que el "huevo de la serpiente" en el que se incubó nuestra decadencia tuvo origen decenios atrás; que la ética, tradiciones y cultura de la oligarquía latifundista, su carácter rentístico y depredador que la cubre desde su nacimiento, envolvió a los grandes empresarios industriales y proveedores de servicios, locales y extranjeros. A ellos sirvieron los políticos, intelectuales, eclesiásticos, militares y sindicalistas amarillos, cada uno dirigiéndose a un sector de la sociedad, conformando una gestión corporativa que se apropió y dilapidó la riqueza del país.

Buenos Aires, mayo 22 de 2002, semana de la Patria

LA INDUSTRIA AUTOMOTRIZ Y EL DESARROLLO INARMÓNICO DEL PAÍS *

La industria automotriz argentina nace con la aprobación en 1953 (segundo gobierno de Perón) de la Ley Nº 14.222 de radicación de capitales extranjeros. En 1954 al amparo de esa ley y de los beneficios que posibilita, Kaiser Motor Corporation y Willis Motors Inc. absorben talleres estatales de IAME y dan nacimiento a Industrias Kaiser Argentina S. A. Se sientan así las bases sobre las que ha de crecer la industria.

La Ley Nº 14.780 (con Frondizi en el Gobierno) señala el cauce para la misma. El decreto 3693/59 establece un régimen especial que, con el objetivo de llegar a la fabricación de un 100% del automotor en el país, concede a la industria, entre otros privilegios, el de importar sin aranceles, estimulando la aparición de veinticuatro plantas en el país; a los pocos años el número se redujo a la mitad, desapareciendo talleres o siendo absorbidos.

Sucede de tal forma la absorción de la Industria Automotriz Santa Fe por Fiat, de Di Tella por Ford, Chrysler e Ika, finalmente de ésta por Renault. Quedan operando en el país: Ime, estatal; Citroen, Safrar y Renault, francesas; Mercedes Benz, alemana; General Motors, Ford y Chrysler, norteamericanas; Fiat, italiana. Se evidencia así, como los cierres y desaparición de talleres, la cantidad de capital (en gran parte ahorro nacional) y de trabajo perdidos por la falta de una planificación en su origen y por atender sólo a las programaciones de los grandes complejos industriales de capital foráneo. En última instancia, el proceso de concentración es similar al seguido en todo el mundo de la libre empresa.

El cuadro Nº 1 señala que en 1971, el 71% de la producción mundial de automotores fue satisfecho por seis empresas. Si se toma en cuenta que más de 1,5 millones por cuatro empresas japonesas, se advierte que más del 83% de la producción mundial se encuentra en trece conglomerados.

Semejante concentración define las características con que se programa la producción mundial. Sus objetivos, planes de fabricación, lugar, comercialización de partes, exportación e importación, todo, en fin, se hace en función de los intereses globales de esas empresas.

En Amberes la G.M.C. tiene un centro de montaje que recibe partes de distintos países. Del mismo modo salen automotores ingleses, alemanes y americanos. Para la Ford en Europa, Bruselas es el centro de operaciones que fija la política comercial, exportación e importación.

---

* "Realidad económica", año 1972.

Causas de la creación de la industria automotriz en la R.A

Para interpretar la causa y oportunidad por la que surge la industria automotriz argentina, recurrimos al estudio que sobre la misma realizara CIFARA.

Son interesantes los datos suministrados, correspondientes a la década del 20. En el quinquenio 1925/29 exportamos por valor de 934 millones de pesos oro, importando 150 dólares anuales por persona, la cifra más alta de la historia. En otro récord, consumimos en ese quinquenio 670 dólares por habitante. En 1929 el parque automotor alcanzaba a 411.400 unidades y con una densidad de 28 automotores cada 1.000 habitantes, ocupaba el quinto lugar en el mundo, precedida por Estados Unidos, Canadá, Nueva Zelandia y Australia.

No es desconocido para los buceadores del pasado histórico, el bajo nivel de vida de la población Argentina en esa década; de ahí que las cifras dadas demuestren el extraordinario nivel de consumo de la oligarquía terrateniente, sin subestimar por ello a la burguesía nacional en el desarrollo durante ese período.

El estudio de CIFARA vincula la evolución de nuestro parque a la capacidad de importar del país, que desciende continuamente y está ligada al constante deterioro de los términos de intercambio. Luego de la segunda guerra mundial importamos 40 dólares anuales por habitante. La demanda insatisfecha impulsó el desarrollo industrial, pero sólo de artículos de consumo inmediato. En 1948 la cifra de automotores (304.445) está por debajo de la de 1924 y representa menos de 20 unidades por cada 1000 personas.

Cuadro N° 1

PRODUCCIÓN MUNDIAL DE AUTOMOTORES (1965): 24.200.000		
	Estados Unidos	Mundo
General Motors	5.696.000	7.278.000
Ford	3.334.400	4.595.400
Chrysler Simca	1.612.300	2.077.000
Rootes	—	200.000
Italia		
Fiat	1.031.600	1.181.600
Alemania		
Volkswagen - Mercedes	1.739.300	1.931.000
		17.263.000 = 71% de 24.200.000

TRABAJADORES		
	Estados Unidos	Mundo
General Motors	640.000	734.500
Ford	217.700	364.500
Chrysler Simca Rootes	126.000	218.000
Fiat		123.000
Volkswagen Mercedes		230.000
		1.670.000

F.I.T.I.M. Consejo Mundial por Empresa.

"¿Pudo la Argentina haber recuperado su rango en el mundo en cuanto a tenencia de automotores por 1000 habitantes, por ejemplo en los años de abundante disponibilidad de divisas que siguieron a la terminación de la Segunda Guerra Mundial?.

"Entendemos que no. Para mantener en 1957, por ejemplo, la misma situación que en 1929, en automóviles solamente, hubiera sido necesario disponer de un número de unidades/habitante similar al de Suecia, que tenía 113 por cada mil. Esto significa aproximadamente un parque de 2.350.000 automóviles, que frente a los 365.000 existentes hubiera exigido la importación de dos millones de unidades con la utilización de alrededor de 4.000 millones de dólares, equivalentes en aquellos momentos al valor de las exportaciones de cuatro años. Evidentemente el momento de formar un amplio parque de automotores, sustentado sólo en la importación, ya había pasado para el país".

El auge de la industria automotriz

Lanzada la industria, comienza a alcanzar niveles que superan los cálculos optimistas. Todas las proyecciones de demanda son alcanzadas y superadas independientemente del marco general de la economía. OECEI apunta que CEPAL hizo una proyección en 1958 en la que consideraba que en 1962 tendríamos 415.000 automóviles y jeeps, a pesar de lo cual alcanzamos 624.000; para 1967, 687.000, y llegamos a 1.168.000. Estimó un total en 1962, para toda clase de vehículos de 638.000 y en 1967, de 1.040.000 alcanzándose sin embargo 1.110.000 y 1.830.000, respectivamente, (el doble casi de lo proyectado). Hay que tener en cuenta que CEPAL consideraba un crecimiento del producto bruto muy superior al que de verdad se dio. En igual sentido se expresa el informe citado de CIFARA. Es ilustrativo el cuadro del mismo sobre el crecimiento del ingreso per cápita y número de autos por 1.000 habitantes.

Cuadro N° 2

País	Ingreso per cápita %	Número de autos por 1000 hab %	Coeficiente
Estados Unidos	35	11	0,30
Canadá	20	16	0,80
Nueva Zelandia	48	23	0,48
Australia	45	30	0,66
Suecia	50	29	0,60
Francia	43	31	0,72
Inglaterra	45	60	1,35
Alemania Occidental	73	135	1,80
Suiza	61	78	1,25
Bélgica	65	80	1,22
Austria	64	108	1,69
Holanda	82	95	1,76
Italia	85	172	2,02
Sud Africa	41	16	—
Uruguay	20	34	1,70
Japón	140	530	3,70
Venezuela	5	15	—
Argentina.	7.7 (1)	114	14,8

EVOLUCIÓN DEL CONSUMO DE AUTOS ENTRE 1959/65 EN RELACIÓN AL INGRESO PER CÁPITA (% Aumento 1965/58)

(1) Fuente: Monthly Bulletin u.N. 1967 (october, pág. 180, P. B. per cápita).

Con un incremento del ingreso entre 1958/65 de un 7,7%, la Argentina aumentó el número de autos por mil habitantes en un 114%, lo que significa un coeficiente de 14.8. Observando la tabla, sólo Italia llega a 2% y Japón, que tiene en su haber el crecimiento más explosivo de la industria automotriz, llega al 3,7%. Estas cifras evidencian como ninguna otra, la deformación en cuanto a captación del ingreso por la industria automotriz local. En cuanto a la participación de la compra de automotores en el consumo privado, el cuadro N° 3 muestra que pasó de un 0,1% en 1955 a un 7,2% en 1965.

Cuadro N° 3

PARTICIPACIÓN DE LA COMPRA DE AUTOMÓVILES EN EL CONSUMO PRIVADO (Millones 1960)

AÑO	Consumo privado A	Compra de autom. B	Relación porcentual B/A
1955	626.752	500	0,1
1956	668.193	13.300	2
1967	807.286	58.100	7,2

Fuente: CIFARA.

"Desde el punto de vista cualitativo, dice CIFARA, se aprecia la permeabilidad del consumidor argentino para adoptar modernos patrones de consumo y para introducir cambios en sus hábitos de vida y, por ende, para modificar la estructura de gasto a favor de los bienes industriales de carácter duradero".

Tal permeabilidad es la "manipulación de la demanda" a la que nos referiremos.

En cuanto a la incidencia del gasto en automóviles, los sectores de mayor ingreso consumen más del 70% del total. Prácticamente la producción de automóviles está dirigida a un 30% de la población.

"La industria automotriz ha tenido una creciente gravitación sobre la producción de manufacturas metálicas básicas y productos metálicos." "En 1963 el valor de los bienes de esta clase insumidos en la fabricación de automotores, representaba un 7,8% de la producción nacional total. En 1967 esa participación fue del orden del 10%. Señala CITARA el insumo de artículos y artefactos eléctricos (de un 3,9% en 1963 a un 4,7% en 1967) y de derivados del petróleo, nafta, gas-oil y diesel-oil, (de 3.436.000 m3. en 1962 a 5.947.000 en 1969 y 5.318.000 en 1970)."

Es interesante destacar el crecimiento del consumo de nafta especial requerido por los nuevos tipos de automóviles cuya producción ha significado ingentes inversiones en nuevas instalaciones.

El cuadro N° 4 (fuente OECEI) que indica el crecimiento del volumen físico de la producción industrial en 1967, destaca netamente la producción de automotores.

Cuadro N° 4

INDICES DEL VOLUMEN FÍSICO DE LA PRODUCCIÓN INDUSTRIAL EN 1967 (República Argentina 1960 - 100)	
Total	127,4
Alimentos, bebidas, tabacos	126,9
Textiles, confección y cuero	101,3
Producción química	143,5
Materiales de construcción	154,2
Construcción de vehículos, automotores	214,5
Máquin. Exclusión elect	70
Máquin. y aparatos eléctricos	109,2
Otros	109

Fuente: OECEI.

La industria automotriz consume el 31% de la producción nacional de acero bruto, 19% de metales, 22% de caucho, etc. El cuadro N° 5 extraído de Adefa muestra el personal ocupado y el desarrollo de la producción.

Cuadro N° 5

PERSONAL OCUPADO EN LA INDUSTRIA TERMINAL		CANTIDAD DE PERSONAS RELACIONADAS DIRECTA O INDIRECTAMENTE CON EL AUTOMOTOR	
ESPECIALIDAD	CANTIDAD	RUBRO	PERSONAS OCUPADAS
Obreros	26.873	Actividades de fabricación.	92.000
Empleados	13.476	Comercialización de automotores y partes	75.000
Profesionales	897		
Subprofesionales	3.122	Servicios de reparación y mantenimiento	105.000
Ayudantes	343		
Administrativos	9.114	Producción y comercialización de combustibles	47.000
Total	40.349		
		Servicios de estacionamiento y clubes.	11.000
		Seguros.	7.000
		Construcciones de viales y mantenimiento	30.000
		Servicios de transporte automotor	878.000
		Otras	5.000
		Total	1.250.000

Llegamos así a la incidencia en el sector transporte. El cuadro N° 7 "Participación de la producción nacional de automotores de carga y pasajeros en el proceso de inversión", muestra que creció de un 28,7% en 1955 a 46,2% en 1966.

Cuadro N° 6

DESARROLLO DE LA PRODUCCIÓN

AÑO	AUTOMÓVILES	COMERCIALES	TOTAL
1951	18	90	108
1952	62	907	969
1953	63	3.011	3.074
1954	173	3.186	3.359
1955	235	6.156	6.391
1956	326	5.617	5.943
1957	5.461	10.174	15.635
1958	14.310	13.524	27.834
1959	18.290	14.662	32.952
1960	40.144	49.194	89.338
1961	78.274	57.914	136.188
1962	90.648	39.232	129.880
1963	75.338	29.561	104.890
1964	114.617	51.866	166.483
1965	133.734	60.802	194.536
1966	133.812	45.641	179.453
1967	130.297	45.021	175.318
1968	127.965	53.011	180.976
1969	153.047	65.543	218.590
1970	167.000	52.599	219.599

Cuadro N° 7

PARTICIPACIÓN DE LA PRODUCCIÓN NACIONAL DE AUTOMOTORES DE CARGA Y PASAJEROS EN EL PROCESO DE INVERSIONES

Inversiones en equipos de transporte A	Produc. de vehículos de carga y pasaj. B	Relación porcentual. B/A %
1955	3.700	28,7
1960	20.105	51,9
1961	25.809	63,4
1962	16.952	36,5
1963	13.029	38,9
1964	22.544	51,6
1965	27.859	55,5
1966	21.046	46,2

Fuente: OECEI.

¿Automotor vs ferrocarril?

En cuanto a las cargas transportadas, CIFARA cita a CEPAL diciendo que "la función específica del transporte automotor debería ser la de transportar al por menor tráficos de un volumen unitario reducido, adaptado a la capacidad del camión, tráficos dispersos en el tiempo y en el espacio, y tráficos de productos perecederos o de alto valor específico".

Sobre la distribución de capitales en el sector de transporte hasta 1955 y las previsiones para 1967, CIFARA da las siguientes referencias (Cuadro N° 8):

"De estas cifras la única superada y con creces es la de automotores que puede estimarse en unos 31.800 millones".

El Cuadro N° 9, es tan demostrativo que exime de mayor comentario.

Cuadro N° 8

ARGENTINA - DISTRIBUCIÓN DEL CAPITAL EN TRANSPORTE
a) Capital (millones de pesos de 1950)

PERÍODOS	FERROCARRILES	AUTOMOTORES	VIALIDAD	OTROS
1900 - 04	7.267	66	25	56
1925 - 29	15.662	3.189	288	167
1940 - 44	10.971	6.689	6.345	265
1955	8.000	8.247	5.024	1.226
1967, se preveían.	18.774	14.000	19.204	2.310

Cuadro N° 9

ARGENTINA - DISTRIBUCIÓN DE LAS CARGAS TRANSPORTADAS
(En miles de toneladas)

Año	Ferrocarril	Cabotaje marítimo	Cabotaje fluvial	Automotor (más de 60 Km)	Automotor (menos de 60 Km)	Tubería	Total
1950	32.849	7.257	7.257	53.398	94.425	69	187.998
1964	20.692	10.601	16.962	89.403	118.490	3.732	259.880
1966	21.944	10.235	20.140	90.517	129.542	7.747	280.125

Fuente: Dirección Nacional de Transportes.

CIFARA sostiene que el hecho más importante en los últimos quinquenios en el transporte de estas cargas, ha sido la decadencia del ferrocarril. En 1950 transportó 32.850.000 toneladas de cargas; en 1966 se habría reducido a 21.950.000 Tn., con una pérdida de la tercera parte del total, mientras las cargas transportadas en el país por todos los medios aumentaba en un 50%. "El automotor ha cubierto con eficiencia una parte de esa defección del ferrocarril". Entre los años indicados aumentó el tonelaje transportado en larga distancia en un 70% y en distancia corta (menos de 60 Km) el 37%; en promedio de ambas distancias, 49%. Hay que destacar que el mayor aumento se produce en largas distancias, lo que hace más irracional el proceso por cuanto es en ese tráfico donde el ferrocarril es más eficiente.

En otra parte el informe de CIFARA señala que ciertas cargas que por sus características y procedencias serían naturalmente típicas ferroviarias, fueron absorbidas por el automotor. Esto ocurrió sobre todo en la posguerra, **porque esa forma de transporte fue alentada por la importación de camiones en contraste con la escasísima renovación del parque ferroviario.** La permeabilidad del consumidor argentino se vio refrenada por la "permeabilidad" de los gobernantes en cuanto a la planificación del transporte.

En cuanto al movimiento de pasajeros el proceso es similar (cuadro N° 10).

Cuadro N° 10

	PASAJEROS TRANSPORTADOS EN CAPITAL FEDERAL.				
Año	TOTAL MILLONES %	TRANVÍAS %	TROLE %	SUBT. %	AUTOM. %
1950	19,4	33,5	1,1	17,9	47,5
1955	17,28	21,5	8,4	18,3	51,8
1960	17,77	18,3	8,7	16,9	56,3
1967	12,75			18,9	81,1

Fuente: Municipalidad de la ciudad de Buenos Aires.

Entre 1950/1964 creció de 2.045 millones, con un aumento de 54%. El ferrocarril disminuyó en un 3% y en 1959/1964 en un 29%. Igual cosa ocurrió en el tráfico subterráneo: de 1950 a 1966 perdió un 30% y si consideramos el año 1958, un 34%.

Los datos suministrados evidencian el **desmanejo** de la política de transportes en nuestro país. La construcción de las rutas paralelamente a las vías indica la primacía asignada al interés privado en la infraestructura vial. La competencia al tráfico ferroviario ya existente, y su posterior desplazamiento, fue el objetivo perseguido. En este terreno no se habla de "ineconomicidad"...

Aun para el profano, es sabido que en los tramos de largas distancias es evidente la economicidad del ferrocarril frente al transporte automotor. Sin embargo en nuestro país se trae en camión el azúcar de Salta, Jujuy y Tucumán o vinos de San Juan y Mendoza. El flete es la producción del ferrocarril: la pérdida de mercado, unida a una política destructiva que lo desmanteló y desprestigió no ha sido casual, sino consecuente con la intención de crear demanda a la industria automotriz.

El bajo nivel de carga ferroviaria, el envejecimiento del material rodante de las vías, se tradujo en incrementos de costos con consiguientes déficit, y al buscarse como única solución el aumento de tarifas, se produjeron mayores pérdidas de carga, incrementos de costos y nuevos déficit. Este proceso de deterioro fue ayudado por una mala administración, coherente, si se la ubica dentro del marco general de una política interesada en ahondarla.

La gravedad del problema ferroviario no se manifiesta sólo en sus déficit, sino en que ha creado verdaderas aduanas interiores que alejaron aún más el interior del país de sus centros consumidores.

Paradójico es que cámaras de cargadores constituidas por gentes que están en la etapa primaria de la distribución, pequeños propietarios, se transforman en enemigos del ferrocarril en la lucha por el mercado de fletes. Y esto ocurre en una economía constreñida, donde los volúmenes a transportar no han crecido por tal causa en la medida de sus posibilidades, y donde pequeños campesinos o pequeños propietarios con algunos ahorros los han utilizado para una inversión engañosa. Esos hombres se empeñan a partir del mismo día en que compran su unidad, viven una lucha constante para pagar las cuotas durante largos años.

Son al fin proletarios que tienen un patrón que es la vendedora y la financiera; sobrellevan una vida difícil, con largos períodos sobre sus camiones, alejados de sus familias, explotados en la mayoría de los casos por empresas de intermediarios que lo único que tienen es un escritorio con teléfono y vinculaciones con los cargadores.

El exceso de ofertas en el mercado de fletes y el problema del transporte se explica por nuestra recesión económica y es consecuencia de políticas orientadas por centros de decisión ubicados fuera de nuestras fronteras, en este caso la industria automotriz internacional. De esta forma, miles de millones de pesos (el ahorro que **falta** y cuya sustracción ocultan los "desarrollistas") son desviados, no para solucionar el problema del transporte –con mucho menos se hubiera modernizado el ferrocarril, extendido sus redes, electrificado tramos, etc.–, sino para ser invertido en bienes que el país no necesitó, pero que produjeron beneficios a unas cuantas empresas (que encima, los remesan al exterior)

Autopartes

Dentro de la actividad automotriz es necesario destacar el papel que juega la industria de partes. En consonancia con la evolución de la empresa terminal, la industria de auto partes tuvo un rápido crecimiento. De capital nacional en su origen, en los últimos años sufrió las desnacionalizaciones comunes a otras ramas de la actividad.

Según CIFARA, la estructura de su mercado es la siguiente:

Ventas a la industria terminal 71%
Ventas a reposición 27%
Ventas en carácter de productos intermedios 2%

Con 1200 establecimientos estimados por CIFARA, para Adefa son directamente proveedores 670. Tomando en consideración que las empresas terminales (sólo 9) absorben el 71% de las ventas, queda claro el grado de dependencia de la industria de auto partes. Las empresas terminales han ejercido permanentemente el poder que les proporcionó esa ubicación privilegiada.

Al ser los principales compradores, las terminales trazan de hecho los planes de producción de las empresas de auto partes, lo que significa, entre otras cosas, que transfieren el financiamiento de los stocks a la industria proveedora. Las terminales hacen verdaderos concursos de precios, con la peculiaridad de que investigan los costos de producción, de resultas de lo cual fijan los precios de los artículos que compran. Por las características de las órdenes de compra, que es firme para 30 ó 60 días y estimativa para varios meses, la terminal se beneficia con la inflación y no corre riesgo alguno en lo que hace a partes y conjuntos si hubiera disminución de ventas o hasta la desaparición de modelos.

La terminal hace recaer en la industria de auto partes la ineficiencia en la programación de la implantación de la industria y en su posterior operatoria, así como su ineconomicidad. Un informe de Adefa expresa que: "en el capítulo sobre economía de escala, se ha puntualizado la importancia del número de unidades producidas en la composición del costo del automotor. Es necesario recalcar que las empresas que actualmente integran la industria terminal producen vehículos que en general corresponden a diversas marcas y modelos de origen europeo y norteamericano".

"Evidentemente esto trae como consecuencia una gama de partes diferentes que se hace más notable aún por el hecho de que los volúmenes solicitados de cada tipo, al ser generalmente producidos por varios proveedores (norma habitual de las oficinas de las terminales), resultan aún más reducidos de lo que son ya de por sí. Está claro que en lo que a partes se refiere (que es más del 50 % del costo del automotor) el sobre dimensionamiento y la anarquía del mercado favorece a las terminales.

Ingenieros copia planos

El aspecto tecnológico es coherente con el resto e indica la total dependencia de la industria de auto partes de la terminal y ésta, a su vez, de sus casas matrices. Nuestros ingenieros son confinados fundamentalmente a la administración o el control de la producción; de ninguna manera participan en la investigación o creación (irónicamente, ellos mismos se autodenominan "ingenieros copia planos") Ninguna modificación se puede introducir sin la correspondiente autorización de las casas matrices.

Más del 45% de las ventas anuales del sector se realizan con licencias, que es otra forma de dependencia y genera remesas de divisas, control de nuestra producción y en general conduce a la desnacionalización de empresas de capital argentino.

La industria de auto partes no sólo tiene un comprador de carácter monopólico, sino que en general se abastece en un mercado de la misma índole, por ejemplo en plásticos, sector en el cual las empresas nacionales dependen para la provisión de materias primas de las grandes empresas petroquímicas y siderúrgicas.

Para el caso de éstas últimas, en el informe de CIFARA se dice "que la chapa, juntamente con la fundición y los productos forjados, son los materiales de consumo masivo en la industria". "Sin embargo, la chapa se diferencia de los otros dos productos por ser también producidos en forma masiva. En los costos de este producto tiene una incidencia notable el volumen de producción. Por otra parte la gran diversidad de medidas eleva en forma artificial los stocks, aumenta los gastos financieros, etc. En consecuencia, es necesario que se inicien las conversaciones entre los sectores interesados a efectos de encontrar la salida más económica en ese sentido".

"También se debe destacar el hecho de que Somisa, a pesar de estar perfectamente equipada y capacitada, no incluye dentro de sus líneas de producción a los tipos de chapas requeridas por la industria automotriz". "Esta situación, además de traer un innecesario gasto de divisas –ya que estos tipos de chapa son de mayor valor–, tiene el inconveniente de que obliga a las empresas a mantener stock muy voluminoso de materiales de importación con todas las consecuencias conocidas". "De subsistir esta política por parte de Somisa, con el ingreso en el mercado de "Propulsora Siderúrgica" el problema se agravará al quedar el mercado de chapas especiales para ser cubierto por esta última solamente."

En cuanto a lo que ello significaría, la misma CIFARA agrega que: "Se puede observar un progresivo acercamiento entre la industria terminal automotriz y la industria siderúrgica. Asociaciones de este tipo son ya comunes, lo que sucedía hace algunos años. Si bien este tipo de asociaciones puede ser conveniente desde el punto de vista empresario, se debe analizar la estructura general de la industria para determinar su conveniencia desde el punto de vista coyuntural".

"Esto significa que siendo controladas las principales firmas proveedoras por algunas de las productoras terminales, el resto de éstas quedan en la alternativa de instalar su propia planta proveedora o resignarse a depender de la competencia."... "Esto trae como inconveniente que, en tal situación, se fomente artificialmente la instalación de nuevas plantas controladas por las terminales, independientemente de que exista capacidad ociosa de producción en este rubro."

Propulsora Siderúrgica pertenece a capitales italianos y si bien no es claro aún su futuro, el temor que se manifiesta en la industria de auto partes es lógico, al margen de lo que efectivamente suceda. Muestra además las vicisitudes de la industria nacional cuando entra en la órbita de la dependencia de las empresas multinacionales.

Dependencia financiera

Todos los aspectos señalados que expresan grados de dependencia de la industria de auto partes, se potencian en el campo financiero. El carácter de la orden de compra obliga a la industria de auto partes a financiar el stock de las terminales. Entregado el pedido, debe brindar nuevas financiaciones. Como las compras en el sector auto partes constituyen más del 50% de las que efectúan en total las terminales, de tal suerte el costo del automotor está libre de todo gasto financiero: la industria de auto partes financia la terminal en más de un 50% de su costo.

Considerando que las terminales tienen posibilidad de cubrirse en cuanto a cualquier caída en la venta de terminados, ya que pueden suspender los pedidos, el stock de los mismos es el mínimo necesario. Por otra parte, al efectuarse las ventas al contado, o financiadas a intereses elevados por las mismas empresas o colaterales, a la utilidad de la industria en sí se suma el negocio financiero.

Decíamos que la industria de auto partes creció; efectivamente es así. Lo hizo en permanente lucha de sus integrantes por superar el marco en el que las terminales los tenían embretados.

En esa jungla sobrevivieron las más fuertes, pero en el camino fueron quedando las empresas quebradas y las absorbidas y desnacionalizadas, que según estimaciones llegarían hoy a un 40%.

Ley de Reconversión de la Industria Automotriz

Buen ejemplo de estos intereses encontrados ha sido la larga tramitación de la Ley de Reconversión de la Industria Automotriz. Las diferencias entre el anteproyecto propuesto por el entonces Secretario de Industria y Comercio, Gral. de División (R. E.) Oscar M. Chescotta y el finalmente aprobado, son significativas y evidencian el cúmulo de intereses en juego. En sus partes principales, la ley establecía (**objetivo A**), "la reducción del precio de automotores a fin de posibilitar su adquisición por parte de los sectores de menor ingreso relativo".

El anteproyecto establecía series mínimas de producción de modelos; unificación y normalización de autopiezas. El primer punto no fue concretado en la ley y en cuanto al segundo quedó diluido.

Tampoco la ley contempla la fabricación masiva de un automóvil económico, como se proponía en el anteproyecto.

A la vista de lo ya dicho sobre costos y economía de escala, así como la influencia negativa de modelos y versiones múltiples, se advierte que la ley no contempla las medidas necesarias para modificar dichas condiciones antieconómicas.

El **objetivo B** establecía la "concentración de la industria terminal y la de auto piezas, obteniendo una mayor eficiencia productiva con las máximas economías de escalas posibles y acrecentando las fuentes de trabajo". Lo dicho anteriormente vale igualmente en cuanto que no se dan las pautas para alcanzar dichos objetivos. La prohibición de instalar nuevas fábricas satisface el deseo de las industrias que se consideran consolidadas de mantener un statu quo que imposibilite la competencia.

En nuestra estructura ésto va en perjuicio del consumidor, ya que el amparo al industrial frente a la anarquía del mercado debe ir siempre ligado a precios máximos, acerca de lo cual la ley nada dice. En cambio el ante proyecto era preciso en ese sentido. Su artículo 28 lo estipulaba. La prohibición se transforma, en cambio, en práctica monopólica protegida por ley.

El **objetivo C** decidía la promoción intensa de la tecnología y diseños nacionales. Sin embargo, no contempla la creación de una tecnología nacional que independice al país del exterior. No crea obligaciones a las empresas, ni fija las propias del Estado.

El artículo 21 del anteproyecto no fue incluido en la ley. En el mismo se decía que: "para el aumento de capacidad de producción actual o nuevo modelo de equipamiento eventualmente requerido por la planta con equipos, bienes de capital, herramientas, repuestos, etc., deberá ser provisto hasta el límite de lo posible por la industria nacional, acreditándose fehacientemente en el proyecto respectivo esta circunstancia". Agregaba que la implantación del equipo, bienes de capital, herramental, repuesto, etc., que no pueda proveer la industria nacional debía ser autorizado. Finalmente las empresas debían acreditar fehacientemente que tenían "en funcionamiento continuo y definitivo un grupo de ingeniería con aptitud suficiente para la creación y desarrollo de diseños originales orientados a la máxima utilización de recursos industriales en lo que se refiere a personal, componentes, equipos y herramental".

Tampoco se prohibe totalmente la importación de matrices, moldes y dispositivos para fabricar auto piezas en el país, cuya suspensión estaba prevista en el artículo Nº 10 del anteproyecto.

El **objetivo D** establecía la "reducción del egreso del país de divisas por importación de bienes, y/o tecnología destinadas a dicha industria". Quizás en este aspecto es donde se da el elemento más positivo de la ley por el cual la misma concita el apoyo de los fabricantes de auto partes nacionales. Es el llamado sistema de listas positivas para la importación de bienes. Por el mismo las terminales sólo podrán importar los elementos que las listas determinan. Para quienes de ésto hayan escuchado que sólo se importaba un 5 % de lo necesario de la construcción de automotores, dirán: ¡vaya la conquista!

Hasta para un profano con sentido común, lo lógico es que si había un límite para importar, con un espíritu de total protección a la industria nacional, ese límite debía expresarse no sólo en porcentajes sino en cada pieza (con nombre y apellido) que no se pudiere fabricar.

Pero ocurre que tratándose de los intereses de las grandes empresa, no vale el sentido común. Quienes conocen los esfuerzos realizados para lograr esa conquista pueden recapacitar sobre cuánto cuesta, dentro de nuestra estructura, afectar en algo los intereses extranjeros.

Cabe presumir que los cambios introducidos entre anteproyecto y ley, es el precio que debieron pagar los industriales de auto partes para lograr su aprobación.

Sin embargo ha sido un triunfo retaceado ya que se le reserva a las terminales el derecho a importar cuando las auto piezas nacionales no se ajusten a algunos de los siguientes requisitos esenciales: a) calidad, b) cantidad, c) precio. Y al terminar, el artículo agrega: "Plazos previstos". Esto dará lugar, sin duda alguna, a infinidad de conflictos.

Referente a la importación de tecnología campea el mismo espíritu. Es positivo en cuanto a la creación del Registro Nacional de Contratos de Licencias y Transferencia de Tecnología y a la exigencia de que en él no se podrán inscribir los nuevos contratos, cuando establezcan: a) restricciones a la producción, distribución, inversión, investigación; b) obligación de adquirir equipos o materias primas de un origen dado; c) prohibición de exportar o solicitar autorización para el mismo fin; d) ceder gratuitamente patentes, marcas, etc., que hayan podido obtener; e) imposición de precios; f) obligación de pagar regalías por licencias que no se utilizan. Los contratos deberán estar redactados en idioma nacional.

Se limita a un 2% de las ventas netas la cantidad que el licenciado puede gravar sobre sus utilidades.

Las licencias generalmente amortizadas, sirven para disminuir el pago de réditos. El límite de la ley, 2 % sobre ventas, es una cifra extremadamente importante. Si ése es el límite, ¿cuánto gravaban antes?

Todo esto rige para los nuevos contratos. Nada dice de los viejos. Y leyendo las cláusulas contempladas en el artículo, espanta pensar hasta que punto las autoridades "anteriores" fueron liberales en sus concesiones.

En el **objetivo E** se buscaba el "ingreso efectivo de divisas por exportación de automotores y auto piezas con alto valor agregado de origen nacional". Se dispone el reintegro del 50 % para las exportaciones, que ha de pagar el país y beneficiará a unos pocos. En la medida en que el mercado internacional es manejado por un reducido número de empresas en función de sus intereses globales, son ellas las que determinan en cada país de qué lugar se abastecerán.

Se incorpora el artículo N° 27 cuyo texto es ajeno al anteproyecto. Por él se posibilita que puedan considerarse como de fabricación nacional, auto piezas provenientes de ALALC en virtud de acuerdos multilaterales o bilaterales.

En *Clarín* del 23 de junio de 1968 se decía que "las compañías terminales son las que exportan e importan el acero y las partes. Se benefician del *draw-back* y reintegros cuando exportan y cuando importan, lo que es contrario totalmente al espíritu del sistema ya que no aporta divisas, así como gozan de las desgravaciones y exenciones tarifarias de la ALALC".

La promoción de exportaciones y las franquicias para la zona, esconderían una tremenda trampa que refleja con claridad el carácter de la operatoria de las empresas multinacionales. Resulta así que a través de la manifestación, siempre bien recibida, de promocionar las exportaciones, los países en desarrollo entran en una especie de remate para ver quién ofrece más a la "integración de la producción monopolista". Nuestro país ha hecho su oferta.

En el **objetivo F** se fija "la consolidación del capital nacional con poder decisorio real en la industria de auto piezas." En este proyecto enunciaba el objetivo F de la siguiente manera: "Incremento de la participación del capital nacional con real obtención del poder decisorio para el mismo en la industria de auto piezas". No es lo mismo, evidentemente, **incremento que consolidación**. Lo primero tendía, y había previsiones en ese sentido, a recuperar el patrimonio nacional desnacionalizado. La ley, en cambio, tiende a consolidar la situación. Y aún la consolidación aparece oscura. Por ejemplo no está claro qué pasó con una empresa proveedora que al tiempo de dictarse la ley no producía un 60% para la industria automotriz por lo que no quedaría comprendida en el régimen. De tal manera no la obligarían el artículo N° 11 por el que las empresas de auto partes no nacionales y las terminales no pueden incorporar nuevas auto piezas sin previa autorización.

De igual manera, como fomento de exportaciones, las empresas de auto partes extranjeras y terminales podrán fabricar nuevas auto partes destinando un 50% de la producción a la exportación. Si recordamos el reintegro del 50% y la manera de operar de "integración de la producción" de las empresas multinacionales, siendo ellas mismas las compradoras, vemos hasta qué punto es peligroso este artículo y cuál sería su sentido final.

En definitiva la industria nacional de auto partes de ninguna manera se puede considerar consolidada y asegurada. En general la ley da idea de "solicitud" al sector terminal para que se dé por satisfecho por lo ya recibido, no le toca lo que ya obtuvo, fijándole un cauce distinto no escandalizante.

Es un armisticio con condiciones puestas por el vencedor que sabe que no puede ir más allá, hoy. Pero armisticio, no paz, significa que en cualquier momento puede avanzar de nuevo...

Ubicada la ley dentro del marco general de la política económica oficial, las empresas de auto partes nacionales deben comprender que su destino está ligado al del país y su desarrollo sostenido sólo se puede obtener dentro de una economía donde el poder de decisión sea nacional.

Adefa: costos

Adefa ha hecho un análisis del elevado costo del automotor en el país, cuyas conclusiones son interesantes.

Considerando que los automotores argentinos cuestan un 122 % más que el precio internacional, lo atribuye a:

Economía de escala..76,69 %
Diferencias por capacidad ociosa................................5,39 %
Precios elevados de materia prima.............................14,91 %
Régimen aduanero..14,25 %
Gastos financieros y de comercialización....................66,21 %
                                                                           117,25 %

Es decir que Adefa reconoce que 82,08 % es debido a economía de escala y capacidad ociosa. Puede afirmarse que ello es el resultado de una política liberal que amparó el nacimiento y crecimiento anárquico de la industria automotriz; puertas abiertas al capital extranjero; libre juego de las energías empresarias privadas; nada de planificación estatal.

En el mismo estudio se establece que la producción óptima mínima de una empresa automotriz es 225.000 automotores por año, prácticamente la producción anual de todas nuestras empresas. Este hecho ha de poner en aprietos a los que reiteradamente pontifican sobre el "eficientismo".

Los precios elevados de materias primas que inciden fundamentalmente en la fabricación de partes, tienen su raíz en el carácter monopólico de los proveedores de cobre, acero, aluminio, plástico, etc. En cuanto al encarecimiento de materia prima en aduana, se podría evitar fabricando en el país muchas de las mercaderías importadas.

Costos financieros y de comercialización

Es conocida la forma de operar de las financieras de automotores que cobran intereses superiores, en un 100 %, a los bancarios. Completa el panorama el hecho que las mismas son de propiedad de las empresas terminales: Finafor, Permanente, Fiat, etc, o colaterales de grandes bancos, como la financiera del Boston.

Del total de 122 % que cuesta en más el automotor nacional, el 117,25 % es consecuencia de la falta de planificación de la industria y de la estructura en la cual opera.

Observando las tablas de producción suministradas por Adefa (acumuladas 1959-1970 y 1971) extractamos lo siguiente:

Citroen Argentina: produjo 6.000 unidades del **Ami 8** y 540 del **Mehari**. El **Standard** desapareció luego de 25.000 unidades producidas en 11 años, en el año 1970 sólo 100.

Chrysler Fevre Argentina: El **ValiantII** desapareció luego de 25.800 unidades en 5 años, con versiones como el **Coronado** del que se produjeron 703, y del **GT** 274 en dos años; el **Valiant IV** desapareció luego de 17.000 unidades en tres años, con 1.363 del **Coronado**, 1.263 del **GT**; del **Dodge GTX 6 y 8** se han hecho 1600 en 1970 y 1.200 en 1971. El **Dodge Valiant** desapareció luego de 220 unidades en 1968 y 380 en 1969. El **Dodge GT** desapareció luego de 3.485 unidades y 43 en 1970. El **Polara** y el **Coronado**,733 unidades en 1970 y 835 unidades en 1971.

Fiat Concord S.A: del **Fiat 600** se llevan fabricadas 166.803. **Fiat 800 Coupé** desapareció luego de 7.807 unidades en 6 años. Del **2100** se produjeron 45 en 1960 y 174 en 1961.

Ford Motor Argentina: del **Falcon** en cinco versiones se llevan fabricadas 141.910 unidades en 10 años; **los rurales** 7.547 unidades en 5 años; del **Fairlane** se produjeron

7.081 unidades en 1969, 989 en 1970 y 3.551 en 1971. Del **Fairlane De Luxe**, 5 en 1970.

De las otras empresas podemos dar cifras similares. Hay un **Chevrolet 269** que desapareció con 456 unidades en 1964. Del **Torino 380W** se produjeron 6 en 1966 y 8 en 1970. En los 4 años, 1.241 unidades.

Tómese en cuenta que cada versión tiene partes diferentes, de las cuales se fabrican cantidades ridículas aunque el trabajo y la inversión sea la misma en cuanto a planos, matrices, servicios de ingeniería en general. Cada nuevo modelo significa importar nuevas matrices. Se sigue un camino totalmente irracional, ya que la matricería debe amortizarse por una pequeña cantidad de unidades, para dar lugar rápidamente a un nuevo modelo que lo ha de reemplazar.

Súmese a todo ello la salida de divisas por el pago de las nuevas matrices, de nuevos pagos de licencias y royalties para la industria de auto partes, etc. Cabría agregar que normalmente tales "nuevos modelos" están ya amortizados en sus lugares de origen por lo que cada remesa de dólares es pura utilidad para la industria extranjera. La diversidad de modelos se traduce en mayores costos para el consumidor y continuas sangrías de divisas para el país.

Pocas industrias deben ser tan ineficientes en cuanto a la programación de su instalación y de su producción como la industria automotriz. La producción y venta del Fiat 600 y del Ford Falcon señalan un camino de excepción.

Manipulación de la demanda y obsolescencia planificada

La industria automotriz suele ser la expresión típica de la sociedad de consumo y como pocas refleja sus leyes. Entre ellas están la manipulación de la demanda y la obsolescencia planificada. A consecuencia de la misma el comprador no compra lo que quiere sino lo que las grandes empresas "manipuladoras de la demanda" disponen que compre, en cantidad, calidad, y oportunidad. Un extraordinario aparato administrativo organizado y ejecutivo, acompañado de un aparato publicitario acorde con el mismo, se encarga de lograr ese resultado.

En cuanto a la obsolescencia planificada, es la utilización de inmensos recursos aplicados a una tecnología que no crea sino que innova, es decir, produce algo que ha de perecer prontamente, en general no por su utilidad sino porque "pasó de moda". Por supuesto, esto último está determinado por el mismo aparato anterior. En la industria automotriz la obsolescencia planificada se evidencia por la diversidad de modelos en un momento dado y por la renovación permanente de los mismos, que no tiene otro fin que la extracción constante del ahorro de los consumidores.

En EE.UU. este "derroche social" (dentro del marco de una economía inflada por un presupuesto fiscal enorme, apoyado en una economía de guerra) sirvió durante años para esconder la crisis que le ha hecho perder posiciones en la economía mundial y lo ha llevado a la crisis monetaria reciente. En nuestro país ese derroche no esconde nada. Frente al orgullo de poder fabricar unidades siempre novedosas, está el estancamiento económico general. El derroche social de las metrópolis aparece en nuestro país multiplicado varias veces.

Es inocultable el crecimiento de la industria automotriz frente al resto de la industria del país y aún a pesar del estancamiento general del mismo. ¿Es ello casual?

El problema de la captación del ahorro interno ha sido motivo de estudios de la CEPAL y CONADE. Las proyecciones de demanda de esos organismos fueron superadas por la realidad a pesar de las prevenciones de sus funcionarios. Organismos de estudio privados como OECEI de Fiat, señalaron que el crecimiento acelerado de la industria automotriz afecta toda la economía derivando poder adquisitivo y ahorro.

Podría interpretarse que los organismos nacionales y regionales se equivocaron en su proyección. Sin embargo, es evidente que algo se "planificó". Galbraight en su libro *El Nuevo Estado Industrial* sostiene que el nuevo control del suministro de ahorro es una necesidad estratégica de la planificación industrial. Refiriéndose a quién "sustrae o reserva capital para la inversión", dice: "En Estados Unidos y en las economías de tipo Occidente, el agente de esa operación es la gran compañía. Como en tantos otros campos, la gran compañía es el instrumento planificador". La manera y objetivos, el mismo Galbraight los explicita:

"La necesidad de controlar el comportamiento del consumidor es una exigencia de la planificación. A su vez, la planificación es una necesidad suscitada por el uso amplio de la tecnología avanzada y del capital, así como por la consiguiente dimensión y la complejidad de la organización".

Sobre el problema precios sostiene Galbraight:

> "La planificación industrial necesita que los precios estén concretamente bajo control. Como hemos visto, la tecnología moderna reduce la fiabilidad del mercado y aumenta el compromiso de capital y de tiempo necesarios para la producción. Por esta razón no puede permitirse que los precios estén entregados a los caprichos de un mercado sin manipular".

Establece la diferencia entre la fijación de precios del sistema industrial y expreso acuerdo monopolista, penado en EE.UU. por la ley anti-trust. "Así, por ejemplo, los tres grandes de la industria del automóvil son perfectamente capaces de fijar precios que reflejen su interés común, porque cada una ha tenido ocasión de estudiar larga y atentamente el comportamiento de los otros dos en los núcleos urbanos importantes".

"El resultado es de gran precisión, sin la menor necesidad de consulta previa. Y el procedimiento es legalmente inobjetable. Pero apenas cambiaría nada si se permitiera a esas tres compañías consultarse abiertamente para concordar los precios."

"En cambio, un grupo de pequeñas empresas de suministro de partes o de submontaje de la industria del automóvil no tendrá la misma capacidad de estimar la necesidad y las intenciones de cada uno de sus miembros. Estos pueden ser además numerosos, o sea, pobres en cuanto a poder sobre el mercado. Si llegara a saberse que, a causa de su posición más débil (y más competitiva) se han reunido para discutir precios y conseguir así alguna capacidad de control de los mismos, aún menor que la que, obvia y reconocidamente, poseen los grandes del automóvil, la ley caería como un tigre sobre esas pequeñas compañías. La ley garantiza pues el poder de los grandes sobre el mercado. Y en parte disfraza ese privilegio aplastando los esfuerzos del débil por adquirir un poder semejante."

En cuanto al sistema industrial lo define así:

> "Pero en el mercado característico del sistema industrial no hay más que un puñado de vendedores. El mercado interior del automóvil en los EE.UU. está cubierto por cuatro firmas y dominado por tres. Los mercados del aluminio en bruto, del

cobre, del caucho, de los cigarrillos, del jabón y de los detergentes, del whisky, de la máquina eléctrica pesada, del acero para la construcción, del envasado metálico, de las calculadoras, de los motores de aviación, del azúcar, de las galletas, del hierro en lingotes, del hierro en bruto, de la hojalata, de los laminados, de los camiones y de otros muchos productos, están cada uno de ellos dominados por cuatro firmas. Casi todos son ejemplos de la empresa de la que estamos hablando. Tal es el sistema industrial."

Para Galbraight, la gestión o manipulación de la demanda es efectivamente una industria enorme y en rápido crecimiento. Comprende una gigantesca red de comunicaciones, un gran dispositivo de organizaciones comercializadoras y vendedoras, casi la entera industria de publicidad, numerosa investigación servil y auxiliar, la preparación de vendedores y otros servicios análogos y muchas cosas más. En la lengua cotidiana americana toda esa gran máquina, junto con los varios y especializados talentos que utiliza, se suele llamar aparato de ventas. En un lenguaje menos eufemístico, debe decirse que ese aparato se dedica a manipular a los consumidores."

"La clave de la manipulación de la demanda es la manipulación eficaz de las compras del consumidor final, o sea, de los individuos y del Estado."

Evidentemente todo esto significa la captación del ahorro interno. Para la gran empresa el problema no es sólo captarlo, sino controlar su distribución.

"Una compañía de automóviles tiene que asegurar que los consumidores dediquen una parte apreciable de sus gastos a automóviles en general, y a los suyos en particular. Pero las ventas de la empresa seguirán siendo muy irregulares si, a pesar de gastar los consumidores una fracción constante de sus rentas en los vehículos de la firma, hubiera una fluctuación anual radical en las rentas de los consumidores. De ello se sigue que el control eficaz de la demanda del consumidor requiere que se manipule no sólo la proporción de rentas gastadas, sino también la cuantía de las rentas mismas disponibles para el gasto."

"Por tanto, tiene que haber gestión o manipulación de la demanda del producto específico y de la demanda de productos en general. Por eso, las medidas destinadas a mantener el nivel deseable de la demanda agregada son una parte esencial en la tarea de la planificación industrial."

OECEI amplió el concepto cuando destacó que la industria automotriz necesita una distribución del ingreso que no sea demasiado concentrado porque el mercado se saturaría rápidamente, pero tampoco una distribución equitativa porque el ingreso medio sería insuficiente para la compra del automotor.

La consolidación y crecimiento del sistema está en los gastos del Estado, señala Galbraight:

"En 1929 los gastos federales en bienes y servicios de todas clases sumaron 3.500 millones de dólares; en 1939 alcanzaron los 12.500 millones; en 1965 fueron aproximadamente de 57.000 millones. Respecto del Producto Nacional Bruto aumentaron desde 1,7 % en 1929 hasta 8,4% en 1965, y poco antes de esa fecha habían llegado incluso a rebasar sustancialmente el 10%."

Y dentro de esos gastos, el autor da esencial importancia a los gastos militares.

"Representaban a principios de los 30 un gasto de 750 millones de dólares, en 1939 un gasto de un poco más de 1.000 millones y en 1965 más de 50.000 millones de dólares."

"Si el gran sector público sostenido por los impuestos personales y mercantiles sobre la renta es el fulcro sobre el que se apoya la regulación de la demanda, es claro que los gastos militares son el pivote en que descansa el fulcro mismo."

Y va más allá cuando señala por qué han de ser los gastos militares y no otros:

"Tampoco es suficiente que otros gastos públicos recompongan el total cuantitativo. Pues además del problema de obtenerlos en las cantidades requeridas, se encuentra la necesidad de garantizar la tecnología y, con ella, la planificación del sistema industrial. El gasto en escuelas, parques, pobres, etc, no conseguiría tener este último efecto."

"El nuevo gasto sustitutivo tendría que poseer la misma relación con la tecnología que tiene el gasto militar sustituido."

Diferencia claramente el mercado de la gran empresa de aquél en el que concurren los productos agrícolas y otros:

"Los precios industriales tienden a permanecer fijos, una vez establecidos, durante dilatados períodos. Nadie supone siquiera que los precios del acero, del aluminio, los automóviles, la maquinaria, los productos químicos, los del petróleo, los de los envases metálicos y otros productos análogos del sistema industrial vayan a ser sensibles a los cambios del costo o de la demanda que provocan constantes reajustes de los precios de los servicios, de los productos agrícolas menores y de las ramas de los cuales los productores siguen aún sujetos al control del mercado."

Galbraight no se vería sorprendido por nuestra realidad. La única diferencia es que ese mercado "anárquico" lo es sólo para las empresas nacionales...

Galbraight, observador lúcido pero envanecido y deslumbrado, en 1967 se permitió semejantes confidencias porque estaba en la cima del poder del sistema.

Sólo bastarían unos años para que las grietas de tal sistema aparecieran, resurgiendo con toda crudeza una competencia agravada, adoptando nuevas formas, conmoviendo toda economía mundial.

Las características que señaló Galbraight tienen para nosotros una connotación trascendental. El sistema que para él es admirable, deja sus beneficios a los trusts, en su país de origen. Para nosotros es extranjero. Las empresas monopólicas que se benefician del mismo están en EE.UU. y ahí tienen sus centros de decisión.

Un estudioso argentino del derecho, se expresa como sigue sobre las super-empresas. El Dr. Aftalión, conocido jurista, en su libro *Monopolios y sociedades multinacionales* dice: "el tema de la concentración de empresas está suscitando alguna inquietud entre nosotros con motivo de una apreciable afluencia de inversiones extranjeras, efectuadas bajo la forma de compra de paquetes mayoritarios de acciones y de fusiones o sindicación de acciones." Más adelante, "sea lo que fuere, lo cierto es que el fenómeno merece una consideración atenta por los poderes públicos que tienen el deber de controlarlo legal y reglamentariamente de modo tal que el tipo, clase y dirección de las inversiones sea congruente con la planificación del gobierno y con el desarrollo de sectores básicos.

Parece indudable que, toda vez que se trate de actividad que rocen las claves de la economía nacional, bancos, el control ha de ser especialmente riguroso."

Cuando habla de las fusiones aclara: "En aquellos (en los Estados Unidos) las empresas que crecen o que se fusionan son norteamericanas, esto es, locales, mientras que en estos últimos ocurre que la concentración se manifiesta sobre todo en el campo de las empresas extranjeras (en especial, norteamericanas). Desde el punto de vista de la soberanía económica de un país es obvio que esto tiene una gran importancia." "El crecimiento empresario se manifiesta sobre todo como crecimiento de empresas subsidiarias del extranjero, lo que significa que las eventuales tensiones no son entre empresa nacional y Estado Nacional, sino entre empresas foráneas y Estado Nacional, cuyos objetivos pueden no coincidir."

Sin embargo para Aftalión todo se reduce a un problema de control: "No desconocemos el inmenso poderío de algunos monopolios internacionales, pero no pensamos que puedan imponerse a un gobierno que sepa actuar con decisión y habilidad." Se contradice, porque cuando habla de la ley antitrust en EE.UU. destaca: "En los Estados Unidos el control y la represión de los monopolios en general nunca llega a la destrucción abusiva de las empresas de tamaño gigantesco, las que a la postre parecen estar **más allá del bien y del mal**" y sigue "quedan al margen de la represión los grandes oligopolios preexistentes que hacen a la estructura misma del sistema económico norteamericano."

"La ley tolera las empresas que controlan un 50% del mercado, mientras que una fusión de dos concurrentes menores que alcance un 15% de aquel puede estar expuesta a investigación." Las opiniones insospechables de un jurista como el Dr. Aftalión nos muestran con más claridad la aparición, desarrollo y peligro de las empresas multinacionales que las de economistas interesados.

La industria automotriz se encuentra enraizada en las entrañas mismas del "sistema industrial", sus reglas han normado su nacimiento como industria en el país y su crecimiento posterior. Triste es reconocerlo, mucho tiene que ver con ese crecimiento, con su estructura misma, la crisis actual de nuestra economía. Correspondería a este trabajo incursionar en los fundamentos ideológicos que dan sostén a esta selección industrial, a este sistema generador de crisis. Tal análisis será motivo de otra nota de Realidad Económica.

¿QUÉ OCURRIRÁ EN EL PAÍS SI CONTINÚAN APLICÁNDOSE POLÍTICAS ECONÓMICAS INFLUENCIADAS POR EL DESARROLLISMO? *

Si hoy cabe un interrogante como el que nos planteamos como subtítulo, es consecuencia y no de las menos importantes, de los golpes de Estado que permanentemente en la vida argentina han salvado un equipo gobernante de su total y definitivo desprestigio, frenando los movimientos populares que los habrían desplazado hundiéndolos en el pasado.

Una revisión objetiva de lo acaecido sería suficiente para descartar hombres y programas, evidenciando la necesidad de un cambio profundo en la estructura económica del país. **Sin embargo, nuestros sectores dirigentes, han tenido habilidad de mantener en actividad cada una de los actores responsables de la dirección política y económica del país.**

Pinedo, símbolo de la década infame, fue ministro de economía en 1962. Su gestión fue coherente con sus antecedentes. Al morir se le rindieron grandes homenajes. Más que una prenda de agradecimiento con quien tantos servicios prestara, tal gesto se corresponde con la actitud de nuestra oligarquía latifundista, financiera y gran empresaria que les ha rendido y les rinde aún múltiples beneficios. Ningún político, ningún economista responsable de nuestra situación ha quedado descartado. Ahí están ocupando sus puestos, sirviendo de permanente alternativa a cambiantes y oportunas "expectativas esperanzadas" que barajadas una y otra vez son promovidas para confundir al pueblo desviándolo de su correcta ubicación.

Es un trágico carrusel donde se suceden las mismas caras. **Si hoy nos vemos obligados a ocupar nuestro tiempo y el vuestro es porque los desarrollistas, luego de 10 años de su experiencia gubernativa, pretenden ganar influencia con sus eternas falacias, en sectores profesionales, empresarios y de las Fuerzas Armadas cabalgando sobre las necesidades y angustias que crecen en esos sectores por el estancamiento y postración que sufre el país, producto de una estructura económica anacrónica que lo tiene enchalecado.**

La respuesta al interrogante es simple, en tanto que sólo variantes de matices, distinguen a Frigerio de Krieger o de Alsogaray. La continuidad de la política económica que nos ha llevado a la situación actual sólo puede traducirse en una profundización y generalización de la crisis conduciendo al país a un "callejón sin salida".

Quienes me precedieron han hecho referencias a la gestión económica Frondi-Frigerista así como sus escritos. A pesar de ello me he de detener brevemente en el tema.

---

* Extraído de *Proceso al desarrollismo*, libro pluriautoral (Ediciones Cuenca, 1973).

Las referencias que he de dar a continuación han sido en su mayoría, extractadas del libro "Los planes de estabilización en la Argentina", con trabajos de Aldo Ferrer, M.S. Brodershon y E. Eshag y R. Thorpe.

En 1958 sube al gobierno el Dr. Frondizi y con él el desarrollismo toma la dirección de la economía. A pocos meses la carta de intención con el FMI firmada el 4-12-58 la muestra al desnudo.

"En cuanto a la política fiscal, el objetivo era reducir el déficit del presupuesto; se esperaba lograr uno equilibrado para 1960. Deberían reducirse el gasto corriente y las inversiones, así como, también sustancialmente los aportes de tesorería a las empresas del Estado. Además se restringieron los aumentos salariales en el sector público mediante la extensión de convenios a dos años y la eliminación de cláusulas de "costo de vida". Los ingresos de tesorería deberían crecer elevando las tasas de impuestos. En el aspecto monetario, habría de seguirse la política de restricción del crédito.

Las recomendaciones sobre el establecimiento de un mercado libre incluían medidas que afectaban tanto a las transacciones internas como las externas. En cuanto a las primeras, habrían de eliminarse todos los subsidios y controles de precios. En cuanto a las segundas, se suprimirían todos los controles directos del comercio de los pagos del extranjero, al mismo tiempo que se introducía un tipo de cambio libre, sujeto a la intervención del Banco Central."

Se estableció un mercado libre de cambio (tipo de cambio fluctuante).

Se abolieron los controles del comercio exterior.

Se eliminaron subsidios a productores.

"A fines de 1959 el FMI pudo decir que las distorsiones de precios habían sido mayormente eliminadas".

El valor real del stock de dinero cayó en un 30%. Se elevaron las tarifas.

"En diciembre de 1958 se elevaron las tarifas de los servicios públicos; las ferroviarias subieron el 50% al 60%, los subterráneos el 100%; el precio del petróleo aumentó el 200% y el de la electricidad para consumo doméstico el 50%. Con el propósito de reducir los gastos de las empresas y de la administración central se congelaron las vacantes, obteniéndose en el curso del año una reducción del personal en número de 40.000."

"El gobierno también se esforzó por reducir los gastos en inversiones, e incluso las obras públicas. Las empresas del Estado se encontraron con que carecían de fondos para inversiones y hubo casos en que se pararon trabajos o se postergaron proyectos por falta de fondos."

"Se postergó el proyecto del aprovechamiento hidroeléctrico de El Chocón".

"El PBI cayó en 1959 en un 5%, aumentó el desempleo, disminuyó el ingreso real de los trabajadores. El costo de la vida en 1959 fue más del doble que en 1958."

"Se incrementaron las huelgas. En septiembre de 1959 se perdieron 73 millones de horas hombres."

"Hubo una moderada elevación de las exportaciones merced a una severa reducción del consumo interno de carne a consecuencia de la caída de ingresos reales de una gran parte de la población." (De 90 Kg. per cápita bajó a menos de 70 Kg. per cápita). Cifras similares a las actuales. Releyendo esto cabe la pregunta ¿hay alguna diferencia con las peores medidas de 1966 a la fecha?

E. y T. se detienen en las recomendaciones del FMI.

"Los asalariados en el sector privado quedaban sujetos a negociaciones privadas pero los incrementos de sueldos que se otorgaron no podían ser financiados con créditos bancarios. En cuanto al comercio exterior, se pidió al gobierno que eliminara los acuerdos bilaterales y redujera el nivel de los recargos de importación tomados por demasiado proteccionistas, al punto que impedían el funcionamiento de las fuerzas de la competencia. Había que mantener el mercado libre de cambio y la intervención del gobierno debía limitarse a suavizar las fluctuaciones a corto plazo del tipo de cambio."

Como en 1960 se repitieron las mismas medidas profundizándolas, cabe la conclusión que: en ningún momento de los últimos 15 años fue seguida con tanta fidelidad y durante tantos años la política del Fondo Monetario Internacional.

El Plan de activación 1960-61 se basó exclusivamente en la captación del **capital extranjero** hacia industrias como la automotriz, petroquímica y petróleo.

Brodershon dice: **"Este proceso de expansión tenía sus límites, debido a que la falta de crecimiento en las exportaciones imponía un techo muy restrictivo a la capacidad para importar. Para obviar este techo se recurrió al uso de las reservas de oro y divisas y al endeudamiento externo para financiar las mayores importaciones de bienes intermedios y de capital. Este comportamiento se vio reflejado en el déficit de la balanza comercial de 1961 que llegó a 478 millones de dólares y en el enorme endeudamiento externo de corto y largo plazo".**

Los desarrollistas gustan hablar del aumento de reservas, los mismos Eshag y Thorpe se refieren a ello:

> **"El aumento de las reservas se debió sobre todo al ingreso de los capitales extranjeros, combinado con el establecimiento de un mercado libre de cambios, y significó la introducción de un importante elemento de inestabilidad del equilibrio externo de la Argentina. Esto se evidenció pronto, cuando los acontecimientos internos –económicos y políticos– desacreditaron el peso y llevaron a una reducción sustancial de los créditos externos y a la fuga de capitales al exterior."** (Eshag y Thorpe, pág. 111).

> "Y referente al ahorro de divisas gracias a una disminución de la importación de petróleo y ciertos otros bienes, el aumento de las transferencias al exterior por intereses y dividendos, motivado por la afluencia de capital exterior, compensó con creces esta economía. **Estas transferencias crecieron de 90 millones de dólares en 1958 a 166 millones en 1961.**" (Eshag y Thorpe, pág. 123).

Es necesario recalcar el carácter de la era del FMI y quiénes fueron los que se perjudicaron. E. y T. en su trabajo dicen:

> "El estancamiento de la producción total significó que cualquier aumento de la inversión fija doméstica hubo de ser financiado por una reducción del consumo y/o por capitales extranjeros. Se usaron ambas fuentes de financiación, *pero gravitó más el consumo. Su merma fue tal, que en 1963 el privado fue de un 10% menor que en 1958. Si se tiene en cuenta el crecimiento de la población, el consumo privado per cápita debe haberse reducido en un 20%, aproximadamente."*

> "Los más castigados por el estancamiento fueron naturalmente los asalariados y obreros, que sufrieron la contracción de sus oportunidades de empleo y la compresión de sus ingresos."(Eshag y Thorpe. Pág., 122).

"**El costo de vida creció en un 400% entre 1958-63**" y en cuanto al resultado de la política seguida concluyen: "Sin embargo, lo que volvió más precaria la situación externa del país al final de la era del FMI no fue tanto la evolución de la cuenta corriente de la balanza de pagos sino de la cuenta de capital. **Además de un aumento de la deuda a corto plazo, hubo uno sustancial del volumen de deudas a mediano y largo plazo.** La deuda pública externa creció de 1,6 mil millones de dólares a fines de 1958 a 2,6 mil millones de dólares en octubre de 1963. Pese a una reducción del peso de esta deuda gracias a la refinanciación obtenida a fines de 1962, se estima que en 1964 y 1965 vencerán pagos por más de 460 millones de dólares, equivalentes al 35% de las exportaciones en 1963." (Eshag y Thorpe, pág. 124).

La política desarrollista en el momento que debe definir un modo de concreción se evidencia. Sus propuestas de desarrollo descansan en el mantenimiento intacto de nuestra estructura.
En el agro no tocan el régimen de tenencia de la tierra y a partir de ello justifican como algo normal el éxodo campesino y la concentración latifundista.
Idealizando el proceso que debía darse, abruman con palabras acerca de tecnificación y productividad, pero dejan que el proceso lo dirijan quiénes son los responsables del atraso y la dependencia.
Sólo la Reforma Agraria creará las condiciones para un incremento de la productividad en el agro que conllevará a la ampliación del mercado interno por el creciente insumo de productos industriales y de bienes de consumo perecedero, por el afincamiento de la población campesina y un mayor nivel de vida.
Súmese a esto, la mayor disponibilidad para exportar, y con el manejo de las divisas por el Estado. La concepción desarrollista en el agro, al no modificar el régimen de tenencia de la tierra, deja en manos de sus dueños el manejo de su renta y de su inversión, que en el caso ha sido suficientemente probado que se tradujo en inversión suntuaria y fuga de divisas.
El problema del agro se resuelve, entonces, sólo quitando la tierra al latifundio con lo cual se le resta poder económico y político a la oligarquía.
Pero quitar significa poder quitar y puede quitar sólo quien tenga poder. De nada sirve despotricar contra la oligarquía como hacen los desarrollistas, si de paso se los apoya y no se los toca en lo que más les duele, esto es, en la propiedad.

EL ESTADO

En cuanto al papel del Estado, la práctica desarrollista ha sido igualmente coherente. Así lo muestran sus propuestas privatizantes y racionalizadoras, la política llevada a cabo con Y.P.F y los ferrocarriles. Es importante destacar la diferencia de objetivos para la empresa estatal desde el punto de vista del frigerismo y desde el punto de vista del interés nacional.
En el primer caso, la empresa estatal no entraña una modificación estructural ya que sirve de infraestructura para el crecimiento de la gran empresa monopólica. De ninguna manera el Estado se sirve de la herramienta que le da su poder económico para una política nacional coherente, *cual sería la inserción de la renta de la empresa estatal dentro de un presupuesto,* dentro de un plan que conlleve a un desarrollo armónico y sostenido.

Los desarrollistas reducen el papel de las empresas estatales a un fuerte y necesario apoyo a la gran empresa privada. Más aún: avanzan sobre lo que ya es del Estado para privatizarlo.

Al entregar el desarrollo de la industria básica al capital extranjero, el desarrollismo le da en propiedad el presente y el futuro del país. Al darle la propiedad, le da su renta, que manejaría a su arbitrio. Al darle la herramienta del poder económico le da el poder político. Al igual que el problema de la tierra en los sectores básicos, todo comienza y termina en el de la propiedad y en el manejo de su renta.

El desarrollismo considera que nuestros problemas se deben fundamentalmente al deterioro de los términos de intercambio. Plantea incrementar el proceso de sustitución de importaciones y desarrollar ciertos sectores básicos, siderurgia, petroquímica y química pesada. **Porque considera escaso el ahorro nacional disponible, propone abrir las puertas del país al capital extranjero.** Divide a este último en el antiguo capital extranjero que compraba granos y vendía manufacturas, y aquél que invierte.

Deltec, las empresas automotrices o petroleras estarían santiguadas. **Escamotea la existencia de los conglomerados que explotan cualquier renglón de la producción, del comercio, del transporte dirigidos todos por una misma filosofía.**

Nuestro país invierte un 20/24% de su PBI, cifra propia de un país desarrollado. Ello mide las posibilidades de desarrollo interno.

LA INVERSIÓN

La primera pregunta es: ¿en qué se invierte?, ¿quién programa la inversión? La segunda, ¿qué ha de suceder con la renta excedente que tal inversión crea?

Respecto a la inversión del latifundio ya hemos visto que va a la inversión suntuaria y al atesoramiento de divisas. En cuanto a programa, la inversión del capital extranjero se destaca siempre en la industria automotriz. Me remito a un trabajo publicado en la revista Realidad Económica N° 7 acerca del tema. Se plantea ahí la deformación de la economía del país en función de producir un bien para el consumo de menos de un tercio de la población del país.

E. y T. lo dicen de la siguiente manera, cuando hablan de los países "subdesarrollados": "En éstos, la distribución de la riqueza y del ingreso son tales que las fuerzas del mercado, libres de toda intervención gubernamental, conducían por lo general a una norma de inversión, producción y gasto que satisfará a sólo una minoría pequeña de la población. Pocos observadores juzgarán este resultado deseable para esta segunda mitad del siglo XX desde los puntos de vista social y político." (Eshag y Thorpes, pág. 126).

LA RENTA

En cuanto a la renta, está reiteradamente dicho que salieron muchos más dólares que los que entraron; la disponibilidad de divisas de la gran industria y del latifundio se canaliza en función de los intereses de los mismos que enfrentan los del país. A lo que hay que agregar que lo esencial de la capitalización de las empresas extranjeras fue hecha con el ahorro nacional.

Como lo demuestra H.W. Singer, en *Comercio e inversión en países poco desarrollados*, el sector económico externo sólo ha llegado a formar parte de las zonas subdesarrolladas de una manera geográfica o física ya que en el sentido económico, dicho sector es parte exclusivamente de los países inversionistas más desarrollados, lo cual se manifiesta en que los principales efectos en el sector secundario derivado del multiplicador se producen en el país de la inversión y no en los países huéspedes.

Según ello, respecto al país que hace la inversión, las inversiones extranjeras serían externas desde el punto de vista geográfico, e internas desde el punto de vista económico. Lo que en buen romance traduce la realidad: el beneficio queda en las casas matrices.

Celso Furtado lo dice: "No se debe perder de vista que las empresas norteamericanas que se instalaran en América Latina son parte de un sistema de decisiones que trascienden el horizonte de cada país aisladamente." (…) "La eficacia sustitutiva es una función decreciente de la expansión industrial controlada por compañías extranjeras."

El problema es la oportunidad e importancia de lo que sustituye. Quien lo debe determinar es el interés nacional no el de las empresas multinacionales.

Asimismo la división que Frigerio hace de capital extranjero dinamizador o expoliador es falsa y, por supuesto, interesada. Ya se habló en este ciclo de las empresas multinacionales y de los conglomerados que pueden hacer locomotoras y barcos, fabricar acero, poseer bancos y fábricas de chicles y juguetes, ser importadores y exportadores. ¿Piensan distinto los presidentes de las distintas empresas del mismo conglomerado?

En sus libros los desarrollistas hablan que el problema está en dirigir la inversión, en el modo de pactarlo. Un gobierno soberano y digno puede hacerlo, de modo de defender el patrimonio nacional. Ellos no pueden pedirnos tal voto de confianza. Si no pudieron resistir, dicen, "los factores internos de poder" mal pueden pedir crédito para creerles que resistirán a los de afuera que son en definitiva los mandantes.

TÉRMINOS DE INTERCAMBIO

En cuanto a ellos se refiere, esconden que los responsables de este deterioro son los mismos intereses a quiénes debemos nuestra dependencia.

Por otro lado, los años en que tuvimos buenos precios y buenos saldos comerciales ¿es qué trajeron beneficio alguno? En este sentido debe quedar igualmente claro que lo importante en ésto como en todo, es quién se queda con los saldos del comercio exterior, y quién maneja el mercado cambiario; en fin, ¿qué se hace con las divisas?

Los desaciertos y las medidas antipopulares, las imputan los frondicistas a los factores de poder que presionaron sobre ellos e insistieron e insisten acerca del marco político que les impidió gobernar.

Decir que en política se hace lo que se puede es justo a condición que lo que se hace esté dentro de los principios que se sustentan; de ninguna manera puede justificar un accionar que se contradiga frontalmente con los mismos.

Todas las medidas económicas fueron acompañadas por represión, estado de sitio, implantación del Plan Conintes, etc.

Cuánta gente se emocionó al escuchar el discurso de asunción del mando de Frondizi: ¿Qué quedó de eso? ¿Puede ser justificativo el que no les dejaran hacer? ¿Por qué no los denunciaron al pueblo? ¿Por qué no lo convocaron en su defensa? ¿Desde cuándo la genuflexión es prenda de dignidad y consecuencia? Defraudaron al pueblo que los votó, e igual papel hicieron luego en la oposición. Golpistas durante el gobierno de Illía, saludaron alborazados el golpe de 1966.

Las medidas del desarrollismo en el poder han sido coherentes con sus concepciones. De ninguna manera se apartaron de ella. No es casual que los años 1958-1962 han sido llamados por los autores citados anteriormente "era del Fondo Monetario Internacional."

El resultado objetivo de la política de puertas abiertas ha significado:

1) creciente desnacionalización;

2) creciente dominio de los sectores básicos de la economía;

3) incremento permanente de egreso de divisas por royalties, beneficios, patentes, servicios financieros, etc.

4) agudización de la monopolización y concentración industrial;

5) desarrollo de los sectores que interesan a la política global de las empresas multinacionales y que han contribuido a deformar la economía argentina.

La respuesta al interrogante surge clara: para el país, no hay posibilidad alguna de desarrollo en la vía capitalista ofrecida por el desarrollismo; con el agravante que, dada la situación económica y política, la imposición de la propuesta desarrollista va unida a un recrudecimiento de la represión y a una agudización de la crisis en todos los aspectos de la vida nacional.

El desarrollismo, ideología del neocolonialismo

Nuestra situación de "subdesarrollados" no es una etapa sino que es coexistente con la situación de los países capitalistas desarrollados. Ambas se condicionan.

Con el surgimiento del imperialismo a principio de siglo, con las características que ya conocemos, ocupan dentro de una división internacional del trabajo impuesta por el imperialismo, el papel de proveedores de materias primas, alimentos, combustibles o minerales.

Después de la gran crisis se produce un cambio, se desarrolla nuestra industria ante las dificultades para importar. La Segunda Guerra Mundial impulsa al país a nuevos horizontes.

LAS CONSECUENCIAS DE LA VÍA CAPITALISTA DE DESARROLLO

Veamos a que nos ha llevado pretender andar por el camino capitalista de desarrollo.

Acorde con la aparición y desarrollo de las extensas capas medias argentina con sus propios apetitos, y las características de nuestro mercado externo e interno, surge la industria automotriz, petroquímica, "nacionales", entre otras, que han de satisfacerla en sus requerimientos desde adentro ante la imposibilidad de abastecerla desde afuera.

Aparecen esas industrias como ejemplo de la nueva División Internacional del Trabajo que se palma en las condiciones del mundo de posguerra.

Es importante percibir esto en todo su alcance. Los desarrollistas gustan hablar de la vieja división internacional del trabajo cuando el rol que nos tenían asignado era el de proveedor de materias primas y consumidor de productos manufacturados.

A las viejas colonias y semicolonias las reemplazan hoy los países "subdesarrollados" o en "desarrollo", y consiguiente con ello, debido a la revolución científico técnica, el crecimiento extraordinario de las fuerzas productivas, la consolidación del mundo socialista, la agudización de la competencia entre el M.C.E, Japón y lo señalado, la desaparición del mundo colonial y la aparición en esos países de una creciente industrialización, con capas medias nacionales y un inmenso proletariado, ambos cada vez más concientes de sus posibilidades.

Surgen nuevas exigencias de las ex-colonias y nuevas necesidades de los grandes monopolios. Se encausan las mismas a través de la penetración económica de éstos últimos en la intimidad de la economía de las primeras.

Las grandes empresas, con el nuevo calificativo de multinacionales, aprovechando buena parte del ahorro nacional de las naciones a donde se dirigen, radican distintas industrias: automotriz, petroquímica, todas acordes con sus intereses y planes.

Y ahí está el problema, los monopolios gobiernan el proceso, cambian el rumbo porque entienden que necesitan hacerlo, pero no largan la presa. Herederos del tradicional parasitismo de las metrópolis, se transforman en parásitos en los cuerpos de sus víctimas.

Es evidente que del ingreso nacional hay un sector que se queda con la parte del león: es la oligarquía agrícola y ganadera, el capital extranjero y una pequeña parte de la población a él vinculada y que tiene un nivel de consumo superior al de las restantes capas sociales del país. Dueños del excedente, son a su vez sus administradores.

Apropiados del mismo, lo gastan, lo invierten o lo remesan al exterior, planifican la producción para satisfacer sus necesidades. Si bien dan trabajo, como se dice, lo cierto es que no entregan por el mismo lo que el grado de conciencia de las necesidades de los verdaderos productores debería exigirles.

Justamente las cifras que se dan para mostrar el carácter reproductor de las industrias dinámicas son las que las condenan: acero, consumo de nafta, industria del caucho, plástico, etc. Son miles de millones de pesos, buena parte del ahorro nacional, distribuidos para reproducir bienes que satisfagan los apetitos de un 30% de la población.

A la réplica de que muchos de esos millones los producen las mismas industrias, la respuesta es fácil, programan su producción, lo consumen, amén del plús que guardan.

Desde el llano o sucediéndose en las funciones del gobierno, los "economistas", al referirse al *ahorro-consumo* pretenden convencer al pueblo de la necesidad de constreñir el consumo (redistribuir el ingreso en perjuicio del pueblo), para aumentar el ahorro (a través del incremento de los beneficios y consiguiente capitalización de las grandes empresas); y ahorro-inversión, para que las mismas grandes empresas, manejando el ahorro decidan la inversión, satisfagan las necesidades sofisticadas de una minoría e incrementen sus beneficios, sustrayendo el remanente que convierten en divisas que fugan del país.

Desde que el ingreso es uno solo, la lucha por el mismo es constante, entre sus dueños y todos juntos contra el del pueblo. El crecer atendiendo el apetito de los menos lleva a un estrangulamiento económico que en los países subdesarrollados se muestra en toda su crudeza, entre otras cosas porque amén de las citadas remesas de beneficios de las empresas extranjeras están las otras: servicios financieros, royalties, fletes.

Frente a las alternativas de una constante redistribución del ingreso en beneficio del sector del privilegio, se ubican los sectores en mayor o menor medida favorable al cambio: los sectores laborales, la amplia clase media y pequeños empresarios, los profesionales, los técnicos, sectores de nuestro pueblo que tienen un alto grado de conscientización de sus necesidades, deseosos ahora de un decoroso nivel de vida a pesar de estar en medio de una arcaica estructura económica, en especial en el agro.

Enfrentándolos están quienes manejan las finanzas, la gran industria y finalmente la distribución y el comercio. La vieja oligarquía latifundista unida al empresariado monopolista y la gran banca a las que se vinculan. Una nueva ideología "el desarrollismo" aparece así como la ideología de la nueva situación. Como el "liberalismo" fue la ideología de la vieja División Internacional del Trabajo a que nos sometían las metrópolis, así el desarrollismo es de la nueva.

Es la ideología de las empresas multinacionales, de la dependencia. Años de saqueo económico condujeron al país a este atolladero cuya salida ocultan los partidarios de la política ortodoxa, "monetarista", "social de mercado", o, "desarrollista", todas de signos neocoloniales.

El Teniente General Lanusse ha afirmado que el país ha ensayado en los últimos 40 años todas las fórmulas económicas posibles. Dando la idea que ninguna de ellas fue solución "debido en parte a la inestabilidad". Afirmar el fracaso de todas las fórmulas aplicadas es cierto si lo miramos desde el punto de vista del país.

De ninguna manera han fracasado desde el punto de vista de las grandes empresas. Lo común a las fórmulas aplicadas, incluida la desarrollista es que ninguna tocó el problema de tenencia de la tierra, ninguna tocó el problema de la propiedad de los medios de producción.

La situación económica nacional es el resultado de la aplicación de la política del FMI en los últimos 15 años. Es el resultado de la común política económica aplicada por Frigerio, Alsogaray, K. Vasena y todos los otros.

Nuestro presidente responsabiliza a la inestabilidad política de nuestros males repitiendo a Alsogaray y a Frondizi e invierte las cosas. En el afán de seguir con lo mismo, ensayando las mismas fórmulas con distintos matices y ante la resistencia siempre creciente que provocan, cambian de equipos y de gobiernos. La inestabilidad política es consecuencia de querer perpetuar las políticas económicas que se siguen.

Hay economistas que atribuyen el fracaso de los planes económicos ensayados a:

1) Inelasticidad del nivel de ocupación del Estado-patrón frente a la disminución de las inversiones públicas.

2) Incapacidad del Estado-patrón para encarar con resolución, con "eficiencia" distintos planes para racionalizar sus empresas.

3) Existencia de un "proletariado organizado, numeroso y militante mal dispuesto a perder el nivel de vida alcanzado."

Esta tesis es el reconocimiento de las dificultades que encuentra el gobierno (y los sectores que lo respaldan) en imponer al pueblo su política. Evidencia la resistencia popular frente a los intentos de los sectores minoritarios por mantener sus privilegios.

Es necesario insistir en esto:

La inestabilidad política, los cambios formales de rumbo en la política económica, los cambios de ministros y de gobierno son maniobras destinadas a preservar el poder que se hace cada vez más agresivo en la medida que el pueblo se resiste al creciente despojo.

Pero esta resistencia crece, se amplía y toma nuevas formas: Córdoba, Rosario, Corrientes, Mendoza, Gral. Roca, Malargue, Trelew, las revueltas contra los intendentes etc. La Argentina de hoy exige el cambio y el pueblo es consciente que para llegar a él es necesario la unidad. Nuestros viejos políticos sensibles al clamor popular nos hablan entonces de cambio estructural y de frentes. Pero al hablar de estructura, se refieren a la estructura de producción, agrícola o industrial, a la estructura de ingresos, hablan de rigidez estructural de la oferta, estructura del cambio exterior, etc., todo ello para escamotear el concepto.

Lo que ha sido común a la política seguida es lo que hay que cambiar: la propiedad de los medios de producción, lo que nunca ninguna política atacó.

Cuarenta años de fracasos son suficientes razones para el pueblo argentino para darse un nuevo gobierno con una nueva política. Pretender como lo pretende el Teniente General Lanusse que hemos ensayado todos los caminos es cerrar los ojos a la realidad. Chile, Perú, en menor grado Ecuador y Panamá, ensayan nuevos caminos por supuesto con diferencias, pero con puntos comunes.

El programa de medidas que he de esbozar presupone un gobierno capaz de encararlos. Sólo lo puede hacer un gobierno que represente e interprete fielmente los intereses de la mayoría del país. Un gobierno de ese tipo puede darse si la conciencia, el empuje, el espíritu unitario y solidario del pueblo argentino prima para forjar una organización que sea capaz de encarar las acciones necesarias para asumir el poder.

¿ALTERNATIVAS AL MODELO CAPITALISTA?

Oscar Lange nos indica tres modelos de desarrollo económico. El modelo capitalista, el modelo socialista, y, un tercero, al que lo llama modelo revolucionario nacional.

> "La característica esencial que aparece en estos tres modelos y que distingue una economía en desarrollo de otra que está más o menos estancada en las formas de vida tradicionales, el factor esencial del desarrollo económico o, en otras palabras, su mecanismo esencial, es el aumento en la productividad del trabajo.
> Esto se logra de tres formas:
> De la acumulación de parte del producto de la economía con propósitos de inversión productiva.
> Del progreso técnico.
> Del mejoramiento de la organización de las actividades económicas.
> Dichas tres formas de aumentar la productividad del trabajo humano están estrechamente relacionadas una con otra, aparecen en todas las economías en desarrollo y son comunes a todos los modelos de desarrollo económico. La más importante de las tres es: (sin duda alguna), la inversión productiva". (Lange, Pág., 75).

Lange plantea que en la medida que se rompa el esquema de producción feudal, cuyo excedente económico es muy pequeño y se emplea fundamentalmente con propósitos no productivos, comienza el desarrollo. Y dice: "En todos los modelos de desarrollo económico mencionados, el desarrollo comienza cuando se superan dichos obstáculos. Esto implica superar el sistema feudal o prefeudal de relaciones sociales y el tradicionalismo mental a él adherido. Esto es necesario para poder utilizar una mayor parte del excedente económico con propósitos de inversión productiva. La diferencia entre los tres modelos consiste en la forma en que estos obstáculos tradicionales son superados o abatidos, así como también en la forma en la que parte del excedente económico se moviliza para servir a la inversión productiva. Aquí surge la diferencia entre los tres modelos." (Lange, Pág. 76).

A la luz de lo acontecido en el país en los 40 años de que nos habla el Tte. Coronel Lanusse, va de suyo que la única forma de romper nuestro estrangulamiento económico es cambiar de raíz la estructura de propiedad. En ella está la palanca que determina quién maneja la "acumulación" de parte del producto de la economía con propósito de inversión productiva.

Debemos eliminar dos cosas superfluas: en primer lugar terminar con el latifundio. Ello se ha de traducir en quitar de sus manos el excedente y el poder político corruptor que le es inherente. El excedente del agro que se ha de multiplicar por el incremento de productividad ha de servir no sólo para aumentar el nivel de vida del campesino sino para el proceso de acumulación del que nos habla Lange.

En segundo lugar, otra de las cosas superfluas es el gran capital nacional y extranjero cuyo interés está ligado al mismo. De igual manera que en el agro, el excedente económico que genera no sólo ha de servir para mejorar las condiciones de vida de los productores sino que ha de servir igualmente a un distinto proceso de acumulación e inversión. Es decir que el cambio empieza por quitar a estos sectores de la vida del país su poder económico.

Reforma agraria y expropiación de la propiedad monopólica son los primeros pasos esenciales del cambio. Solamente la propiedad por un gobierno popular de esos recursos ha de sentar las bases para la inversión productiva que nuestro país exige.

— La arbitrariedad del latifundista y la gran empresa monopólica en cuanto a la disposición del excedente se ha de trocar en la planificación de su inversión en función del interés popular.

— Se ha de terminar con la inversión suntuaria que satisfaga los requerimientos de una minoría.

— Ha de desaparecer el derroche social y la obsolescencia planificada, que absorben permanentemente el ahorro nacional, insumiendo gran parte del mismo.

— La nacionalización de la banca que implica el manejo del crédito por parte del gobierno ha de terminar con la actual anarquía financiera. Canalizando el crédito para la pequeña y mediana empresa nacional, para el pequeño y mediano productor, para las cooperativas agrícolas y de comercialización. Apropiado de parte de la renta agraria y de la que generan las empresas monopólicas, el gobierno desarrollará las industrias básicas que el país reclama; que a su vez se transformarán en nuevas palancas de desarrollo.

— Ha de terminarse con la actual lucha entre la gran empresa monopólica y la pequeña y mediana industria nacional. En el proceso de producción de bienes, en el de distribución y servicios, ésta ha de ocupar el lugar que ocupa hoy, pero viéndose libre del proveedor que la extorsiona y proveyendo a un mercado interno enriquecido y comprador.

— Ha de desaparecer el falso dilema Agricultura o Industria. De la pelea por el ingreso desaparecen sus actuales dueños. Un agro consumidor de fertilizantes, tractores, maquinaria agrícola en general. Obreros golondrinas, peones transitorios, pequeños *campesinos transformados en consumidores estables y crecientes, merecedores de ropas y alimentos.* Ello impulsará el desarrollo industrial. Desaparecerá la crónica capacidad productiva ociosa. Y con ella la desocupación.

— Ha de terminarse con la comercialización monopólica de los productos del agro y de la industria. Los grandes acopiadores y exportadores de granos han de desaparecer. Se terminará con la especulación comercial de los mismos. Ha de terminar la intermediación parasitaria. La primera fase del comercio de los productores agro industriales que siempre ha teñido de miseria y ansiedad a los productores ha de ser cooperativizado. Ello terminará con la permanente inestabilidad y continuas crisis. Deberán ser expropiados los proveedores monopólicos de la pequeña y mediana industria química nacional.

— La comercialización de los productos de petróleo, nafta, aceite, etc., que hoy significa un drenaje de 150 millones de dólares anuales ha de ser resorte exclusivo de YPF. La petroquímica ha de ser nacionalizada. La planificación de su producción en volumen y calidad ha de ser programada para satisfacer necesidades reales de la inmensa mayoría de la población.

— Se ha de implantar la monopolización por parte del Estado del comercio exterior. Los recursos que el mismo provee han de agregarse a los provenientes de los otros sectores citados. Desaparecerán las subfacturaciones de los importadores. Se terminará con las fugas de divisas. Los 8.000 millones de dólares, prácticamente las reservas del tesoro, que fugaron del país son producto de la redistribución del ingreso nacional al que nos hemos referido. Ha sido resultado de la merma escandalosa en el ingreso de los sectores populares. Estos no compran divisas. Desaparecidos los actuales dueños del excedente desaparecerán las fugas. Se ha de promocionar la exportación para promover divisas pero no para pagar deudas usurarias, girar utilidades, pagar royalties y licencias, muchas de ellas que no satisfacen necesidad alguna.

Los actuales reintegros por la exportación de productos promovidos sirven en muchos casos para que las grandes empresas multinacionales se reembolsen cifras multimillonarias sustrayéndolas al ahorro nacional. Ellas son exportadoras en unos países e importadoras en otros, ganando a dos puntas.

— El comercio basado exclusivamente en el interés nacional se impone como una imprescindible necesidad de un país que elige el camino no capitalista de desarrollo. El que un país abrace este camino presupone –el ejemplo Chile es claro–, que los países imperialistas traten constantemente de aprovechar su dependencia económica del mercado capitalista mundial, para el chantaje económico, para desatar una campaña política e ideológica, en contra de las medidas antiimperialistas y antilatifundistas.

Hoy es posible librarse de ese chantaje, por la existencia del mundo socialista, por la existencia del "3º Mundo" y por la agudización de la competencia entre el MCE (y entre sus países), Japón y Estados Unidos. Reafirmo en este punto para evitar equívocos que eso lo puede hacer en beneficio del país sólo un gobierno que tome todas las medidas que esbozo.

— Desaparecerán de los rubros de importación no sólo lo prescindible por suntuario sino lo prescindible por no ser inmediatamente necesario al desarrollo del país.
— **La industria automotriz** que ocupa en su conjunto más de un 14% del personal obrero y técnico y distrae, a través de los insumos de su producción, de su organización de venta, y de sus consumos posteriores, gran parte del ahorro nacional, ha de ser nacionalizada para que deje de ser el gran factor deformante de nuestro

desarrollo económico. Habrá de terminarse con la diversidad de modelos que se modifican año en año derivando divisas para matrices y licencias obsoletas en sus países de origen.

La capacidad de producción excedente de la misma habrá de servir para aumentar la de las máquinas agrícolas y tractores, motores, maquinaria vial y material ferroviario, desarrollar la industria aeronáutica, y en general la defensa nacional. Ella y los astilleros actuales han de proveer a nuestros productos y traer los que necesitamos en igualdad de condiciones con otros países.

— Desaparecerá la contradicción entre tráfico ferroviario y transporte vial. Cada uno satisface una necesidad. El desarrollo ferroviario, la política de los fletes englobada en el presupuesto nacional, hará desaparecer las reales aduanas interiores que alejan el interior del país y contribuyen a su estancamiento.
— La industria de la construcción con la desaparición previa del actual monopolio del cemento ha de promoverse para la construcción de la vivienda. La vivienda adecuada es un derecho que ha de ser atendido. El auge de la construcción con su carácter reproductor ha de servir para satisfacer una necesidad y reactivar la economía.
— Ha de terminar la actual contradicción entre las tarifas de servicios públicos y los intereses populares. De igual manera entre los precios de las empresas estatales y los consumidores de sus productos. Los precios han de ser un resorte de manejo económico al mismo tiempo que un factor de incentivación. La programación para el crecimiento de las actuales empresas y servicios estatales así como de las nuevas han de ser atendidas con la "acumulación de parte del producto de la economía" hoy en poder del latifundio y de la gran empresa monopólica.
— Ha de terminar la actual contradicción entre racionalización de la administración pública y de las empresas del Estado con los niveles de ocupación. Con la definitiva erradicación de la capacidad productiva ociosa y el aumento del nivel de vida de la población lo que habremos de padecer es de falta de brazos, cosa que se compadece con la extraordinaria oferta de riquezas de nuestra geografía y la capacidad de sus pocos 24 millones de habitantes.
— Eficiencia y economicidad han de tener otro significado. Bajo nuestros actuales gobernantes, me refiero a los detentores del poder económico de siempre que sirvieron para justificar el plan Larkin se pretende privatizar las empresas estatales. En el área privada han servido, junto con el libre empresismo, a la concentración y monopolización de los más diversos sectores.

Estos conceptos, comúnmente usados por sociólogos y economistas americanos que ven en la economicidad y eficiencia de las grandes empresas la panacea que haga olvidar las crisis y el mercado anárquico de la libre competencia, por supuesto dentro de un marco de economía de guerra y despilfarro social: aplicados en nuestro país, en nuestra actual estructura, se manifiestan en desnacionalizaciones, convocatorias y quiebras, dando lugar a la primacía de las grandes empresas líderes. Economicidad y eficiencia sólo sirven para aumentar los ingresos de las empresas, creando desocupación y desmejorando el nivel de vida.

Con los resortes del poder económico y de decisión en manos de un gobierno popular, han de servir para, bien aplicadas, incrementar la producción y el consumo.

— De igual manera, la aparente contradicción entre lo económico y social ha de desaparecer. Crecimiento y desarrollo marcharán unidos.

BRASIL: OTRO EJEMPLO DEL AVANCE DEL MONOPOLIO

Tomemos el "modelo brasileño", vidriera y ejemplo de lo que hoy puede mostrar el quehacer de las empresas "multinacionales". En el número 7 de *Realidad Económica* se publica un artículo sobre el mismo que invita a leer. En el mismo se dice:

"Un estudio de Jaime Magrasside Sá, titulado *"O censo prova: o pavo vai mal"*, hace un análisis de los primeros resultados del censo de 1970. Los datos referidos al poder adquisitivo y a la distribución social de la renta indican que apenas cerca del 0,3% de la población económicamente activa gana más de Cr $ 2.000 por mes. Aproximadamente el 10% de la población que representa el 30% de la población económicamente activa ganan menos de Cr $ 1.000 por mes y el 19% de la población, o sea 60% de los que trabajan, ganan menos de Cr $ 200 por mes; bajísima remuneración y factor negativo para la evolución económica del país. El cuadro N° 1 nos ilustra sobre la distribución de rentas entre las personas económicamente activas.

ESCALAS DE RENTA	% DE LA POBLACIÓN ACTIVA
Has Cr$ 100	31,7
De Cr$ 101 a 150	12,8
De Cr$ 151 a 200	15,6
De Cr$ 201 a 500	19,1
De Cr$ 501 a 1.000	5,9
De Cr$ 1.001 a 2.000	2,2
Más de 2.001	1,0

Vemos que con un salario que se podría llamar de hambre (menos de Cr$ 100), se encuentra el 31,7% de la población activa. Con salarios que mal llegan a la subsistencia, (hasta Cr$ 200), está el 28,4% de la población activa. El 19,1% de la población activa recibe salarios restringidos, tan sólo de subsistencia (hasta Cr$ 500).

Sumando las cuatro escalas tenemos que el 79,2% de la población que trabaja está a niveles de subsistencia o menores. Esa es la gran masa que no se escucha porque no dispone de acceso a los medios de comunicación. Es el pueblo que "...va mal". En el sector primario la situación es mucho más dramática: el 72, 1% de los que trabajan en el campo ganan menos de Cr$ 200 por mes. La mitad de ellos ganan menos de Cr$ 100.

DISTRIBUCIÓN DEL INGRESO EN BRASIL POR ESTRATOS DE LA POBLACIÓN					
Estratos de la población y su ponderación (%)	Porcentaje del ingreso		Ingreso per cápita (dólares)	
	1960	1970	1960	1970
I.............40%	11,2	9,0	84	90
II............40%	34,3	27,8	257	278
III...........15%	27,0	27,0	540	720
IV............5%	27,4	36,3	1.546	2.940
Promedio			300	400

La lectura del cuadro pone de manifiesto que el 83% de la población (estratos I y II) redujo su participación en el ingreso total del 45,5% en 1960 al 36,8% en 1970. Como consecuencia su ingreso medio aumentó en términos absolutos en tan sólo 5%, mientras el ingreso medio por habitante lo hizo en más del 30%. En cambio el 5% más rico (IV), en 1960 recibía un ingreso medio equivalente a 20 veces el ingreso medio del 40% más pobre, aumentando esa proporción a 32 veces en 1970. El ingreso medio por persona del estrato superior (IV) aumentó a un 79%, pasando de 5,5 veces el ingreso medio por habitante a 7,5 veces el ingreso medio por habitante. En el último año considerado pasó a recibir un total equivalente al que recibe el 80% de la población. El 15% de los habitantes (III) conservó su participación en el ingreso nacional, lo cual le permitió mejorar su ingreso medio personal en más del 30%.

El examen de la tendencia de la distribución personal del ingreso confirma la naturaleza del modelo económico brasileño y su mentado "milagro", que estriba en la concentración de los frutos del trabajo de la mayoría en manos de la minoría. El milagro ha consistido en el reforzamiento de ese esquema, empeorando la situación relativa del 80% de la población (72 millones de personas) conservando la situación relativa del 15% (13,5 millones) y mejorando notablemente la condición de un 5% de los brasileños (4,5 millones de personas).

Hace unos días se publicó en los diarios la inquietud de economistas de CEPAL en el sentido de cambiar el criterio a seguir para medir el desarrollo económico. Dejan de lado el PBI y el ingreso per cápita como elementos únicos, y plantean para medirlo: el acceso del pueblo a la salud - habitación - educación - posibilidad de esparcimiento.

El desarrollo tecnológico acercando la ciencia a la producción contribuye, cada vez más, a la creación masiva - social de todo orden, poniendo al alcance de la mano de la sociedad en su conjunto, una posibilidad de bienestar general como nunca la humanidad imaginó. Toda medida que posibilite ese *proceso* es económica en cuanto facilita el acceso del pueblo a ese bienestar. Toda aquella que, despreciando su interés y sus necesidades lo dificulte, es antieconómica porque se transformará en un freno al desarrollo, al crecimiento del bienestar popular.

Esto evidencia que toda medida que fortalezca la apropiación de la renta y su incremento por el latifundio, con cualquier argumento, al único a quien ayuda es al propio latifundista que lo manejará a su arbitrio. Toda medida que facilita la apropiación de la renta del latifundio a través de su expropiación para ser manejada y apropiada por el Estado y los campesinos, servirá para el desarrollo de la economía del país y bienestar de sus habitantes. Toda medida que ayude a concentrar y monopolizar la economía, asegurando que la renta quede cada vez más en menos manos, al único a quien ayuda es al gran empresario, que la manejará a su arbitrio, a pesar de la apariencia de crecimiento a que puede dar lugar. Esto se ha de traducir fatalmente en un estrangulamiento económico de otro nivel pero que ha de agudizar la crisis.

En consecuencia no es definitiva, aunque siempre sea importante, la sola exposición o cotejo de tasas de crecimiento, sino que interesa fundamentalmente el contenido de ese proceso o, si se quiere, en beneficio de quién y en qué proporciones se distribuyen los frutos de la expansión económica.

Debemos siempre preguntarnos ante los índices:
—Hay o no, elevación del nivel de vida en los sectores populares.
—Crece o no, el mercado interno.
—Cambia o no, el carácter de nuestras importaciones.
—Cambia o no, el carácter de nuestras exportaciones.
—Es posible o no, el crecimiento autosostenido.
—Dónde está el nivel de decisión de los sectores básicos de la economía.
—Hay o no, plena ocupación.
—Crece o no, la productividad.
—Cambian o no, las relaciones de propiedad en el campo.

El problema no es qué se produce sino por quién, el problema no es sólo cuánto ni cómo sino en beneficio de quién. Es decir, debe haber una política nacional interesada para decidir qué producir, cómo producir, cuánto producir y dónde producir.

La eficiencia, la disminución de los costos, la racionalización de la producción, la economicidad, se mide así en función de la renta del conjunto del proceso.

Para ver claro qué producir debemos establecer que la producción debe estar orientada a las necesidades del pueblo todo. Ej: industria automotriz, construcción, artículos para el hogar, etc. En cuanto a cómo producir, la brecha real en el desarrollo tecnológico no debe confundir. El proceso no debe ser el último si el que tenemos es aún útil.

En caso que sea una industria nueva, considerar que se efectivice con maquinaria que el país puede producir y materias primas que en el país abundan, todo ello a riesgo de no tener el "último producto", "el más novedoso", pero sí el necesario. ¿Dónde? Mirar el país todo. La industria es la base para su integración. No sólo dónde está la materia prima necesaria o el mercado consumidor próximo sino dónde nos conviene explotarla mirando las posibilidades de la zona y en función del interés del país.

En otro sentido, las tan remanidas monoindustrias provenientes del monocultivo señaladas como responsables de todos los males de una zona, lo son en un mercado anárquico y manejado en interés de unos pocos. Un gobierno popular debe desarrollar el azúcar en Tucumán, así como el vino en San Juan, o el algodón en Chaco, lo que no excluye elaborar en esas zonas otros planes de promoción. Qué, cómo, cuándo, es una manera simple de señalar la necesidad de una planificación.

Nadie niega hoy en día la necesidad de la planificación, pero ello es imposible mientras los sectores claves de la economía no estén manejados por el Estado. En un país dependiente como el nuestro, se reemplaza la planificación en interés del pueblo, por la planificación de las empresas monopólicas y multinacionales.

El desarrollo del sector estatal es la base de un desarrollo armónico y autosostenido. Sólo a través de su ampliación se puede planificar evitando las continuas crisis. Sólo con él, el empresariado nacional podrá fortalecerse, creciendo sin ataduras y sin dependencias.

La alternativa para el desarrollo industrial independiente es por todo ello insoslayable: **planifica el Estado, o de lo contrario, lo hacen las empresas multinacionales.** La "economía de mercado" y el "desarrollismo", es un cuento para niños que enmascara su moraleja de dependencia. La planificación de las empresas multinacionales nos ha llevado a esta situación. Lo que decida el Estado, si representa los intereses de la mayoría del país, conducirá al desarrollo autónomo por un camino independiente de los monopolios, de las grandes concentraciones latifundistas e industriales.

Del análisis de la actual situación económica del país se puede concluir que frente a un pequeño sector de grandes empresas de industrias "dinámicas" (ej: automotriz, petroquímica, de empresas dueñas de la comercialización de productos del agro, de empresas en sectores prácticamente monopolizados), el resto está paralizado o se mueve en continuos altibajos.

Sin embargo, en nuestro país un gobierno popular puede avanzar mucho más rápidamente en su programa que en otros países. La magnitud del sector estatal, el grado de desarrollo de nuestra industria, el poder disponer a corto plazo de saldos exportables no sólo de productos del agro sino industriales.

El tener una infraestructura de comunicaciones que en poco tiempo se la pueda poner a disposición del interés nacional, el alto grado de alfabetización, el alto grado de politización del empresario nacional, que de más en más entiende que la solución a sus problemas está ligada a la del pueblo todo, y que está haciendo suya una buena parte de las propuestas esbozadas, el tener un proletariado capacitado, con tradición industrial y organizado, el tener un gran capital tecnológico potencial, por la cantidad y calidad de nuestros profesionales:

Todo esto se puede movilizar, a condición me repito que nos desembaracemos de esos dos elementos superfluos, el latifundio y el monopolio. Y tal es el sentido de la palabra superfluo, sobra, perturba, traba lo que hay.

Esto no significa que todo ha de ser fácil. Tenemos el ejemplo de Chile. Los diarios nos traen día a día la cantidad de agresiones a que se ve sometido el poder popular y ello por haber osado realizar la reforma agraria, nacionalizar la banca, el comercio exterior, la minería del cobre, etc. La ITT se une con la ACIEL Chilena. Medidas del Banco Mundial y el BID, la Anaconda, o la Kenneh Cooper tienen su réplica en acciones provocativas de la reacción interna. Pensemos en la mendicante y claudicante actitud de n/ desarrollistas y tomemos de ejemplo la dignidad y virilidad de un gobierno que lucha por la independencia económica y política de su país.

Vivimos un momento singular en la historia de nuestro país. La crisis cunde y se agrava en todo el panorama nacional. A la crisis en la economía se suma la de la política, de las instituciones y de la cultura. El momento exige definiciones. El pueblo sumido en la necesidad de satisfacer urgentes reivindicaciones, y me refiero a todos los sectores, va comprendiendo que ello está unido a la concreción de soluciones como las ya esbozadas. Los programas coyunturales ya no ayudan, ni siquiera son un respiro al continuo agobio.

El estado de tensión social, los continuos sobresaltos, son productos de la supervivencia de una estructura económica que el país no aguanta. La sociedad argentina, su pueblo, sus anhelos, sus posibilidades, sus fuerzas productivas, aherrojadas, están embretadas por una minoría que no se resigna a perder sus privilegios y busca permanentemente alternativas para quedar en el poder.

Todos los días se producen nuevos hechos para distraer al pueblo de sus verdaderos designios pero éste ya comprende, con cada vez más fuerza, que no existen nuevos ensayos entre el actual sistema de represión económica, política y cultural, y uno nuevo de verdadera democracia. Y es consciente que ello pasa en primer lugar, por la ascensión al poder de un gobierno auténticamente democrático con un programa definido de cambio, donde con claridad esté expresada la reforma agraria y las medidas que hay que tomar para garantizar al mismo, el poder de decisión en materia económica.

Hoy es nuestro deber exigir a todo movimiento político y a todo dirigente cuál es su programa respecto de lo señalado. No hay argumento táctico o estratégico que justifique la postergación de la respuesta, y ésta ha de ser clara y precisa ya que los hechos no admiten momentos de transición ni ninguna otra "expectativa esperanzada".

La situación es tal que todos los sectores de la población se manifiestan cada vez más en una actitud solidaria. La "virtud" de tantos años de esta política económica es que ha polarizado los intereses, las necesidades. Es imprescindible que tales manifestaciones de solidaridad se concreten en un programa que satisfaga sus comunes exigencias.

Nada entonces, ha sido casual. Nuestro estancamiento ha sido consecuencia de la anarquía propia de nuestra estructura agravada por la política de puertas abiertas al capital extranjero. Coherente con ello, la política crediticia, fiscal, aduanera, monopolización de exportaciones y descontrol de las importaciones sumada a la vieja y caduca estructura agraria. El camino que elegimos en la década del 50 de atarnos al FMI, BM, BID, AID, etc y sus beneficiarios, nos ha llevado a esta situación. Se impone un cambio.

Nadie niega que sólo la gran inversión puede posibilitar nuestro desarrollo. Negado el gran capital extranjero, sólo el Estado puede planificar y para ello debe manejar los sectores claves de la economía.

Por sobre el interés de grupos monopolistas nacionales y extranjeros prima el interés del pueblo en su conjunto. No caben ya soluciones parciales. Nuestro problema no es sólo el mercado interno, no es sólo la balanza de pagos, no es sólo la concentración económica en torno al litoral, no es sólo el crecimiento de algunos sectores industriales aunque sean básicos.

De lo que se trata es de un cambio estructural que encare:

— Realización de la reforma agraria, eliminando el latifundio y creando unidades económicas agrarias óptimas en cuanto a superficie explotada, nivel técnico e intensidad de inversión, para asegurar un alto grado de productividad (gran rendimiento, cualitativo y cuantitativo, a bajo costo).
— Recuperación de los recursos o riquezas físicas nacionales que estén en manos del capital extranjero.
— Expropiación y nacionalización de las empresas monopolistas nacionales y extranjeras que constituyan la base económica de los intereses extranacionales y de dependencia del país.
— Creación y desarrollo de una industria nacional capaz de convertirse en factor decisivo en el proceso de desarrollo económico.
— Creación de un fuerte y eficaz sector económico estatal, que tenga capacidad para determinar el rumbo económico del país y para asegurar el curso independiente de la economía nacional.
— Organización y dirección estatal del sector financiero del comercio exterior.
— Realización de una política de distribución de la renta nacional que beneficie a los sectores populares e impulse el desarrollo del mercado interno, sin perjuicio de establecer una taza de capitalización que permita, con toda certeza, desenvolver los sectores claves de la economía.
— Establecer relaciones económicas y financieras con los demás países, fundadas en que dichas relaciones contribuyan a la emancipación económica del país y a su desarrollo.

Para llevar a cabo este programa se necesita un gobierno con apoyo de las amplias masas mayoritarias del pueblo argentino, ya que ese apoyo es condición excluyente para contar con la fuerza y energía que se requieren para efectivizarlo.

EN TORNO A LAS ORIENTACIONES IDEOLÓGICAS DE LAS POLÍTICAS ECONÓMICAS DE 1976-82

Quienes han dirigido la economía argentina desde el año 1976 han afirmado reiteradamente que su accionar está regido por una concepción que privilegia las leyes del mercado, cuya libre expresión permitiría que el desenvolvimiento económico reencontrara su verdadero cauce después de decenas de años de haber sido perturbados por una acción estatizante, colectivizante y, para algunos, socializante.

A su vez, acusan a quienes –aún desde el campo burgués– se oponen a su concepción, de haber empañado la ciencia económica con afanes "políticos electoralistas" y de dejarse presionar por manifestaciones propias del desenvolvimiento socio-político.

Parten de un supuesto: los males argentinos tendrían raíz en la hipertrofia del Estado que por su intervención perturba al mercado, impidiendo que los "agentes económicos" opten o arbitren entre las diversas alternativas y tiempos de inversión, ahorro o consumo y en la libre elección de los distintos "factores de producción".

La fijación de las tasas de interés, la disposición por el Banco Central de los depósitos, la orientación del crédito, las limitaciones al movimiento de capitales, las políticas de promoción industrial por la existencia de bancos como el Nación, el BANADE, y los provinciales, las políticas de redescuento y la política arancelaria, la posesión por el Estado de empresas que a través de precios y tarifas y de su ineficiencia gravitan sobre los costos industriales; el manejo del sector externo, las limitaciones a los movimientos y cotización de divisas; la preocupación por una plena ocupación, la legislación social y las de agremiación.

Lo señalado, en su totalidad, influiría sobre las decisiones, oportunidad, lugar y tiempo de inversión. Serían –de acuerdo a los puntos de vista de los "sacerdotes de la economía de mercado"– las lacras que una vez removidas, permitirían encauzar la economía.

Los problemas políticos, económicos y sociales, la inestabilidad, la inflación y las crisis recurrentes del sector externo, para citar algunos, reconocerían un mismo origen: el estatismo. Esconden tras esa denominación, la influencia en las políticas de Estado, de los sindicatos, las limitaciones a la arbitrariedad de la oligarquía y de sus mandatarios, debido a la presencia de los Parlamentos, a la división de poderes, y a la exigencia necesaria de responder día a día y periódicamente en el acto eleccionario, por sus actos ante quienes en definitiva les otorgan autoridad: los electores. El Estado que ellos anhelan es el que responde igualmente a las leyes de la economía de mercado; a decir verdad,

---

Problemas de Economía N° 70, abril-junio 1982.

un Estado policía que se subordine al poder que dichas leyes, en su juego libre de toda limitación social, permanentemente segrega y consolida.

Desde ya, afirman que estaba claro que el camino a seguir estaba plagado de dificultades y exigía innumerables sacrificios ya que no había más remedio que pagar por los errores cometidos. Requería, además, consecuencia, continuidad, tiempo, paciencia para alcanzar las metas trazadas y, por sobre todo, energía para resistir los reclamos sectoriales debido a los hábitos adquiridos en los decenios pasados, y en las organizaciones, instituciones y leyes que las distintas formas de "dirigismos" impusieron al país.

Creemos que somos fieles en la sucinta descripción de la andanada de sandeces, o si se quiere el compendio de conceptos de la "economía vulgar" con los que se ha intoxicado a los argentinos durante seis años por todos los medios de comunicación. De la lectura de los mismos resulta, con claridad, que el objetivo perseguido es recrear otro país, transformar su conformación socio-económica y destruir las instituciones que el pueblo se había dado luego de largas luchas, aunque hubieran sido desnaturalizadas por los sectores dirigentes.

El supuesto anterior parte, a su vez, de uno previo: que la magnitud del sector estatal, su rol, las distintas políticas seguidas, las instituciones y leyes fueron resultado de acciones deliberadas sin condicionamiento alguno. Nada influyó, según la concepción de ortodoxos y neoliberales: la crisis del 30, la primera y segunda guerra mundial, las pautas de inversión y consumo que nos impusieron, las políticas neocolonialistas, los programas del FMI, los créditos atados, el manejo del mercado mundial de mercancías, tecnologías y capital-dinero por unas cuantas empresas, como marco internacional.

Y en el ámbito nacional hacen abstracción del latifundio con sus políticas de recurrentes devaluaciones para lograr beneficios extras, obteniendo con su poder lo que no extraen de la tierra por su baja capitalización; la falta de exigencia de reciprocidad para el país al gran empresario industrial que gozó de protección arancelaria y dilapidó, junto con el latifundista, ingentes ingresos en bienes suntuarios y remitió al exterior parte de sus ganancias; el desmanejo de las empresas del Estado por personeros que, en buena parte, tienen una extracción similar a los actuales y la falta de decisión de los diversos gobiernos para encarar inversiones en sectores básicos y de infraestructura.

Se escamotea, en fin, algo que salta a simple vista: en los 51 años que van del 30 a la fecha, hubo 14 años de gobierno peronista y 3 de gobierno radical, a los que tachan de "dirigistas"; en los 34 años restantes gobernaron u orientaron las políticas económicas los mismos personajes de hoy u otros con ideas afines.

Consideran como algo contrario a la "naturaleza de las cosas" las reivindicaciones sociales y los logros que el pueblo fue conquistando. Serían avances del poder político de las mayorías y de sus organizaciones sobre el "orden natural" que rige el mercado, distorsionando sus leyes.

Nuestro grado de dependencia es tal que, como no podía ser de otra manera, nuestros "agentes dinámicos", como los denomina R. Prebisch, pretenden imponer en nuestro país las teorías económicas más retrógradas que en el mundo capitalista y frente a la magnitud y profundidad de la crisis que lo conmueve, busca una salida capitalista que asegure y consolide el poder de las TN, amparándose en las fuerzas del imperialismo y de sus servidores vernáculos.

Coincidentemente con el agravamiento de la crisis global que se abate sobre el sistema en su etapa de descomposición, han ganado espacio en el poder político y económico, en universidades y gobiernos de ciertos países capitalistas desarrollados (PCD) y en algún país en desarrollo con una total dependencia de los mismos –v.g Chile, Uruguay,

Argentina– una línea del pensamiento económico burgués que pretende restaurar o "limpiar de malezas" los automatismos y las leyes ciegas que rigen la economía capitalista. La escuela económica austríaca, con Von Hayek como monstruo sagrado viviente, y los monetaristas, influencian los círculos del poder que han frenado los logros de la distensión en el panorama político internacional y pretenden retrotraer al pasado el marco socio-político y las instituciones que la sociedad se fue dando a lo largo de este siglo.

Fieles a una concepción que saca al capitalismo de la historia, tienen como objetivo imponer, con cualquier medio, una política que permita eternizarlo. Recurren para ello "a las ciegas e inescrutables fuerzas abstractas del mercado" y buscan anular, recurriendo a las fuerzas concretas de los gobiernos represivos, la acción del hombre y del pueblo que a través de decenas de años ganó conciencia y capacidad organizativa para forjar con acciones solidarias una sociedad distinta.

Esta línea del pensamiento burgués desplaza a quienes confían en que el capitalismo lograría encontrar los medios de salir de la crisis dentro de un marco acorde con las formas que su propio desenvolvimiento alcanzó; así podríamos resumir las posiciones de Samuelson, de los neokeynesianos o, más a la "izquierda", Brant, Galbraith o el Club de Roma. Aunque coinciden con los monetaristas en recurrir al capital trasnacional y a su dinámica como núcleo del desarrollo del capitalismo y de la sociedad.

A pesar de la coincidencia señalada, las diferencias importan por su trascendencia, a nuestro futuro inmediato y a la paz mundial.

También podríamos encontrar matices entre la escuela austríaca y los monetaristas, aquellos imputan a los últimos el tener una política monetaria, cuando –afirman– no debería haber política alguna. Consideran que aún en el plano monetario deben regir las leyes del mercado y sus automatismos, por eso proponen, algunos de ellos, el retorno al patrón oro y la disolución de los Bancos Centrales.

Más arriba dimos lo que podríamos llamar el diagnóstico, causas y síntomas de los males argentinos de acuerdo a quienes dirigen la política económica del gobierno militar. Las políticas elegidas y los instrumentos a los que han recurrido han respondido, considerando circunstancias condicionantes, a los objetivos perseguidos.

El descenso del salario real, la política financiera, arancelaria, crediticia, del manejo del sector externo y del mercado de cambios; las leyes dictadas sobre las organizaciones y convenciones laborales y la nueva legislación social, las de capital extranjero, las que se pretenden dictar sobre hidrocarburos y la proclamada desestatización, desregulación, desinflación y los planes de privatización; el privilegiar, en fin, a la producción agraria e industrial para la exportación, persigue un mismo objetivo: adecuar la economía y la sociedad argentina a los intereses y a la dinámica de las TN que manejan el mercado mundial y a los afanes agresivos del imperialismo.

En números anteriores de Problemas de Economía nos hemos referido a las características del desenvolvimiento económico-político y social de los PCD, rescatamos lo que importa a este trabajo que podríamos resumir en:

1) Trasnacionalización de la economía. En la etapa actual del Capitalismo Monopolista de Estado (CME), las TN orientan y dirigen gran parte de las economías nacionales y el mercado mundial.

2) En su dinámica de crecimiento, el comercio a su interior y a través de las "Naciones-Estados" alcanza al 40% del total.

3) En el plano internacional se ha incrementado extraordinariamente la movilidad del capital –mercancías y dinero– insumos, equipos y tecnologías.

4) Los cambios cualitativos producidos en el mercado mundial, han pasado a gravitar decididamente en las economías nacionales. De tal manera, que las políticas nacionales dependen no sólo de sus propias coyunturas sino de las vicisitudes del comercio con el exterior.

5) La asignación de recursos humanos, naturales y de capital no depende ya, en lo esencial, de las circunstancias e intereses nacionales, sino de las TN y de la coyuntura del mundo capitalista en su conjunto.

6) El embate de la TN bajo el amparo del imperialismo, considerando lo anterior, no se da ya sobre algunos recursos y en algunos resortes del poder. Necesitan subordinar las naciones a través de la subordinación de los Estados, a fin de integrarlas a su manejo.

7) A las formas tradicionales de dependencia se han sumado la dependencia tecnológica y la financiera. Esta última ha cambiado cuantitativa y cualitativamente ya que la deuda con la banca privada extranjera es sustancialmente mayor que la deuda con los organismos internacionales y gobiernos de los PCD.

8) De tal manera y bajo su óptica, las fronteras nacionales pasan a convertirse en limitaciones geográficas de mercados determinados que son sólo parte del mercado capitalista mundial sometidos al arbitrio de las TN y del imperialismo.

Está claro que la línea que mejor se adapta a esas condiciones es la que usa los medios e instrumentos que privilegian los mecanismos de mercado y sus leyes –la microeconomía– que favorecerían a través de la apertura de la economía y de acuerdo a la correlación de fuerzas y al poder que de ellas se desprenden, a quienes gobiernan el mercado mundial. De tal manera se cumpliría el objetivo de integrar al mismo el mercado nacional.

La microeconomía considera a los "agentes económicos" actuando con total libertad, con igual y completa información, tratando de optimizar en grado máximo sus recursos y posibilidades en un mercado de irrestricta y libre competencia y con una total movilidad de los "factores de producción".

Los neoliberales no consideran el tiempo; el equilibrio se daría en cada instante, y como si todo fuera un eterno comenzar. Los "agentes económicos" no tienen pasado, nada los limita, y las posibilidades con las que llegan al mercado son iguales para cada uno de ellos. La destreza, el esfuerzo, la valentía para arriesgar y la frugalidad para vivir austeramente, son las condiciones que los diferencian.

El heredero de cuna de oro y quien nació y se crió en una villa miseria; el obrero y el empresario; la pequeña empresa y la TN; un país en desarrollo y un país capitalista desarrollado; todos y cada uno llegan al mercado con sus cualidades, sus inteligencias y aptitudes; su futuro estaría determinado por lo que tienen para ofrecer y por lo que apetecen, y lo que reciben como retribución estaría de acuerdo con lo que aportan, en un mercado que nada perturba.

La libertad a la que continuamente hacen referencia no es la Libertad que proclamaron en la época del surgimiento del humanismo burgués, unida a la Igualdad y Fraternidad. Lo que ya en esa época la opacaba, se **evidencia hoy** sin tapujos ni fetiches: es la libertad de explotación y dominación.

Ninguna de las hipótesis de la teoría neoliberal se cumplen en la actualidad, pero nuestros popes no se arredran frente al abismo entre las hipótesis en que basan sus teorías y la realidad que los circunda. Buscan explicaciones destacando que en las ciencias naturales se han dado situaciones similares, olvidando que a través del tiempo las hipótesis y teorías que en las ciencias naturales resultaron ser falsas, fueron superadas por aquellas que podrían ser verificadas en la realidad, y si más adelante, al avanzar los conocimientos, ellas demostraron ser parciales, fueron reemplazados por otros que abarcaban más y explicaban mejor lo que realmente sucedía.

El éxito de los avances de las ciencias está dado hoy por los resultados de la Revolución Científico-Técnica (RCT). La economía burguesa de ninguna manera puede mostrar éxitos tales, fuera de los progresos en la gestión microeconómica en el campo de las empresas. Pero le ha sido imposible encontrar los medios para responder a los problemas y contradicciones en que se debate el CME en el momento actual.

Otra de las posiciones es la que se basa en la concepción del "como si". Es decir, se diseña un modelo –un modelo de simulación– partiendo de suposiciones "como si" las mismas se dieran en la realidad. Para ello se adoptan ciertas variables y se desprecian otras, de tal manera que se concluya en resultados establecidos a priori. Una "racionalidad matemática" reemplaza a la dinámica contradictoria del sistema y las conclusiones concuerdan con la ideología de clases del modelista. El subjetivismo reemplaza al análisis científico. Con ello lo que se busca es determinar bajo qué condiciones se obtendrían los resultados apetecidos, tratando de forzar la realidad a los presupuestos del modelo.

El nuevo papel que pasó a desempeñar el Estado, en particular después del 30, no fue una consecuencia de una decisión deliberada; respondió a exigencias del desenvolvimiento económico y socio-político del momento. Fue una salida capitalista a la crisis. *La regulación estatal –y la aparición de la posibilidad de manipulación deliberada de la economía, aún con los condicionamientos de la realidad– se manifestó como una ley de la dinámica del sistema en la etapa del CME.* Ello posibilitó el crecimiento extraordinario de las economías capitalistas en la posguerra.

Pero, efectivamente y a un mismo tiempo, las políticas económicas y estatales y el sector público han limitado los automatismos y las leyes que rigen el mercado, así como han restado renta de libre disponibilidad al sector privado. La regulación estatal, como ley, y los problemas que ha creado al desenvolvimiento capitalista, aún en su progreso, es una de las contradicciones claves que está en la base de la crisis general que conmueve al sistema.

Igualmente, la concentración y centralización del capital forman parte de la dinámica de crecimiento y han servido para conformar y consolidar el CME, pero los problemas que han suscitado en cuanto a la superacumulación permanente de capital, al derroche de los recursos y en la formación de precios, perturban en su globalidad la economía capitalista, desde la producción a la realización de bienes, así como *ha limitado igualmente los automatismos y leyes del mercado*.

El monopolio fue el resultado de la dinámica de autocrecimiento del capital. Quienes han dirigido y dirigen nuestra economía saben de la existencia de los monopolios y del poder perturbador que tiene el sector monopolizado sobre el mercado. Sin embargo, no descargan sobre los mismos sus teóricos dardos purificadores. Lo que tratan, entonces, es terminar con la influencia sobre el mercado de los obreros sindicalizados y de reordenar, y redimensionar el Estado y sus instituciones acordes con el interés del sector monopolizado.

En verdad, la única ley que aceptan no concuerda con su teoría. Si las leyes del mercado y la dinámica del capital encaminan continuadamente a la centralización y concentración del capital, las medidas que se toman son para desbrozar el camino. Intentan adecuar la economía y la sociedad argentina a los intereses de las TN y al nuevo orden económico internacional y la nueva división internacional del trabajo que tratan de forjar.

La legislación social fue, como lo prueba la historia, un acicate al capital. La disminución de las horas laborales, la valorización de la fuerza de trabajo por su mayor calificación; el obrero educado, capacitado para las técnicas más complejas; la mayor capacidad de consumo de amplias masas populares: han respondido a las exigencias inherentes al movimiento de autocrecimiento del capital y han posibilitado el desenvolvimiento del capitalismo, pero, al mismo tiempo, fueron consecuencia de las luchas populares.

La dinámica económica y social responde a las características del modo de producción. Su evolución a lo largo de los años forma parte de su historia.

El marxismo ha afirmado la espontaneidad de la leyes de la economía capitalista, pero al destacar que las relaciones entre los hombres aparecen enmascaradas tras relaciones entre cosas, da a la ciencia económica una verdadera dimensión como ciencia social y la reivindica como economía política. Inserta al capitalismo en la historia de la sociedad.

En la medida que se acrecienta el desarrollo de las fuerzas productivas, se evidencia en la superficie –a través de diversos fenómenos económicos y socio-políticos– la esencia de las relaciones de producción propias del capitalismo. El desenvolvimiento económico no puede ya basarse en las leyes y automatismos propios del capitalismo concurrencial.

El Estado –influenciado y vinculado a los intereses monopólicos, pero también presionado por diversas reivindicaciones de la sociedad–, las TN y el movimiento sindical y distintas instituciones y formas organizativas de la sociedad manifiestan sus divergencias, conflictos y contradicciones, no sólo en la superestructura sino en el desenvolvimiento económico desde la producción a la realización de las mercancías.

La regulación estatal como ley implica, entre otras cosas, la imposibilidad de éxito de las "teorías" neoliberales u ortodoxas. La desaparición del oro como patrón, la presencia del monopolio y su manejo de productos y precios, y las contradicciones del desenvolvimiento sociopolítico del sistema, visto como un todo en permanente y recíproca influencia, se manifiesta en que el Estado realiza en cada momento una política activa, cualesquiera sea la política seguida y los instrumentos utilizados y (aún por omisión). No existe una política neutra ni en el corto ni en el largo plazo. En la política monetaria y en el presupuesto aparecen necesaria e ineludiblemente los intereses dominantes y los problemas coyunturales.

El fracaso del monetarismo y de la ortodoxia se atribuye, frecuentemente, a errores de instrumentación, a la incapacidad de quienes dirigen la política económica, a la interrupción de la gestión –por los problemas sociales que desata– o a los condicionamientos externos (mercado internacional, distintas políticas de los PCD, etc.). En países donde existe Parlamento y la división de poderes, lo atribuyen a los prolongados lapsos para la toma de decisiones, a intereses sectoriales que presionan sobre los legisladores; en verdad, a la vigencia de las instituciones democráticas. Cuando sobreviene la interrupción de las políticas aplicadas, de seguir reseñando, la justificación última es: la realidad, el desenvolvimiento económico-político y social como un todo.

El análisis exhaustivo de los seis años transcurridos, revela que los defensores a ultranza de las leyes del mercado, los que pretendieron restaurar la vigencia *única* de sus automatismos y leyes, han aplicado desde el Estado y en forma continuada, sin limitaciones, *una política económica activa,* monetaria y presupuestaria, influenciando en la asignación de recursos y en la distribución del ingreso. Es decir, que no solamente la realidad desmiente sus hipótesis, sino que su acción concreta está en contradicción flagrante con lo que predican cuando teorizan. Como lo prueban los ejemplos de EE.UU., Inglaterra y los países del Cono Sur, los gobiernos que han apañado las políticas neoliberales son los que actúan activamente, recurriendo a poderes discrecionales, a la represión, para embretar la realidad y el desenvolvimiento económico y social, atendiendo a sus objetivos y a los intereses que defienden.

La represión es el marco necesario para las políticas aplicadas, pero pretender forzar la realidad es vivir y actuar montados sobre los conflictos y contradicciones que se expanden y profundizan. Es por ello que la continuidad de la política económica de crisis, que se expresa como continuismo en la política represiva, y el entorpecimiento a la plena vigencia de la constitución, son sus variables ineludibles.

Dada así las cosas la interrupción de las políticas neoliberales y la imposición popular por un retorno al estado de derecho, nacen de las entrañas de la dinámica del proceso. Los hechos que desencadenan los cambios aparecen como casuales, pero no son más que consecuencias del proceso coactivo previo.

Nada entonces de ciencia o teoría. En el título decimos "Orientaciones ideológicas de las políticas económicas" y no "Teorías que orientan…" porque quisimos precisar con ello su contenido, su esencia. Ella es consecuente con la más pura actitud clasista, es eminentemente ideológica, responde a un objetivo de explotación y dominación que en el marco actual trasciende el ámbito de las naciones.

OPINIÓN SOBRE EL DESENVOLVIMIENTO DE LA ECONOMÍA ARGENTINA Y LAS CARACTERÍSTICAS DE SU CRISIS *

El carácter y el nivel alcanzado en la Argentina por el desarrollo de las fuerzas productivas y su conformación socio-económica, son productos de un desenvolvimiento capitalista anómalo. Ello no implica que se hiciera marginando las leyes generales del desarrollo capitalista. La evolución de la economía y de la sociedad argentina en el marco del desenvolvimiento del sistema capitalista mundial, y condicionado por el mismo se manifestó con rasgos específicos y contradictorios que hizo de nuestro país un motivo de curiosidad para economistas y sociólogos.

En la División Internacional del Trabajo prevaleciente, el carácter agro-exportador de nuestro país basado en la feracidad de sus pampas, permitió hasta el fin de la década del 20 a su clase dirigente, eminentemente latifundista, y a los sectores financieros y comerciales a ella vinculados, acumular y dilapidar los ingentes beneficios del comercio exterior. El régimen de tenencia de la tierra y los sectores políticos supeditados al poder que de él derivó, impidieron que el país los aprovechara.

Con el superávit que año tras año acumulaba nuestra economía podríamos haber sentado las bases de un desarrollo armónico, fundado en el mercado interno a partir de un agro poblado y comprador; *pero como consecuencia del latifundio dominante, surgió una desigual distribución del ingreso que permitió su utilización arbitraria en contra del interés del país.* Sólo se desarrolló la infraestructura que necesitaba el puerto, y alguna industria –frigorífica, azucarera, vitivinícola– que la presencia de tan importante riqueza promovió a su alrededor.

Durante décadas, la clase dirigente derrochó "irresponsablemente" y administró con idéntica "irresponsabilidad" el país, conduciéndolo "alegremente" al desastre. Lo que economistas trasnochados muestran como momento venturoso, reflejo de la "belle epoque", fue en verdad una tremenda "frustración". La crisis del 30 nos encuentra atados de pies y manos a la metrópolis británica.

No es sencillo precisar fechas de cambios en las dinámicas de crecimiento, dentro de un mismo modo de producción, ya que los mismos se van suscitando en el transcurso del tiempo hasta que los rasgos que lo definían pierden importancia frente a los nuevos. De ahí que creo justo hablar de la crisis del 30, enmarcándola en la década que la antecede y la que le sigue, como un punto de inflexión de nuestra manera de crecer.

---

* N° Especial de "Anales 1983". Presentado al 12° Congreso de la Asociación Internacional de Ciencias Políticas.

Hasta ese momento, el esquema era simple. El país exportaba sus carnes y granos e importaba las mercancías industriales que requería. Las relaciones eran de colonia a metrópolis y los empresarios, en particular ingleses, y la oligarquía: terratenientes, sectores financieros y comerciales, embolsaban gran parte de la riqueza que nuestros campesinos arrancaban de los feraces campos de la pampa húmeda.

El bajo nivel tecnológico que imperaba en las explotaciones agrarias a nivel mundial, hacían que las "ventajas comparativas" de nuestras tierras permitieran no sólo competir sino acumular una gran renta diferencial.

Un país de producción primaria, sin industria propia a defender de la competencia internacional, y con grandes ventajas naturales que lo hacían altamente competitivo, eran las condiciones de una economía abierta y en las que se asentaba la estabilidad del sector externo y la fortaleza de nuestro signo monetario.

Las condiciones para la continuidad de tal esquema eran: la permanencia de los rasgos del comercio internacional como condición externa y la cristalización o congelamiento en el tiempo de la conformación socioeconómica de la Argentina de fin de siglo, como condición interna. Dos imposibles.

Respecto del marco internacional, ello implicaba la no existencia de las crisis cíclicas y que el sistema capitalista mundial se desenvolviera armónicamente, podríamos decir fuera de su historia, del devenir que sus propias condiciones de desenvolvimiento le deparaban; no caer, en fin, en su época de crisis general y de descomposición como sistema.

En cuanto al marco interno, las olas inmigratorias, las condiciones de desarrollo republicano creadas luego de 1853, las mismas necesidades a satisfacer que surgían de la marcha de la economía y del acontecer histórico –Primera Guerra Mundial, crisis del 30– empujaron a un crecimiento de la industria que comenzó a diversificarse de las agroindustrias (frigorífica, azucarera y vitivinícola) hacia la industria textil, metalúrgica, etc. Se conformó así, un importante mercado interno y *una sociedad en que ya pesaba una burguesía ciudadana numerosa y un proletariado creciente.*

La industrialización se dio en un marco muy particular. Buenos Aires y otras ciudades del interior eran, ya en el primer tercio del siglo, reales núcleos urbanos propios de países desarrollados; un pueblo alfabetizado, con buenos niveles en la enseñanza media y superior –a las Universidades de Buenos Aires, La Plata y Córdoba venían estudiantes de toda América Latina; la ley 1420 de educación común, laica y gratuita fue promulgada ya en 1880 y en 1918 se produjo la Reforma Universitaria que se propuso abrir la Universidad al pueblo –amplios sectores medios activos, deseosos de escalar posiciones, compuestos de europeos que venían a "hacer la América"; una clase obrera que rápidamente alcanzó buenos niveles de especialización; una infraestructura ferroviaria y vial realmente importante; una geografía económica riquísima y una gran capacidad de ahorro.

Factores todos que décadas atrás podrían haber facilitado un rápido desarrollo capitalista, sirvieron de base para conformar un espectro social con una apariencia más cercana a los países capitalistas desarrollados (PCD) que a otros países en desarrollo (P en D) –numerosos índices ratifican esta afirmación–, pero con una economía endeble y dependiente.

La crisis del 30 precipitó el final de una época. Las condiciones que habían permitido el crecimiento económico, con una economía abierta al mercado mundial, desaparecieron. Debido a la preeminencia de la oligarquía agrícola-ganadera, el país no las aprovechó para crear las bases de un desarrollo autónomo y soberano, que lo cubrieran de los avatares de la dependencia. Justamente la agudeza y amplitud que alcanzó la crisis del 30 es un ejemplo de ello.

De ahí en más, las vías *objetivas* que la oligarquía terrateniente encaró para fortalecer su poder económico y político, entraron en contradicción con las alternativas *objetivas* de crecimiento que se le presentaron al país. Coincidentemente, el golpe militar contra el gobierno de Irigoyen, creó el marco político de ese condicionamiento. El Estado, las políticas económicas que se sucedieron, la dinámica impuesta por el capital extranjero y los afanes imperialistas así como el desenvolvimiento de la industria que de ello resultó, limitaron y perturbaron un franco desarrollo de sus fuerzas productivas (FP).

Terminada la Segunda Guerra Mundial había condiciones para encarar una política económica que nos permitiera romper los lazos de dependencia y emprender un franco desarrollo capitalista. Paul Samuelson en su tan comentada ponencia en el Congreso de la Asociación Internacional de Economistas realizado en 1980 en México, afirmó que si le hubieran preguntado en 1948 qué país alcanzaría en los decenios siguientes muy buenos niveles de desarrollo, habría respondido la República Argentina. Esta opinión refleja las posibilidades reales que tenía nuestro país en esa época.

Sin embargo, los grandes terratenientes, el gran capital extranjero y la gran burguesía nacional al supeditar el desenvolvimiento económico a sus intereses y proyectos sentaron las bases de nuestra continuada inestabilidad, de la sucesión de conflictos políticos y sociales y de la pobre performance económica, que conforman las manifestaciones externas de nuestra crisis estructural.

Es común que diversos economistas responsabilicen de las carencias de nuestro desarrollo a la inestabilidad política y/o a la falta de continuidad en las políticas económicas seguidas; con la porción de verdad que tales afirmaciones tienen, considero que no desentrañan el origen de aquellas. Dan los cambios políticos y económicos como un dato de la realidad, sin investigar sus causas, como si no las hubiera, atribuyéndolas, por ejemplo, al electoralismo, a la demagogia, a la política de comité de los partidos; así como al afán desmedido de poder de los militares.

No hay duda de que la forma en que los sectores políticos y militares respondieron a circunstancias históricas precisas influyeron en nuestro desenvolvimiento, pero siempre, y en cada momento, hubo causas que motivaron las diversas actitudes. En algunos casos las políticas económicas seguidas nos llevaron a situaciones económico-sociales y políticas insostenibles; en otros casos, los sectores que concentraban lo esencial del poder consideraron que sus intereses estaban afectados y lo estarían más en el futuro de seguir el gobierno de turno.

La discontinuidad de las políticas económicas y la alternancia de los gobiernos civiles y militares tienen una misma raíz: no se ha dado solución a la crisis estructural basada en las relaciones de propiedad y de poder consiguientes que determinaron nuestro derrotero. La política económica del "populismo", por ejemplo, en tanto no las afectó en lo esencial, no resolvió los problemas que nos aquejan; en cuanto a la política económica liberal, refuerza esa estructura y ese esquema de crecimiento, el orden que pretende establecer el juego de mercado no hizo ni hace más que agudizar la crisis.

En varias oportunidades me reitero sobre "cómo podría haber sido nuestro desarrollo". La idea es mostrar en cada caso que, si bien estaban dados el capital, la fuerza de trabajo y los recursos para haber recorrido un camino distinto, hubo un marco histórico y una dinámica de crecimiento concreta que lo impidió. Ello me aporta elementos no sólo para concluir sobre nuestro pasado sino también para bucear sobre nuestro futuro.

Nuestros avatares políticos no han sido hechos casuales. Sin negar la importancia de lo casual, hubo una dinámica social y política que se correspondió con la económica y, resultado de lo cual, ha sido el camino andado.

De lo anterior surge, a su vez, el interrogante de si podemos encarar una vía capitalista que supere nuestra inestabilidad, sin remover lo que condicionó nuestro desenvolvimiento hasta ahora y, en segundo lugar, si removidos los condicionamientos nuestro camino de desarrollo ha de ser capitalista.

En la medida que nuestro desarrollo estuvo signado por la dependencia, primero del imperialismo inglés y luego del yanqui, el país sufrió y sufre: en primer lugar, las vicisitudes de los centros del capitalismo mundial en la etapa de descomposición del sistema debido al agravamiento de la crisis general; en segundo lugar, a su interior, nuestro propio desenvolvimiento está marcado por el gran capital extranjero, por su gravitación en el acontecer cotidiano –económico, social y político–, y en su devenir.

El imperialismo, el gran capital trasnacional y los intereses vernáculos vinculados patrimonialmente, por dependencia financiera y/o tecnológica o simplemente por su identidad clasista, han constituido y constituyen los sectores dirigentes, que nos subordinan como país. Subordinación que se manifiesta en la dinámica de crecimiento que nos impusieron, y en las características –cualitativas y cuantitativas– de nuestra estructura productiva que retroalimentan continuamente, e impiden dar salida y solución a la crisis estructural que deforma y/o detiene nuestro desarrollo y agravia a nuestro pueblo.

El sistema de tenencia de la tierra que marcó a fuego el carácter y las limitaciones en el sector agropecuario; la aparición del capital monopolista extranjero, pero también el manejo monopolista de recursos y precios por grandes empresarios nacionales, en sectores claves, que condicionaron el carácter y las limitaciones en la industria; el nuevo rol del Estado y la "temprana" aparición de un capitalismo de Estado con su carga de contradicciones y conflictos; nuestra inserción en la vieja y en la nueva División Internacional del Trabajo que, salvadas las diferencias, implicó que el desenvolvimiento del país quedara supeditado a intereses económicos y políticos extranjeros: son las bases sobre las que se asentó el desarrollo capitalista argentino. Y con ello la magnitud y destino de la acumulación, la distribución del ingreso, las pautas de inversión y consumo, la no integración del país y, al mismo tiempo, nuestra peculiar conformación socio-política y la inestabilidad manifiesta de los últimos 50 años.

Algunas palabras sobre el desenvolvimiento del agro exportador

El carácter de la propiedad de la pampa húmeda –nuestro principal proveedor de divisas– ha gravitado permanentemente en nuestro desarrollo. El latifundio improductivo y la explotación extensiva dentro de su marco, fueron una rémora que el país no pudo superar al no haberlo privado de su poder económico y político.

Durante la posguerra, el agro de los PCD sufrió un cambio fundamental, convirtiéndose en un importante receptor de capital. Nuevas técnicas de explotación, de sanidad, de selección de semillas y el abonamiento intensivo, incrementaron apreciablemente su rendimiento. Nuestros terratenientes, prácticamente, nada hicieron en ese camino. Siguieron confiando en nuestros dones naturales, ya que encontraron una vía original para asegurar o acrecentar sus ganancias.

Hay quien habla de una psicología de latifundista, propia del señor feudal, que los inclina a no invertir, a no modernizarse. Sin dejar de reconocer la influencia de los hábitos, hay en la actitud de los terratenientes una vulgar, muy plebeya y burguesa, búsqueda de beneficio por el camino menos oneroso y riesgoso. Como su producción –aun la destinada al mercado interno– *tiene su precio regido por el del mercado internacional*, y por ende, por la cotización de la divisa, ha orientado sus afanes a no incrementar los rendimientos, sino a una puja política por una cotización del peso con relación al dólar que haga al producto del agro pampeano competitivo y rentable. Con un agregado más, que lo sea para las explotaciones menores y marginales. Los grandes terratenientes se montan sobre las necesidades reales de los pequeños productores, sin dejar de someterlos de diversas maneras.

En un país de indudable desenvolvimiento capitalista, hay en nuestro agro una obtención de beneficio por una lógica que no le es propia. La acumulación no sobreviene acicateada por la necesidad de reproducirse y crecer, sino, esencialmente, por la utilización del poder político y económico. Se beneficia de la renta diferencial en el mercado interno y en el mercado externo por el precio del dólar, fijando este último el precio en el primero. El que no haya "lógica capitalista" no implica que los menesteres de los terratenientes dejen de ser propios de grandes burgueses, simplemente explica una de las causas que han perturbado el "despegue" de nuestro país.

De igual manera, la gran diferencia en los rendimientos de nuestro agro respecto de Canadá, Australia, EE.UU y algunos países de la CEE ha sido uno de los condicionamientos del sector externo y de nuestra inserción en el mercado mundial. Las recurrentes devaluaciones en los últimos 30 años, empujadas desde los años 60 por la influencia del FMI, eran del interés de nuestros terratenientes.

La devaluación del peso, el descenso del salario real, la disminución de la protección arancelaria, un desenvolvimiento económico acorde con los intereses que rigen el mercado mundial pautado alrededor del agro y del desarrollo de la producción de materias primas y productos industriales para la exportación –v.g: petróleo, pesca, gas, eventualmente petroquímica– son los medios y objetivos de una política económica en la que se revela una coincidencia de intereses entre los grandes terratenientes, el FMI, la Banca Internacional, las trasnacionales (TN) y la gran burguesía industrial y financiera que se vería favorecida por las políticas implementadas.

La supervivencia del peso de los terratenientes en la gestión del Estado se ha debido a: 1) Su gravitación en el sector externo; 2) La coincidencia de intereses con el gran capital financiero internacional. La supervivencia de los terratenientes ha formado parte de nuestro desarrollo capitalista, lo ha influenciado. Es una de las causas de la crisis estructural. La coincidencia de intereses de los terratenientes con los de la Banca Internacional y de los monopolios extranjeros ha sido una base objetiva de su poder y de su posición reaccionaria; desde el "contrato implícito" con el imperialismo inglés, a la política del FMI y de las trasnacionales en el día de hoy.

Considerando que la política cambiaria es una de las formas de protección de la industria, la cotización de la divisa en la que influyó decididamente la rentabilidad buscada por los grandes terratenientes repercutió sobre su desarrollo. *Mayores rendimientos agrarios,* habrían posibilitado una cotización más baja del dólar, y un dólar más bajo habría implicado menores precios para las materias primas, productos semielaborados y equipos que requiere la industria, lo que a su vez hubiera permitido costos inferiores para su producción y menor protección arancelaria, y así de seguido.

Es necesario destacar asimismo que en el manejo del comercio exterior se manifiesta la contradicción entre los productores y aún terratenientes, con las grandes empresas comercializadoras que usufructúan, en buena medida, los manejos con las divisas y sus cotizaciones. El manejo continuado, coherente, incorrupto y no burocrático del comercio exterior por el sector público habría reforzado y consolidado lo afirmado en el párrafo anterior.

Los incrementos en los rendimientos del agro en los últimos años, esconden la continuidad de su gran atraso respecto al resto de los países productores, siendo ello lo esencial. Sin embargo, hay quienes basándose en la magnitud del capital invertido en ellos, concluyen en una relación capital por tonelada/ hectárea que, resaltan, favorecería a nuestro agro. Ese índice no indica otra cosa que lo que sabemos de siempre: evidencia las ventajas naturales de la pampa húmeda. Lo que hay que determinar es cuál sería la cantidad de capital que permitiría alcanzar y superar los rendimientos de nuestra competencia. Para todos está claro que esa cantidad debe ser sustancialmente menor.

Encarar una política orientada en esa vía implicaría aprovechar plenamente nuestras ventajas naturales, es una manera de valorizarlas y hacerlas efectivas. El índice antedicho y el cacareo respecto al avance de los rendimientos en el agro, se convierten en una defensa de los terratenientes que continúan con su política de obtener con la cotización del dólar lo que no obtienen de la tierra. Ello les permite seguir acumulando y despilfarrando renta parasitaria sin correr riesgos y con la mínima inversión que las circunstancias les exigen. Justamente, en la medida que el agro extranjero se capitalizó y no lo hizo el nuestro, creció la necesidad de devaluar el peso con una frecuencia cada vez mayor.

Por supuesto, que la continuidad de esa política agraria y del sector externo, agravó las contradicciones en que se debatía nuestra economía y profundizó la crisis estructural.

Las crisis recurrentes del sector externo, no se han debido a la mayor demanda de la industria nacional ante un auge de la coyuntura interna, sino –en parte– a que el agro no aportó las divisas necesarias que hubieran resultado de una mayor producción exportable, como consecuencia de una capitalización de la inversión de las ganancias obtenidas anteriormente. Digo "en parte", porque se han debido igualmente al deterioro de los términos de intercambio, al egreso de divisas por remesas de utilidades, pagos de servicios, y transferencias de la burguesía nativa, así como al tipo de desenvolvimiento industrial y a la gravitación en el mismo del capital extranjero sobre el que luego me referiré.

Sobre el Estado

Para entender el desenvolvimiento económico-social del país, es necesario destacar el modo y el momento en que se manifiesta el nuevo rol del Estado y la situación internacional en la cual estuvo inserto.

En los PCD el Estado satisfizo, de inicio, una necesidad objetiva de desenvolvimiento del sistema que había superado la etapa de la "libre concurrencia", y en el que un capitalismo maduro que abarcaba en su totalidad a las economías nacionales respectivas, hacía tiempo había consolidado diversos imperios coloniales. El proceso de monopolización de la economía alcanzó un grado tal que dio paso al Capitalismo Monopolista de Estado (CME).

En nuestro país, la nueva acción estatal no se manifiesta luego de sucesivas etapas de desarrollo capitalista, sino que comienza a jugar su rol cuando la industria era incipiente, y atrasadas las relaciones de propiedad en el campo. *La intervención reguladora del Estado manipulando "deliberadamente" la economía y limitando con ello la economía de mercado concurrencial, tanto en la esfera monetaria como en la de la producción, aparece cuando en el país el capitalismo aún no se había desarrollado en plenitud.*

La formación y desarrollo del sector estatal estuvieron subordinados a las necesidades y vicisitudes de los intereses económicos dominantes. Primero, en el marco de la dependencia del imperialismo inglés, propia de la antigua División Internacional del Trabajo, y luego en el del neocolonialismo. Cabe considerar, asimismo, la influencia sobre el Estado de las consecuencias de los rasgos peculiares del desenvolvimiento socio-político. La acción reguladora de los años 30 fue resultado de las exigencias económicas que emergieron como consecuencia de la crisis que afectó a la economía y a las finanzas, impulsadas por las necesidades del capital extranjero y de la gran burguesía nacional, industrial, agraria y financiera. Pero en el momento en que el Estado tomó atribuciones como empresario y para una gestión macroeconómica, se desarrollaron una serie de contradicciones que confluyeron con otras en la crisis estructural.

Si bien es cierto que facilitó el desenvolvimiento económico (ya en aquel momento se hizo cargo de la desvalorización del capital, producto de la crisis), lo politizó. El presupuesto y la acción estatal limitaron los "autonomismos" propios a la dinámica capitalista –v.g. política monetaria, o precios y tarifas de empresas de infraestructura y productores de bienes, que son ajenos a las leyes del mercado– *haciéndose blanco de la presión del imperialismo, de las distintas capas de la burguesía y de la clase obrera organizada.*

En cuanto a la acción empresaria del Estado, ésta se fue plasmando al responder a las necesidades acordes con el nivel de desarrollo alcanzado por las fuerzas productivas, y ante la falta de interés de los grandes monopolios internacionales, únicos con recursos para encarar esas inversiones. Ningún sector trascendente de los servicios o de la industria básica nacional, nació por iniciativa de la gran empresa privada nacional o extranjera; nacieron cuando ya se había planteado el surgimiento de los mismos como necesidad objetiva de nuestra economía y es el Estado el que parcialmente la satisfizo. YPF fue el comienzo de la explotación de nuestros recursos petroleros; SOMISA, de nuestra siderurgia; AGUA Y ENERGÍA, de la hidroelectricidad; YPF y FM de la petroquímica y química pesadas; GAS DEL ESTADO y YCF, de la distribución de gas y extracción de carbón; AEROLÍNEAS ARGENTINAS, del transporte aéreo internacional y de cabotaje.

Al argumento de que ello fue así por las características de las leyes, decretos y posiciones "estatistas" que amparaban cada sector, la respuesta la da la historia, por demás cercana. Podemos afirmar, en contra de lo que se señala respecto al nivel alcanzado por el sector estatal, que éste no ha sido consecuencia de ninguna posición teórica o ideológica "estatista", sino que, respondiendo a una necesidad objetiva, fue el resultado de la acción de quienes empujaron proyectos, a veces a pesar de los gobiernos de turno y del poder económico, llevados por una apreciación realista de las urgencias de cada sector de nuestra economía.

Esos proyectos tuvieron el apoyo de políticos, profesionales, medios sindicales, militares y sectores de la burguesía nacional tanto desde el gobierno como desde la oposición que, empujados por las distintas motivaciones coincidieron en la urgencia de resolver los acuciantes problemas planteados y que dificultaban el crecimiento. Es necesario destacar, sin embargo, que si bien las empresas estatales surgieron en un momento particular del desarrollo de nuestras fuerzas productivas y en un marco determinado, su crecimiento se vio limitado o deformado, por la gestión que de ellas hicieron personeros de los sectores dirigentes.

El ineficiente perfil de la producción energética, la cada vez más cara e insuficiente estructura de transporte, el magro desarrollo de la petroquímica y la química básica y la reducida explotación minera, no fueron *consecuencia de una política estatal "en general", ni tampoco de la responsabilidad de los funcionarios actuantes. Se debió a orientaciones y direcciones políticas guiadas por los intereses dominantes: monopolios extranjeros, gran capital y grandes terratenientes.* V.g. los grandes fabricantes de los sistemas termogeneradores dificultaron el desarrollo hidroenergético; Acindar, Propulsora, etc, el de SOMISA y SIDINSA; los proyectos petroquímicos se demoraron por la intervención de las TN del sector o por los importadores; las empresas automotrices extranjeras fueron las que alentaron y se beneficiaron con el deterioro de Ferrocarriles Argentinos y de Subterráneos de Buenos Aires. En cada uno de esos ejemplos, *los gobiernos, salvo excepciones, tuvieron una actitud patrocinadora cómplice y, al mismo tiempo, hubo una oposición tenaz de los sectores populares hacia tales políticas.*

De igual manera, la tan proclamada ineficiencia del sector estatal ha sido consecuencia del manejo que de él se hizo y nada tiene que ver con una ineficiencia intrínseca. Su baja productividad, la sobredimensión y la irracionalidad de su organización, la pesadez en la decisión y ejecución, la inestabilidad en los niveles de dirección, la baja recaudación y la mala asignación de sus ingresos, la corrupción y, en fin, el déficit fiscal reconocen una misma raíz. En la acción cotidiana y en la orientación del sector público ha prevalecido el interés de clase de quienes lo han manejado, en esencia, me reitero, del imperialismo, de los terratenientes y de la gran burguesía. Los vaivenes en sus políticas, sus incoherencias y la falta de continuidad, han sido formas de manifestación de las contradicciones entre las vías concretas de consecución de beneficios de esos sectores en el marco de la dependencia interna-externa y las necesidades a satisfacer para el desarrollo del país.

La burocratización del sector público, la falta de participación y control popular se correspondió con la inexistencia de la democracia y con la manipulación que partidos burgueses, jerarcas y caudillos, hicieron de los reclamos del pueblo.

Dado que el desarrollo capitalista en nuestro país fue peculiar, debemos analizar nuestra estructura y el rol en ella del Estado con una óptica distinta que la utilizada en los PCD, aunque hay numerosos rasgos que son similares y propios del CME, sistema dominante en la economía capitalista mundial al que estamos integrados como país. El Estado ha servido a los intereses monopólicos y de grandes empresas nacionales. En algunos casos, a través de precios subsidiados de los insumos que suministra –v.g. gas para la petroquímica, energía eléctrica para la electrometalurgia, combustibles en general–, otras veces, por legislación promocional –v.g. Papel Prensa, Celulosa Argentina, Aluar–, a través de créditos, apoyos financieros y consolidación patrimonial en períodos de crisis –v.g. ley de Rehabilitación de empresas y compra de acciones por el Banco Nacional de Desarrollo y la Caja Nacional de Ahorro y seguro–, entrega de la explotación de áreas donde la investigación y desarrollo previos ha sido hecha por el Estado –por ejemplo, en minería, y en particular, en petróleo–. Lo sucedido en estos últimos años implicó haber descargado sobre el Estado el proceso de desvalorización y de centralización del capital producto de la crisis.

La esencia del papel del Estado está en su presencia activa, en su acción reguladora, en su política económica, crediticia, monetaria, fiscal, cambiaria, aduanera, de promoción y en la que lleva respecto de sus propias empresas.

Desde el Estado se llevaron a cabo políticas económicas que favorecieron a la concentración y la centralización del capital, políticas que condujeron a la ruina a pequeñas, medianas y aún grandes empresas y que desnacionalizaron otras. Igual sentido tuvo la acción para privatizar las empresas del sector público realizadas en el período reciente; ello impidió reducir la participación estatal desde el punto de vista patrimonial, que incrementó su actividad como órgano coactivo ya que hizo uso de su poder para acrecentar y afianzar el poder monopólico.

Cuando desde el Estado se privatizan sus empresas, lo que se hace es adecuar a nuestro país a los intereses dominantes, con una política coactiva y represiva dificultando o impidiendo, no sólo el natural debate parlamentario propio de una democracia burguesa, sino toda opinión tanto de los partidos como de las asociaciones gremiales y empresarias. De esa manera, podemos decir que la actividad del Estado alcanza su grado máximo en favor de los sectores más retrógrados del gran capital y del capital financiero internacional.

En la medida que en nuestro país el Estado comenzó a jugar un papel distinto, en un marco de dependencia del capital extranjero y con un pobre desarrollo capitalista, a los conflictos y contradicciones propias de su inserción –las que se generan entre un sector público y un sector privado– se sumaron los que son consecuencias de esa condición de dependencia.

La política estatal ha estado esencialmente subordinada a los intereses de la gran burguesía, de los sectores más retrógrados del agro y del capital extranjero.

Con "esencialmente" quiero significar cómo se fue definiendo la acción estatal sobre la maraña de las contradicciones entre los sectores citados entre sí, entre ellos y la burguesía nativa, y entre el capital y el trabajo.

El capitalismo de Estado, entonces, ha sido un rasgo de nuestro desenvolvimiento capitalista. *No podemos decir de él que es progresista o no, ya que pudo o puede ser una u otra cosa. Ha dependido y depende de la correlación de fuerzas en el seno de la sociedad. Lo esencial es que surgió satisfaciendo las necesidades del desarrollo capitalista. Pero al mismo tiempo, el Capitalismo de Estado se tornó en un campo fértil para los cambios sociales y se dieron condiciones objetivas y subjetivas para multiplicar las luchas populares.*

La participación activa del Estado conlleva la confrontación entre el sector estatal y el capital privado. Este último necesita del primero que, al mismo tiempo, le resta renta; el sector privado se aprovecha para sus fines de lucro de las políticas estatales, las que, sin embargo, por las presiones socio-políticas de que es objeto el Estado, lo limitan en su accionar.

La participación activa del Estado contribuye a hacer crecer las fuerzas productivas, pero incrementa y profundiza las contradicciones del sistema. Las mismas se dan en el desenvolvimiento económico y también en el ámbito social. Agudiza los enfrentamientos entre el trabajo y el capital, no sólo en empresas y en sectores, sino en las luchas en torno al presupuesto, por avances en la legislación social –convenciones colectivas, vacaciones, leyes de despido, vivienda, salud, educación, obras sociales, sistema de previsión, etc.–, igualmente en las políticas tributarias y crediticias.

En cada acto del Estado se favorece a uno o a otro sector. Ello ha dado lugar a que se agudicen las contradicciones entre el capital extranjero y nativo; entre sectores de la burguesía, por ejemplo, entre las vinculadas al comercio internacional y al mercado interno; entre la burguesía industrial y el gran capital terrateniente; entre ambas y el capital financiero.

En cuanto a la lucha por dar uno u otro contenido al Capitalismo de Estado, no se trata de que la burguesía y el capital extranjero hagan todo lo posible por subordinar el

Estado a sus intereses ya que, en verdad, lo subordinan ahora, sino que los sectores populares pugnan por convertirlo, de sustento del poder de esos sectores, en base de un nuevo poder.

Influencia del entorno internacional en nuestro desenvolvimiento

La Segunda Guerra Mundial cambió la faz del mundo. Surgió y se consolidó el Mundo Socialista; cayeron los imperios coloniales; EE.UU. emergió como la potencia económica y militar líder del sistema; la revolución científico-técnica (RCT) aportó elementos esenciales para cambios profundos. La regulación económica estatal, que apareciera luego de la crisis del 30, se consolidó como forma del sector monopolizado para tratar de manipular la economía y la sociedad. El proceso de concentración y centralización del capital avanzó y con el nuevo rol del Estado se consolidó el capitalismo monopolista de Estado.

Los cambios extraordinarios en las comunicaciones, transportes e información, la incorporación de nuevas tecnologías, el proceso de innovación con la creación incesante de nuevos productos, el surgimiento de los conglomerados y las TN, el acrecentamiento de la internacionalización del capital, configuraron el mundo de los "milagros económicos" y la llamada "trasnacionalización de la economía". Las grandes empresas trascienden los mercados nacionales y compiten en el mercado capitalista mundial.

Las transformaciones que se suscitaron en las economías nacionales y al nivel internacional influenciaron y fueron influenciadas por cambios en la superestructura de la sociedad.

Como respuesta a las exigencias *objetivas* del desenvolvimiento del sistema, los gobiernos de los países capitalistas desarrollados, en defensa de las grandes empresas que cada uno de ellos cobijara, encararon la constitución y afianzamientos de nuevas instituciones que, en definitiva, pretendían coordinar acciones políticas que soslayaran las agudas confrontaciones y las profundas crisis de antaño. El acuerdo de Bretton Woods que dio nacimiento al FMI y al Banco Mundial, el GATT, los acuerdos sobre el carbón, el acero y el desarrollo nuclear, la Comunidad Económica Europea, la OCDE, fueron el resultado de esta tendencia.

Instituciones y acuerdos que sirvieron efectivamente para que, hasta mediados de la década del 60, el sistema capitalista mundial creciera en flecha. Ello sucedió no sin llevar a nuevos niveles de derroche de recursos humanos y materiales, no sin dejar de incrementar la explotación de los pueblos y de los recursos en los P en D, no sin hacer padecer a la Humanidad guerras, conflictos y sucesivas crisis cíclicas que empalidecieron la "sociedad de bienestar", pero que facilitaron la manipulación por un reducido número de empresas, de los mercados nacionales y del mercado mundial.

Hubo, entonces, cambios profundos en el comercio mundial, en las relaciones económicas internacionales, así como en las formas de dependencia.

La evolución en las últimas décadas y las tendencias en el mundo capitalista las podemos resumir en la forma siguiente:

1) Decrecimiento, en el comercio internacional, de la incidencia del intercambio de materias primas, e incremento del comercio entre productos semielaborados y elaborados.

2) Pérdida de gravitación de los P en D en el comercio mundial, y endeudamiento creciente por el deterioro de los términos de intercambio. Con excepción de los países petroleros, como resultado de la constitución de la OPEP.

3) Descenso de la capacidad de importación de los P en D, con la misma excepción.

4) Implantación de los monopolios en los P en D para poder seguir explotándolos desde adentro. De los sectores de servicios –teléfonos, energía– pasaron a las industrias de bienes de consumo durables y de nuevos productos semielaborados, acorde también con los avances de la RCT –v.g. automotriz, plásticos, petroquímica–. De la dependencia de productos finales a la dependencia de insumos, de tecnología, de nuevos equipos, y también financiera, en una Nueva División Internacional del Trabajo.

5) A través del FMI se impulsaron políticas que incrementaron la subordinación de las economías de los P en D al mercado mundial.

6) El Banco Mundial propició líneas crediticias que facilitaron el proceso de concentración y centralización del capital y crearon infraestructuras para el cambio.

7) Con la desvinculación del dólar del oro y el surgimiento y crecimiento del mercado de eurodólares y eurodivisas, la dependencia financiera de los P en D no lo fue sólo de los gobiernos extranjeros sino de la gran banca privada internacional.

8) La política de liberación de protecciones arancelarias y no arancelarias, que se llevó a cabo en el ámbito del GATT sirvió al proceso de internacionalización del capital y trasnacionalización de la economía mundial. Algunos P en D y, en particular, nuestro país, al solidarizarse con las políticas propiciadas en su seno, abrieron sus puertas al capital internacional, abandonando la protección a la industria nacional.

9) El comercio entre los PCD se hizo en forma creciente de "cuasi mercancías" e intra firmas, o sea un comercio cautivo dentro mismo de las TN, que fijaron precios al margen de los mercados, de acuerdo con sus políticas de renta global.

10) Los P en D que se citan como excepción –Corea, Taiwan, Singapur– que entraron de lleno en un proceso de industrialización para exportar, lo hicieron con muy bajos salarios, sin legislación social alguna y con mercados internos precarios. Si bien incrementaron su participación en el mercado mundial, *su dependencia del mismo y de sus avatares es total. No han superado ninguno de los problemas del subdesarrollo y siguen caracterizándose por la falta de integración social y económica.*

11) Los rasgos destacados del comercio mundial perjudicaron, como queda dicho, a los P en D. Los PCD a través de las políticas concertadas en la CEE y las tradicionales de EE.UU y Japón, dificultaron la exportación de productos industriales de los P en D y los primeros, con sus políticas agrarias, entraron a competir con carnes y productos lácteos.

12) La crisis que sacude al sistema capitalista, al margen del ciclo, denota ya en la superficie rasgos de su descomposición y golpea duramente el mercado mundial. De nuevo aparece entre los PCD evidencia de cruda competencia que, si bien se atenuara en la décadas anteriores, nunca desapareció, aunque adquirió características tales que no inhibió el crecimiento del mercado mundial. Hoy se muestra a través de conflictos y crisis sectoriales y en el mercado mundial del capital-dinero.

13) La conformación del mercado mundial con su crecimiento impetuoso y su gravitación en las economías nacionales, las ha entrelazado, dificultando la regulación estatal al interior de cada país y sus políticas económicas. La sincronía en los ciclos y la retroalimentación de los rasgos de crisis son otros tantos aspectos del desenvolvimiento del sistema.

14) Al mismo tiempo y como reflejo de la realidad, han surgido teorías y propuestas que tratan de adecuar la economía capitalista mundial a fin de relanzar su reactivación en un todo acorde con los intereses y los proyectos de las TN. Los propósitos acerca de la relocalización industrial –desplazamientos de las industrias contaminantes y/o con tecnologías "simples" a los P en D y desarrollo de las industrias de punta en los PCD– así como nuevas demandas de mayor "racionalización" en la explotación y asignación de recursos –Club de Roma e Informe Brand– no dejan de privilegiar una *imposible* planificación de los recursos globales por las TN de los PCD, supeditando a su orientación e intereses las economías nacionales de los P en D.

15) Otras corrientes del pensamiento burgués contemporáneo aliado del complejo militar-industrial y del sector financiero, reivindican una adhesión total a las leyes del mercado. Con sus reclamos de limitar el rol del Estado a su papel policial de antaño y que sean "los agentes económicos" los que, en ruda lucha competitiva, arbitren la asignación de recursos, remitiendo sus acciones al juicio implacable de las leyes del mercado, lo que en verdad buscan es arrebatar a la sociedad los logros de dos siglos de duras luchas obreras y populares, subordinándola con una política represiva a la acción de la TN y del imperialismo y en los P en D a las oligarquías nativas.

16) En el mundo capitalista, en la época de su descomposición, es el sector parasitario por excelencia, el sector de las grandes finanzas, el que concentra la mayor parte de la plusvalía generada en el proceso productivo, hecho que a su vez agudiza la crisis.

17) Con la consolidación del Mundo Socialista, que participa en un 9/10% del comercio mundial, se presenta para los P en D una alternativa del intercambio comercial, bajo el amparo de relaciones económicas internacionales equitativas que no entrañan sumisión ni subordinación.

Lo reseñado anteriormente revela el acierto de la prospectiva y de los análisis coyunturales que hicieran, en cada momento, quienes no se encegueciaron por la cifras del PBI, sino que investigaron las tendencias del sistema capitalista mundial de acuerdo a la concepción de su crisis general y de sus manifestaciones, y se reiteraron respecto de los riesgos de subordinar el desenvolvimiento económico de nuestro país a los intereses y designios del capital extranjero y del imperialismo.

* * *

El crecimiento industrial es un objetivo "natural" de un país capitalista. Aquí se vio trabado en parte por el pobre crecimiento de los saldos exportables y por la cotización del dólar siempre en aumento, que encareció sus insumos. Uno y otro resultado de la política latifundista.

Decimos "en parte" porque además no hubo política industrial; la que fue desarrollada lo fue en respuesta a exigencias propias del desenvolvimiento económico que respondía a los intereses de las TN y a los requerimientos de la gran burguesía y burguesía media y en el entorno internacional precisado. La implantación del capital extranjero en sectores claves que generaron *pautas de inversión y consumo en su interés y la falta de desarrollo de las industrias básicas,* dieron como resultado que, a medida que crecíamos, se incrementaban las demandas de importación.

El monopolio –en este caso extranjero–, tampoco apareció como resultado de nuestra propia dinámica de crecimiento: fue implantado desde afuera y, al imponernos pautas de producción y consumo propias de las metrópolis y de acuerdo a sus intereses y necesidades, consolidó nuestra dependencia interna.

El grado y el carácter de nuestras necesidades de insumos industriales externos se explica porque nuestro desarrollo industrial se hizo atendiendo a los intereses de las TN que impusieron en nuestro mercado interno su dinámica de crecimiento. Ello condicionó nuestra inserción en el mercado mundial y las relaciones internacionales.

Se dio la paradoja de un país que con un mercado interno aparentemente fuerte, y cuyas necesidades de importación han sido siempre menores en un 10% de su PBI, tiene una gran dependencia externa. La política proteccionista –que facilitó la implantación de las TN en el país– no favoreció el desarrollo de una industria armónica e integrada. Sino que, promocionando al industrial y ayudando a la creación y consolidación de grandes fortunas, no tuvo exigencia alguna de reciprocidad para modernizarse, ni permitió al Estado –por su política tributaria también acorde con los grandes intereses– disponer de ingresos para realizar inversiones en las infraestructuras que el desenvolvimiento económico reclamaba.

A los que hoy exigen la apertura de la economía para resolver nuestros problemas, hay que recordarles la experiencia histórica que evidencia que la crisis reconoce, como una de las causas, la entrega del mercado interno, hace ya algunos decenios –incrementada a partir de los 60–, a las TN y a su política neocolonialista.

En otro sentido, hay suficientes elementos –tanto patrimoniales en la producción y en el proceso de circulación, como en el análisis del desenvolvimiento del mercado– que prueban la decisiva participación oligopólica en nuestra economía. Con el agregado de que no se trata sólo de empresas extranjeras, sino también de grandes empresas nacionales. Como ejemplo de estas últimas podemos citar: la industria cementera, azucarera, vitivinícola, otras alimentarias y algunas textiles, siderúrgicas y de servicios.

Evidentemente, los sectores decisivos están en manos del capital extranjero, pero no se debe restar importancia al gran capital nacional vinculado directa o indirectamente al mismo e incluso aquél con una independencia formal. *Unos y otros son contrarios a los intereses populares y a un desarrollo armónico y sostenido de nuestra economía en una sociedad democrática. La magnitud de la renta que estos sectores asignan dificulta una estrategia nacional, y al constituir, junto con los grandes empresarios del agro, el núcleo de la reacción política, dificultan asimismo el triunfo y la posibilidad de estabilidad de un gobierno popular, pluralista, progresista y democrático.*

Al plasmarse un desenvolvimiento industrial alrededor de los sectores "dinámicos" productores de bienes de consumo durables –v.g. industria automotriz– y orientada la acumulación al consumo superfluo o a la inversión con ese sentido, necesariamente marchamos a una encrucijada. *Así como en el agro, también en la industria nuestra manera de crecer acorde con los intereses dominantes dificultó el desarrollo capitalista a tal punto que hoy impide un desenvolvimiento económico por esa vía.*

Una economía no integrada económica y geográficamente, con un magro desarrollo del sector I y basada fundamentalmente en la producción de bienes de consumo, tiene en sus entrañas y en efervescencia, una crisis estructural que se agregó a las propias del capitalismo manifestadas en los ciclos.

A la relación inarmónica y anárquica entre la evolución de los sectores I y II destacada en las ecuaciones de Carlos Marx y que lleva al capitalismo periódicamente a la crisis cíclica, se suman en nuestro país las que resultan de su peculiar desenvolvimiento. Un capitalismo que, sin haber llegado a su madurez, desarrolla en su manera de crecer formas de capitalismo monopolista sin haber "aprovechado las ventajas" de una economía concurrencial. Este capitalismo monopolista se asentó sobre el monopolio extranjero en sectores consumidores de insumos que se debieron importar, en general, de sus casas matrices, orientando su inversión porque les era conveniente, a las ramas industriales que atienden directamente el consumo.

La dinámica de crecimiento descrita necesita para desarrollarse de una demanda interna creciente que entraña un poder de compra masivamente extendido. Asimismo requiere continuamente mayores importaciones de materias primas, productos semielaborados, máquinas y equipos más sofisticados, que el país no produce o no fabrica. Lo primero implicaría un incremento constante del salario real, un aumento de consumo de sectores medios, una movilidad social ascendente y, lo segundo, un agro y una industria con crecientes excedentes exportables y relaciones internacionales equitativas que satisfagan las necesidades de mayores importaciones. Nada de esto se dio.

En otro sentido, la dependencia tecnológica, la preeminencia del capital extranjero, la dependencia financiera, todo eso se refleja en una real sangría del trabajo nacional hacia el exterior, que en el balance de pagos corrientes hizo que los servicios contrapesaran, negativamente, los superávits del comercio exterior, cuando los hubo.

Lo anterior evidencia que el desenvolvimiento económico tenía y tiene un límite en la propia estructura de la producción agraria e industrial, en la distribución y asignación del ingreso, en la magnitud y destino de la acumulación y en el entorno internacional, consecuencia no sólo de las contradicciones inherentes a las relaciones de producción capitalistas, sino a las propias de la dependencia. De ello resulta que el desarrollo del país está condicionado a un cambio radical en cada uno de los sectores señalados y en la política global a seguir.

* * *

Finalmente agreguemos a los aspectos citados, el desarrollo de los sectores de servicios improductivos: el financiero y el de comercio. La gravitación de esos sectores en la vida nacional es por demás conocida. Si bien su incidencia en el "valor agregado" es un elemento revelador de la crisis en el sistema capitalista mundial, en nuestro país, al igual que lo dicho respecto al sector estatal y al monopolizado, se da en el marco del de un país en desarrollo y dependiente, sumándose como un factor trascendente de la crisis estructural propia. Cabe agregar que la magnitud de la plusvalía de la que se apropian esos sectores y se genera en nuestro país, no tiene como contrapartida ningún "ingreso" externo y por el contrario son vías de fuga al exterior de trabajo nacional.

Acerca de la crisis estructural que conmueve a la economía y a la sociedad argentina

La investigación acerca de las características de la crisis estructural, sus implicancias sobre la actitud e ideología de las clases sociales y las influencias de éstas sobre la crisis, y el estudio y explicitación de un programa para salir de la misma, facilita al mismo tiempo la profundización del análisis de nuestra estructura, su caracterización y, en otro sentido, la política que debe orientarnos.

A la luz de lo dicho podemos afirmar que nuestro insuficiente nivel de desarrollo capitalista no ha sido consecuencia del grado de crecimiento posible de las fuerzas productivas, considerando nuestros recursos humanos, naturales y de capital.

En nuestro país había condiciones hace ya 60 años para impulsarnos por esa vía. Por supuesto que el proceso no fue casual: *la dependencia interna-externa imposibilitó nues-*

tra marcha hacia un mayor desarrollo capitalista. De ahí que, a pesar de que en nuestra estructura económica el capitalismo sea dominante y definitivo, nuestro proceso se haya visto deformado y limitado.

La crisis estructural se explica por la dependencia externa: del imperialismo y de las trasnacionales, por los vínculos patrimoniales, por la dependencia tecnológica y financiera, por el chantaje a que nos someten la gran banca privada y las instituciones internacionales capitalistas de crédito; por la dependencia interna; por la estructura agraria, por la gravitación del gran capital extranjero y nativo que nos han impuesto pautas de producción y consumo que posibilitan lo anterior; y por las contradicciones que las mismas generan.

Al principio de la ponencia hablé de desarrollo anómalo. Hay quien refiriéndose al grado alcanzado por las relaciones de producción de nuestro país nos habla de un capitalismo maduro. Creo que para aclarar dicho criterio habría que decir que como un fruto que se pudre sin haber llegado a la madurez, la dinámica capitalista ha entrado, como tal, en crisis, sin haberse desarrollado en plenitud. Y tal proceso encuentra sus causas en las particularidades de su desenvolvimiento señaladas mas arriba. El sentido de capitalismo maduro se explicaría al explicitar que es un capitalismo maduro para el cambio.

Tomemos de lo afirmado lo siguiente:

1) Una estrecha y compleja aunque a veces conflictiva, vinculación entre sector estatal y monopolizado.

2) El crecimiento y ampliación de este último, acorde con el proceso de concentración y centralización de capital que contó con el apoyo permanente de los gobiernos, salvo algunos paréntesis, en los últimos 30 años.

3) Lo anterior involucra a ciertos grupos nacionales con raíces en la producción, pero con vinculaciones patrimoniales con bancos y financieras. El que algunos de estos grupos se hayan debilitado o desaparecido no invalida el hecho de que nuestra estructura económica los haya posibilitado. Más aún, considerando que la caída de algunos de ellos se ha producido no por el desenvolvimiento económico regido por la dinámica propia del capital, sino debido a políticas económicas que la impulsaron. El aventurerismo, las alianzas e intereses, que influencian en un sentido u otro, son propios del sistema; lo importante es si la economía del país permite que surjan y crezcan, consolidándose unos y cayendo otros.

4) La política estatal influenciada por las trasnacionales y la oligarquía nativa favorecieron una determinada asignación de la renta y una distribución de la misma que retroalimentó el proceso. La plusvalía generada se canalizó hacia el exterior y en un consumo suntuario. Ello impidió la acumulación necesaria para un crecimiento autosostenido.

5) El carácter extranjero del capital que captara gran parte de la plusvalía y orientara la inversión y el consumo; las vinculaciones del mismo al gran capital nacional con distintas formas de subordinación -tecnológica, financiera y por conciencia antinacional, de clase-; el mantenimiento de un gran poder político, al margen de su mayor o menor poder económico, de terratenientes y grandes capitalistas agrarios: todo ello caracterizó las líneas de acción y echó las bases sobre las que se conformó el sector dominante que condicionó, limitó e impidió el desenvolvimiento y la consolidación de un Capitalismo de Estado progresista. El capital extranjero y la dependencia que de su accionar se deriva nos condujeron a la crisis estructural dificultando o impidiendo el camino a un capitalismo maduro.

Por otro lado, el empresario nacional, cuando tuvo las riendas del poder no supo, no pudo y/o no quiso –una afirmación que no descarta a la otra sino que la verdad engloba a las tres– profundizar un proceso que permitiría romper con la dependencia. Nuestra burguesía en ningún momento, en esencia, buscó un país económicamente independiente o soberano; buscó un lugar para sí, y se dio un proceso contradictorio en el que si era necesario ceder o conciliar, hizo ambas cosas.

En cuanto a la clase obrera y los sectores populares, no lograron la unidad necesaria para imponer su concreción. Sin embargo y a pesar de ello, en acciones de distinto tipo, en formas a veces aisladas y espontáneas y otras conducidas por los partidos que los representaron, constituyeron una fuerza que dificultó las maniobras del gran capital y son la alternativa válida para encauzar al país por un camino distinto.

6) Lo que es necesario destacar es que no ha habido y no hay estabilidad en nuestro proceso capitalista y ello es esencial. No me refiero a las crisis coyunturales comunes al sistema, sino a una inestabilidad crónica, consecuencia de una crisis estructural propia por encima de la crisis general capitalista, que tiene su origen en la dependencia interna-externa y que se manifiesta en crisis recurrentes no sólo económicas sino también sociales y políticas.

Tal crisis estructural propia impidió e impide un desarrollo capitalista que permita aprovechar en plenitud sus recursos y reducir la brecha que separa al país de los PCD, aún con las limitaciones inherentes al sistema.

Cabe una aclaración a lo anterior. Alguien podría afirmar que si después de todo, nuestro camino no fue el de un desarrollo capitalista clásico –la aparición temprana, antes que se consolidara un capitalismo maduro, del nuevo papel del Estado y la inserción al mismo tiempo y desde afuera del monopolio: son dos ejemplos que abonan lo anterior– podría revertirse la situación modificando el papel del Estado, reduciéndolo y privatizando empresas claves. Sin embargo ello sería incrementar la dependencia respecto del capital extranjero, del gran capital nacional y sumergirnos aún más en la crisis.

Queda por agregar algo elemental y simple: pensar en el capital extranjero o en el capital nacional para que resuelvan nuestros problemas de desarrollo es desechar toda nuestra experiencia. Precisamente la habilidad de nuestros políticos economistas o economistas-políticos es haber proclamado que cada experiencia frustrada lo fue por haber quedado inconclusa, cuando la verdad es que cada experiencia inconclusa lo fue, cuando habiendo dado ya sus frutos a los sectores gran empresarios y latifundista había quedado en evidencia como un fracaso para el país. Quedaron inconclusas por haber entrado en una vía muerta, o por imposición de la presión de todos los sectores populares –nunca suficiente para imponer una transformación pero que de una u otra forma se tradujo en que otro personero, o "elemento dinámico", tomara la antorcha en esta carrera de postas que es nuestra crisis.

Por otro lado, no hay duda alguna de que el país no puede postergar más el desarrollo de las industrias básicas, las tradicionales y las hoy consideradas de punta; como es sabido la alternativa es: empresa estatal o empresa trasnacional. Por lo ya expuesto, y me reitero en cuanto a la experiencia argentina, es evidente que las trasnacionales no encararían tales inversiones y, para el caso de que alguna coyuntura o circunstancia favorable lo permita, lo harán guiadas exclusivamente por el interés de sus casas matrices, es decir, de un centro de decisión externo, lo que agravará nuestra dependencia.

Se podría pensar que si el Estado asume con plena conciencia la promoción e implantación de la industria básica, ello podría indicar una ampliación y desarrollo capitalista consolidando un CME dependiente del sistema capitalista global. Ello está implícito en la propuesta desarrollista.

El monopolio estatal de sectores decisivos de la economía es efectivamente base para formaciones diversas, depende de su carácter y del entorno económico y socio-político.

Sin embargo, es preciso destacar que si aceptamos, teniendo en cuenta la experiencia, que en nuestro país sólo puede haber un despegue si rompemos la dependencia, debemos admitir que no es posible un desenvolvimiento estable de un CME dependiente, ya que la ruptura de la dependencia interna-externa es, por todo lo anteriormente expuesto, la condición sine qua non para nuestro desarrollo. Resulta de ello que terminar con la continuada inestabilidad y el carácter contradictorio en lo económico y social de nuestra estructura *presupone un camino con rasgos distintos al de los PCD. Si afirmamos que es imposible salir de nuestra crisis estructural propia por el camino de un CME dependiente, debemos incluir en la afirmación la imposibilidad de salir de la misma con un desarrollo capitalista.*

Es necesario entender que la dependencia que limita, deforma y perturba el desarrollo del país es no sólo económica sino también social y política, aunque en la forma seamos independientes en este último aspecto.

Nuestro país puede adelantarse, crecer, pero no lograr su desarrollo en un país integrado. No puede haber desarrollo normal, estable, por el camino del capitalismo dependiente:

1°) porque a la inequidad entre el trabajo y el capital propia del sistema, se suma la inequidad en las relaciones económicas internacionales e internas, impuestas por las trasnacionales;

2°) porque en el país las fuerzas productivas son frenadas no sólo por las viejas estructuras socioeconómicas, sino por las nuevas formas de crecimiento que dificultan el proceso de acumulación y deforman el de inversión; en tanto avanzamos en el proceso de industrialización ha ido creciendo la dependencia que nos caracteriza;

3°) porque a la desproporción entre los sectores básicos y los de bienes de capital por un lado, y los de consumo, por el otro, que gravita en los ciclos en los PCD, se suma en el nuestro una desproporción continuada y agudizada por la particular asignación de la renta;

4°) porque el desarrollo capitalista en las metrópolis promovió la integración, mientras que en nuestro país concentró la industrialización y, en general, el proceso de capitalización en ciertas zonas y reforzó la marginación del resto;

5°) por las contradicciones y conflictos de toda índole que generan las relaciones de dependencia. *Ello hace que toda medida tendente a hacer factible nuestro "despegue" se constituya en una acción antiimperialista, antimonopólica y antioligárquica.*

***

Descartada la alternativa de dejar en manos de las grandes empresas privadas la dirección de nuestra economía, ya que su dinámica no hace más que reforzar las relaciones de propiedad y poder inherentes a "la sociedad de consumo", sin resolver nuestros problemas (experiencia por demás probada en nuestro país), no queda otra salida que no sea el cambio de esta situación, modificándolas.

La situación es tal que están dadas *objetivamente* las condiciones para cambios de fondo que posibiliten una solución a nuestra crisis estructural.

Con ello queremos significar que se han agotado las alternativas económicas que nos ofrecen los diversos segmentos de las clases dirigentes, sin que ninguna de ellas nos haya permitido ni siquiera vislumbrar, no ya una salida, sino un desenvolvimiento capitalista más o menos estable. Al decir estable no nos referimos a un capitalismo sin crisis cíclicas, sino a un desenvolvimiento que pueda superar la crisis propia de la dependencia, que es la razón de la inestabilidad económica, social y política de los últimos cincuenta años.

Por otro lado *se evidencia* que las medidas necesarias conllevan cambios estructurales que implican un desenvolvimiento no capitalista.

Con condiciones objetivas para el cambio se expresa, entonces, que tales medidas se manifiestan *hoy como exigencias* para el desenvolvimiento económico-social. A tal punto hemos llegado, que nuestras peculiares relaciones de producción son ya un límite imprescindible a franquear para el desarrollo de nuestras fuerzas productivas.

En los últimos cincuenta años el país *vive de crisis en crisis*; nuestro crecimiento es consecuencia del empuje, podríamos decir, de la inercia, de nuestra capacidad potencial de crecer. Las crisis son cada vez más profundas y graves.

Ello ha sido resultado de una sumatoria de "frustraciones" en lo económico, social y político, situación que se revierte a su vez en el proceso económico, en un círculo vicioso que carece de salida con la estructura económica actual. En lo económico hemos llegado a una encrucijada donde el camino capitalista –basado en el autocrecimiento del capital conservando las relaciones de propiedad, particularmente en los sectores decisivos, y las de poder que les son inherentes– no pueden resolver nuestros problemas.

Vinculado a la estructura y al proceso económico y acorde con la conformación social, el contraste entre las posibilidades, fácilmente aprehensibles, que brinda el país, y los anhelos de su pueblo, por un lado, y la realidad cotidiana, mezquina, conflictuada y alienante, por el otro, es cada vez más agudo. Igualmente grave es el proceso político y su agudeza tampoco es casual: corresponde al nivel y carácter de nuestro desarrollo y al *empeñinamiento de las clases gobernantes en impedir toda salida que no sea la que sirva para acrecentar su poder*.

Nuestra inestabilidad, que se prolonga por años, la creciente frecuencia y agudización de las sucesivas crisis, indican la imposibilidad de salir de ellas por un camino capitalista en el sentido indicado, que pueda superar su grado medio de desarrollo; y al decir medio no indico un estadío medio de desarrollo más o menos coherente entre sectores básicos y de consumo final como etapa para un ulterior desarrollo capitalista, sino aquél en el que se destaca una "sociedad de consumo" más o menos desarrollada asentada en una industria básica incipiente y en la dependencia externa-interna.

Es insoslayable seguir un camino distinto, en el que las leyes espontáneas del capitalismo deberán ser limitadas por:

1) La ampliación de la propiedad estatal en sectores que definen el desenvolvimiento económico tanto en la producción como en los servicios.

2) La manipulación deliberada de la economía mediante una planificación que comprenda la totalidad de dichos sectores y la orientación del resto. En definitiva, lo anterior sólo se puede concretar a través de una estrategia nacional que responda a los intereses populares. La satisfacción de estos intereses es una necesidad económica objetiva y el único camino que posibilitará nuestro desarrollo.

3) Precisemos: sólo podemos salir de la crisis si en un proceso profundo y amplio de democratización, el Estado encara un cambio en las relaciones de propiedad en las grandes empresas y en el campo. Y si justamente con la apropiación y desarrollo de los sec-

tores básicos, satisface la imprescindible necesidad de planificar, de orientar nuestros recursos, una necesidad impostergable e ineludible, no en el sentido dado por las trasnacionales, sino para lograr una economía armónica en un país integrado. Nuestra experiencia así lo indica; nadie discute nuestra capacidad de ahorro, el problema ha sido siempre la orientación que se le da y en ello gravita decididamente la amplitud que alcanzó en nuestro país la "sociedad de consumo", vinculada a las relaciones de propiedad y de poder.

El control de la actividad –en algunos casos la expropiación, particularmente de las filiales de las trasnacionales– de las grandes empresas privadas productoras de bienes y servicios y la modificación del régimen de tenencia de la tierra, son los objetivos *mínimos* que debe contemplar un plan de reconversión de la economía nacional.

Debemos destacar que esos dos sectores, grandes empresas de bienes y servicios y grandes terratenientes, monopolizan –junto al sector estatal– la captación de la renta de la economía nacional y disponen arbitrariamente la orientación del gasto y la inversión.

Nuestra crisis no se resolverá con un cambio "estructural", dentro de la estructura, que conserva y consolida las relaciones de propiedad y de poder existentes, sino que sólo se puede resolver con un cambio de las mismas que dé salida a la crisis económica, política y social, y en el que el papel del Estado no ha de ser el propio del Estado de los Monopolios, sino el de un Estado que promueva una política económica nacional e independiente, que implique la ruptura de la dependencia externa-interna.

* * *

La discusión en torno de una denominación precisa que caracterice nuestra estructura nace de una situación real.

Es inobjetable la preeminencia del sector monopolizado del Estado –destacando la influencia de aquél sobre éste– en la economía del país y en su desenvolvimiento. De igual manera, la magnitud y multiplicidad de los conflictos que son consecuencia de sus limitaciones, frenos y deformaciones.

La falta de una denominación precisa para nuestra estructura no impide que de su análisis podamos extraer las conclusiones políticas que la hora exige.

En la época del capitalismo concurrencial la contradicción entre el capital y el trabajo se manifestaba entre el antiguo patrón-empresario y sus obreros. El enfrentamiento se expresaba claramente entre el proletariado y la burguesía. Surgía, "naturalmente " el campesinado como aliado y con igual "naturalidad" que se fijara como objetivo inmediato, la revolución social y el socialismo.

Con el desarrollo del capitalismo monopolista y, más aún, con la consolidación del CME surgen contradicciones, y los consiguientes conflictos, en el seno mismo de la burguesía, como consecuencia de la centralización del capital y, por ende, de la diferenciación que se crea entre los grandes propietarios y los sectores burgueses no monopolizados. Subsiste prioritariamente la contradicción entre el capital y el trabajo, pero a su vez, hay contradicciones entre el sector monopolizado y el no monopolizado del capital.

El análisis de esta situación objetiva ha llevado a que se plantee una lucha democrática antimonopolista, que implica un abanico más amplio de los sectores interesados en revertirla y que comprende junto al proletariado, las capas medias urbanas y rurales, e impone como objetivo inmediato un camino de transición, *que aunque motorizado y dirigido por la clase obrera y sus partidos, debe considerar la situación real rechazando toda posición ultraísta.*

Esto que se manifiesta hoy en los PCD, se da en los P en D sumándose, asimismo, a la lucha antimonopolista, sectores empresarios nacionales de cierto nivel, cuyos horizontes están cerrados por las trasnacionales y la oligarquía nativa. El frente antimonopolista se amplía aún más.

Considero, sin embargo, pertinente señalar que la política que resulta del análisis previo implica precisar bien el programa para salir de la crisis. Es esencial mantener una línea independiente en la que la lucha antiimperialista, antimonopolista y antioligárquica no oscurezca la acción por la liberación social.

Nadie se puede llamar a engaño. Para todos está claro que en el frente antimonopolista los objetivos de los diversos partidos se encuentran celosamente vigilados por cada uno de ellos. Las contradicciones que objetivamente se dan entre el capital extranjero y la burguesía nacional no deben confundir nuestro análisis. El objetivo final de uno y otro es el lucro y no el interés nacional. Un buen burgués no va a dudar un minuto en pactar con el capital extranjero un negocio, o la coparticipación o entrega de su empresa si obtiene un beneficio. Ello no implica desdeñar las alianzas posibles, sino tener conciencia de la calidad y limitaciones del aliado, y de qué clase y qué partido debe ser, aún en nuestra estructura, el motor y promotor de un cambio.

El Frente es así una unidad conflictiva –ya que la contradicción capital-trabajo tiene toda su vigencia–, pero posible en la medida que se comprenda y haga comprender que la factibilidad de su crecimiento y consolidación –si actúa en la oposición y con mayor razón si triunfa–, está vinculada íntimamente a la conquista y profundización del proceso de democratización en todos los órdenes de la vida nacional, manteniendo la exigencia ineludible de satisfacer las reivindicaciones económicas, sociales y políticas del pueblo y en particular de su clase obrera.

La teoría de economía política que orientó las políticas económicas aplicadas, aún con distinto signo, desde hace decenas de años, y sus herramientas, no pueden sacarnos de la crisis que nos agravia. No se trata de errores o de la mayor o menor aptitud del equipo de turno; sus limitaciones fueron consecuencia de haber atendido en primer lugar los intereses que imponen las relaciones de poder inherentes a las relaciones de producción dominantes. Un paquete de medidas que pretendan revertir la situación deben modificarlas y por ello la condición primera de todo comienzo de solución es un gobierno de unidad nacional que goce de un gran consenso en la población, lo que ha de permitir vencer los intentos de desestabilización orientados, desde adentro y desde afuera, por los intereses afectados.

PROPUESTAS

ASPECTOS METODOLÓGICOS
DE LA INVESTIGACIÓN *

En septiembre de 1983 se realizaron en Córdoba las XII as. Jornadas Nacionales de Economía: "Propuestas para la reconstrucción de la economía argentina". A un año y medio de su presentación, la ponencia que publicamos mantiene una dramática actualidad, considerando la experiencia de la economía del país durante ese período.

Aspectos de la investigación

No parece corresponderse el tema del trabajo que se propone con el que orienta esta reunión. Lo considero, sin embargo, totalmente pertinente, más aún, diría que es imprescindible discutirlo antes de pasar a las propuestas concretas.

Se trata de determinar en primer lugar el objeto de análisis y, en segundo lugar, el método para abordarlo.

1. Se nos pide una "propuesta para la reconstrucción de la economía argentina".
1.1. Si nos atenemos a ello, el objeto es la Argentina concreta de 1983 y el objetivo un paquete de medidas económicas que la reconstruyan. Como no hay nada que especifique lo contrario, se trataría de lograr la Argentina de, digamos, 1974. Sin desmerecer las dificultades que ello entraña, dado el daño inferido y la complejidad de problemas que enmarañan nuestro desenvolvimiento, y que es necesario desentrañar aunque más no sea para volver a tener el país que tuvimos, considero que es encarar un análisis superficial de un objeto con una dinámica que se cree, a priori, inmutable.

Ello implica no indagar o desconocer las motivaciones del golpe del 1976 –habría que agregar las de los golpes que se sucedieron desde 1930–; asimismo no indagar las razones del fracaso, o si se quiere de las frustraciones, de los gobiernos populares.

Considero que no se ha debatido suficientemente cuáles fueron las causas por las que la Argentina de 1945, en la medida en que creció –recordemos la conocida reflexión de Samuelson sobre nuestro país–, no afianzó un desenvolvimiento estable. ¿Por qué nunca se alcanzaron los objetivos de la ciencia económica oficial de un nivel óptimo de creci-

---

* Artículo publicado en Realidad Económica N° 63, año 1985

miento, sin alza de precios, con equilibrio en la balanza de pagos y sin desocupación? ¿Por qué en la medida que crecimos, el país no se integró económica, geográfica y socialmente y, por el contrario, se reforzaron sus diferencias?

Tampoco se ha debatido cuáles fueron las razones por las que nuestras clases dirigentes no pudieron generar un desenvolvimiento político en una democracia estable, aún en los marcos propios de nuestra estructura social.

Visto así, pienso que la reconstrucción no debe ser el objetivo buscado, a menos que se crea que nuestra historia de "ciclo político pendular" sea un objetivo apetecible. O que justamente ese movimiento reconozca sólo motivaciones políticas.

Si sólo pretendemos la reconstrucción, ello nos lleva a lo que para algunos sería un callejón sin salida. Lo que es nuestra hipótesis de imposibilidad.

Una salida siempre existe, de lo que se trata es de encontrarla sin haber atravesado por una guerra civil o por la "libanización" del país.

1.2. El objetivo no puede ser reconstrucción sino construcción de un país nuevo. Y el objeto de análisis, la Argentina concreta, su desenvolvimiento y las razones que nos condujeron al '76 y al '83.

2. El método tiene que ser científico y, tratándose de una investigación, desideologizado. Para algunos debe parecer casi un imposible en un medio politizado, para otros una aberración, ya que si lo que se busca es un país nuevo, la ideología del investigador es esencial. Ello es correcto; sin embargo la ideología del observador queda preservada con una inalterable defensa de un análisis objetivo que devele las causas primeras de nuestra crisis y los intereses cuya defensa ha constituido una base en que se montó nuestra dinámica de crecimiento.

3. Las propuestas deben necesariamente satisfacer también la exigencia de destrabar la situación actual, teniendo presente el objetivo citado en **1.2.**

4. A los fines de clarificar lo expuesto intentaré dar una visión escueta de nuestro desenvolvimiento.

4.1 Agro

- **Agro de la Pampa Húmeda:**

De inicio no se desarrolló como un grupo poblado, comprador, que absorbiera a la población rural local y a los inmigrantes como propietarios de la tierra. Eso hubiera facilitado la integración económica y social, el desarrollo industrial, y con ello hacer crecer y consolidar un extendido mercado interno.

Hasta el '30 el agro gozó de nuestras ventajas naturales respecto a los competidores externos. Al no capitalizarse luego de la Segunda Guerra, esas ventajas se empañaron por la gran capitalización del agro de los antiguos consumidores que conformaron luego el Mercado Común Europeo (CEE) y de nuestros competidores, EUA, Australia, Canadá, Nueva Zelanda. Más aun: la CEE se transformó en exportadora llevando una política proteccionista y de crecientes subsidios.

Aún en los años en que las condiciones fueron tales que las ganancias de los terratenientes eran cuantiosas, ellos no invirtieron en sus campos y derivaron beneficios al sector financiero o al exterior, como una dinámica habitual.

Nuestros grandes terratenientes empujaron devaluaciones que les permitían mantener y acrecentar sus niveles de ingreso sin necesidad de encarar inversiones de riesgo. Esto fue posible porque como sector de la clase dirigente conservaron su influencia y poder en la burocracia administrativa. Igualmente porque sus intereses concretos coincidían con los del gran capital financiero internacional y con las políticas del Fondo Monetario Internacional.

- **Economías regionales:**

Sus altibajos fueron una constante y los sistemas de comercialización conspiraron contra los productores. Es difícil una generalización por su diversidad, pero la coexistencia de minifundistas y grandes productores condujo a una polarización de los ingresos que impidió una evolución estable.

4.2 Industria:
Se fue conformando en el contexto de una División Internacional del Trabajo ya estructurada en función de los intereses de Estados-Naciones –los países metrópolis– con mercados internos consolidados y para los cuales éramos mercados para sus productos y proveedores de materias primas baratas, y entre las que los bienes-salarios implicaban un menor valor de la mano de obra al interior de esos países, lo que facilitaba su crecimiento.

El resultado de ello es que las industrias básicas, las de bienes de capital y de insumos intermedios, no se desarrollaron por no ser "necesarias" a nuestro desenvolvimiento dada la estructura socioeconómica concreta del país. De tal manera, nuestra industria fue en esencia de servicios, pequeños talleres: agroalimentaria (como frigoríficos, ingenios azucareros, vitivinícola) y textil. Es decir, bienes de consumo o cercanos a ellos.

Este proceso se dio en el medio de una sociedad singular.

4.3. Conformación social:
Ya en la segunda mitad del siglo pasado había un conflicto entre un sistema productivo con reminiscencias precapitalistas –resabios semifeudales, amplias zonas de economía de subsistencia y economía mercantil– con una clase dirigente atrasada que se le correspondía, y que constituyó la oligarquía terrateniente, y una burguesía que se había hecho en algún momento del gobierno, o formado parte de una oposición militante, y que había logrado institucionalizar formas de organización y gobierno relativamente modernos.

Agreguemos las corrientes inmigratorias que traían consigo siglos de civilización europea y que se convirtieron en colonos, aparceros, medieros, –que luego fueron conformando una extensa pequeña y mediana burguesía urbana y rural– y, asimismo, en peones rurales e industriales que dieron lugar a un creciente proletariado sindicalizado desde el principio.

Señalemos, igualmente, los siguientes hechos que son su consecuencia: ley de enseñanza laica, gratuita y obligatoria; altos niveles de alfabetización; altos niveles de politización de la clase obrera; levantamientos campesinos; reforma universitaria; crecientes contradicciones entre gran burguesía industrial y agraria y entre sectores vinculados a las metrópolis de distinta forma y el resto del país.

Lo destacado conformó una sociedad en que afloraron y evolucionaron rasgos culturales y políticos de una sociedad capitalista desarrollada, en medio de una economía dependiente propia de los denominados países en desarrollo.

5. Cuando la crisis del '30, se resquebrajó la manera de crecer basada sobre la exportación de los productos de la Pampa Húmeda y la importación de bienes industriales esencialmente de Gran Bretaña.

Lo sucedido no fue deliberado, fue un hecho de la realidad que mostró, sin embargo, el grado de vulnerabilidad de nuestro país que para esa fecha se distinguía por sus niveles de desarrollo, desarrollo con pies de barro porque se fundó en esencia en la acumulación que provino del agro y que se dilapidó en fomentar la industria del extranjero dificultando el crecimiento de la misma a su interior.

5.1. A partir de la crisis se producen cambios en los países "centro" de los que debemos destacar las nuevas responsabilidades que toman los Estados. Ejemplifiquemos con el New Deal en los EUA y el fascismo y nazismo en Italia y Alemania. De hecho la gestión macroeconómica y las políticas deliberadas, desde el Estado, aparecen limitando las leyes del mercado.

Al decir "de hecho", quiero significar que resultaron del movimiento propio de las sociedades capitalistas y no por imposición de una teoría del pensamiento económico, ej: el Keynesianismo. Se dio en el marco de la creciente concentración y centralización del capital. Es decir, de la creciente monopolización de la economía.

Fue posible, igualmente, por la imposición del papel moneda de curso forzoso al interior de las naciones que facilitó políticas monetarias sin los automatismos del patrón oro.

En un proceso de continuados conflictos sociales, políticos y económicos, el capitalismo concurrencial dio lugar al capitalismo monopólico a fin del siglo pasado y comienzos del presente, como su negación y superación a un mismo tiempo. Abrió nuevas vías de crecimiento al capitalismo pero creó las bases de conflictos y crisis futuras.

Negación porque el manejo del mercado por grandes empresas con diversos objetivos y grados de negociación lo limitan –por ejemplo acuerdos acerca de precios, ofertas, distribución de mercados proveedores de materias primas, en fin, el reparto económico y geográfico del mundo– y superación porque permitió que el sistema capitalista salga de la crisis del capitalismo del siglo XIX con un salto hacia adelante expandiéndose por todo el globo terráqueo.

Para ese momento se habían integrado políticamente las Naciones-Estado y asimismo sus economías en el interior de cada nación sobre la base de mercados internos importantes y un gran desarrollo industrial en los sectores proveedores de insumos, bienes de capital y bienes de consumo.

Estado, monopolios, políticas económicas deliberadas, son los elementos distintivos sobre los que se sustentó una dinámica que se abrió paso consolidando la conjunción del aparato de Estado, administración, empresas y políticas económicas, con lo que era el sector dominante de la economía capitalista, el capital monopolista.

5.2. Hacía falta esta extremadamente escueta descripción para destacar que este proceso, que en los países capitalistas desarrollados (PCD) se dio luego del agotamiento del capitalismo de libre competencia, en nuestro país apareció sin que éste se haya desarrollado en plenitud.

A la distorsión del proceso de crecimiento anterior al '30 se le agrega la que habría de marcar nuestro futuro que paso a reseñar:

5.2.1. El proceso de concentración con monopolios fue implantado desde el exterior, y no aparecieron como resultado del propio desenvolvimiento de nuestra economía. No surgieron como culminación de una evolución, como se dio en las metrópolis, que le sirviera para expandir sus mercados internos al mismo tiempo que la concentración y centralización del capital les permitía que en cada país crecieran y se fortalecieran empresas cada vez más grandes e integradas en un proceso de retroalimentación permanente. Tampoco como el final de una etapa en que se debería haber dado un cierto nivel de integración geográfica, económica y social correspondiente, por supuesto, a su época. Por el contrario, aparecieron en un país vacío, no integrado en ningún aspecto y donde las pautas de producción, inversión y consumo no surgieron de un desenvolvimiento acorde con su potencial económico, sino marcados por la dependencia externa, por la acumulación de la renta en el sector terrateniente y su consiguiente despilfarro.

La inserción de los monopolios extranjeros consolidó la esencia de ese crecimiento a pesar de los cambios introducidos por el gran desarrollo industrial posterior.

Por estar impulsada e influida desde el exterior, la economía dependiente de la que hablamos no lo fue sólo debido a su vulnerabilidad externa, sino que estuvo condicionada a su interior, por lo que la definimos como dependencia externa-interna. Las pautas de acumulación, inversión, producción y consumo, tal como lo señalamos, imposibilitaron un crecimiento armónico –habría que decir todo lo armónico que permite el capitalismo– integrador del país y que posibilitara desarrollar sus potencialidades por todos reconocidas. Por el contrario, a medida que fuimos creciendo, la dependencia se fue acentuando y lo que en un principio se manifestaba como perturbador, deformante o freno para nuestro desarrollo, terminó evidenciándose en lo que Raúl Prebisch define como crisis del capitalismo periférico.

5.2.2. Un papel creciente del Estado, que en principio apareció respondiendo a la crisis del '30 y luego resolviendo exigencias del desenvolvimiento económico, y atendiendo a los intereses de los sectores dominantes.

Esa es en esencia la razón de ser de nuestras grandes empresas del Estado. Las otras, las que no se han justificado económicamente, han resultado de las políticas de aquellos que pretendían reducir la magnitud del Estado y que terminaban por agrandarlo. No considero necesario detenerme en ello porque es suficientemente conocido.

5.2.3. Asimismo es muy conocida la hipertrofia del sector financiero y la magnitud de la porción de la renta nacional que capta. Lo mismo cabe decir de la comercialización. Ambas constriñeron la acumulación del sector productivo.

5.2.4. Las relaciones económicas y políticas internacionales se correspondieron con las de poder y propiedad en el interior del país, conformando una unidad asentada en una confluencia de intereses que marcó nuestro derrotero.

Ello se dio a través de relaciones de dependencia económica: flujos de capital por beneficios, regalías, licencias, comercio cautivo de mercancías, desenvolvimiento industrial acorde con los intereses de las casas matrices que generó necesidades de importación de insumos específicos y determinó precios y rentabilidad.

Hay dependencia tecnológica y, en los últimos años, la dependencia financiera se acrecentó a niveles que implican un cambio cualitativo. De responder el gobierno constitucional a sus exigencias implicarían terminar la tarea emprendida por el equipo de Martínez de Hoz para adecuar el país a la nueva situación de la economía mundial que privilegia al capital bancario.

5.2.5. Los elementos señalados contribuyeron a conformar una estructura económica totalmente ineficiente revelada por la alta relación capital-producto.

6. Síntesis de nuestra dinámica de desenvolvimiento:

6.1. Un desenvolvimiento del sector agrario que se correspondía **objetivamente** con los intereses de los grandes terratenientes y que **objetivamente** dificultaba el crecimiento de la producción basada sobre la aplicación de técnicas modernas.

6.2. Un desenvolvimiento del sector industrial que **objetivamente** respondió a los intereses del gran capital extranjero –determinado por un centro de decisión externo– y del gran capital local, que **objetivamente** se basó en una redistribución regresiva de la renta por estar orientado a satisfacer las necesidades del consumo de las capas cada vez más exclusivas de la población y que periódicamente nos llevó a una crisis al margen de las crisis cíclicas propias del sistema.

6.3. Un sector externo condicionado **objetivamente** por el desarrollo interior descrito en 6.1 y 6.2 y en los intereses del mercado mundial y de la oligarquía financiera, y cuyo estrangulamiento terminaba **objetivamente** con todo intento reactivador.

6.4. Un sector estatal que creció con contradicciones en sus entrañas y que multiplicó los conflictos. Sus grandes empresas surgieron respondiendo a exigencias de desarrollo económico. Exigencias no atendidas, en general, por las grandes empresas privadas que cuando las satisficieron eran amparadas con créditos y recursos fiscales por medio de convenios lesivos al interés nacional. Políticas presupuestarias, monetarias y generales, así como de la gestión de las empresas estatales, respondían a coyunturas y en esencia protegían los intereses descritos.

El Estado estaba a su vez presionado por la conformación social y política **objetiva** del país, a la que cada tanto debía dar respuestas ante situaciones insostenibles.

6.5. La conformación social objetiva citada gestó históricamente: una oligarquía terrateniente, bancaria e industrial tradicional ligada con las formas de producción descrita en lo que lo moderno se confunde con lo antiguo, con pautas de consumo sofisticado, y muy enquistado en el poder político y en el aparato administrativo gubernamental.

Amplias capas de burguesía nacional que se distinguía de otros países en desarrollo por su magnitud, su cultura general y sus apetencias.

Un proletariado que, se puede afirmar, nació politizado y consolidó formas organizativas y de gestión avanzadas.

6.6. Tal desenvolvimiento económico general, dio lugar a lo siguiente: contribuyó a consolidar la desintegración económica y geográfica del país al contrario de los resultados de la evolución del capitalismo en los países metrópolis.

Dificultó el proceso de autogeneración de innovaciones y de autocrecimiento del capital con pautas modernizadoras adecuadas al país real.

No satisfizo el nivel de apetencias de la población propias de su origen y las que surgieron dentro mismo de la dinámica de crecimiento.

6.7. La evolución político-institucional se correspondió con lo señalado.

Las dirigencias que correspondían a los grandes intereses no gozaron nunca de consenso y ascendieron al poder por la manipulación de cúpulas militares. Sus políticas que se adecuaban **objetivamente** a sus intereses no se correspondían con las potencialidades y las exigencias que surgían de las peculiaridades concretas de la estructura económico-social, por lo que fatalmente terminaban en una encrucijada.

Las dirigencias más comprometidas con las capas de la burguesía no monopolistas y con amplios sectores populares cuando fueron gobierno, a pesar de tener programas que atendían a sus requerimientos, como **necesariamente** chocaban con las dirigencias tradicionales, caían en la alternativa de profundizar las realizaciones prometidas apoyándose en sus electorados y movilizándolos, o claudicaban en un camino de concesiones que les enajenaba el apoyo popular y los hacía presa fácil de planes de desestabilización. Planes que en general ya habían sido pergeñados durante los gobiernos anteriores a su ascenso.

La discontinuidad o inestabilidad política y económica no fueron causas de nuestras reiteradas crisis políticas y económicas, sino consecuencias de nuestra dinámica de crecimiento, enchalecada por la peculiar manera de búsqueda de beneficio –y acumulación consiguiente– de los sectores dirigentes.

La toma de conciencia por esos mismos sectores de que el país estaba en una encrucijada, les dio un cariz más agresivos a los golpes militares de 1966 y, particularmente, al de 1976.

La política económica de Martínez de Hoz y sus sucesores, su concepción ideológica y su gestión estuvieron orientadas a adecuar nuestro país, su economía y su sociedad a las necesidades del sistema capitalista mundial en el marco de sus crisis, a las necesidades de la oligarquía financiera internacional, en particular la bancaria, a las del capital monopolista y de la oligarquía agraria.

Sus resultados, aún los no buscados, han sido consecuencia del afán permanente de acrecentar y/o afianzar su poder y patrimonio y estabilizar nuestro desenvolvimiento con esos fines.

A pesar de los vaivenes y de las contradicciones entre los sectores dominantes, tal política tuvo un hilo conductor que respondió a sus intereses generales.

De inicio el gobierno se enajenó el odio de la clase obrera ya que su primer objetivo fue el descenso del salario real, destruir sus instituciones y la legislación que las amparaba, pero con el tiempo, en la medida en que se evidenciaba la defensa a ultranza de la finalidad perseguida, se fue sumando a la oposición obrera la de la capas medias rurales y urbanas, cuyos intereses estaban vinculados al mercado interno. La modificación de nuestra compleja estructura y superestructura –no debemos olvidar que el Estado en su globalidad y sus instituciones, formaba parte, igualmente, del objetivo subalternizador– a pesar del gran daño inferido, fracasó. No se trató en esencia de errores de gestión, nunca se fue tan contumaz en la continuidad de la línea trazada. Los condicionamientos de la Argentina concreta fueron más fuertes.

Quedó claro que la crisis global de la sociedad argentina no podía ser resuelta ni siquiera tener una salida con la política seguida, que sirvió finalmente para agudizarla.

El sector dirigente tradicional, si bien acumuló beneficios y ganó posiciones con cargo a todo el pueblo, se desprestigió y su acción pretendidamente modernizadora del capitalismo, quedó como rapiña y plagada de ilícitos.

Es importante esta primera conclusión ya que entraña la inviabilidad de los proyectos para encauzar el país por una vía de desarrollo de sus potencialidades que no atienda sus intereses.

La apelación a la crisis global de nuestra estructura económico-social y de la superestructura y a los condicionamientos de la Argentina concreta, para observar el afán de modernización capitalista y sus resultados, la consideramos esencial porque si no caemos en las opiniones interesadas de economistas, sociólogos y politicólogos que lo atribuyen: 1) a errores de conducción; 2) a la inestabilidad política provocada por la integración del militarismo en la sociedad argentina; 3) a la inestabilidad económica, social y política debida a rasgos de la evolución política. Con la parte de verdad que hay en lo expresado, no son más que la manifestación y no las causas de nuestros problemas.

Lo reseñado configura nuestra crisis que consideramos global, al mismo tiempo que indica los parámetros a que debe ceñirse un programa de reactivación dentro de una estrategia de cambio.

Por una estrategia de cambio

Todos acordamos en que la crisis actual es la más grave que vivió el país; en lo que posiblemente no estemos de acuerdo es en el carácter de la misma.

Quienes apelan a análisis económicos tradicionales, consideran suficiente "ajustar variables en una función de producción" y adoptar medios conducentes. Los que intentan encarar el problema de esa misma manera partiendo de la Argentina concreta llegan en general a una encrucijada, resultado de la cual aparece como variable última de ajuste: el salario.

Vemos algunos de los temas que aparecen como urticantes:

1. Hay consenso en los sectores mayoritarios sobre la necesidad de incrementar el salario real. Desagreguemos el problema:
1.1. El interrogante que surge es: ¿Cuál es la participación salarial y su relación con las ganancias empresariales que se considera óptima? Hay quienes se remiten a una participación salarial de 48%. A eso otros responden que en los momentos que se dio se sentó la base de los déficit, de la inflación y de los bajos niveles de inversión. Creo que una de las "virtudes" del proceso que vivimos es que se evidenció que **hemos tenido déficit, inflación y desinversión con los más bajos salarios y las más altas tasas de desocupación en 50 años.**
1.2. Hay quienes optan por análisis más "asépticos" y más "profundos" desdeñando la experiencia del proceso o señalando que lo anterior es una generalidad política y afirman que el incremento del salario real implica:

— Incremento de la demanda que a su vez conduce a la suba de precios y a la inflación.
— Crecimiento de la importación por la reactivación de la economía.
— Caída de las exportaciones por disminución de saldos exportables o por sobrevaluación del peso por no seguir el ritmo devaluatorio a la inflación interna.
— Para el caso de que se opte por no permitir la sobrevaluación del peso, la sobrevaluación de la divisa conduce a la baja del salario real y luego a la recesión y si la relación de fuerza es tal que los asalariados no lo permiten, la espiral salarios-precios sigue multiplicando sus efectos.
— Como siempre se parte de un desequilibrio fiscal, éste se acentúa si se atienden las demandas de los asalariados del sector público y no se toman medidas para incrementar sus ingresos, por lo que el gobierno se ve obligado a aumentar las tarifas, lo que alienta la inflación y si los salarios siguen aumentando se reiteran los tarifazos; en cuanto a las medidas tributarias, los impuestos indirectos facilitan la inflación y los directos conllevan igualmente una suba de precios porque los sectores oligopólicos trasladan el costo fiscal sin disminuir los niveles de ganancias y en los sectores de mayor competitividad constituidos por las pequeñas y medianas empresas privadas crece la evasión; si el Estado no atiende las demandas salariales, eso está implícito en un paquete de medidas recesivas, el

Estado recauda menos debido a la recesión y al aumento de la evasión, por lo que el déficit sigue, y siguen los tarifazos.
— Si la política monetaria es expansiva para permitir el incremento del salario real se da lugar a una mayor liquidez, lo que facilita la inflación y la fuga hacia los activos externos. Si se la quiere volver más restrictiva reabrimos la recesión.
— Un aumento del salario real implica una disminución de beneficio empresario del sector productivo, a menos que disminuya el de las finanzas, del comercio y la presión tributaria. Cualquiera de los supuestos enunciados provoca resistencia de los sectores involucrados, y el último, incremento del déficit. Los empresarios en general incrementarán sus precios a fin de no disminuir sus beneficios. Algunos sectores oligopólicos que manejan sus mercados se cuidarán de mantener los precios relativos a su favor; aquellos de los sectores de mayor competencia tendrán una suerte variada. En general se producirá un proceso acelerado, de **centralización** del capital.
— Para salir de la encrucijada hay quienes proponen una política de subsidios a los bienes salarios o a una canasta familiar. También una política de comercialización eficiente de esos bienes. A lo que otros contestan que hay que tener en cuenta que el subsidio alguien lo debe pagar, y la comercialización eficiente afecta a sectores muy enquistados en la economía y en la sociedad agregando que las experiencias realizadas han fracasado, v. g. la aplicación de la ley de abastecimiento y las medidas para bajar la carne en el 73 - 74.
— Se ofrece igualmente como alternativa ligar el incremento del salario a la disminución de la capacidad ociosa y a la baja de interés. Ello, efectivamente, implicará una disminución o por lo menos no aumentará la incidencia salarial en el costo. La respuesta que se da es que serviría para una reactivación, pero que es insuficiente para el mantenimiento de la tendencia una vez que se alcancen los niveles de ocupación tradicionales, p. ej. las perspectivas que se daban en el gobierno de Illia. La restricción externa, la mayor demanda de bienes salarios por el incremento del poder de compra de los asalariados que en algún momento se torna imposible de satisfacer con la estructura de producción orientada a "bienes y servicios eficientes", al decir de Raúl Prebisch y la restricción del presupuesto fiscal jugando al unísono, agotarían el proceso aun antes de alcanzar la ocupación plena.
— Una propuesta común a todos es vincular el salario real a la productividad, lo que implicaría congelar la relación salarios-beneficios.

Habría que fijar cuál es el punto de partida. Se coincide que no puede ser el actual. Es una decisión importante que sin embargo no está explicitada con precisión. Se la podría vincular a la propuesta de subsidiar la canasta familiar y bajar la tasa de interés. Parecería coherente pero históricamente el incremento de la productividad ha sido una constante –en la plataforma de la UCR se destaca– y ello no ha obviado nuestros problemas. La acumulación de beneficios en los sectores de mayor captación de la renta, resultado de la mayor productividad, no se orientó a la "inversión productiva". La construcción de grandes ciudades en nuestra costa y en el extranjero, el atesoramiento en divisas, así como la imitación de pautas de producción y consumo de los países centro, configuró una "sociedad de consumo" en la que lo objetable no ha sido la magnitud del consumo popular que contribuye al desarrollo y al fortalecimiento del mercado interno sino lo precisado más arriba.

1.3. Para el caso que el Estado quiera acompañar el proceso con promociones y subvenciones, lo podrá hacer con límites en la magnitud del déficit, los niveles de inflación y, la restricción externa.

1.4. Señalamos que la restricción externa está presente en todos los supuestos, tanto por vía de la balanza de cuenta corriente, como por la de la balanza de pago. Agreguemos las sobre y subfacturaciones y el mercado negro de divisas. Igualmente que, de acuerdo a la "asepsia" de los analistas, todos los sistemas de control y de intervención estatal en el intercambio de mercancía con el exterior, como en el movimiento de capitales, han fracasado.

2. La descripción anterior es la que habitualmente hacen economistas de distinto signo, tanto los que estuvieron en el gobierno así como los que aspiran a él y que confían en tener un consenso sumado a una cuota de poder y de tiempo como para superar lo que en verdad consideran un ajuste de cinturón "inevitable" a la clase obrera y sectores populares.

Ello no implica que todos tengamos similares objetivos, más aún, entre los economistas de los partidos mayoritarios hay quienes, solidarios con los intereses populares, tienen objetivos diametralmente opuestos a los ortodoxos y proponen las citadas medidas de subsidios, bajas de tasas, control de cambios y del comercio exterior, que son justas pero insuficientes en sí, **por no indicar también cómo procurar el marco adecuado para concretarlas.**

Se podría agregar que el análisis es de una rigurosa "objetividad". Consecuencia de esa "objetividad" es la muy común afirmación de que "los programas de los partidos mayoritarios no cierran".

Para que los programas cierren

3. Esa objetividad se asienta en la observación de nuestra economía y sociedad pasada, la que se proyecta al futuro como una estructura congelada, con movimientos a su interior, pero dentro de ciertos parámetros inmutables, y que permanentemente desemboca en crisis políticas que se reiteran cada vez con mayor gravedad. Ejemplo de ello son los ensayos econométricos sobre salario real y sector externo que "prueban" que la limitación externa impide un incremento importante del salario real. Veamos algunos de los parámetros inmutables.

3.1. La distribución de la renta entre salarios y beneficios se considera dada y sin embargo ello no tiene nada que ver con la ciencia económica. En una economía de libre competencia con libre movimiento de capital, un incremento de salarios debería dar lugar, no a un aumento de precios, sino a una reestructuración del sector productivo. Está claro que no tenemos una economía de libre competencia, los sectores monopolizados y el Estado son predominantes. Es nuestra realidad y es bueno y científicamente correcto tenerlo en cuenta. El problema es de relación de fuerza entre clases. No sólo trabajo y capital, sino entre los monopolios y el capital no monopolista. Esto también forma parte de nuestra realidad y es consecuencia de lo anterior. Dejar jugar al mercado es consolidar esa estructura de poder que ha llevado a la crisis. El que los salarios arrastren los precios se debe, justamente, a la estructura oligopólica dominante y, esencialmente, un aumento de salarios responde a un previo aumento de precios. **En otro sentido, es obje-**

tivamente cierto que con oligopolios no hay "sinceramiento de precios" en la economía.

3.2. En las relaciones beneficios-salarios-precios-niveles de ocupación e inversión, hemos tenido siempre como variables de ajuste los salarios y, últimamente, el nivel de ocupación, los beneficios de las empresas de los sectores no monopolizados y el nivel de inversión.

3.3. Nunca se consideraron sujetos a revisión:

— La orientación de la acumulación con preferencia hacia inversiones no reproductivas.
— El derroche de recursos por el excesivo gasto en bienes suntuarios.
— La remisión de utilidades y todo tipo de exacción del trabajo argentino por la decisiva gravitación del capital extranjero.
— La fuga de divisas al exterior.
— Las sobre y subfacturaciones.
— Los autopréstamos.
— La evasión impositiva.

Las tres primeras "constantes" son consideradas propias de una sociedad "libre", las cuatro últimas no serían un delito sino la defensa del valor de la preferencia de liquidez y la ganancia. Qué pasaría en el país de aplicarse una política económica que torne esas constantes en "variables de ajuste" es un interrogante que está directamente fuera del análisis.

Los economistas de los partidos mayoritarios deben pronunciarse acerca de ello con precisión y decisión.

Esos economistas aplauden a Raúl Prebisch y recurro a él nuevamente, que destaca sin embargo que entre esos factores están las causas no sólo de nuestras crisis políticas, así como de las crisis de la democracia que dan lugar a los gobiernos autoritarios y represivos.

Quienes defienden el libre arbitraje de los "agentes económicos" en un mercado que funcione sin presiones desde el Estado olvidan que:

— Los sectores de ingresos fijos –obreros, empleados, profesionales– no tienen tal posibilidad de arbitraje.
— Los empresarios de los sectores no monopolizados tienen una posibilidad limitada por comprar en general sus insumos a los sectores oligopólicos y en muchos casos vender a otros sectores oligopólicos.
— En general podemos afirmar que los productores que están más abajo de la escala están subordinados a los de nivel superior, intercalándose en cada etapa la captación de su renta por las finanzas y el comercio.
— Los sectores oligopólicos son quienes tienen "libertad" de arbitrar, esos sectores la han usado en el sentido dado por Raúl Prebisch y de lo que hablamos más arriba.
— **Si no se toman medidas que vayan corrigiendo lo señalado, un programa de reactivación será un corto aliento.** Ello pone en primer lugar la participación activa del Estado.

Sin embargo, la respuesta será rápida en el sentido de lo dicho más arriba en cuanto al fracaso de las medidas de control o intervención directa. **Es cierto, así se ha dado. También que el Estado siempre intervino y, cuando su intervención fue para consolidar y acrecentar las relaciones de propiedad y poder existentes, el fracaso fue más notorio, más trascendente.**

Esto demuestra que la participación del Estado no surgió de una peculiar teoría económica o de las denominadas teorías "políticas estatistas"; a la luz de lo sucedido podríamos decir que todos lo son. No es casual que se pretendieran llenar desde el Estado los vacíos que dejara el "peculiar" desenvolvimiento del capitalismo en nuestro país. A lo que hay que sumar los papeles que el Estado tomó por los rasgos del desenvolvimiento del capitalismo en el orden mundial. Por ello los slogans sobre la "racionalización" y "achicamiento" del Estado tal cual lo han efectivizado o lo anuncian los partidos de derecha y centro, no tienen como objetivo la racionalización ni el achicamiento del Estado, persiguen su total subordinación a los intereses dominantes.

Se trata entonces de encarar un debate con otro contenido: ¿cuáles son los aspectos cualitativos que enmarcan la actividad del Estado? y ¿cuáles las medidas a tomar para incrementar su eficiencia real?

El objetivo debe ser crear el marco para que la ineludible intervención estatal se efectivice en un sentido positivo para un desarrollo armónico e integrador de la economía y sociedad argentinas.

3.4. El problema del papel del Estado está en el centro del debate. Es necesario:

Democratizarlo, desburocratizarlo y expurgarlo de los elementos enquistados en su estructura y que han estado y están al servicio de los sectores dominantes. Esa debe ser la respuesta y ese el marco de la discusión ante aquellos que quieren, en una práctica reduccionista, limitarlo a la discusión de su magnitud.

Crear formas de control de gestión donde el Parlamento y otras instituciones así como entidades de mediación, permitan mayor participación ciudadana.

De igual manera esas instituciones deben ejercer una acción activa en las medidas estatales de intervención directa. **Esa falta de intervención popular ha sido la causa del fracaso de anteriores medidas de control del Estado.** Y la ortodoxia de economistas y los sectores dirigentes confían en que el partido que llegue al poder no la efectivice y por ello se anticipan a pregonar su fracaso.

Es imprescindible racionalizar y orientar el gasto público. El gasto ha llegado a tal magnitud que el problema real se ha evidenciado. No se trata sólo de cantidad sino de calidad. De igual manera los ingresos tributarios: es necesario revertir de verdad la política tributaria tradicional y que la evasión deje de formar parte de la ganancia empresaria. La política de ingresos y gastos, sus aspectos cualitativos, y no el déficit en la forma en que tradicionalmente se expone, debe ser el problema a discutir. No se trata solamente de observar el déficit como un porcentaje del PBI, sino de cómo y por qué se produce y no salir en primera instancia de ese marco de discusión.

El mismo criterio cualitativo, sin desmerecer lo cuantitativo, debe aplicarse en el análisis de las empresas del sector público. ¿Cuáles deben ser los objetivos de cada una de ellas? ¿Cuáles son sus aportes a las economías externas que se derivan de su actividad? ¿Cómo estructurar la estabilidad de sus agentes? ¿Cómo estimularlos? El criterio debe ser no sólo la rentabilidad propia de la microeconomía sino aquella que hoy se denomina rentabilidad social.

La política monetaria debe ser sana y ajustada al crecimiento económico. Formando parte de una estrategia general, debe facilitarla en su esfera específica. También en esto como en los otros ítems tratados hay una especie de guiño de complicidad entre la derecha y las derechas de los partidos mayoritarios.

Finalmente desearía hacer las siguientes consideraciones:

1. El actual gobierno continúa subordinando su acción a las imposiciones del FMI y a los intereses señalados. Ello sólo puede ser alterado por la movilización popular y una acción acorde de los partidos representativos de más del 80% de la voluntad ciudadana. De no conseguirse, la crisis se ha de agravar hasta el cambio de gobierno.

2. Si bien muy dañada y con cambios, la estructura productiva industrial, agraria y minera, mantiene sus posibilidades y por supuesto el país conserva sus grandes recursos.

3. Es posible una reactivación a poco que asuma el nuevo gobierno por el consenso inicial de que gozará debido a la necesidad de cambios que tiene nuestra sociedad y si se toman las medidas propuestas por los programas de partidos mayoritarios: incrementar los salarios reales, defender el mercado interno, tener una política de precios que impida que la inflación devore los aumentos nominales de salarios; política tributaria que cambie la recaudación basada sobre los impuestos indirectos por otra que imponga mayores tributos al patrimonio y progresivos a la ganancia y a los consumos y bienes suntuarios; control de cambios, cambios múltiples, presupuesto de divisas, renegociar la deuda externa subordinándola a nuestras posibilidades de pago que prioricen las necesidades de desarrollo del país; papel activo del Estado en el manejo del comercio exterior, en las políticas financieras públicas y privadas; fijación de las tasas de interés y orientación del crédito diferenciando sectores regionales; defensa de las empresas públicas...

Decíamos que hay acuerdo parcial entre los partidos mayoritarios pero hay diferencias o imprecisiones: 1) El contenido del acuerdo social; 2) Participación popular para hacer posible el programa propuesto; 3) Función del Estado, empresas públicas y administración; 4) Democratización del aparato estatal y de sus instituciones; 5) Papel del gran capital extranjero y local en sectores claves, v. g. petróleo, manejo de la comercialización exterior e interior, minería y petroquímica; 6) Relaciones internacionales políticas y económicas; 7) Actitud respecto de la deuda externa. Aspectos todos sobre los que ya se ha emitido opinión.

Estos problemas se han de manifestar junto con la reactivación inicial. Es necesario tener presente que los programas de los partidos mayoritarios para su efectivización han de enfrentar a los sectores dominantes, y el gobierno, si tiene intención de atender prioritariamente las demandas populares y el interés nacional, tendrá que adoptar medidas que los contemplen. **De hacerlo, en ello jugará un papel decisivo la movilización y presión popular, profundizaremos la democracia. De no ser así, a poco de andar viviremos distintos intentos de continuismo y desestabilización que han de agudizar las contradicciones y conflictos.**

No es la falta de buenos economistas y de buenos administradores nuestro problema, sino la necesidad de que ellos lleven a fondo el análisis de nuestra sociedad y su necesidad de cambio. Y que aquellos que asciendan al gobierno sepan que las medidas que posibiliten su concretización han de tener una resistencia extraordinaria de los sectores que han lucrado con nuestro accidentado desenvolvimiento. *Que esos sectores se han movilizado para hacerlos caer aún antes que siendo gobierno hayan podido ejercer el poder.*

Las prédicas agoreras de los economistas y políticos de la derecha en torno a las propuestas de los economistas políticos de los partidos populares, se basan en que consideran que cualquiera de ellos puestos en función de gobernar lo harán "sentados" en la Argentina concreta del pasado y que no serán capaces de producir los cambios que han de posibilitar que las medidas se puedan efectivizar. **Dicho de otro modo, que no se atreverán a tocar a aquellas estructuras de propiedad y poder externas-internas que han frenado nuestro desenvolvimiento y frustrado anteriores intentos que prestaban mayor atención a los intereses populares.**

Parecería que lo anterior pone en tela de juicio mi afirmación primera de desideologizar el análisis, dicho de otra manera, el enfoque último de una "estrategia de cambio" tiene un elevado "tinte" político.

Desde el momento en que en el desenvolvimiento económico el Estado, los sectores oligopólicos y los sindicatos, que a su vez lo influencien, han reemplazado al capitalista y al obrero como "agentes económicos" y que sus "comportamientos" priman sobre los humanizados factores de producción –capital y trabajo–, no por imposición de nadie ni de ninguna teoría económica, sino por el propio desenvolvimiento social: *la visión macroeconómica superó los análisis microeconómicos,* la política invadió la economía, y en el mercado la actividad entre los macroeconómicos agentes económicos se evidencia como esencia de la competencia entre bienes.

Algo de esto último aparece en la superficie cuando se atribuye la responsabilidad a las expectativas y comportamientos de dichos agentes y a la "pugna distributiva" en la marcha de la economía.

He debido hacer esta digresión para mostrar que la política debe ser considerada por la ciencia económica. Que cuando se reclama dejar actuar al mercado es una falacia que no se ajusta a la realidad económica ni al desenvolvimiento social, y por ello cuando se la sostiene como doctrina desde el gobierno, se explicita en prácticas represivas y coactivas. Que cuando se afirma que la solución de los problemas argentinos es eminentemente política ello es totalmente justo. Implica dos cosas: profundizar en un proceso de democratización y, desde el punto de vista económico, desarrollar desde el Estado y con gran consenso social una acción efectiva para que los programas cierren.

Al Dr. Celso Furtado le preguntaron qué hacer con la deuda externa. Contestó: "defender la soberanía y actuar con coraje". Soberanía y coraje no forman parte de la economía política clásica pero sí necesariamente de la política económica.

ALFONSÍN, 100 DÍAS DESPUÉS *

La incertidumbre, inseguridad y desorientación ha retornado a ocupar su lugar en la vida de nuestro pueblo, y ello hace pertinente que se discuta en distintos ámbitos y en diversos aspectos los 100 días de gobierno.

Que nos sea necesario analizar en ese corto lapso sus realizaciones resulta de la gravedad de la crisis que exige –aún en problemas coyunturales– respuestas perentorias.

El balance de los 100 días es alentador en cuanto al encauzamiento democrático. Aunque con "timidez" y debilidades objetables, se está juzgando a algunos responsables de la represión. Al mismo tiempo nuestro pueblo ha tomado conocimiento de la magnitud de ilícitos que en amplio abanico se reprodujeron en las más diversas actividades. Sin embargo, a pesar de las declaraciones y de algunos hechos; aún no está claro el desenlace de las investigaciones y el aparato represivo no ha sido desmantelado. Lo más destacable es que el poder económico está incólumne.

Se ha creado asimismo la legislación con las limitaciones que la izquierda hizo notar oportunamente para quitar fuerza a uno de los factores de la desestabilización –el autoritarismo de las cúpulas militares– pero ese es el factor subordinado. En él no se origina la inestabilidad. Ella se origina en el poder del polo dominante. Este aún no ha sido juzgado, está intacto y activo.

Se aprecian en dos meses de gobierno dos esquemas de razonamiento: el de la presidencia y el del equipo económico. Del primero cabe destacar sus compromisos al exterior y el interior del país, que tienen un contenido democrático y popular. Ejemplos de ellos son la actitud asumida en defensa de Nicaragua, la denuncia de la política agresiva del imperialismo norteamericano en América Central y la política de no-alineamiento; y al interior del país la apelación que hiciera el presidente a la multitud reunida el 16 de febrero en Plaza de mayo, a la participación ciudadana y a la unidad de los sectores populares en defensa de sus intereses. Lamentablemente no se ha sido consecuente en la búsqueda activa de coincidencia. Es de esperar que el compromiso que hiciera en Córdoba Alfonsín de constituir el Consejo del Salario Mínimo, Vital y Móvil y de dar lugar a la formación de comisiones *ad hoc* para estudiar la política de ingresos, precios y salarios, se efectivice.

---

* Artículo publicado en la revista *Nueva Era* en abril de 1983.

Democracia, ¿para qué?

Ha sido un paso sumamente trascendente que el pueblo haya conquistado el restablecimiento de las instituciones republicanas y el respeto de las reglas de la democracia burguesa.

Considero pertinente analizar el contenido de las diversas presentaciones presidenciales que abarcan los anhelos de la burguesía en la época de su ascenso como clase –libertad, igualdad, fraternidad– agiornados al "humanismo burgués" con sus afanes democráticos. Si quisiéramos resumirlas diríamos que se aspira a reverdecer el "humanismo burgués" con sus afanes democráticos. Considero, sin embargo, que no significa prejuzgar recordar la experiencia histórica que enseña que *el abandono del "humanismo burgués", que por otra parte nunca tuvo amplia vigencia, resultó del propio desenvolvimiento capitalista.*

También sucedió así en nuestro país. Como ejemplo podemos citar al gobierno de Arturo Frondizi que aunque en 1958 haya creído inaugurar un proceso de democratización terminó aplicando el Plan Conintes. Fue su política económica y su claudicación ante el imperialismo, la oligarquía y el gran capital lo que posibilitó ese final. El mismo destino tuvo el peronismo en su último período al no ser consecuente en la defensa de los intereses populares y no profundizar en su primer programa reformista de gobierno.

Tener en cuenta la experiencia señalada es de crucial importancia. Ella indica que *sólo la ruptura de la dependencia externa y el enfrentamiento consecuente con el imperialismo, la oligarquía y el gran capital al interior del país ha de permitir que el avance del proceso de democratización trascienda del marco político* al económico-social. De no ser así se corre el peligro de caer en una nueva frustración alentando a quienes sueñan con el retorno al autoritarismo, algo que sólo la unidad y la acción de las fuerzas populares podrá evitar.

El reformismo ofrecido como alternativa a la dependencia sólo puede tener expresión política y socioeconómica positiva si evoluciona continuadamente hacia su ruptura y se crean en el camino las condiciones para la Revolución Democrática Agraria Antiimperialista y contra el gran capital local.

Los ideólogos de la derecha levantan cabeza

Distinto esquema de razonamiento es el del equipo económico que aparece entrampado por la pesada herencia y sin decisión para romper sus ataduras. Ello dificulta entrever una salida a la situación y presenta un flanco débil, propicio para el embate de los ideólogos de la derecha –Alsogaray y el MID– y de sus grupos empresarios.

Visto desde su ángulo la motivación de las clases dirigentes y del imperialismo, en el balance de los 100 días, gira alrededor de las debilidades manifiestas del gobierno que le permiten, en la medida en que éste pierde consenso, alentar el desencanto en los sectores populares y recuperar posiciones, luego que la política del Proceso las desprestigiara, con una tremenda campaña orquestada a través de los medios de comunicación masiva.

La televisión, la prensa y la radio ceden cotidianamente espacios a la UCD, en particular al ingeniero Alsogaray que se ha constituido en la vedette del momento y cuyo objetivo desestabilizador, dentro del objetivo mayor del retorno a un gobierno dictatorial, basa su prédica en:

1) Las indecisiones e ineficacia que son marco de las medidas bien inspiradas –vg. control de precios– y que las conducen al fracaso;
2) La falta de explicitación de un plan político que marque las pautas de la política económica que se la aprecia o sin un rumbo preciso, o pretendiendo pautar la crisis como se hace en el sector financiero.
3) La falta de publicación por parte del gobierno del estado de desquicio total con el que encontró al país al hacerse cargo de la conducción, que posibilita soslayar a las clases dirigentes su responsabilidad en la crisis;
4) Consecuente con lo anterior, en el hecho concreto que no se las ha afectado en lo más mínimo y conservan su poder y su capacidad desestabilizadora que, como lo vienen demostrando, saben utilizar.

El equipo económico intenta impulsar un desenvolvimiento capitalista continuado y estable. Gobierna para ello, pero tiene los condicionamientos de la Argentina concreta y las limitaciones de su propia ideología.

Los economistas radicales son ortodoxos y academicistas pero no en el sentido de los Martínez de Hoz, Alsogaray y Cía. **La ortodoxia de los neoliberales y la estrategia desarrollista apoya directamente al poder del polo dominante y es represiva económica, social y políticamente**. En cuanto a los radicales, su academicismo los lleva a tratar de salvar una economía concurrencial, con un Estado "neutral" –como lo han proclamado– y limitando el poder de los monopolios.

Por una política que supere el academicismo burgués

Los economistas radicales, aún aquellos que son políticamente antiimperialistas, no internalizan esa apreciación a las relaciones económicas internacionales y al interior del país y muchos de ellos confían en ganar la buena voluntad de los sectores dominantes con la sola expresión de nuestras necesidades.
1) No consideran el carácter global de la crisis.
2) No aprecian la dinámica de la dependencia interna-externa.
3) Subestiman el carácter del bloque dominante, cuantitativa y cualitativamente; bloque que, a pesar de tener contradicciones en su interior, reacciona como un todo en cuanto es *rozado* en sus intereses.

Esa parcialidad en los enfoques nos da:

1) El cauce en el que se desarrolla la lucha ideológica;
2) Nos orienta acerca de las perspectivas inmediatas y mediatas, si sumamos a los puntos recién expuestos la situación concreta. Ella nos indica el margen de maniobras de un gobierno con raíces populares, así como las respuestas que ha de tener desde el bloque dominante.

A su vez la parcialidad en los enfoques es resultado de la limitación clasista que lleva implícita la contradicción capital-trabajo y que ante los problemas planteados se ha de expresar en la posición a asumir frente:

1) A la necesidad de enfrentar al bloque dominante;
2) A la imprescindibilidad de recurrir para ello al apoyo popular.

La experiencia histórica indica que el enfoque pequeño burgués dificulta o frena la profundización de un programa reformista a menos que el pueblo y en particular su clase obrera haga sentir su presencia. Lo que caracteriza nuestra situación es que *en lo inmediato* se enfrenta al bloque dominante o se concede a sus intereses.

A su vez el enfrentamiento con el bloque dominante no se da únicamente en los problemas de fondo, sino en las distintas alternativas para responder a la coyuntura en su conjunto.

Las consignas de la izquierda, las luchas de muchos años en su contra trascienden lo ideológico-político y se han hecho carne en su vida cotidiana.

La consigna de Liberación o Dependencia no es un ideologismo desprendido de la realidad sino que emerge de una toma de conciencia de nuestra experiencia histórico-social y política.

Nuestro desenvolvimiento económico, social y político exige hoy una precisa política económica que los enfrente en cada terreno. Para ello se necesita una clara actitud política que presida la actividad económica. Es en ese ámbito donde el reformismo jugará su suerte y, en lo inmediato, la del país.

Aunque exista una dinámica que permita el restablecimiento de la democracia burguesa, *no existe una dinámica reformista de desarrollo capitalista. No habrá de inventarse en la Argentina un desarrollo capitalista reformista.* Desarrollo capitalista es centralización y concentración del capital y ello se ha de manifestar en acrecentar el poder de los que ya tienen y hacer pagar la crisis a los que ya la pagan. *Sólo una decisión política desde el gobierno –con el poder en sus manos– puede asignar y distribuir recursos* para que la economía se desenvuelva coherentemente con los objetivos políticos de independizar el país y lograr la justicia social para su pueblo.

Que la crisis la paguen la oligarquía y el gran capital extranjero y local

Un programa económico tiene siempre un marco y un objetivo político: más aún, los implicita en su contenido y está por lo tanto fuertemente teñido de ideología.

Si el programa apunta a la ruptura de la dependencia y se asienta en que su dinámica debe ser solventada por el polo dominante y no por los sectores populares, ello resulta de una decisión política que debe necesariamente regir la orientación económica en los diversos sectores; v.g. la política de ingreso, el sector público, la política financiera, la tributaria, el sector externo, etc. Por el contrario, si se apela a instrumentos con el objetivo de dejar actuar al mercado, aunque lo despejen de las trampas del neoliberalismo y aunque esté bien inspirado, se terminará favoreciendo al gran capital extranjero y local en desmedro de la clase obrera y el pueblo.

Toda medida que marginando esa decisión política se atenga a una pretendida ortodoxia, neutralidad, asepsia, transparencia, o como quiera llamarse a una gestión económica que se subordine a las diversas escuelas del capitalismo, o a un susodicho pragmatismo, **se ha de manifestar en un proceso de "modernización" de la dependencia y en su profundización, con las consecuencias conocidas.**

Inmersos entre las masas impulsando a cumplir los compromisos

Los tres objetivos propuestos: incremento del salario real, reactivación económica y freno y disminución de la inflación son alcanzables si se está decidido a enfrentar y vencer a quienes han sido los eternos beneficiarios de los infortunios del pueblo argentino.

Lamentablemente hasta ahora la política llevada no permite compatibilizar esos objetivos dando razón a la derecha.

Ello resulta de creer posible alcanzarlos sin romper con la dinámica impuesta al desenvolvimiento económico por la estructura de poder en nuestro país.

— Sólo la movilización popular posibilitará un efectivo control de precios. Debemos hacer carne en las masas que sin control de precios la crisis la paga la clase obrera y sectores de bajos ingresos fijos.
— Sólo una política coactiva y represiva en el sector financiero y en el mercado cambiario puede canalizar el ahorro y orientarlo a los sectores en los que el país lo necesita. La alternativa es que la patria financiera siga haciendo valer sus privilegios.
— Sólo la activa participación del Estado a través de las Juntas Nacionales de Carne y Granos y mecanismos similares para los productos principales de nuestra balanza comercial puede evitar las sobre y subfacturaciones.
— Sólo una política tributaria que elimine la evasión, termine con las múltiples exenciones al gran capital, grave a quien más gane e imponga un impuesto extraordinario a quienes resultaron beneficiarios de la política del Proceso podrá incrementar las arcas del sector público. Sólo una reasignación del gasto público permitirá educación, salud y vivienda para el pueblo y promoverá al mismo tiempo la reactivación de la producción. La alternativa a ambas políticas es la continuidad en el déficit.
— Sólo el cumplimiento de lo prometido de pautar el pago de la deuda externa sin aceptar planes recesivos y represivos, resguardando el patrimonio nacional y sin sacrificar la reactivación económica, permitirá comenzar a romper la dependencia del capital financiero internacional y encarar al interior el resto de las políticas enunciadas.

De igual manera la democratización no es sólo una reivindicación política inmediata. La burocratización del sector público y la falta de participación y control popular se correspondió con la inexistencia de la democracia y con la manipulación que partidos burgueses, jerarcas y caudillos hicieron de los reclamos del pueblo. Desarmar la estructura del poder es una exigencia ineludible a satisfacer para nuestro desenvolvimiento económico y, al poner en primer plano a los responsables de nuestra situación, quitarles el poder que aún ejercen es la única forma de profundizar en el proceso de democratización y en el saneamiento de la economía y sociedad argentinas. Ello implicaría encaminarnos hacia la ruptura de la dependencia.

El gobierno debe ser impelido a tomar conciencia que la estabilidad y el poder se deben asentar en el consenso del pueblo y ello se logrará con la satisfacción de sus reivindicaciones.

El balance de los 100 días indica que se hace indispensable y en cierta medida apremiante trabajar activamente entre las masas para movilizarlas e impulsar con ellas al gobierno a tomar las medidas enunciadas. Es la responsabilidad de la izquierda.

INFLACIÓN *

Mesa Redonda conjunta entre Jorge Domínguez, Jorge Schvarzer y Jacob Goransky. Aporte de Jacob Goransky

La inflación es un fenómeno que se evidencia a través del alza continuada del nivel general de precios o como desvalorización del signo monetario.

Sin embargo lo dicho no es más que una definición, es la exteriorización de un fenómeno pero no lo explica.

Antes de emitir opinión sobre nuestro caso concreto, considero necesario referirme al proceso inflacionario en los Países Capitalistas Desarrollados (PCD), porque nos ha de demostrar lo que tenemos en común.

No siempre hubo inflación y cuando la hubo fue transitoria.

Las teorías corrientes, por ejemplo la pugna distributiva, no nos explica por qué antes no hubo inflación, siendo que la pugna por el ingreso existió desde siempre.

Tampoco explican la inflación, el incremento de costo, o de la demanda, o aquello de la inflación por expectativas. Históricamente, a un crecimiento de la demanda y consiguiente suba de precios, crecía la oferta. Si subían los costos, surgían productos alternativos o tecnologías que los bajaban. El mercado premiaba la eficiencia y castigaba la ineficiencia. Las crisis cíclicas destruían periódicamente ingentes recursos naturales y humanos. Si los precios subían con el auge, bajaban estrepitosamente con la recesión y la depresión.

¿Qué pasó? ¿Cuáles fueron las causas que hicieron posible la continuidad y la permanencia del fenómeno inflacionario?

En mi opinión, la explicación se encuentra en las modificaciones que sufrió el capitalismo de libre competencia, evidenciadas ya a principios de siglo y que se fueron acentuando para consolidarse en la posguerra.

Destaquemos la aparición del capital monopolista que hoy se manifiesta en la empresa trasnacional (TN); el nuevo papel que pasó a jugar el Estado; la creciente influencia del movimiento obrero y la desaparición del patrón oro.

De la presencia de las TN, lo que hoy nos interesa es su posibilidad de manipulación de oferta y precios y de tal manera inhibir parcialmente el libre juego de las leyes del mercado.

La gran empresa traslada a los precios los incrementos de costos de producción, los impuestos, su parte de la legislación social y todo otro tipo de gastos, cuidando de obtener la ganancia esperada.

(*) Artículo publicado en "Realidad Económica" N° 60-61, 1984.

De ellos reseño costos que no hacen a la eficiencia y que incrementan, algunos de ellos, el derroche de la "sociedad de consumo":

- La aceleración de la obsolescencia (técnica) debido a los aportes de la Revolución Científica Técnica (RCT).
- El mantenimiento de la capacidad productiva ociosa.
- La aparición permanente de nuevos productos para satisfacer iguales necesidades.
- Los incrementos de costo debido a la magnitud y rigidez de las nuevas instalaciones; el incremento de costos fijos.

Son aspectos que implicaron un gran derroche de recursos, reflejado en una permanente superacumulación de bienes de capital y mercancías que la gran empresa hizo pagar a la sociedad, manteniendo la masa de ganancias previstas a través de la manipulación de precios. Atendiendo a ella y dependiendo de la magnitud y gravedad de la puja, la TN puede aumentar salarios y aceptar aumentos en los precios de los insumos.

Estos aumentos se trasladan al resto de la economía y facilitan el proceso inflacionario, proceso que le permite mantener la distribución del ingreso previa o acentuar su regresividad. En esa dinámica y en esa posibilidad encuentra explicación la inflación de costos.

Asimismo, en la posibilidad que tiene la gran empresa de ejercitar su poder sobre el mercado, encontramos la raíz de lo que se denomina la inflación de expectativas.

Esta evidencia que hay "agentes económicos" que pueden manejarse con expectativas. No es cualquier "agente económico", es una generalización que engaña, pues no son otros que aquellos que pueden administrar oferta y precios.

Los precios de los que pueden, arrastran tras de sí al resto de los precios. En una economía totalmente indexada este proceso se acelera. Pero son los que están en la punta de la pirámide del poder económico los que dominan las expectativas.

Se puede afirmar que nada de lo acontecido se podría haber suscitado sin haber tenido cada Estado las posibilidades de encarar políticas monetarias deliberadas.

Al imponerse en cada país la circulación del papel moneda de curso forzoso sin reserva real, es el poder estatal el que reemplaza la regulación auténtica, inapelable y prescindente de todo avatar circunstancial económico-social o político, que implicaba el oro.

De tal manera la política monetaria como el resto de la política estatal quedó sometida a la influencia del poder dominante. El Estado emite de acuerdo al desenvolvimiento real de la economía, al que trata de adecuarse el gobierno en función de los intereses que representa.

Al nivel internacional desapareció el oro como medio de cambio y de pago independiente de todo interés nacional. Al imponerse el patrón de reserva dólar-oro, la política y por ende el interés del país emisor pasó a subordinar las transacciones internacionales.

Un sistema extremadamente inequitativo, ya que está sujeto al arbitrio de la super potencia que lo usó y lo usa, como vemos hoy, con el súper-dólar, a pesar de su déficit fiscal y de la balanza comercial.

De los hechos acaecidos en las últimas décadas cabe señalar el mercado del eurodólar que se mueve sin control alguno. Ese mercado fue impulsor de una fantástica y creciente liquidez internacional muy superior a las necesidades de su comercio.

Esa superabundante liquidez fue, en el ámbito monetario, el cauce que posibilitó los niveles inflacionarios de la década del setenta y la actual. Y lo que hay que destacar es que la liquidez y la inflación consiguiente, no resultaron una de la otra como si no tuvieran nada que ver con la economía real, sino que la liquidez y la inflación fueron consecuencia de una concatenación de hechos y circunstancias que se dieron dentro de una dinámica de crecimiento, en la que su esencia fue la búsqueda de beneficios de la banca y las empresas trasnacionales.

Es igualmente en esa dinámica que encontraremos la causa externa de nuestro endeudamiento. con la banca trasnacional.

Una consecuencia de la desaparición del patrón oro en el contexto indicado, es la llamada pugna distributiva. Al desaparecer el oro desapareció el patrón equivalente. Quedan confrontándose entre sí, no las mercancías, como lo afirma la teoría de precios relativos, sino el juego del poder que reemplaza al equivalente.

En el mercado y por consiguiente en el precio de las mercancías, influye la correlación de fuerzas en el seno de la sociedad: 1) a través de la influencia del sector público y la de los factores de poder que lo presionan; 2) a través de las confrontaciones en el seno de las diversas capas de empresarios, y entre éstos y el movimiento obrero organizado que defiende el salario real, y aún, el salario relativo.

La llamada pugna distributiva es la manifestación de la desaparición de formas de autorregulación del sistema, que disimulaban a través de la competencia de las mercancías en el mercado, la puja de los "agentes económicos" por la ganancia y los salarios.

En las transacciones internacionales se produce esa manifestación de poder entre los PCD y los Países en Desarrollo (P en D) que se traduce en el deterioro de los términos de intercambio y en la consolidación de diversas formas de dependencia.

Los aspectos y dinámica señalados se manifestaron cambiando decisivamente el mercado.

El mercado dejó de premiar la eficiencia y pasó a premiar el poder; dejó de castigar la ineficiencia y pasó a castigar la debilidad.

Alguien puede alegar que siempre fue así y no es correcto. En el capitalismo de libre competencia una acumulación de derroche e ineficiencia terminaba pagándose con una crisis. Crisis que con el tiempo se hacían más graves y de mayor amplitud. En ese marco deben considerase las dos guerras mundiales.

Del promedio del libre juego de las leyes del mercado se pasó al predominio de la puja de poderes que rige, consolidándose en el tiempo, desde hace algunas décadas. La dominación de las políticas anticíclicas por el Estado y las grandes empresas, impidió una crisis como la del '30 y facilitó un crecimiento impetuoso y extraordinario durante un cuarto de siglo, al cabo del cual el sistema de regulación de posguerra entró en crisis.

De la dinámica descripta rescato que el capitalismo está estructurado de tal manera que el sector público siempre interviene a través del presupuesto y con sus políticas; que las grandes empresas siempre intervienen; que la conjunción de grandes empresas y sector público es lo que ha modelado el desenvolvimiento de las últimas décadas.

¿Qué pasó en nuestro país?

Los aspectos reseñados influyeron en nuestro desenvolvimiento con una particularidad. Se manifestaron sin que nuestra sociedad recibiera los beneficios del capitalismo de libre competencia. Un país cuyo capitalismo no contribuyó a integrarlo económica, geográfica y socialmente. Por el contrario, consolidó formas de dependencia y atraso.

Tampoco gozamos de un gran crecimiento, resultado de las políticas reguladoras. Tuvimos un desenvolvimiento capitalista anómalo y de formas perversas.

El hecho de que el gran capital fuera extranjero, implicó remisión de divisas, el impulso a una sociedad de consumo imitativa montada sobre una industria no integrada y el desinterés de encarar industrias básicas o infraestructuras. Ello se tradujo en un temprano y extraordinario derroche de recursos, en una pésima asignación del ingreso y en una eterna insuficiencia de capital para la inversión reproductiva.

Debemos incluir en esta somera descripción de nuestras deformaciones y condicionantes la magnitud de la renta agraria. Es decir, la renta que se recibe por el derecho de poseerla sin aportar un peso de inversión. La podemos apreciar por lo que se paga hoy de alquiler, que alcanza a un 30 - 50% de la producción, que implica a su vez casi un 70% de su valor agregado incluida la ganancia.

Si hemos de hablar del sector público recordemos las compras de acciones por Banade y Caja Nacional de Ahorro y Seguro; los bonos de 1982 y 1983; la absorción de las quiebras bancarias; la cobertura de avales y seguros de cambio. Los extraordinarios sistemas promocionales con los que se constituyó gran parte del capital local y del que recibió beneficios el capital extranjero. Con el agravante de que los sistemas se hicieron eternos, y, al igual que con la protección aduanera, beneficiaron a las empresas sin exigir retribución alguna. Sumemos los crecientes gastos militares y de seguridad y la corrupción, cuya magnitud superó lo folklórico.

Recordemos asimismo las políticas contrarias a las empresas públicas de los gobiernos autoritarios, que fueron las más.

Consecuencias de nuestro peculiar desenvolvimiento y de la "sociedad de consumo" prebischiana, se forjó lo que llamó "hábitos empresariales", que gravitaron y gravitan en nuestro desenvolvimiento:

- Evasión impositiva.
- Atesoramiento y evasión de divisas.
- Sobre y subfacturaciones.

Agreguemos hoy los ilícitos que se cometen a diario en el mercado financiero. La explicación de que esta suma de ilícitos se dieron y se dan como respuesta a las intervenciones del Estado, queda descalificada, ya que ellos existieron en momentos de libertad de precios y de mercado libre de cambios.

De hecho el empresario optó por dedicar gran parte de su ganancia al atesoramiento de divisas, a diversas formas de especulación financiera, al consumo suntuario al que acaba de referirse el presidente Alfonsín y, en los períodos de reactivación económica, una mínima parte a la inversión.

Considero que hubo causas objetivas que en parte explican ese comportamiento: sobre el sector de la producción pesó la captación extraordinaria del excedente por los sectores del comercio y las finanzas, así como la dependencia hacia las grandes empresas, tanto en calidad de proveedores como compradores.

¿Cómo hablar del déficit sin hacer referencia a lo dicho? La dinámica descripta sumó gastos y restó recursos.

Las vías objetivas en la búsqueda de beneficio de los sectores productivos e improductivos fueron contradictorias con la posibilidad de un desenvolvimiento capitalista estable en el marco de las instituciones democráticas. Ello se reflejó en la inestabilidad política y en la continuidad de los conflictos sociales.

En ese marco de crisis, la pertinaz y creciente inflación fue una de sus manifestaciones.

La inflación nos permitió crecer, disimulando conflictos y, deliberadamente o no, forma parte de una política que soslayó otras manifestaciones de la crisis pero contribuyó a profundizarla.

Ese encuadre conceptual nos permite analizar diversos aspectos que posibilitan y dan cauce a la inflación.

1) La suba de precios inflacionarios tiene origen en la magnitud del sector oligopólico manipulador de oferta y precios: en las falencias del sector público, obligado periódicamente a tarifazos que no lo compensan; en la gravitación del excedente captado por la comercialización y las finanzas que restan ganancia y sumen en el quebranto a los sectores productivos; en la distracción de las utilidades reales de las empresas en cuyos balances quedan los gastos y desaparecen producción, ventas y beneficios; en la magnitud de la capacidad ociosa. En el sector externo donde el deterioro de los términos de intercambio y en general las relaciones inequitativas fueron una constante. En la evasión permanente de divisas. En la exacción creciente al exterior de nuestra riqueza. La inflación sirvió para mantener una dinámica de crecimiento en la que la distribución regresiva del ingreso se mantenía o se acentuaba.

2) La emisión acompañó a la suba de precios inflacionarios. No fue una emisión caprichosa consecuencia de errores de instrumentación. Se debió a políticas deliberadas, o respondiendo a situaciones concretas en el marco de los condicionamientos de nuestra sociedad. **En esencia sirvió para preservar relaciones de propiedad y poder.**

En lo que hace a la emisión que cubre el déficit, su origen está en el déficit que dicho así no dice nada. Y lo señalo porque un ex ministro de economía en un artículo en que mostraba estadísticamente la similitud entre el déficit y la inflación, no decía una palabra sobre las causas del déficit.

El déficit es una diferencia cuantitativa; tenemos que analizarlo cualitativamente, lo que suma y lo que resta.

Se habla del déficit como si se tratara de un dato de la realidad siempre actual, sin pasado, y hemos visto que tanto del lado de los ingresos como de los egresos, la historia económica de las últimas décadas evidenció en el presupuesto y en los déficits del sector público las deformaciones reseñadas. El análisis no lo podemos hacer condicionándonos a lo que hoy vivimos. No es científico y es un grave error.

3) La inflación por la demanda (cuando, en verdad, tuvimos alzas de precios con escasez de oferta), se debió a una manipulación de la oferta y/o en los casos de productos de gran consumo, debido a que esencialmente nuestra industria está orientada a abastecer necesidades de la franja de ingresos medianos y altos. Basta un incremento importante del salario real, para que puedan producirse algunos cuellos de botella.

4) En lo que hace a la inflación por expectativas –reitero–, existe la manipulación de precios en algunos sectores que arrastran otros. Es decir, el resultado de la existencia de sectores donde hay manejo oligopólico de precios, que se expanden rápidamente debido a la indexacción general.

5) Quizás la teoría más difundida hoy, es la de la pugna distributiva. Ya hice referencia a lo que le posibilita.

Cuando se exterioriza es porque la distribución regresiva del ingreso ha llegado a límites insoportables para los sectores populares. En un marco de democracia éstos exigen una reparación. La suba de precios inflacionaria es la respuesta. Ello permite, repito, seguir manteniendo o acentuando la distribución regresiva. La pugna distributiva no es causal de inflación.

Los conceptos vertidos hasta ahora podrían haber sido señalados, en general, hace 30 años.

Frente a una situación que se reiteraba y donde la crisis política era el marco y la crisis económica el contenido, los sectores dirigentes unidos íntimamente por una unidad de intereses –en lo esencial– al capital extranjero, dieron su respuesta en el '76, con lo que se puede denominar la ortodoxia represiva.

Ya conocemos el resultado.

Lo que hoy se propone con el llamado "shock de confianza", es la misma "ortodoxia represiva" en un marco constitucional. Y similar estrategia es la que se encubre con el denominado "sinceramiento de precios".

¿Cómo hablar de sinceramiento de precios con el panorama expuesto y con la distribución del poder económico, tanto en el país como en nuestro entorno internacional, al que esta concepción nos solidariza?

La democracia recibió al país hace ya 10 meses con una crisis agudizada. Una economía que lleva años totalmente indexada, donde la especulación desenfrenada hace tiempo descartó toda alternativa de inversión, a lo que se suma el endeudamiento externo y una sociedad angustiada por años de falencias.

La democracia ha evidenciado las lacras. La respuesta al interrogante acerca de la magnitud de la inflación la encontramos en la magnitud y globalidad de la crisis.

La política seguida por el gobierno nos indica que la inflación se enfoca desde la óptica de la emisión y el déficit, sin encuadrar a ambos en el marco global del desenvolvimiento real, como si no fueran su resultado.

Ello conduce a encarar políticas sectoriales que son aisladas en sí mismas. La estrategia seguida la denomino ortodoxia academicista.

Recurren a herramientas tradicionales del manejo monetario para frenar la emisión y han hecho lo posible por bajar el déficit. Lo heterodoxo ha sido el control de precios que no dio resultado por el entorno en que se ha aplicado.

Aspiran a modificar los condicionamientos: déficit, evasión, diversos mercados negros, **sin cambiar el juego de poder ni la dinámica de la crisis**.

La concepción de la inflación como un problema monetario, desemboca necesariamente en una política recesiva. Cuando se restringe la emisión no disminuyen precios, disminuye la producción, pero no en todos los sectores ni tampoco proporcionalmente por productos en cada sector.

La escasez de dinero incrementa las tasas de interés, acrecienta la especulación, frena la inversión, aumenta el excedente que sustrae el comercio y la especulación financiera. La restricción de la emisión no selecciona en función de eficiencia, lo hace en función de la liquidez y capacidad especulativa de cada empresa. Concentra el poder y el ingreso y si tiene éxito en bajar la tasa de inflación, agudiza la crisis y dificulta una salida creando las bases, en cuanto a la inflación, de nuevos y más grandes rebrotes.

En cuanto al déficit: ¿es posible considerar el presupuesto sin cambiar sus reales condicionantes? 1) política tributaria regresiva; 2) evasión; 3) burocratización del sector público; 4) diversidad de ilícitos.

Considero que hipotéticamente hablando se puede disminuir el déficit, pero con cargo a la necesaria inversión, al agravamiento de las economías regionales, a los salarios del sector público, a un agravamiento de la crisis.

Globalmente la política seguida lleva inexorablemente a hacer del salario la variable de ajuste. Al mismo tiempo se ha de acentuar la concentración del capital y del ingreso, y se consolida la dependencia.

No creo que ésas sean las intenciones del presidente Alfonsín o del partido gobernante. Esa es nuestra esperanza.

La conclusión es: o nos adecuamos al desenvolvimiento perverso de la economía, que es lo que en el fondo está haciendo el gobierno, o tratamos de modificarla.

Atento a la historia y a los 10 meses transcurridos (que son pocos, pero son muchos y el deterioro acelerado lo demuestra) se impone que el gobierno asuma una política que supere lo que condiciona nuestro desarrollo.

Se trata de una política coactiva global. Una política en que el sector público tome una posición activa en la asignación de la renta orientando la inversión a satisfacer las necesidades de integración económica y social.

a) Una política tributaria que grave la renta agraria y la tierra improductiva, que privilegie los impuestos directos y que revea los sistemas promocionales.

b) Una política inflacionaria que termine drásticamente con los circuitos de dinero ilegales, con el mercado negro de cambios, con el cortoplacismo, con la cuenta de regulación monetaria, que reivindique la cuenta corriente e indexe exclusivamente los pequeños ahorros. Considero que para ello va a ser necesario nacionalizar los depósitos bancarios y orientar el crédito desde el Banco Central.

c) Un control riguroso del sector externo que termine drásticamente con las sobre y subfacturaciones y de ser necesario lo nacionalice.

d) Una política que exija retribución a los sectores empresarios protegidos.

e) Una política que elimine la intermediación necesaria.

f) Una política de precios que se extienda en caso de necesidad a los bienes salarios.

La medidas enunciadas sólo son posibles mediando una profunda democratización del sector público y creando medios de participación ciudadana a través de cámaras empresarias, cooperativas y sindicatos.

g) Renegociar con el Fondo Monetario Intencional y con los bancos para adecuar el pago del endeudamiento externo legítimo a nuestras necesidades y reales posibilidades.

Lo enunciado es prácticamente el programa electoral del oficialismo y de los partidos populares.

Antes de las elecciones, ciertos economistas políticos vinculados al poder proclamaban que esos programas no cierran. Lo afirmaban convencidos de que el partido ganador no lo llevaría a cabo. Ellos son conscientes de la resistencia que el cumplimiento de ese programa levantaría no sólo entre las grandes empresas sino también entre sectores muy enquistados en la economía argentina.

Lo sucedido con la apertura del Mercado Central es un buen ejemplo.

Lamentablemente los hechos están dando razón a los economistas a que hice referencia. No se trata de que el programa electoral no cierra o que el triple objetivo proclamado de inicio de reactivación económica, con incremento del salario real y freno a la inflación, no sean compatibles entre ellos.

Se trata de que el gobierno se está dejando vencer por los condicionamientos económicos, sociales y políticos.

La clave de ese comportamiento está en la incomprensión del carácter y magnitud de la crisis, y en la inconsecuencia para enfrentar a los enemigos de afuera y de adentro del país.

La única forma de comenzar a salir es buscar consenso apelando al apoyo de ciertos sectores empresarios que puedan estar interesados, y fundamentalmente el apoyo popular: ganando ese apoyo vendrá con seguridad el de otros sectores empresarios menos esclarecidos pero necesitados de vivir en la democracia con estabilidad.

Se habla de concertación y austeridad. Es justo, hay que concertar para un programa austero. Pero lo primero e ineludible es concertar acerca del apoyo real a las políticas precedentes.

En ese marco un programa monetario y una política presupuestaria austeros serán los complementos adecuados para una política general que ha de yugular inflación y déficit.

Sabemos quiénes apoyarán y quiénes se opondrán.

Si el gobierno toma una política firme, indicativa de que ha decidido enfrentar cambiando las relaciones de poder, encontrará el apoyo inicial mayoritario, y detrás de él vendrá el de los remisos.

Problemas de Economía (julio-agosto 1985)

EL GRAN CONDICIONANTE: LA SUBORDINACIÓN A QUIENES DETENTAN EL PODER

La reacción de la gran mayoría de la población al plan enunciado por el Dr. Sourrouille evidenció el anhelo de que se tomaran con urgencia medidas que dieran salida a la gravísima coyuntura que vive el país. Esta actitud generalizada de apoyo al plan permitió un manejo de la opinión pública con la finalidad de rotular a quienes lo rebaten e inhibir la investigación de su instrumentación, motivaciones y objetivos.

Consideremos que es imprescindible hacer justamente esa tarea.

Antes de analizar el plan en sí, hay que destacar el compromiso previo del gobierno con el FMI. De acuerdo al mismo, el país deberá pagar los intereses de la deuda que en este año son alrededor de 6.000 millones de dólares, cifra que implica la imposibilidad de una política de reactivación económica y compromete nuestro futuro.

La UIA en su declaración de Córdoba publicada en los diarios de fecha 26 de junio, dice:

> "La restricción ejercida por el sector externo se manifiesta a través del peso de la deuda externa, cuyos intereses por sí solos en el caso de pagarse en su totalidad insumirían más del 50% de nuestros ingresos de divisas. **De no eliminarse esa restricción y aún de tener pleno éxito la estabilización y la reducción de los gastos estatales, el país no sólo seguiría impedido de crecer, sino incluso tendría crecientes dificultades para mantener el actual nivel de actividad."** (Subrayado A. S.).

> "En general la postergación de todo el problema planteado por la restricción externa parecería indicar que el gobierno intenta encararlo una vez concluida la etapa estabilizadora. Pero tomando en cuenta que cualquier medida que apunte a reforzar el sector externo implicará alguna modificación de los precios e ingresos relativos que hoy se están congelando y que esta modificación tenderá a reiniciar la puja por los ingresos que con tanto sacrificio se está tratando de frenar se hace evidente que, a fin de preservar el equilibrio de los ingresos, los dos problemas, **el de la estabilización y el del sector externo deben ser encarados en forma simultánea"**. (Subrayado A. S.).

> "Por ello resulta imprescindible incorporar cuanto antes las señales claras que dan dentro del perfil un papel protagónico a la industria que permita así romper con los movimientos pendulares de la economía nacional. Todo esto implicaría tratar

un programa económico completo del cual el plan de estabilización sería solamente una parte".

Es la primera vez que la UIA se expresa de tal manera. En un comunicado ambivalente en el que la contradicción entre la identidad clasista que los llevaba a ponerse del lado de la banca y del FMI y la necesidad de defender el mercado interno que constituye el destino inmediato de su producción inclina, aunque débilmente, el fiel de la balanza del lado del último polo de la contradicción.

El hecho concreto es que el gobierno pactó con el FMI el pago total de la deuda, incluida la ilegítima, en donde caben las responsabilidades compartidas de la banca que prestó y de nuestra gran burguesía prestataria, que endeudó en divisas al país como un aspecto más de una política económica que se hizo en beneficio de ambas.

El plan se basaba sobre:

1 - Congelamiento de precios y salarios. El congelamiento de precios era una medida impostergable. Su implantación encierra en sí misma ventajas para unos y desventajas para otros. Si bien ello es inevitable los precios relativos al momento en el que se lo aplica evidencian cuál es la orientación que lo guía.

Según los anuncios el plan se estudiaba desde casi comienzos de año. Desde entonces los asalariados han venido perdiendo su participación en el ingreso total debido al ajuste del 90% de la inflación del mes vencido. De tal manera, al 30 de junio, considerando el 22,59% de aumento y la inflación para ese mes de un 30%, los asalariados han perdido entre un 20 y 30% según los sectores, del salario real. Si su participación en el PBI era alrededor del 33%, la transferencia al sector privado y público alcanzaría aproximadamente a 5.800 millones de dólares.

Semejante transferencia no condice con la justicia social reiterada por el señor Presidente y es inconveniente económicamente para el país ya que contribuye a achicar más el mercado interno.

En el otro extremo de la pirámide, la liberalización de los precios durante el semestre, en los sectores oligopolizados, permitió a sus grandes empresas ganar espacio, al punto que en el momento del congelamiento tenían un amplio colchón que les permitía mantener sus niveles de ganancia aún sin incrementar sus precios.

En cuanto a las empresas pequeñas y medianas su situación ha de agravarse, particularmente las que venden, o compran, a las grandes.

Con lo dicho está claro que el congelamiento de precios y salarios no fue equitativo, perjudica notoriamente a los asalariados y a la pequeña burguesía con una notable transferencia de ingresos al sector público y al gran capital y al achicar, como se dijo, el mercado interno, dificulta la reactivación.

2 - Una política monetaria restrictiva. El gobierno se compromete a no emitir para cubrir el déficit, podrá sí recurrir al endeudamiento interno y externo en caso de necesidad. Si bien una política monetaria sana es muy importante, la esencia del déficit del sector público está en modificar las condiciones que lo generan.

Sin embargo, observando sólo el aspecto cuantitativo del déficit, el gobierno ha dispuesto la restricción del gasto y frenar la inversión.

Se compromete a no reducir la nómina de personal, a la espera que la reactivación de la inversión privada pueda absorberlos. Al respecto, las palabras de los funcionarios no son tranquilizadoras, ya que de no cumplirse las expectativas, con los mismos argumentos y las mismas promesas, se puede pensar que encararían la reducción como otro ajuste de tuerca. No es éste un prejuicio ya que tal medida se ajusta a la "teoría" económica dominante.

El freno a la inversión pública incrementa la recesión en lo inmediato y agrava la crisis.

Desde el punto de vista de los ingresos se ha enviado al Congreso un proyecto de ahorro forzoso, por cuya recaudación se dan cifras que van desde 1.500 millones. Tal cual se anunció, es una medida positiva pero no alcanza de ninguna manera a revertir la regresividad del sistema fiscal que grava al consumo. En la actualidad son fundamentalmente los sectores populares los que soportan el presupuesto estatal. Los recargos a productos de exportación no implican en sí mismos una tributación ya que lo que resta del precio de exportación es la retribución a los exportadores y productores y es ese precio el que cabe discutir. Al respecto hay que considerar asimismo la subfacturación de los exportadores. Los grandes terratenientes han tenido siempre un buen precio, si se quejan es por su eterna apetencia de mayores ganancias. En el proyecto de reforma tributaria se ha abandonado el impuesto a la tierra libre de mejoras, el impuesto a la renta presunta así como el gravamen a las manifestaciones conspicuas de riqueza.

No se toma ninguna medida para terminar con la corruptela en el sector externo, tampoco en el cambiario. Aunque es público que se han evadido alrededor de 3.500 millones de dólares por sobre y subfacturaciones, se los da como un dato inmodificable de la realidad. Al mismo tiempo se justifican delitos con la afirmación que de existir libertad cambiaria –que implicaría en teoría la inexistencia del dólar negro– el empresario no tendría aliciente para delinquir. Cuando un hombre por hambre delinque la sociedad lo castiga. El hambre, la desocupación como aliciente para delinquir son punibles, la ganancia ilícita no. A lo que hay que agregar que en nuestro pías siempre hubo un mercado negro del dólar alimentado por la evasión impositiva, aún en épocas en que el dólar negro llegó a estar más abajo que el oficial.

Otro dato de la realidad inmodificable es la utilidad extraordinaria que obtuvieron las empresas que tomaron seguros de cambio. Si el gobierno tomara alguna medida al respecto significaría un fuerte ingreso fiscal.

En el déficit del sector público gravitaron siempre los intereses de las grandes empresas con diversos tipos de contratos leoninos y diversas formas de trasladar al Estado, en los períodos de crisis, la desvalorización del capital y contrarrestar la tendencia a la baja de la tasa de ganancia. Basten los ejemplos; la compra de acciones de las grandes empresas por el BANADE y la Caja de Ahorro y Seguro y el negociado de la Italo. Medidas tomadas en la época de Krieger Vasena y Martinez de Hoz, respectivamente.

Coincidimos que no se podía seguir tolerando el desmanejo, la corrupción y la ineficiencia del sector público. Las medidas adoptadas por el gobierno sin tocar el poder que las ha amparado, no han de resolver los problemas.

Nosotros hemos venido insistiendo en democratizar y desburocratizar el Estado, limpiando sus niveles directivos de quienes apañaron y se beneficiaron con sus políticas tradicionales, dando participación a sus obreros, profesionales y consumidores en su gestión y revisando las contrataciones desventajosas y, fundamentalmente, trasformarlo para que sea el motor y promotor del crecimiento.

Por el contrario en el plan se desdeña el rol del Estado y se hace de sus asalariados y de su inversión sus variables de ajuste.

Hoy se ha empezado a hablar de "privatización de crecimiento", una nueva forma de privatizaciones periféricas. Como propuesta es desdeñar nuestra historia y la del resto del mundo capitalista. La crisis que lo agravia y la que nos agravia ha resultado de la actividad, la orientación, las motivaciones y los objetivos del capital financiero. La corrupción, el derroche de recursos y, en nuestro país, la remisión de utilidades espurias y la fuga de capitales, han sido junto a la manipulación de rentas y ganancias de nuestros terratenientes, factores principales de nuestra dependencia respecto al exterior y en el interior del país.

Con el petróleo que ha sido símbolo en el mundo de las inequidades del gran capital nos reiteramos en un camino que sumió en graves penurias al mundo en desarrollo.

La política monetaria restrictiva en una economía en recesión, contribuye a acentuarla. El ex-asesor presidencial, Dr. Raúl Prebisch, y los economistas radicales antes de ser gobierno, se reiteraron en esa opinión correcta.

3 - **Se adopta una política crediticia** que de hecho implica congelar las carteras a tasas controladas y tasas libres, que si bien inferiores nominalmente a las que regían son, como tasas reales atendiendo a la inflación, superiores.

4 - No se cambian los hábitos de funcionamiento en **el mercado cambiario**, si bien se fija el cambio entre el dólar y el austral, el dólar sigue siendo otra posibilidad de imposición financiera.

5 - Las distintas alternativas ofrecidas en el **mercado financiero** siguen siendo más rentables que cualquier inversión productiva. Otro aspecto que contribuye a dificultar la reactivación económica.

Las empresas pequeñas y medianas o de menor liquidez en general, seguirán padeciendo esta política que viene de años y que primero les quitó el capital operativo y luego las endeudó. Las grandes y de gran disposición de liquidez seguirán privilegiando la utilidad financiera, gozando de las posibilidades que les brinda su magnitud y vinculaciones.

La política financiera es así de hecho otro de los instrumentos para ahondar la recesión y favorecer al gran capital local y extranjero.

6 - A través de la reforma monetaria se intenta frenar la dinámica inflacionaria. Se afirma que la reforma es neutral. Sin embargo, considerando los precios relativos en oportunidad del congelamiento y la "capacidad negociadora" entre las empresas, ha de servir para una gran transferencia de ingresos de empresas pequeñas y medianas a las grandes y a las del sector público. Numerosas entre ellas exigen desagio luego del 15 de junio y no lo hacen con sus productos.

- Las empresas públicas, sin órdenes precisas, con una interpretación de la ley muy peculiar, contribuyen a la confusión y pueden favorecer una situación de caos.
- La devaluación realizada fue netamente fiscalista, no ayuda a promover exportaciones no tradicionales y dificulta, en general, las exportaciones de la industria. Hay diversas explicaciones, pero lo que se revela al cabo de ellas es que en su origen está la renuncia a manejar coactivamente al sector externo y cambiario, e implantar cambios múltiples que permitirían una comercialización eficiente sin beneficios extras para ningún sector, ni presiones sobre el salario real.

La reforma monetaria vinculada al hecho que el Estado sólo puede recurrir al financiamiento esencialmente externo de su desequilibrio, y al no tomar medidas en el sector externo y cambiario, consolidan la dolarización de la economía.

Resumiendo, el análisis objetivo del plan indica:

- Con el congelamiento de salarios a los sectores populares se les fijan ingresos extremadamente precarios respecto a sus necesidades, por lo que cargan sobre sus espaldas la crisis y el ajuste antinflacionario.
- El congelamiento de precios ha dejado bien ubicado al gran capital en perjuicio de los asalariados y capas de la burguesía. No se ha explicitado la instrumentación para su cumplimiento.
- No se toma ninguna medida que posibilite un comienzo de cambio cualitativo en la gestión pública.
- No se toma en el sector financiero ninguna medida que revierta la economía de especulación en economía de producción.
- No se toma en el sector cambiario y externo, ninguna medida que termine con la corrupción y los ilícitos.
- Lo anunciado en el sector público hace de su inversión otra variable de ajuste del plan a la que presumiblemente se intentaría sumarle sus niveles ocupacionales.
- Respecto al papel del Estado de hecho se comienza a cercenarlo. Las declaraciones en sentido contrario, muestran posiciones disímiles en el partido gobernante. La reactivación económica no está contemplada en lo inmediato. Sólo se anuncian medidas para el petróleo y las comunicaciones, sobre lo que ya se ha opinado.
- **La metodología utilizada es la tradicional del FMI. El congelamiento de precios y salarios si bien aparece como no tradicional, de acuerdo a lo afirmado por los funcionarios de gobierno se lo encara para que los resultados que se persiguen sean alcanzados en menor lapso, vale decir: achicamiento del mercado interno, profundización de la recesión, incremento de saldos exportables.**
- Los objetivos son el pago de los servicios de la deuda y la lucha antinflacionaria.

La reactivación: ¿Una segunda fase?

Entre la manipulación informativa se destaca que el gobierno tomaría medidas para responder los reclamos de reactivación, así como para la corrección de lo que se salga de cauce. La conclusión de aquellos que creen y de quiénes quieren creer es que lo que falta en el plan y lo que lo perfeccionaría se satisfaría dinámicamente en el tiempo.

Para analizar las posibilidades de que ello ocurra **por propia iniciativa del gobierno** debemos recurrir a cuál es la ideología que lo inspira y la limitación que lo enmarca, atento a los objetivos que se persiguen, que ya se explicitaron.

Desde círculos del gobierno se ha dicho que con o sin acuerdo con el FMI el ajuste había que hacerlo. Dando por sentado que el único camino posible del ajuste es el propuesto por el gobierno que coincide con el del FMI.

A través del acta que se firmó días antes de la enunciación del plan, el gobierno dio su conformidad a una forma de pago y se comprometió a adoptar la política económica tradicional del FMI. Es una primera constatación en cuanto a cuál es uno de los objetivos primordiales del plan –pagar la deuda– y cuál es la teoría económica –habría que decir ideología– que lo patrocina.

Ya el plan de mediano plazo de Sourrouille –entonces secretario de Planeamiento– estaba montado sobre dos concepciones: 1) la deuda hay que pagarla; 2) la Argentina tiene pocas posibilidades de influenciar en el entorno internacional. Ergo, la deuda hay que pagarla --sin mayores investigaciones– y en las condiciones que se nos fijan.

Este pragmatismo que acepta el poder que nos oprime, tanto desde el exterior como en el interior del país, como una realidad inmutable tiene su correlato en una coincidencia en el enfoque de las causas de la crisis y de la instrumentación necesaria para resolverla.

La ideología que sirve de base a los tecnócratas del FMI es la de los neoliberales y monetaristas, a los que se terminan sumando, cuando están en el gobierno, gran parte del resto de los economistas burgueses debido a que la política alternativa puede afectar a los sectores dominantes. Los economistas que pergeñaron el plan económico coinciden con los puntos de vista tradicionales del FMI en cuanto al origen monetario de la inflación y a responsabilizar al sector público de todos los males que nos aquejan.

Las políticas deliberadas de profundización de la recesión a fin de lograr un nuevo equilibrio, tienen en sus resultados similitud con las consecuencias de las depresiones en la época en que los gobiernos no encaraban políticas anticíclicas: desocupación, quiebras, caídas de la producción, concentración y centralización del capital. **Pretenden restaurar una dinámica de crecimiento en que rijan las presuntas leyes de mercado sin considerar que quienes las perturban –y en ello se encuentra una de las causas de la inflación– es la presencia de oligopolios que manejan precios, amparados por un Estado complaciente y cómplice.**

La inflación, que durante años le sirvió al capital financiero para una redistribución del ingreso, que despojaba a los trabajadores de lo que habían conquistado en las luchas cotidianas, y para mantener la dinámica de crecimiento en su favor que contrarrestara la tendencia a la baja de la tasa de ganancia, al salirse de madre y amenazar desquiciar al sistema, les fue útil para levantar las banderas de la estabilización cargando el fardo de la crisis a los sectores populares –en particular a la clase obrera– y tomando como objetivo retrotraer al Estado a su condición de gendarme, despojándolo de las funciones y responsabilidades sociales que los pueblos fueron ganando en décadas.

Esta "teoría" ganó posiciones durante los años 70. En los países capitalistas desarrollados, si bien atemperó las altísimas tasas de inflación –más del 10% anual– retrotrajo los salarios reales, incrementó brutalmente la desocupación, privilegió la especulación y frenó el crecimiento. Con todo, tenía en su aplicación respecto a los países en desarrollo, una doble ventaja: el punto de partida en cuanto a las diversas indicaciones de bienestar y el hecho de que no sólo podía descargar la crisis sobre sus propios pueblos sino sobre los pueblos de los países en desarrollo.

Las políticas estabilizadoras del FMI en los países en desarrollo que tiene en Chile su mejor y más fiel exponente, trajo ruina y miseria y no resolvió los problemas en ningún país. Sólo sirvió para una brutal reasignación del ingreso en favor de gran capital local y del capital extranjero y los éxitos en bajar la inflación fueron parciales y en el corto plazo. Se da como ejemplo a México, país en el cual al cabo de dos años de aplicación de las políticas del FMI se las considera como agotadas en sus efectos "reordenadores" habiéndose en el camino incrementado la miseria y paralizado la economía.

- No podía ser de otra manera, la pretensión de restaurar o modernizar el capitalismo, según la lógica del capital, necesariamente conduce a una mayor explotación de la clase obrera y a una mayor concentración del poder económico y político de los grupos del capital financiero que ya lo tienen.
- El capital financiero internacional –en primer lugar el yanqui– y el propio, se dan la mano para incrementar la extracción de plusvalía, no sólo la que genera la clase obrera sino parte de la que acapara la burguesía pequeña y mediana.
- **Lo anterior nos indica que la modernización que se prevee luego de frenar la inflación, reforzaría nuestra dependencia interna-externa, lo que profundizaría los rasgos estructurales de nuestra crisis.**

Es necesario recalcar que el capital financiero de los países europeos occidentales, países que el Dr. Alfonsín en su discurso del 28 de junio nos pone de ejemplo, junto con el norteamericano extrajeron de nuestros países, entre 1982 y 1983, cómo saldo neto del movimiento de capitales 50.000 millones de dólares. (CEPAL "Síntesis preliminar de la economía latinoamericana durante 1983", cuadro N ° 13)

A través del comunicado de la UIA y diversas manifestaciones sindicales y empresarias se hace una primera objeción acerca de los dos tiempos del plan de estabilización. Ya que, lo que hoy está claro es la primera fase.

Para el FMI ajuste y pago están unidos indisolublemente y si hemos de seguir subordinados al FMI los otros objetivos del plan están subordinados al del pago de la deuda. Al igual que la presupuesta reactivación.

Cabe destacar asimismo que con el congelamiento de precios, el gobierno encaró coactivamente y con la promesa de aplicar la ley "A" de abastecimiento, la medida más difícil y compleja para hacer cumplir, ya que intervienen de diversa forma cientos de miles de empresarios.

Para el resto de la economía se sigue con una política "gradualista". Sin embargo lo que no se toca es lo que condiciona cualquier plan en nuestro país.

1 - En el sector financiero son unos pocos cientos de empresas que mantienen el mercado interempresario y el de tasas libres y que especulativamente entran y salen del dólar negro.

2- En el cambiario son unas pocas decenas las empresas que constituyen los canales de circulación del mismo.

3 - En el sector externo son unas cuantas empresas las que manipulan la sobre y subfacturación.

Cabe el interrogante ¿cuál es la razón por la que el gobierno considera que puede imponer coactivamente el control de precios, y espera lograrlo, y no aplica la misma política coactiva y de shock con unos cuantos cientos de empresas que en sí mismas, son las que manejan todas las formas espurias de obtención de ganancias, aún dentro de la legislación burguesa, y cuya "puesta en caja" serviría para paliar el déficit fiscal, yugular la inflación sin recesión, y sentar las bases para profundizar la democracia, única forma de salvarla ya que en el accionar de esas empresas está una de las causas de desestabilización económica y política?

La respuesta la encontramos en la misma limitación inicial: objetivamente con lo hecho hasta ahora, el gobierno ha demostrado, y respecto de la deuda lo ha explicitado, que frente a cualquier acontecimiento ha privilegiado como condicionante externo e interno la aceptación del poder del gran capital internacional y local como un dato inmutable de la realidad. Lo que se nutre asimismo en la coincidencia teórico-ideológica entre los economistas del FMI y los nuestros.

Es por ello imposible que por sí solos dejen de lado la metodología, el instrumental y el objetivo que los anima. No hay pasos a dar en el futuro que mejorarían al plan; cualquier rectificación en sentido positivo **implicaría una modificación de su esencia**. Por lo que aquellos que, empujados por la imperiosa necesidad de parar la inflación y producir un cambio de 180 grados para comenzar a dar salida a la crisis que nos agobia, apoyan el plan, deben ser ganados para que juntos luchemos por cambiarlo de cuajo.

La conclusión es que a menos que se cambie el objetivo del plan (el shock antinflacionario para estabilizar bajando el déficit fiscal se subordina al objetivo mayor que es pagar la deuda), los efectos que se persiguen (profundizar la recesión) y su instrumentación, es decir a menos que se cambie el plan con la movilización popular, nada bueno puede esperar el país con su implementación.

Si no cortamos de cuajo y de inicio la extracción de numerosos recursos que implica el pago de los servicios de la deuda y tomamos medidas coactivas respecto a la remisión de utilidades y fuga de capitales, nada podrá encararse con seriedad en el país, aún –como dice la UIA– con estabilidad.

Hay que cambiar el plan

Al no querer afectar al imperialismo, al gran capital y a la oligarquía agraria:

1 - La imprescindible moratoria en el pago de la deuda externa que ha de posibilitar que los recursos que hoy se derivan con ese objetivo permitan la reactivación económica, contradice la esencia del plan; que está hecho para pagarla en condiciones fijadas por el Fondo Monetario Internacional.

2 - La recuperación salarial imprescindible para dar satisfacción a las necesidades de la mayoría de la población –lo que es consecuente con la democracia con justicia social– y facilitar el crecimiento del mercado interno, contradice la esencia del plan.

3 - Contradice la esencia del plan cambiar el contenido al congelamiento de precios, controlando costos de las empresas líderes formadoras de precios y exigiendo severamente el cumplimiento de pautas de comercialización hasta el consumidor. Apelando y movilizando al pueblo para impedir los amagos de desabastecimiento, mercado negro y otras maniobras.

4 - Contradice la esencia del plan tomar medidas coactivas en el sector financiero para impedir a las grandes empresas todo tipo de ilícitos aún dentro de la legislación burguesa y "bicicletas", reconstituir la cuenta corriente, bajar las tasas de interés y el spread bancario. Nosotros pedimos la nacionalización de la banca pero apoyaríamos medidas intermedias que satisfagan lo anterior.

5 - Contradice la esencia del plan yugular el mercado negro de divisas y terminar coactivamente con la sobre y subfacturación, aplicando con todo rigor las leyes en lo penal-económico. Es necesaria la nacionalización del comercio exterior, pero estaríamos dispuestos a apoyar medidas de control que tengan como objetivo lo dicho más arriba en este punto.

6 - Contradice la esencia del plan sumar al ahorro forzoso propuestas de política tributaria que sean tratadas con urgencia por el Congreso y que cambien la regresividad del sistema tributario actual, que graven la renta presunta, que se elimine el secreto bancario y se imponga la nominatividad de las acciones y terminen con la evasión.

Es necesaria la reforma agraria, pero apoyaríamos el impuesto a la tierra libre de mejoras y otras medidas para que los grandes terratenientes tengan limitadas sus posibilidades de grandes rentas, que están al origen de la ineficiencia de la economía argentina.

7 - Contradice la esencia del plan recuperar para el país los 3.500 millones de dólares que se han sobre y subfacturado. Son maniobras hechas en los últimos doce meses y se pueden y deben detectar.

8 - Contradice la esencia del plan recuperar coactivamente los miles de millones de dólares que, en pesos, fue la utilidad que obtuvieron las empresas e individuos que tomaron seguros de cambio. Muchos de ellos sobre deudas inexistentes.

9 - Contradice la esencia del plan investigar la deuda externa ilegítima borrando de un plumazo parte importante de nuestro endeudamiento.

10 - Porque contradice la esencia del plan ofrecer en pago a la banca las tenencias en dólares en el exterior de ciudadanos argentinos. Ello es acorde con leyes que rigen las relaciones internacionales, las jurídicas y las comerciales.

El entorno político

Se está forjando un entorno político en apoyo del plan. Consideremos en particular el discurso de señor Presidente del 28 de junio último frente a 1.500 funcionarios públicos de la categoría 24 y superiores. Hay párrafos en que se apela a la eficiencia, a la gestión no burocrática y austera que apoyamos, pero hay otros que son sumamente preocupantes.

No se puede hablar de la "concepción moral de la economía", de "un plan de saneamiento moral", "de la reconstrucción de un nuevo país", haciéndose asesorar por los ejecutivos-patrones de nuestro gran capital tradicional, unidos a los que surgieron en la última década, la más corrupta e infame en lo que hace a la gestión no sólo política sino económica, y que son los que han usufructuado el "régimen entre disociación moral y económica".

No se puede afirmar que "cada uno –dentro del respeto mutuo y la convivencia civilizada y pluralista– tiene el poder de opinión y de decisión y también el poder de construcción en la Argentina moderna que vamos a hacer" **aceptando desde el vamos la distribución del poder real y concreto que hay en nuestro país**, y que gobierno y pueblo saben quien lo detenta, y aceptando desde el **vamos el poder real y concreto del imperialismo** representado en el Fondo Monetario Internacional.

Ellos son los que no sólo "opinan" sino que hicieron, hacen, o hacen hacer, las políticas que favorecen sus intereses en contra de los del país y de la opinión de cada uno y de la gran mayoría del pueblo.

El señor Presidente se ha referido en varios párrafos a la crítica que espera que se haga del plan. Pide que "no debe ser facilista ni dogmática" y agrega: "Ya no es hora de perder el tiempo con recetas inaplicables ni con esquemas económicos perimidos. Es hora de construir a partir de un claro y racional conocimiento de la realidad".

Más adelante dice: "Los argentinos exigen y merecen en esta hora por sobre todas las cosas verdad. Disminuir la gravedad de nuestros problemas con propuestas facilistas es casi una traición. Es en todo caso, una deshonestidad política grave".

"Sólo los ilusos pueden pensar que después de todo lo que ha ocurrido se puede seguir ejercitando la demagogia o perder el tiempo con palabras".

Preferimos pensar que el señor Presidente no se refiere con esas palabras al programa radical de Avellaneda ni a su programa electoral. Sin embargo, se ha embarcado en un programa que los desmiente.

Por el arte de birlibirloque se da vuelta la historia y se quita responsabilidad a los "liberales" que gobernaron el país 37 de los últimos 50 años –se exceptúan los gobiernos del general Perón hasta el 52 y del 73 al 74 y el del Dr. Illia del 64 al 66 que fracasaron por no querer afectar al poder dominante– con políticas que se identifican desde el punto de vista de la "ciencia económica" oficial, una gota con otra, a la del Dr. Sourrouille e ingeniero Canitrot. Por eso reciben el apoyo del Dr. Roberto Alemann y de Dr. Krieger Vasena. Por eso *La Prensa* y *La Nación* piden que se sume al stock económico el stock político, y que el Dr. Alfonsín se limpie de colaboradores que puedan tener compromisos políticos. El poder tiene en los tecnócratas los mejores y más libres instrumentadores de sus políticas.

Esas políticas son las que impidieron el crecimiento estable del país aún dentro de los marcos de la democracia burguesa.

No hay facilismo, ni demagogia en nuestras propuestas, que hemos señalado cuando decíamos qué es lo que contradice la esencia del plan. Hubiéramos querido apoyar un plan de este gobierno.

La izquierda tiene su propio programa y su propio objetivo: la Revolución Democrática, Agraria, Antimperialista y contra el gran capital, que ofrecemos a las grandes masas populares, pero estamos dispuestos a confluir en una amplia alianza que no la contemple pero que implique poner a todo el país contra el objetivo del Fondo Monetario Internacional de privilegiar el pago de la deuda externa, y enfrente su ideología que significa adecuar nuestra economía a las necesidades de la economía capitalista mundial y a los intereses de quienes la manejan.

El gobierno no debe llamarse a engaños, si el pueblo recibió con esperanzas el plan, lo hizo en la confianza de que terminara la angustia cotidiana por el magro salario y la inseguridad laboral. Ese pueblo esperanzado no va a permitir que se siga deprimiendo el salario y que crezca la desocupación.

Movilizar para que el señor Presidente se libere de los tecnócratas dueños de un cinismo económico y de un pragmatismo que acepta "la realidad" del poder que nos oprime, y que ausculte al pueblo que quiere ser orientado con una política que profundice la democracia, termine con la dependencia y la subordinación.

PLAN AUSTRAL: LA HORA DE LA VERDAD

"En este período queda en evidencia la esencia antipopular del Plan Austral y cobra fuerza una intensa movilización obrera y popular".

En el número 86 de Problemas de Economía (julio - agosto de 1985) se publicó un artículo dedicado a analizar el Plan Austral. Se tituló "El gran Condicionante: La subordinación a quienes detentan el poder."

Con ese título se quiso significar que la estrategia antiinflacionaria, que respondía a una imperiosa necesidad, estaba en esencia enmarcada en la aceptación de las reglas del juego impuestas al país por el FMI, la Banca, TN[1] y los grandes intereses vernáculos para su presente; y en lo que es importante y posible para quienes tienen el poder real, para su futuro.

Dijimos: "Este pragmatismo que acepta el poder que nos oprime, tanto desde el exterior como en el interior del país, como una realidad inmutable, tiene su correlato en una coincidencia en el enfoque de las causas de la crisis y de la instrumentación necesaria para resolverla".

En esos días se manipuló a la opinión pública con una segunda fase del Plan Austral en la que la reactivación y modernización económica seguiría a la anhelada estabilidad.

Acerca de ello decíamos: "No hay pasos a dar en el futuro que mejorarían el Plan, cualquier rectificación en sentido positivo implica una modificación de su esencia". Y luego, "A menos que se cambie el Plan con la movilización popular nada bueno puede esperar el país con su implementación". Y al reiterarnos en "la coincidencia teórica - ideológica entre los economistas del FMI y los nuestros", señalamos que debido "a ello era imposible que por sí solos dejen de lado la metodología, el instrumental y el objetivo que los anima".

Las últimas estadísticas dadas por *Clarín* y una solicitada de la Secretaría de Información Pública que indicarían una reversión de la tendencia en la industria, de ser cierta, es una expresión cíclica parcial que revelaría agotamiento de stocks y la impulsión natural del plantel productivo industrial.

Los vaivenes cíclicos son los naturales. Lo que revela la crisis es la frecuencia muy alta de los ciclos; lo cortas, poco profundas y parciales de las reactivaciones, en un contexto de alta desocupación, bajos salarios y baja tasa de ocupación de las unidades productivas.

---

1 TN: Trasnacional.

Durante el proceso tuvimos varias reactivaciones y la observación del desenvolvimiento económico demostró que de ninguna manera comenzamos a andar por un camino de crecimiento estable, dentro, de lo que ya dijimos, la suba y baja clásica del capitalismo.

La falta de inversión y reinversión, la estrechez del mercado interno y la permanencia en el tiempo de los grandes condicionantes del funcionamiento y evolución del sistema capitalista en el país, son los únicos parámetros objetivos y útiles que sirven para medirlo.

El gobierno nada hizo para cambiar

— El sistema tributario totalmente regresivo que no resiste la menor comparación con buena parte del resto del mundo capitalista.
— El sistema financiero y la comercialización interna que siguen absorbiendo gran parte de la plusvalía que se genera en la producción.
— El comercio exterior manejado en lo esencial por unas cuantas empresas que, con negocios triangulares, siguen con suculentas ganancias aún en los momentos de bajas en los precios de los cereales.
— Tampoco hizo nada para democratizar y desburocratizar la gestión de Empresas y Administración pública.
— Para yugular la sangría de la riqueza nacional que sigue fluyendo al exterior.

Todo sigue igual: la deuda externa; los negocios ilícitos como el seguro de cambio, o sistemas promocionales que restan cifras fabulosas al erario público; el manejo oligopólico de precios; **se mezclan problemas estructurales y de coyuntura, pero íntimamente vinculados.**

Las condiciones de la economía y de la sociedad no son inventos de los "demagogos" y "facilistas" de la izquierda. Tampoco eran rasgos desconocidos para el equipo gobernante; no puede ser que pensaran que encararlos les resultaría fácil. Y no fue así, ya que a los pocos meses de su gestión los dimensionaron en una justa magnitud.

Hace tiempo y con los resultados concretos a la vista, podrían haber concluido en la necesidad de tomar medidas para superarlos. Eligieron el camino de acomodarse a esos rasgos condicionantes.

Son aspectos que traban aún el proyecto del bloque dominante. Insuperable para el mismo por la forma, que a su vez lo afectaría, de tratar de revertirlo.

Son aspectos que un gobierno reformista debería haberse dispuesto a enfrentar y no claudicar ante ellos. Por lo objetivamente hecho hasta ahora, por el proyecto de país que se desprende de la estrategia seguida y de los enunciados que la enmarcan éste gobierno no puede ser caracterizado ya como gobierno reformista burgués, aún con el aditivo de heterogéneo. Lo heterogéneo se puede dar en el partido radical, no, hoy, en el equipo gobernante.

El gobierno no asumió ayer, **asumió hace 36 meses**. Ese lapso es suficiente para definirlo en sus propósitos, de manera que despojado el análisis de las intenciones posibles, se haga en función de las acciones concretas.

El gobierno tiene en la inflexibilidad del FMI un techo en su política. Sin un proyecto bien precisado en sus pautas y con algún compromiso aún con el programa partidario, Grinspun intentó levantar el techo; fracasó y quedó clara la imposibilidad de ganar aliados entre los gobiernos europeos, o que los EE.UU. tomaran la deuda como un problema político.

Con Sourrouille y Canitrot, habida cuenta de la coincidencia teórico-ideológica con los "planes de estabilización" del FMI, los conflictos con el mismo tienen otro cariz. Se trata de los ritmos y tiempos para satisfacer el proyecto común, o del grado de coacción política y contumacia para aplicarlos.

Nuestro equipo gobernante reclama ante el FMI credibilidad en la identidad de sus proyectos y, atento a ello, cierta autonomía en su aplicación. A su vez trata de demostrar que la inflexibilidad pone en riesgo la democracia, que permitiría a su entender, lograr los objetivos mediatos, sin dictadura. Por ello frente al condicionante de la deuda externa, se embarca en el acuerdo de Cartagena para promover su tratamiento político.

El FMI, cancerbero de los intereses generales del capital financiero internacional, prioriza las cosas de otra manera: primero, el objetivo inmediato de cancelar la deuda, que es lo prioritario de los intereses que defiende. Objetivo que tenía hace años la misma calidad, pero no la trascendencia y gravitación de ahora. Ese es el punto de conflicto entre nuestra tecnocracia y la del FMI; en el resto hay acuerdo. Y en tanto el gobierno sigue negociando, sigue pagando.

Se confía, hay algunos que piensan que es una técnica cómplice, en que el gobierno norteamericano acabará entendiendo el riesgo que se corre, flexibilizará su política y presionará a los bancos y al FMI en el mismo sentido. Sin embargo, a esta altura no debería tener esperanza alguna. No sólo el tiempo transcurrido sino la acumulación de acontecimientos se lo está indicando.

— El humor y las declaraciones del canciller Caputo, al retornar de Estados Unidos con las manos vacías, luego de ser recibido por el secretario de Estado norteamericano, junto con los otros cancilleres de Cartagena, evidencian las respuestas que recibieron y como fueron tratados.
— La última reunión de gobernadores del FMI en la que Baker endureció aún más la posición de los Estados Unidos (ver *Clarín* 10-4-86) se dice: "Estados Unidos pidió un rol más agresivo para el FMI".
— Las medidas que se tomaron para que el Banco Mundial y el BID se sumen a las orientaciones del FMI. Según *Clarín* del 13 de abril, página 27, en un artículo firmado por Rubén Charny, se dice que: "hay versiones firmes de que ante el enfriamiento de las relaciones con el FMI se ofrecería el paquete accionario de empresas estatales como garantía de cumplimiento de los planes de pago que se presenten. Una idea por el estilo se había manejado cuando estuvo Rockefeller en Buenos Aires. Una idea que ya se viene manejando desde hace algunos años, lo grave es que se la considere ya, como posible en la conducción económica".
— Algo de entrecasa, según los diarios el FMI sumaría a sus exigencias que se pague a la Banca Holandesa una deuda que nuestro país alega inexistente.
— Por último, un trascendido gravísimo: el representante del FMI, Joaquín Ferran traería entre sus exigencias la renuncia a la defensa de Nicaragua.

Se podría seguir sumando acontecimientos, todos suficientemente reveladores de que no cabe esperar flexibilización alguna, por lo menos mientras se siga concediendo.

El único lenguaje que entiende el imperialismo a sus pretensiones económicas es el planteamiento firme, digno, propio de un país soberano. Pero los tecnócratas empujando el proyecto común del bloque dominante, mal pueden encarar semejante política.

Los planes del FMI y versiones como el Plan Austral, tienen implícita la confrontación social, ya que el salario real, el consumo interno, la inversión para ese consumo, la desocupación, y los niveles de ocupación fabril, se tienen que ajustar irremediablemente hasta alcanzar los objetivos inmediatos. Ello a su vez implica que hay que aplicar el plan con rigor y sin miramientos.

El aguante de la clase obrera y demás sectores y capas sociales afectadas, es el piso del plan. Hasta dónde está dispuesto a ir el gobierno en su aplicación, es lo que se va a poner cada vez más claro en el acontecer cotidiano, frente a la diversidad y gravedad de los conflictos.

La experiencia del FMI es que ceder ante los reclamos populares conduce al fracaso del Plan Austral y del proyecto. En eso está la calidad de su asesoramiento y el carácter de su inflexibilidad.

Sourrouille y Canitrot lo saben desde un principio. Canitrot expresó el 22 de abril (ver *Clarín* del 23-4): "Pese a los paros, la política no cambiará, y confiando en la docilidad de la dirigencia obrera agregó: 'quizás para septiembre decidirán otra medida'".

El equipo de tecnócratas se propuso con el Plan Austral crear las bases de lanzamiento de su proyecto de modernización capitalista en el marco de la dependencia. La estabilización perseguida no era sólo económica, sino política y social. Para ello necesitaban y necesitan con más fuerza aún, con la segunda fase del Austral, doblegar al movimiento obrero y/o aislarlo de otras capas sociales. Dificultar la unidad de la izquierda, comprometer la dirigencia política del peronismo proclive a la claudicación y acallar las voces disidentes en sus propias filas.

Los sectores populares tienen ante sí un tremendo desafío. No se trata de desarrollar el proyecto del bloque dominante en el marco de una dictadura; en esas circunstancias, la unidad antidictatorial era naturalmente más plasmable y se identificaba a la dictadura con su plan. Hoy se trata de hacerlo fracasar defendiendo al mismo tiempo la democracia conquistada. **El fracaso del plan de los tecnócratas está indisolublemente vinculado a la profundización de la democracia. Única forma de garantizar la estabilidad de las instituciones republicanas.**

De tal manera la lucha por la moratoria, el incremento del salario real y el abandono de la política recesiva tiene un contenido único. El éxito de la movilización con esos objetivos, trasciende el carácter reivindicatorio y coyuntural, para transformarse en una lucha con un profundo sentido nacional-liberador.

Cuando el gobierno advierta que su presión adentro va a ser resistida llegará el momento de la verdad. Para ese entonces es necesario acumular fuerzas para doblegar su mano, y enfrentar al FMI.

De otra manera, si los sectores populares no enfrentan la política gubernamental, los tecnócratas continuarán con la misma.

Lo sucedido en los últimos 30 días nos lo ha demostrado. La huelga del 25 de marzo y la declarada para el 24 y 25 de abril sirvió para que el gobierno cambie de táctica. De la confrontación se pasó a un intento de negociación con el objetivo de parar el paro. La CGT se prestó al juego al suspenderlo y con la concertación de la Conferencia Económica Social, corre el riesgo de ser furgón de los tecnócratas.

En un principio el gobierno afirmó que se discutirían los 26 puntos de la CGT, pero acorde con lo publicado en La Razón del 22-4, pág. 10, lo que el gobierno busca es corresponsabilizar a la CGT. En el artículo se dice que la CGT tendría que analizar junto con las autoridades de dónde sale el dinero para el aumento a los jubilados y a los asalariados.

La trampa es clara. Los incrementos del salario real y los gastos sociales contradicen la estrategia fondomonetarista. De tal manera lo que se busca es comprometer a la CGT para, en esencia, no ceder nada con el argumento de que la "estrategia antiinflacionaria no lo permite".

Con lo expuesto al comienzo está prácticamente todo su plan. La "oposición" de la derecha quiere el cumplimiento de inmediato de todo el paquete; la de extrema derecha la represión para cumplirlo.

La responsabilidad de los partidos de izquierda y de la izquierda de los partidos peronista y radical, es frenar el deslizamiento y revertir el proceso.

La política concreta se atiene a la estrategia escueta de consolidar la dependencia. La confrontación de los distintos "agentes económicos" –clase obrera y sus organizaciones–, empresarios y gobierno van imprimiendo una impronta a la coyuntura que se manifiesta en los multiplicados conflictos, en tanto las estadísticas revelan el resultado de la estrategia seguida y la degradación del nivel de vida del pueblo, que es el que la paga.

La manipulación de la opinión pública apunta entre otras cosas a la imposibilidad de alternativa a la política seguida por el gobierno.

Sin embargo el plan de 26 puntos de la CGT, así como los 23 puntos del FREPU, aún cuando son enunciados de una estrategia a seguir, tienen como plan la misma entidad y el mismo nivel de agregación que el plan del gobierno: son un plan alternativo.

Con esto quiero significar que el llamado plan de gobierno es la estrategia del FMI que como señalé se expresa en 5 puntos y 7 medidas esenciales para su implementación. El resto de la política económica se atiene a ello.

Las estrategias reseñadas en los 26 puntos de la CGT y los 23 del FREPU implicarían, de ser gobierno, implementar por sectores las medidas adecuadas y coherentes con los mismos.

No tenemos los proyectos de leyes precisas para su implementación –que es con lo que estamos en deuda– pero sí, las propuestas están agregadas suficientemente como para conformar un núcleo del plan. **Su esencia es la ruptura de los condicionantes de la dependencia interna - externa y forjar la Revolución Democrática, Agraria, Antimperialista y contra el gran capital que abra el camino al socialismo.**

Los 26 puntos de la propuesta nacional de la C.G.T.

Deuda externa

1. Establecer una moratoria para el pago de la pretendida deuda externa, en razón de la necesidad vital de aplicar los recursos nacionales a la inmediata reactivación de la economía nacional.

2. Someter al Congreso Nacional, como lo establece la Constitución, la decisión sobre la naturaleza y legitimidad de la pretendida deuda externa y sobre los compromisos y plazos a negociar una vez superada la actual emergencia nacional, excluyendo terminantemente toda fórmula que implique la renuncia a la inmunidad soberana, admita jurisdicción judicial extranjera y coloque al Estado como garante total y solidario por la devolución de créditos contraídos o en gestión.

3. No contraer nuevas obligaciones para pagar servicios ni admitir el crecimiento usurario de la pretendida deuda externa por recargo de intereses bancarios.

Reordenamiento financiero.
4. Colocar el sistema financiero al servicio del país mediante un Banco Central que actúe como orientador del crédito privilegiando las actividades productivas a través de la Ley de Entidades Financieras de prioritario tratamiento por el Congreso de la Nación, para poner coto a un sistema financiero dirigido aún por la Ley 21.526 de la dictadura que desestabilizó a todo el sistema productivo a través de la especulación y concentración del crédito.

Nacionalización de los depósitos bancarios
5. Reimplantar la nacionalización de los depósitos bancarios, que son el resultado del ahorro público, para que esos recursos genuinamente argentinos sean empleados para impulsar la producción a los servicios de interés primordial del pueblo y de la Nación a través de normas y pautas crediticias decididas por el Banco Central con participación de los sectores de la producción y el trabajo.

Reforma tributaria
6. Impulsar una reforma impositiva inspirada en el crecimiento de la actividad productora de bienes y servicios e impulsar una reforma impositiva que estimule la producción, libere el trabajo y desaliente la especulación.

Movilización productiva
7. Movilizar el alto margen de capacidad ociosa mediante medidas de inmediato apoyo fiscal y crediticio directamente condicionadas a planes efectivos de mayor producción y de preservación y aumento de los niveles de ocupación, con contralor de su efectivo cumplimiento.

Vivienda popular
8. Poner inmediatamente en marcha planes de construcción de viviendas accesibles a todos los sectores mediante un crédito ágil, con rápido y amplio empleo de recursos bancarios. Dichos planes, además de contribuir a solucionar un agudo problema social, actuarán como fuerte multiplicador de la ocupación y complementarán la política de reactivación con uso de insumos no sujetos a las necesidades de importación.

Exportaciones
9. Promover estímulos directos e indirectos que permitan organizar corrientes sostenidas de exportaciones con alto nivel agregado que, paralelamente con las de la producción primaria, consoliden la actividad económica y privilegien el trabajo nacional.
10. Impulsar un proceso de sustitución de importaciones congruente con el esfuerzo de reactivación del aparato productivo nacional, generando el adecuado ahorro de divisas que impone la actual situación.
11. Recuperar la paridad en la asignación de fletes navales y terrestres de nuestro comercio exterior evitando la evaporación de divisas hacia transportistas extranjeros.
12. La perspectiva exportadora no debe limitarse a una extrema liquidación de stocks, forzada por la inducida anemia del mercado interno, con el sólo propósito de allegar dólares al pago de obligaciones de la pretendida deuda, sino organizarse como una estrategia nacional permanente.

Inversión pública reactivadora
13. Revalorizar la inversión pública articulando un estricto orden de prioridades para facilitar que los servicios y empresas del Estado recuperen mayor nivel de eficiencia y concurran a aumentar la capacidad productiva nacional y de exportación de bienes y tecnología.

Organismos y empresas de Estado
14. Defender enérgicamente el fortalecimiento y desarrollo de las empresas estructurales del Estado, y las destinadas a la explotación de sus riquezas naturales y servicios públicos y todas las relacionadas con el desarrollo tecnológico que son propiedad del pueblo y patrimonio de la Nación, indispensables para consolidar la independencia económica y la soberanía nacional, propender a la participación de los trabajadores en la conducción y contralor de gestión de dichas empresas, para garantizar el éxito de la gestión empresaria y la puesta en marcha de la obras públicas paralizadas con grave daño para el bienestar general.

Defensa y recuperación industrial
15. Defender y recuperar el nivel alcanzado por la Argentina en sus industrias de base y de punta, en tanto las mismas constituyen los pilares fundamentales e insustituibles de un crecimiento económico, laboral y tecnológico nacional.

Federalismo económico
16. Asegurar la legítima, equitativa y efectiva asignación de la coparticipación de los recursos tributarios garantizando, mediante el federalismo económico el papel fundamental que deben cumplir las provincias en el desarrollo armónico de la Nación. Es imprescindible evitar que el paternalismo administrativo del gobierno nacional desvirtúe la presencia federal de nuestro régimen constitucional.

Promoción de la inversión privada
17. Promover el apoyo al esfuerzo inversor mediante un conjunto de reglas claras y estables dentro de un orden de prioridades que informe un modelo de desarrollo nacional explícito.

Ordenamiento constitucional
18. Defender el orden democrático y republicano en relación con las facultades reservadas al Congreso Nacional por la Constitucional como el tratamiento de las cuestiones económicas fundamentales: signo monetario, deuda externa, presupuesto de la Nación y luchar porque no se exceda la autoridad económica para ningún concepto de la jurisdicción constitucional, especialmente en su renegociación con el exterior.

Legalidad y justicia social
19. Declarar cuanto antes la caducidad de las disposiciones dictatoriales que anularon las leyes democráticas de organización sindical, contrato de trabajo, convenios colectivos, etc; y volver al pleno imperio de las leyes democráticamente sancionadas cuya reforma sólo puede operarse por el Congreso nacional. El mantenimiento de la legislación dictatorial repugna al espíritu democrático argentino.

20. Garantizar en la práctica los derechos del trabajador establecidos por la Constitución Nacional, así como el funcionamiento de las convenciones colectivas de trabajo, amparado expresamente en el texto constitucional.

21. Preservar el cumplimiento de las finalidades de las obras sociales del constante deterioro que se viene produciendo en una situación económica –financiera, en virtud de la caída del salario, la persistente mora empresaria en el depósito de los aportes y la conducción ineficiente de las intervenciones prolongadas inexplicablemente por el gobierno democrático.

22. Defender el sistema de obras sociales del absorcismo oficial y propender a su recuperación y funcionamiento mediante el cese inmediato de las intervenciones que aún subsiste en las obras sindicales, procediéndose a su reintegro a la organización gremial correspondiente como único medio de garantizar prestaciones médicas indispensables que hoy se encuentran en falencia cuando no totalmente suspendidas.

23. Normalizar el Instituto Nacional de Obras Sociales integrando a su conducción a la representación de la CGT.

24. Elevar el salario de los trabajadores y jubilados para asegurar una retribución justa que contribuya como mecanismo de reactivación a través del consumo interno.

Reforma del Sistema Previsional

25. Redefinir globalmente el sistema jubilatorio, determinando que sus recursos se forman con aportes que son salarios diferidos de los trabajadores y no mediante impuestos inespecíficos que se recaudan con cualquier fin y con total desvinculación de su función social.

Las Cajas de Previsión son organismos de esencia social, vinculados al trabajo y deben ser conducidas con participación directa de trabajadores activos y pasivos.

Exigir el cumplimiento de las disposiciones legales sobre movilidad de los haberes jubilatorios en relación con los sueldos percibidos por los trabajadores en actividad.

Educación y cultura

26. Promover la urgente reforma educativa en todos los niveles a fin de alcanzar la formación de una conciencia nacional independiente, con amplio respeto por las modalidades regionales y las expresiones culturales de las provincias, acentuando la integración federalista de nuestro país y reformular el plan de alfabetización sobre pautas culturales y sociales propias de nuestro pueblo.

Reclamar el urgente aumento del presupuesto educativo para remediar la deserción escolar, el aumento del analfabetismo, la falta de escuelas, el funcionamiento inapropiado a las necesidades reales de los comedores escolares y la casi total ausencia de escuelas hogares.

Revalorizar la función de los trabajadores de la educación, en lo referente a la legislación, los salarios y el sistema previsional.

Defender los valores culturales propios, con amplia participación del pueblo y mediante la inclusión de expresiones artísticas que amplíen y aseguren equitativamente fuentes de trabajo a creadores y artistas identificados con éstos altos fines, en los medios masivos de difusión cultural.

Los 23 puntos del acuerdo programático del frente del pueblo.

1. **Moratoria por 10 años en el pago de los intereses y capital de la deuda Externa.** Investigación y no pago de su parte ilegítima.
2. **Por un aumento inmediato de salarios y jubilaciones;** por un salario mínimo y móvil que cubra los costos de la canasta familiar. Por el funcionamiento pleno de las paritarias.
3. **Control de precios sobre las grandes empresas líderes,** con la participación de las organizaciones sindicales y populares. Aplicación de la Ley de Abastecimiento.
4. **Derecho al trabajo.** Defensa y apertura de nuevas fuentes de trabajo en base a la reactivación del aparato productivo y las economías regionales. Construcción de viviendas populares accesibles y de obras públicas que satisfagan las más urgentes necesidades sociales. Financiación con los recursos provenientes de la moratoria de la deuda externa.
5. **Nacionalización del comercio exterior,** La Banca - estableciendo estricto control de cambios, y de los sectores monopólicos.
6. **Anulación de los contratos petroleros.** Monopolio estatal de la exploración, explotación y comercialización de los recursos naturales y sus derivados.
7. **Reforma Agraria que elimine el latifundio,** base económica de la oligarquía y apoyo al cooperativismo agrario.
8. **Promoción de un Plan económico alternativo,** acordado entre la CGT y demás sectores obreros y populares.
9. **Aumento del presupuesto educativo,** a fin de asegurar la enseñanza pública, gratuita y laica en todos los niveles.
   Por una Ley universitaria al servicio de la liberación nacional y social.
10. **Ley de emergencia habitacional,** que suspenda los desalojos de la vivienda familiar: Ley de Alquileres justa y equitativa.
11. **Ley de emergencia Hospitalaria,** que asegure recursos y abastecimiento adecuado a los hospitales.
12. **Reforma impositiva,** que permita financiar el déficit fiscal y la reactivación de la inversión pública, sobre la base de incrementar los gravámenes a los sectores privados.
13. **Ley estableciendo el divorcio vincular** y la patria potestad compartida e indistinta para quien quede con la tenencia de los hijos.
14. **Por los derechos de la mujer trabajadora.** Igual salario por igual trabajo y acceso a la capacitación profesional. Guarderías infantiles en los barrios y lugares de trabajo.
15. **Plena vigencia de las libertades democráticas** consagradas por la Constitución Nacional y derogación de toda legislación restrictiva del derecho de huelga y de organización sindical y política.
16. **Garantizar la democracia en la vida interna de los sindicatos;** el pluralismo en sus direcciones, con representación de las minorías.
17. **Juicio y castigo a los responsables del terrorismo de Estado.** Por el desmantelamiento del aparato represivo. Libertad inmediata a todos los presos políticos.
18. **Contra todo intento golpista.** Por la movilización obrera y popular para impedirlo.

19. **Por la depuración y democratización de las Fuerzas Armadas y la Seguridad.** Reformas sustanciales al Servicio Militar Obligatorio que garanticen el respeto a la dignidad del soldado y derechos democráticos, civiles y políticos para todos los integrantes de las Fuerzas Armadas.
20. **Por la recuperación de nuestra soberanía efectiva** sobre las Islas Malvinas, Sandwich y Georgias del Sur, y el desmantelamiento de la base militar nuclear del imperialismo en dichas islas.
21. **Por una política exterior independiente** y de paz con todos los pueblos del mundo que luchan por su liberación.
22. **Solidaridad con el pueblo de Nicaragua y El Salvador** en su lucha contra el imperialismo. Apoyo a la lucha del pueblo chileno para derrocar a Pinochet. Ruptura de relaciones con el régimen racista del apartheid en Sudáfrica.
23. **Por la ruptura de la dependencia del imperialismo.** Por la Segunda Independencia Latinoamericana.

"ENTRE LA ESPERANZA Y LA DECEPCIÓN" (1989)

ARGENTINA: ¿UN PAÍS INGOBERNABLE?

Es de rigor que al comenzar un análisis de la situación en que se encuentra el país los economistas den un diagnóstico que habitualmente contiene las manifestaciones de la crisis. A renglón seguido como únicas causas del desastre se abunda sobre el déficit fiscal y la deficiente gestión de la Administración y de las empresas públicas.

Diversos cuadros estadísticos que vinculan la inflación con el déficit, que muestran la incidencia del gasto público en el PBI y detallan los aportes de la Tesorería a las empresas públicas agotan la investigación. Quedan por aclarar cifras que resultarían de cifras, el resultado de la gestión sin su responsable, el déficit sin su beneficiario. Se escamotea la historia económica, aún la más reciente y en un eterno comenzar se encara una "nueva" política económica, que es siempre la misma, y que se justifica con los resultados visibles de la anterior, que son siempre los mismos, pero agravados.

Hemos vivido la "Revolución Libertadora", la "Revolución Argentina", la "Argentina Potencia", el "Proceso de Reorganización Nacional". Reiteradas y similares estrategias se expusieron ante un pueblo reiteradamente paciente y esperanzado. Al discurso del 2 de abril de 1976 siguieron algunos discursitos, hasta otro famoso que nos hizo amanecer ya no con un peso –Pesos Ley o Pesos Argentinos– sino con el Austral. Un par de grandes orejas fueron reemplazadas por un par de anteojos negros; podríamos insertarlos, juntos, en un rostro como el de un chancho con una boca con labios finos que no se abren para hablar y los argentinos tendríamos visualizada la caricatura de nuestras desgracias. Y sin embargo sería la caricatura, detrás de ella están sus mandantes.

El predominio del Neoliberalismo

A la derecha hay que reconocerle que supo utilizar los medios de comunicación que su poder económico y político les permitió. Asimismo supo elegir los comunicadores. Uno de los logros que pueden atribuirse, con el "Proceso", es haber ganado ideológicamente a sectores mayoritarios de la población.

Son varias las vertientes a las que recurrió en la confrontación ideológica, a veces ellas se interrelacionan entre sí o son lanzadas con un objetivo preciso, pero todas tienen una común fundamentación en el pragmatismo y la teoría neoclásica.

El pragmatismo es la "filosofía" que amparó el accionar de las clases dirigentes. Se la presenta como el gran logro de las últimas décadas frente al populismo, al facilismo, "las viejas ideologías" y el resto de acusaciones que desde el poder se lanzan contra quienes reivindican la capacidad de decisión nacional, la soberanía, un desarrollo independiente y la defensa de los intereses particulares.

Su enunciado es simple. Se trata de adecuarse a la realidad tal cual se manifiesta. Ello conduce directamente a la aceptación de la correlación de fuerzas existentes en la sociedad, en la economía y en la política, al interior del país y del mundo. **El pragmatismo ampara la subordinación y dependencia**. Permite que el Dr. Mariano Grondona venda la imagen de EE.UU. como la sede del imperio, o gerente general de la empresa a quienes debemos rendir y, llegado el caso, pagar tributo; permitió que el Dr. Sourrouille, considerando que la República Argentina no incide en los asuntos mundiales y no puede liberarse del corset del contexto de las relaciones económicas y políticas internacionales, aceptara las condiciones fijadas por el FMI y la Banca Trasnacional. El pragmatismo da paso al posibilismo, ambas intentan desarmar y dejar indefensos en la confrontación ideológica y política a los sectores populares.

En la economía se reivindicó a la teoría neoclásica y sus variantes como únicas con rigor científico. Logró crear imagen de seriedad para sus enunciados y de menosprecio para sus oponentes.

A pesar de ser la teoría - ideología dominante en estas décadas con los resultados conocidos, la supo y sabe hacer prevalecer recurriendo a diversas lecturas de la realidad: acerca del Estado y del agotamiento de un modelo de crecimiento basado en el populismo, el estatismo y el intervencionismo.

En el análisis neoclásico el capitalismo es eterno, no considera los cambios que se suscitan en la economía y en la sociedad; todo sería una sucesión de puntos de equilibrio en la que en cada instante individuos o países sin pasado, con iguales posibilidades y dueños de los factores de producción –capital, tierra, trabajo– estarían listos para competir.

La posibilidad abstracta no tiene nada que ver con la posibilidad real. Cada individuo, cada empresa, cada país, tiene un pasado y un presente que lo condiciona. La teoría neoclásica no toma en cuenta al Estado, los oligopolios, el movimiento sindical, no considera el poder. Sin embargo todos son aspectos de la realidad que resultaron de la propia historia y el rol que han jugado ha marcado a fuego el derrotero de la sociedad en las últimas décadas.

La gravitación del sector estatal no fue consecuencia de la concreción de una teoría en particular sino que la teoría reflejó un movimiento real de la sociedad. La gravitación del sector oligárquico devino del proceso de centralización y concentración del capital en busca de mayores ganancias. La gravitación del movimiento obrero se manifestó luego de la sucesión continua de confrontaciones. El que el sistema sea más humanitario como surge de la concepción del Estado benefactor, no fue resultado de la benevolencia, sino de los conflictos.

La Crisis Argentina consecuencia de sus condicionamientos sistémicos

Lo anterior nos está indicando que una de las claves para la comprensión del actual desenvolvimiento del capitalismo está en apreciar qué hay de espontáneo y qué de deliberado en su funcionamiento, y consecuentemente con ello, los cambios suscitados por la nueva forma en que se interinfluyen lo económico con los social y lo político, lo estructural con lo superestructural.

En la superestructura: el Estado-gendarme quedó atrás; ya no es posible esconder que todas sus acciones socio-económicas tienen motivaciones políticas y defienden intereses de las clases dominantes.

El presupuesto es un campo de la lucha de clases y en el que se manifiesta la correlación de fuerza entre ellas.

Igualmente es una expresión de esa correlación el Parlamento y los proyectos legislativos, el debate y concreción de leyes.

En la estructura: "La mano invisible de Adam Smith, a la que apelan todos los neoclásicos, que ordenaría un mercado de competencia perfecta, se ha corporizado en el gran empresario que detenta el poder trasnacional, en el sindicato y los partidos políticos que contemplan los intereses de distintas clases y capas sociales y en el poder del Estado que resguarda los intereses de quien en cada momento histórico representa.

Lo estructural se retroalimenta con lo superestructural y perdura el funcionamiento de mercado. No hay concurrencia perfecta. Hay manipulación de precios, de la información, de la oferta de mercancías y de los gustos de los consumidores. Quienes lideran el mercado prevén la demanda futura y fijan los precios de costos de producción proyectados en el tiempo.

El "mercado" no asigna recursos sino por vía del poder, no disminuye renta acorde con lo que los "agentes de producción" aportan, sino de acuerdo al poder que sustenta; no castiga la ineficiencia y premia la eficacia, recompensa al poder. Eso se refuerza con el rol jugado por el Estado a través de su presupuesto y de los precios y tarifas de sus empresas.

La acción de ejercer un poder externo al mercado, como es el poder del Estado, para que el juego del mercado se libere supuestamente de todo poder externo, no tiene nada que ver con la ciencia económica, pero sí con los intereses dominantes. Usaron la teoría para sus fines pero en la práctica siguieron —como no podría ser de otra manera— con políticas deliberadas desde el poder; circunstancia que contradice la teoría.

Los neoclásicos, maestros y discípulos, detrás de su discurso sobre la "libertad inherente al sistema capitalista", persiguen en verdad la eliminación o domesticación del movimiento sindical "que perturbaría la libertad de trabajo y contratación", la liberación de toda traba al comercio internacional, pero como teoría de exportación para los países en desarrollo, la eliminación de toda limitación social y política que perturbaría la libre gestión empresaria en busca del lucro.

Cuando hablo de estrategias y políticas deliberadas ello no implica la superación de la anarquía propia del sistema, en la consecución lineal de sus objetivos. Con la expresión correlación de fuerza de las clases sociales y la lucha entre ellas y mismo entre diversas corporaciones gremiales y empresas, estoy señalando que tales políticas deliberadas y estrategias se realizan en un mar de contradicciones y de conflictos que son específicos de cada país y acorde con su estructura económica y socio-política, así como el grado y calidad de su inserción internacional.

Los comunicadores sociales con una permanente manipulación de la opinión pública ciudadana, al responsabilizar al Estado de la crisis, han logrado quizás el mayor éxito de los sectores dominantes.

Podemos afirmar, en contra de lo que se señala con respecto al nivel alcanzado por el sector estatal, que éste no fue consecuencia de ninguna posición teórica o ideológica "estatista". Ningún sector trascendente de los servicios o de la industria básica nacional, nació por iniciativa de la gran empresa privada nacional o extranjera; nacieron cuando ya se había planteado el surgimiento de los mismos como necesidad objetiva de nuestra economía y es el Estado el que parcialmente los satisfizo.

Es necesario destacar, sin embargo, que si bien las empresas estatales surgieron en un momento particular del desarrollo de nuestras fuerzas productivas y en un marco determinado, su crecimiento se vio limitado o deformado, por la gestión que de ellas hicieron personeros de las clases dominantes.

Los hombres del gobierno como de los partidos de la oposición burguesa que han participado, todos, por años en la dirección del país y por ende del Estado, se desligan de toda responsabilidad. Las grandes empresas gritan contra la burocracia que ellas crearon y sostienen, y contra la incidencia del Estado en el desenvolvimiento de la economía que ellas plasmaron en su interés. Ellas son las que promovieron a través de cada gobierno de turno las formas corruptas de gestión, con sus respectivos mandatarios, y los negociados que han cubierto la historia de las últimas décadas y de nuestro país; las que ampararon amplios subsidios a costa del fisco, fisco que aún hoy continúa contribuyendo con parte importante de sus beneficios.

La tan proclamada ineficiencia del sector estatal ha sido consecuencia del manejo que de él se hizo y nada tiene que ver con una ineficiencia intrínseca.

La burocratización del sector público, la falta de participación y control popular se correspondió con la inexistencia de la democracia y con la manipulación que partidos burgueses, jerarcas y caudillos, hicieron de los reclamos del pueblo.

La estrategia regulacionista argentina y su crisis

De lo anterior se desprende que cuando hablamos de Estado, de sus responsabilidades, de sus ineficiencias, de su magnitud, de su presupuesto, de sus empresas, tenemos que enmarcar cada opinión en fechas concretas, en gobiernos concretos, con los nombres y apellidos de los principales ejecutores de sus políticas, con las clases y fracciones de clase que participaron en el poder.

Estas lo han dirigido a través de personeros en gran parte de los últimos 34 años –1955-1989– salvo en los tres años de Illia, y menos de dos años en vida de Perón cuando hubo quienes intentaron débilmente buscar una vía alternativa; pero, nuevamente, durante el gobierno de Alfonsín la política estatal fue orientada por tecnócratas que siguieron una línea, en esencia, igual que la de los años del Proceso. **En definitiva las clases dominantes manejaron el Estado discrecionalmente y sin limitación alguna 29 años de los últimos 34. Y así estamos.**

Nos hablan ahora de desregular y privatizar, pero para hacerlo deben vencer intrincados intereses dentro de la misma clase dirigente y demostrar la trama que ellos estructuraron y que posibilitó que los empresarios crecieran en el ámbito de sus empresas pero que, debido a su peculiar forma de obtener beneficios y su no menos peculiar forma de asignarlos en el marco de nuestra estructura y superestructura, en esencia contribuyeran con su accionar al retroceso del país y aún al del propio capitalismo. Es común la justificación de ese accionar atribuyéndolo a los sistemas regulatorios y de controles públicos, la respuesta en todo caso es que quienes regulaban y controlaban respondían a ciertos sectores económicos que se enfrentaban a otros. Siempre hubo grandes grupos empresarios que se beneficiaron con cargo a la sociedad y al país.

En verdad podemos afirmar que la regulación que se pretende desregular con la privatización, está desde hace décadas privatizada.

Entre las andanadas publicitarias, gráficas y televisivas con que se atiborra la conciencia del nuevo pueblo se destaca lo que nos repiquetea acerca del agotamiento de un modelo de crecimiento.

Nada de agotamiento: crisis

El populismo no se agotó: fracasó. Y fracasó no porque atendió algunos reclamos de los sectores populares; por el contrario, fracasó porque en lugar de enfrentar a las clases dirigentes y profundizar el proceso hacia un país independiente, justo y soberano, concilió con esas clases que al final lo derrocaron.

La concepción de agotamiento les sirve a los economistas burgueses para justificar su estrategia que tiene como objetivo "la modernización". Coherente con ella y en razón de ella surge la necesidad de "reestructuración" del país.

El razonamiento militante y activo de agotamiento, reestructuración y modernización, con el que los ideólogos de la gran burguesía marcharan sobre las distintas fracciones de la burguesía y el proletariado, les permite que no se indague sobre las verdaderas causas que han movido el magro desenvolvimiento capitalista que se ha manifestado no sólo en la frustración de las expectativas que hace más de 30 años tenía la inmensa mayoría de la población argentina, sino en su descenso de calidad de vida: ingreso, salud, educación, vivienda, progreso en general.

El razonamiento gran burgués se continúa con el posibilismo y la resignación

Dado que se "agotó el modelo de sustitución de importaciones, que se agotó el mercado interno como motor de crecimiento, que se agotó el distribucionismo, que se agotaron las posibilidades de reforma..." la no investigación de las causas de tantas frustraciones, angustias y padecimientos, tiene como correlato el freno a las luchas por quitar de en medio a los que para el pueblo argentino eran y son evidentemente los beneficiarios de la crisis. Para que estos salgan del escenario, había que completar y redondear el razonamiento con el vaciamiento de la concepción del imperialismo, la de defender el patrimonio nacional... Coherente con ello el radicalismo abandonó el programa de Avellaneda y en el peronismo se intenta dejar de lado o que pasen a un segundo plano las consignas que lo hicieron un partido popular.

Como el modelo se agotó y hay que cambiar y modernizarse es necesario resignarse y aceptar la estrategia gran burguesa como única alternativa posible. Ese es el mensaje.

Nada de agotamiento del mercado interno como el motor. El país creció en tanto aumentó la demanda del mercado interno. Los estrangulamientos tuvieron siempre origen en la dinámica de acumulación de las clases dirigentes, y no en las demandas populares.

Con la concepción del mercado interno agotado nos inducen a aceptar el empequeñecimiento del país, un menor salario, mayor concentración y centralización del capital. *En definitiva que la modernización y reestructuración del país la pague el pueblo.*

El achicamiento del mercado interno es uno de los rasgos de las crisis cíclicas, coyunturales; en nuestro país es ya una manifestación crónica, que se corresponde con la calidad de nuestra crisis, como crisis de sistema.

En cuanto al agotamiento de la "política distribucionista" es una concepción que lleva implícita una falacia: implica que el distribucionismo puede asimilarse a un valor social de las clases dominantes, cuando en verdad es realizado por necesidad, en su conveniencia, y/o respondiendo a exigencias de la clase obrera y otros sectores asalariados; de igual manera induce a la desmovilización ya que afirma que no hay posibilidad hoy y ahora en la lucha por un mejor salario real y relativo, que es en lo que se manifiesta el mentado distribucionismo.

Nada de modelos: desenvolvimiento económico, social y político en el marco del imperialismo y de la dependencia-subordinación interna-externa: todo ello viene de décadas y continúa.

Ha habido cambios, es cierto. Se han modificado las formas de acumulación y extracción de la riqueza generada por nuestro pueblo, vg. incremento de los servicios, del comercio y de los negocios financieros, lo que ha contribuido a una mayor degradación del nivel de vida del pueblo y a una pérdida de los niveles de ingreso de los sectores medios.

Han cambiado las formas de dependencia - subordinación. Por ejemplo, la monopolización del conocimiento y la tecnología y la forma más vil de sometimiento al imperialismo y a su Banca Trasnacional: la deuda externa.

Sin embargo la esencia de nuestra estructura y superestructura que regla su desenvolvimiento sigue siendo la dependencia-subordinación interna-externa y con ella superviven los rasgos fundamentales de nuestra crisis.

Todos los cambios señalados han contribuido a la mayor perversidad del sistema. No se incrementó la productividad, tampoco la eficiencia que deberían ser los resultados de los cambios; se acrecentó la marginalidad geográfica, social y cultural, y se profundizaron y ampliaron los condicionamientos.

Dados los condicionamientos internos, la crisis resulta de nuestra propia historia, en la que influenciaron las relaciones de producción en el campo, el colonialismo y el neocolonialismo de la posguerra y nuestro peculiar desarrollo industrial.

Los gobiernos constitucionales en lugar de enfrentarlos se subordinaron asimismo al condicionamiento externo, al imperialismo, sus instituciones y empresas.

El interrogante que cabe hacerse y cuya respuesta es importante para explicar el pasado es: cuál es la razón para que la regulación macroeconómica y la existencia de empresas públicas que en general en el sistema capitalista contribuyeron a su crecimiento extraordinario en las décadas de los años 50 y 60, en nuestro país tuvo resultados magros; y por qué cuando en el sistema comenzó la crisis de los 70 podemos decir que en general, los Países Capitalistas Desarrollados (PCD), aunque con fuerte desocupación y menor tasa de crecimiento, encontraron formas de desenvolvimiento que evitaron peligrosas situaciones de colapso; y aún los Países Capitalistas en Desarrollo (P en D) crecieron y algunos como Brasil lo hicieron a pesar del endeudamiento de los 80 y, en mayor medida, Venezuela, México y Colombia.

La diferencia entre ambos grupos se explica por la dependencia-subordinación interna-externa, pero estos últimos a pesar de ella. Los P en D citados tiene sectores públicos que, regulando e interviniendo, gravitan grandemente en sus economías aunque tengan especificidades que explican su desenvolvimiento, pero todos tuvieron performances económicas muy superiores a las nuestras. Cabe y me reitero el interrogante: ¿por qué si en la postguerra tuvimos globalmente mayores recursos naturales, humanos y de capital que cualquiera de ellos retrocedimos como país y estamos inmersos en una crisis socio-económica que, aunque venga de lejos, se agravó en los últimos quince años, una crisis continuada, con muy pocos respiros magros y espasmódicos, que no debe tener parangón en la historia económica mundial del capitalismo?

Y si lo extendemos a la superestructura es evidente que desde los años 30 también padecimos de crisis política, por lo que resulta plausible aceptar que nuestro peculiar desenvolvimiento resultaría de crisis estructurales y superestructurales que se fueron plasmando coincidente o alternativamente en el tiempo, inhibiendo la posibilidad de alcanzar la estabilidad buscada. Es decir que tenemos una crisis de sistema. Pero con la definición no basta y con la caracterización de dependencia tampoco.

Decíamos que aportar para explicar el pasado es valioso, más lo es para el futuro ya que su elucidación nos ha de permitir una prognosis trascendente para quienes estamos comprometidos con el país, con su pueblo.

Quizás una vía para el análisis sea la conceptualización de los aconteceres.

Diciembre de 1983

Terminada la Dictadura se evidenciaban con crudeza los condicionamientos que dificultaron por décadas alcanzar los objetivos de reestructuración y modernización de la economía y sociedad argentina, para adecuarla a las necesidades de sus clases dirigentes en el marco de las nuevas relaciones internacionales estructuradas en un mercado mundial, propio del proceso de trasnacionalización.

Las clases dirigentes –"el poder detrás del trono"– lo habían intentado, de diversa manera y en distintas circunstancias desde 1955 en adelante, cada vez con mayor coacción y represión y en especial durante 1976-1983 con todas las instituciones amordazadas, que al decir de muchos economistas son las que traban, o impiden con su funcionamiento, la ejecución de las "necesaria medidas de ajuste o transformación".

La mayor centralización y concentración del capital, la mayor explotación y extracción de plusvalía; la mayor subordinación al imperialismo y a su cancerbero, el FMI; el fortalecimiento del Consejo Empresario Argentino (CEA), de los "capitanes de industria", de "los 8" o del "grupo María": son resultados lógicos del capitalismo, *pero el gran capital los quiere mantener en un país gobernable, con consenso.*

Los condicionantes, tal cual se apreciaban en la superficie de 1983 eran los de siempre pero extremadamente agravados:

— Inflación;
— Déficit fiscal;
— Estrangulamiento externo recurrente;
— Baja productividad del capital;
— Elevadísima evasión fiscal y un sistema tributario que grava al consumo y no a la ganancia;
— Insuficiencia de alicientes para la inversión;
— Insuficiencia en la administración pública y en sus empresas;
— Deterioro acentuado de las infraestructuras de servicios;
— Mercado interno empequeñecido;
— Sector financiero distorsionado por una especulación desbordante;

— Elevado proteccionismo en todas las áreas;
— Deficiente inserción del país en los flujos económicos internacionales;
— Altos costos de insumos y productos semielaborados para la industria;
— Elevadísimo endeudamiento externo e interno.

A estos rasgos, los economistas y comunicadores sociales del poder real agregaron lo que consideraban como factores desencadenantes de la crisis:

— Macrocefalía del Estado;
— Vasto, completo y paralizante sistema de regulaciones económicas y financieras.

Todo lo señalado forma parte de nuestra realidad: sin embargo hay causas y efectos; más que un devenir económico en lo que se destacaría lo espontáneo y lo anárquico propio del sistema, lo que vivimos, *es resultado en esencia de políticas deliberadas*. Para no hablar de décadas hay experiencias y resultados de éstos 15 últimos años en los que se siguieron políticas similares y que son disimulados en los análisis de los economistas y politicólogos del establishment.

A fin que los objetivos precisados en la estrategia diseñada con el Plan Austral fueran alcanzados, el gobierno debía tomar las medidas necesarias para:

1) Yugular el déficit fiscal.

Necesariamente tenía que terminar drásticamente con lo que esencialmente afectaba el presupuesto *desde el lado de los ingresos*. Sourrouille y su equipo sabían que la política tributaria basada en impuestos que gravan el consumo –entre los que se encuentra el de los combustibles, un caso excepcional por su magnitud en el mundo– y con impuestos a la ganancia y al capital que tiene muy pequeña incidencia, está muy alejada de la que existe en los PCD y aún en los en Desarrollo de estructura productiva similar al nuestro, *sabían que esa política tributaria dificultaba en sumo grado el desenvolvimiento económico, pero es lo que tenían a mano para que el fisco tuviera ingresos*. Para cambiarla tenían que afectar intereses del gran capital agrario, industrial, comercial y financiero, terminar con los hábitos de evadir impuestos de todo el empresariado, terminar con los regímenes promocionales que no tienen contrapartida ni obligaciones de las empresas beneficiadas, terminar con los fraudes del sector cambiario y del comercio exterior.

Por otra parte, desde el lado de los gastos, el gobierno a poco de asumir pudo tomar conciencia, si no lo conocía de antemano, que el déficit del sector público era resultado de una continuada exacción de sus recursos a través de contrataciones corruptas, de subsidios, de reiteradas absorciones de quebrantos de grandes bancos y empresas privadas.

Sourrouille y su equipo sabían que en cada empresa pública los sobreprecios de las contrataciones eran un factor decisivo en sus respectivos presupuestos, sabían que la falta de inversión incrementaba su ineficiencia; que las demoras en la terminación de las obras iniciadas incrementaban sus costos; que los subsidios que se daban a empresas privadas acrecentaban su déficit, y así de seguido.

De haber desburocratizado al sector público, democratizado sus formas de gestión y eliminado la corrupción, se habría tornado eficiente. Pero para ello tenía que afectar los intereses de los grandes contratistas del Estado y de empresas privadas que se beneficiaban de diversas maneras.

A pesar de lo señalado, que si en algo no responde totalmente a la realidad es porque ésta agravia aún más los intereses del país, **se remitieron al reiterado y simple expediente de incrementar tarifas y precios de servicios y productos,** que de todas maneras no cubrirían la ineficiencia y la corrupción, limitados como estaban por el proceso inflacionario. De tal manera las tarifas y precios quedaron atrasados. Todo ello impedía el autofinanciamiento de los equipos de las empresas públicas, vg. FF.CC. y Segba.

Sin embargo, los incrementos de precios y tarifas que, aún creciendo, para la gran industria fueron subsidios, para los sectores populares eran tarifazos. Para remediar la situación tenían que cambiar toda la estructura de precios relativos a más de la mentada modificación de la política tributaria. Lo que implicaba, como real solución, afectar los intereses que lucraban con las estructuras aberrantes de las finanzas, del comercio y del agro. Aberrantes aún desde el punto de vista del capitalismo ya que no permitían que el sistema aporte en lo que puede ser eficiente: el crecimiento económico. En lugar de ello tomaron como variables de ajuste el salario y la inversión pública, que condujo al empequeñecimiento del mercado interno y a incrementar la ineficiencia de las empresas públicas y la ya baja productividad general del país.

2) Modificar el sistema financiero.

Sourrouille y su equipo sabían que el sistema financiero heredado constituía otra traba esencial. El capitalismo no puede funcionar sin crédito y con una masa monetaria ínfima que viene de 15 años –salvo cortos lapsos– con niveles del 3-5 % del PBI; cuando todo el dinero está remunerado, y el Estado está "obligado" para financiarse a recubrir el endeudamiento interno y al artificio técnico de encajes increíblemente elevados, que se traducen en tasas de interés que no deben tener parangón en la historia económica; cuando se privilegia la especulación induciendo a quien puede hacerlo a no invertir o a ahorrar en dólares. El sistema financiero dejó de intermediar entre el ahorro y la inversión productiva, convirtiéndose en un sector en sí dedicado a intermediar entre el ahorro y las necesidades de la Tesorería, con lo que obtenían una rentabilidad garantizada.

3) Deuda externa.

El gobierno sabía antes de asumir la trascendencia en cuanto al monto de la deuda externa ilegítima; con la experiencia de Grinspun, que buscó infructuosamente apoyo político-económico en Europa, tomó conciencia de la imposibilidad –y de igual manera Sourrouille en pocos meses– de esperar cualquier otra cosa del FMI y de la banca internacional, que no sea pagar los intereses de la deuda.

Como estudiosos de la teoría económica y de nuestro desenvolvimiento, de sus tendencias y coyunturas, conocían que la situación del país fue resultado de reiteradas políticas basadas esencialmente en restricciones monetarias, justificadas en una visión reduccionista de la inflación a un fenómeno monetario, el déficit público como un saldo sin historia y en la demanda como impulsor de la suba de precios.

Sourrouille y su equipo conocían a fondo las consecuencias que trajeron al país en otras oportunidades los planes de ajuste del FMI. Sin embargo los tomaron con las dos manos.

Aspiraron a modificar los condicionamientos: déficit, evasión, diversos mercados negros, sin cambiar el juego de poder ni la dinámica de crisis.

La concepción monetaria de la inflación desembocó necesariamente en una política recesiva.

La escasez de dinero incrementó las tasas de interés, acrecentó la especulación, frenó la inversión, aumentó el excedente que sustrae el comercio y la especulación financiera. La restricción de la emisión no seleccionó en función de eficiencia; lo hizo en función de la liquidez y capacidad especulativa de cada empresa. Los precios no disminuyeron, no en todos los sectores ni tampoco proporcionalmente por productos en cada sector. En la recesión las empresas disminuyeron la oferta en lugar de los precios. Se concentró el poder y el ingreso y si tuvo éxito momentáneo en bajar las tasas de inflación, agudizó la crisis, y dificultó una salida creando las bases, en cuanto a la inflación, de nuevos y más grandes rebrotes.

En cuanto al déficit: ¿Podría Sourrouille considerar cada presupuesto sin cambiar sus reales condicionantes: 1) política tributaria regresiva; 2) evasión; 3) burocratización del sector público; 4) diversidad de ilícitos?

La estrategia seguida fue disminuir el déficit, pero con cargo a la necesaria inversión, al agravamiento de las economías regionales, a los salarios del sector público, a un agravamiento de la crisis.

Globalmente tal política llevó inexorablemente a hacer del salario la variable de ajuste. Al mismo tiempo se acentuó la concentración del capital y del ingreso, se agravó la crisis y se consolidó la dependencia.

¿Qué fue del recitado preámbulo de la Constitución?

La magnitud de la crisis, mejor dicho de su actual manifestación, distrae la atención de los analistas de que ella resulta luego de seis años de un gobierno constitucional.

¿Qué quedó del tercer movimiento histórico?

¿Qué quedó de la mentada modernización?

¿Qué quedó de la "Convergencia Democrática Nacional"?

Es un error creer que esos objetivos fueron meros *slogans* publicitarios, el gobierno alfonsinista los creyó posibles.

Es un error creer que el equipo de Sourrouille sabía que el plan Austral fracasaría, se jugaron totalmente a su triunfo.

La manipulación de la opinión pública y la ventaja que llevan los sectores dominantes en la lucha ideológica, distrae del hecho que el gobierno de Alfonsín trató –con el Plan Austral y los posteriores plancitos– de recrear una Argentina distinta, "de la reconstrucción de un nuevo país".

Algunos de quienes confrontan con estas políticas desde hace años no perciben ni hacen percibir, que se ha frustrado, en esta oportunidad en el marco del funcionamiento de las instituciones republicanas, un nuevo intento de lograr la modernización del país con un desenvolvimiento más o menos estable del sistema –todo lo estable que es posible en el capitalismo– e integrado a la economía mundial, a sus flujos financieros, de mercancías y tecnológicos, en la que los precios relativos internos se movieran más o menos a la par con los del mercado mundial, y con niveles de inflación similares.

El Dr. Domingo Cavallo en su libro *Economía en tiempos de crisis*, Editorial Sudamericana, página 159,[1] se interroga:

> "Estamos asistiendo al fracaso de la gestión económica radical, ¿Por qué ocurre siempre que las gestiones económicas tienden a fracasar? ¿Por qué terminan siempre mal parados los ministros de Economía, los presidentes del Banco Central, los secretarios de Hacienda? ¿Son todos tan malos, tan incapaces?, ¿Pueden ser tan malas sus intenciones? *Sería ingenuo pensarlo de este modo.*
> Lo que ocurre es que a cada ministro de Economía, a todo presidente del Banco Central, a todos los secretarios de Hacienda, *les toca actuar en el marco de una ausencia de la organización económica y social*".

No hay tal "ausencia…". Hay una organización que se fue estructurando con el tiempo y que amparó una determinada mecánica de desenvolvimiento económico.

Es un error creer que los Martínez de Hoz tuvieron como único objetivo posibilitar para el gran capital una ganancia inmediata, aunque en definitiva siempre, y en cada momento, terminaron privilegiándola. Esta circunstancia, que es propia del sistema es un componente trascendente de la realidad, e influye decididamente en la posibilidad de llevar a cabo transformaciones o estrategias de muy mediano plazo. Podríamos avanzar una reflexión señalando que es así porque las formas de obtención de los niveles esperados de rentabilidad de las grandes empresas, han sido y son contradictorias con las estrategias por ellas mismas diseñadas, por lo que se tornaban en las principales responsables que dificultaron e impidieron su concreción.

Empresarios, tecnócratas y políticos que fueron ejecutores de las políticas económicas, siempre expresaron al comenzar sus mandatos estrategias similares que, vistas desde el punto de vista del sistema y del desenvolvimiento de sus fuerzas productivas, pueden inspirar consenso: hay que terminar con todos los condicionamientos que perturbaban el desenvolvimiento del país; pero en cada oportunidad y desde el comienzo se asentaban las bases que desnaturalizarían la estrategia y consolidarían su perversidad.

Debemos tratar de encontrar una explicación. La dependencia-subordinación interna-externa no es una explicación suficiente.

La República Argentina: un ejemplo de capitalismo perverso

El Dr. Aldo Ferrer en un libro de reciente aparición titulado *El devenir de una ilusión*, Editorial Sudamericana, destaca que al promediar la década de 1970 el proyecto industrialista revelaba algunos rasgos característicos de las economías industriales maduras que luego señala en la página 53:

---

[1] El Dr. Cavallo, en el libro que cito, que incluye conferencias y artículos de los últimos años, abunda en razones que confrontan con las del "liberalismo de la city" como él denomina Aleman, Alsogaray, etc. y que son útiles para evidenciar, como veremos, a los reales responsables de la crisis.
Recurro al Dr. Cavallo porque no puede ser sospechado de otra influencia teórico-ideológica que no sea la del sistema, abstrayéndome de sus objetivos y motivaciones. Todos los subrayados de las citas son míos (A.S.).

"En las vísperas de su derrumbe, sin embargo, el efecto industrialista adolecía todavía de muchas debilidades que comprometían su desarrollo futuro. La política económica debía remover los obstáculos subsistentes para liberar las fuerzas de crecimiento. No era previsible, en efecto, que el libre juego de las fuerzas del mercado produjera espontáneamente las transformaciones necesarias. Como en todos los países el desarrollo industrial tardío, el *liderazgo de poder político* era indispensable para poder promover el cambio tecnológico, la formación de capital y la expansión de las relaciones internacionales.
La agenda inconclusa del proyecto industrialista a mediados de la década del 1970 incluía las siguientes cuestiones principales…"

Doy sus títulos: Reforma del Estado; distribución del ingreso y desarrollo social; reforma financiera y mercado de capitales; exportaciones, balanza de pagos y tecnología; integración territorial. Es un catálogo de reflexiones que ofrecen una alternativa distinta a la seguida.

Luego en la página 59 dice:

"Los cambios necesarios eran posibles. A mediados de la década de 1970 la economía Argentina podía consumar la formación de un sistema industrial integrado y competitivo. Como al tiempo del despegue del proyecto industrialista la industria manufacturera era, a mediados de la década de 1970, protagonista insustituible del crecimiento económico y del desarrollo social. Sobre la base de las frustraciones y las experiencias del pasado, era factible rectificar los rumores y realizar la transformación de la economía nacional.
Sin embargo, *los dilemas no resueltos de la sociedad argentina*, y las tensiones políticas se agravaron desde fines de la década de 1960".

Y termina el capítulo diciendo:

"El Golpe Militar de 1976 interrumpió nuevamente la vigencia del orden legal. Por primera vez desde 1930 se modificaron profundamente las reglas del juego que habían encuadrado el desarrollo del proyecto industrialista. El drástico cambio del rumbo de la política económica argentina estuvo íntimamente ligado a la expansión de los bancos internacionales de los principales países industriales. El contexto mundial nutrió los contenidos doctrinarios de la política económica iniciada a partir de 1976 y le proporcionó una disponibilidad ilimitada de crédito para demoler la estructura productiva formada desde la década de 1930. Esta convergencia entre la política económica del régimen de facto y el sistema financiero internacional explica, pues, el derrumbe del proyecto industrialista."

El Dr. Aldo Ferrer no analiza "los dilemas no resueltos de la sociedad argentina y las tensiones políticas que señala se agravaron desde fines de la década de 1960".

¿Por qué el liderazgo político encaró las políticas que sucesivamente nos llevaron a lo que hoy vivimos?

¿Por qué no detenerse en encontrar una explicación al golpe del 55 y luego los otros? ¿Fue sólo locura la actitud de nuestra oligarquía o sólo afán de poder de nuestros militares? ¿Las clases dirigentes tuvieron un placer especial en acumular plusvalía en medio de sobresaltos? El Dr. Aldo Ferrer atribuye lo que vimos a lo sucedido después del 76.

El capítulo siguiente lo titula "La frustración del desarrollo". ¿Por qué y cómo llegamos al 76?

¿Por qué hablar exclusivamente de "la convergencia entre la política económica del régimen de facto y el sistema financiero internacional" y no referirse a la convergencia entre la oligarquía y el imperialismo y a sus formas de acumular en nuestro país, que en tanto conducían a la quiebra al Estado, sometían a una superexplotación creciente a nuestro pueblo y se llevaban la plusvalía acumulada al exterior desde mucho antes del 76 cuando ya estaban consolidándose los condicionamientos que impidieron un crecimiento que es lo que el Dr. A. Ferrer reclama? Aunque luego del 76 se agregaron nuevos.

En el Congreso de la Asociación Internacional de Economistas de 1980 en México el Dr. Samuelson, premio Nobel de Economía, señaló que si hubieran preguntado en 1945 qué país podía alcanzar a los PCD habría contestado la República Argentina.

Samuelson tenía razón, teníamos la fuerza de trabajo manual e intelectual, así como los recursos naturales y de capital suficiente y similares a la de países capitalistas que hoy son desarrollados.

Samuelson le atribuyó gran parte de la responsabilidad al peronismo, y ésa es otra discusión, pero el peronismo cayó en 1955 y en 1952 se comenzaron a adoptar políticas afines a las liberales.

De todas maneras las razones de Samuelson son 30 años anteriores a las de Aldo Ferrer.

En los años 40 estaba claro para la gran mayoría del pueblo que las propuestas del conservadurismo no satisfacían sus exigencias ni podían dar cauce a la potencialidad real del país. De no haber mediado el peronismo como partido reformista burgués con electorado obrero, las contradicciones y conflictos que mantuvieron con resolución a medias durante décadas, se habrían manifestado entonces.

El peronismo fue quien impulsó la industrialización de la posguerra y con ella el desarrollo y ampliación de la burguesía industrial nacional; fue quien mejor representó los intereses de esta burguesía.

Con toda legitimidad se puede pensar que si el peronismo no hubiera asimilado en su estructura partidaria a la clase obrera y a sus organizaciones, muy otra hubiera sido la historia y no en el sentido que lo piensa Samuelson.

Considero sí, que hay que reflexionar acerca de la interinfluencia de la estructura y la superestructura.

La superestructura

—La representatividad de los partidos populares ha sido en las últimas décadas de más del 85% del electorado.

De hecho la derecha no contó con un partido propio de significación.

Esa circunstancia hizo que las clases dirigentes no se sintieran representadas en esos partidos por lo que promovieron golpes de timón en los gobiernos constitucionales que los aislaron de las masas. Y cuando lo consideraron necesario promovieron golpes de Estado.

La proclividad de los gobiernos constitucionales a la conciliación y consiguientes concesiones se debió a que, dada la coyuntura y la estructura socio-económica del país, para llevar adelante los programas que el pueblo votaba tenían que enfrentar a esas clases, lo que nunca hicieron.

Los sectores de la burguesía media que se sentían representados en esos partidos fueron débiles para imponer a su liderazgo el cumplimiento de sus compromisos.

Tuvieron una actitud inconsecuente aunque dispar; aún en gobiernos dictatoriales cuando el nivel de agravio a sus intereses debido a las políticas de turno les llegaba al cuello, reaccionaban y resistían, vg. fines de los procesos del 66 y del 76.

Por el contrario cuando durante el primer año del tercer gobierno de Perón se tomaron medidas que en esencia eran en su interés, pero que en algún grado revelaban cierta independencia de las clases dirigentes o de alguna fracción, se nuclearon con ella para torcer el rumbo del gobierno y, muerto Perón, facilitaron la imposición de políticas liberales que terminaron en el Rodrigazo, al que a su vez puso fin la clase obrera, creándose una situación de crisis económica y política que condujo al golpe del 76.

— La clase obrera obtuvo del peronismo, ya en las décadas del 40, importantes reformas que pusieron la legislación social argentina al nivel de las avanzadas en el mundo capitalista. A un mismo tiempo su nivel de organización, su experiencia y capacidad negociadora hicieron que la CGT gravitara singularmente en el acontecer económico y socio-político del país. Actuaba como una estructura de mediación y contención de los reclamos de la clase obrera, impidiendo la politización de las luchas reivindicativas, manteniéndolas en un nivel de mínimos logros con los fines de subordinarla a una dirigencia que se autoheredaba. Y sin embargo con su presencia dificultó siempre que la cuchilla reestructuradora y modernizadora del sistema llegara a fondo, tanto en el proceso del 66 como luego del 76.

La evolución política y, vinculado a ella, las actitudes asumidas por las organizaciones obreras y empresarias –ambas específicamente nuestras por su fuerza y amplitud– influenciaron a su vez en el desenvolvimiento socio-económico, que se revertía a su vez a cada instante, en la política.

Es evidente la trascendencia que tiene en nuestro país el poder oligopólico, el movimiento obrero organizado, el movimiento empresario, y el poder del Estado sobre el que actúan los anteriores.

Las dictaduras pretendieron modificar de raíz la índole de las presiones, preservando el poder de los oligopolios y la regulación económica en su favor ejercida por el Estado. *Los anuncios del actual gobierno revelan que ese es su objetivo.*

Armando Rivas es uno de los popes de la ortodoxia local. En un artículo publicado en *El Cronista Comercial* del 4-8-89 que lleva el título "La democracia política y la dictadura sindical", dice:

"Pero esta reforma del Estado o privatización de sus actividades productivas también está condicionada por la existencia de las actuales leyes laborales.
Es indudable que el funcionamiento de la economía sería imposible en un sistema que combinara la democracia política con la dictadura sindical. La modificación definitiva del sistema sindical es pues un requisito sine qua non de la reforma del Estado".

Y luego:

"Esa modificación implica eliminar el unicato, que se apoya en la ley de las obras sociales que determina la politización del salario nominal. En ese esquema las paritarias no son más que una falacia y la inflación es la respuesta posible de la democracia política ante la fuerza de la dictadura sindical."

Armando Rivas nos da temas para la reflexión. Señala la politización del salario nominal y acierta. En verdad, tal cual funciona el sistema, a más del salario el desenvolvimiento económico-social está politizado.

Las circunstancias que se generan por la posibilidad de gestión macroeconómica que tiene el Estado son las que lo motivan. En el comienzo hice referencia a las concepciones del neoliberalismo, es necesario que me reitere: quieren dar marcha atrás con todo, volver al viejo desenvolvimiento del capitalismo, con el Estado gendarme actuando coactivamente para limitar la sindicalización y hacer caer la legislación social. Algunos, los más dogmáticos, quieren volver a los automatismos que permitían la autorregulación del sistema, por eso claman por el patrón oro o la desaparición del Banco Central. Llegan a odiar la macroeconomía como ciencia. Hayek señala que "el más grave daño jamás causado por Keynes consistió en provocar un temporario predominio de la economía sobre la microeconomía" (citado en el libro *Dinámica y crisis del sistema capitalista mundial*, Editorial Lihuel, 1982, A.S)

Tienen razón en sus temores y en sus reclamos, la politización de la economía ha hecho caer fetiches. Se evidencia que en el mercado no compiten cosas. Los oligopolios actúan activa y deliberadamente; los sindicatos pelean por las remuneraciones directas e indirectas; el Estado con cada acto discrimina favoreciendo o perjudicando, siendo objeto por ello de la presión socio-política. Ya señalé que el presupuesto es un campo de la lucha de clases, también las empresas públicas con sus precios y tarifas.

En la teoría, se equivocan porque aunque pueden tener éxitos parciales es imposible dar marcha atrás; la esencia de la tendencia sigue siendo la misma. El actual desenvolvimiento económico social ha surgido a través de los años desde las propias entrañas del sistema. *La regulación económica se ha tornado en la ley de su desenvolvimiento*. Una ley que multiplica antagonismos y contradicciones, pero la ley al fin.

En la práctica, cuando mueran las palabras, se concentran exclusivamente en intentar desmantelar las organizaciones sindicales y mutilar la legislación social. Un ejemplo hoy en nuestro país es la discusión en torno a la flexibilización laboral.

Desde el Poder Ejecutivo seguirán promoviendo políticas económicas –que según la teoría liberal no deberían existir–, que favorezcan al gran capital. En cuanto a éste no limitarán en lo más mínimo su efecto distorsionador sobre el funcionamiento del mercado. Por lo que la restauración de la ortodoxia o de las políticas neoliberales les puede permitir, en algunos países, sortear la crisis del momento pero no en sus tendencias.

Armando Rivas se quita el antifaz cuando se refiere a la inflación como la respuesta a la que puede recurrir "la democracia política". Es el reconocimiento de que quienes en verdad orientan la regulación estatal, usufructúan de la inflación para mantener sus niveles de ganancia. Como la inflación es indeseable a la larga la solución debe ser otra.

Armando Rivas lo que en verdad está diciendo es que es necesario terminar con el movimiento obrero o domesticarlo. La dictadura fracasó en lo primero y Alfonsín en lo segundo. Hoy se lo intenta nuevamente montado en el consenso del que goza el Dr. Menem y en la estructura del Partido peronista.

Finalmente, como el funcionamiento eficiente de la economía sería imposible con la combinación de la democracia política y la dictadura sindical queda subyacente la necesidad de subordinar de cualquier forma al movimiento sindical. Es decir imponer la dictadura sobre el movimiento sindical y, de acuerdo a los acontecimientos, sobre amplios sectores de capas medias a fines de preservar "la democracia política", en verdad una democracia con seguridad.

La estructura

Para poder reflexionar acerca de nuestro desenvolvimiento es necesario analizar muy someramente el de los PCD.

En ellos existió un largo período en el cual funcionó una economía de mercado y en la que el Estado jugaba en lo esencial el rol de gendarme, fue la época a la que algunos economistas del sistema denominaron "del capitalismo salvaje" con una superexplotación de 12-16 horas de trabajo diario a niños y mujeres que vivían y morían en los talleres.

El capitalismo concurrencial les permitió forjar las bases de sus industrias en forma eficiente. Sólo los ciclos mostraban sus desproporciones, al tiempo que las armonizaban para un nuevo momento de auge. El mercado premiaba la eficiencia y castigaba la ineficiencia. El sistema como tal funcionó eficazmente montado sobre las espaldas del proletariado y la explotación colonial y de las nuevas naciones.

De tal manera, el proceso de concentración y centralización del capital que resultó objetivamente de esa evolución cíclica empujó el crecimiento en las metrópolis a pesar de guerras y crisis. El monopolio y el capital monopólico se fueron plasmando con la propia dinámica del sistema. El capital monopolista usufructuó de esa dinámica acumulando beneficios, aprovechando y adecuándose a cada circunstancia y arrastrando tras él al resto de la sociedad, consolidando la integración geográfica y económica del país. Luego, cuando fue objetivamente necesario por el imperio de su propio devenir, recurrieron al uso del Estado con la misma finalidad e idéntico resultado conformando lo que se denomina Capitalismo Monopolista de Estado.

En la República Argentina fue diferente. Hasta el 30 la diferencia entre lo que pudo ser el país y lo que plasmó es abismal. La existencia de la oligarquía terrateniente y su entorno y el tipo de inserción en la economía capitalista mundial, limitó de inicio al desenvolvimiento capitalista. *Es decir, el sistema surgió y se desarrolló castrado.*

El régimen de propiedad de la tierra con el latifundio productivo e improductivo, restó posibilidades al desarrollo agrario y al crecimiento del mercado interno, con lo que limitó el desarrollo industrial y dilapidó las riquezas resultantes de la magnitud extraordinaria de la renta acumulada en pocas manos. El país no se integró ni geográfica ni económicamente. Con los años se fueron conformando bolsones de riqueza en un país agobiado por la miseria. En las últimas décadas a pesar de los mayores rendimientos, la magnitud de la renta agraria y la poca capitalización de la explotación, siguió limitando lo que podría haber sido un extraordinario aporte al desenvolvimiento económico general.

El gran terrateniente montado sobre necesidades del pequeño productor alienta, aún hoy, el dólar alto que le permita acrecentar, sin mayores inversiones y riesgos, renta y beneficio. Y en puja con las TN proveedoras de insumos y exportadoras que año tras años se apropiaron de una porción mayor de ambos.

El desarrollo industrial se fue dando condicionado por la estructura agraria y por acontecimientos externos: primera guerra mundial, crisis de los años 30, segunda guerra mundial y, en esas mismas décadas, por las estrategias de expansión capitalistas llevadas por las distintas formas de propiedad surgidas en las metrópolis por el proceso de centralización y concentración de capitales.

El desarrollo industrial se dio esencialmente en el sector de bienes de consumo, incrementando las desproporciones económicas sectoriales propias del capitalismo, consolidando la no integración geográfica y socioeconómica, todo lo cual se reflejó asimismo en mayores frecuencias en las crisis cíclicas, más profundas depresiones, y más limitados auges y en un continuado desequilibrio del sector externo con un egreso constante de divisas por utilidades y servicios. Como se señala, debimos acumular para dos: para satisfacer los apetitos de nuestra burguesía y los del capital extranjero. Y de igual manera padecimos todos los rasgos que conforman la crisis del sistema y no gozamos de los que han sido, a un mismo tiempo, las bases de un extraordinario crecimiento.

La aplicación de políticas económicas desde el Estado –que reemplazó al antiguo Estado gendarme– que se manifestó con la crisis de los años 30 y se acentuó en la posguerra, unida al manejo oligopólico del mercado, no surgió después de un largo proceso de desarrollo y expansión capitalista sino montada en la ya conformada estructura dependiente y subordinada al mercado externo.

Sin haber gozado de los beneficios del capitalismo concurrencial, pasamos a una economía de mercado perturbada por el manejo que de ella hacen los oligopolios directamente, y a través de su influencia en el mercado tanto en la Administración Pública como en sus empresas.

De tal manera, en la posguerra, cuando se encamina la Argentina moderna a las limitaciones que resultaron de las relaciones de propiedad de la tierra se suman:

— El nuevo rol que juega el Estado, al que ya hice referencia, reiterando que no fue producto de ninguna ideología estatista.
— La influencia del imperialismo, del rol de sus empresas y el entorno económico y político internacional que el sistema promueve.
— La inserción y dinámica del capital monopólico extranjero contribuyó a la consolidación de otros rasgos que tuvieron efectos negativos en el desenvolvimiento del capital local.

El empresario nativo vio limitada su participación en la apropiación de la plusvalía por la presencia del monopolio. La tendencia a reinvertir fue menor debido a la imitación consumista aprendida en la vidriera de la oligarquía terrateniente y en las metrópolis; finalmente el funcionamiento de la economía en el marco de las pautas fijadas asimismo por el capital monopolista hicieron que el empresario nativo creciera privilegiando el consumo, la inversión especulativa y el ahorro en divisas.

Nunca hubo desde la posguerra en nuestros "capitanes de industria" extranjeros y nativos, y en los capitanejos, el afán de riesgo y de trabajo duro de los "patrones de industria", que hicieron las bases del capitalismo de las metrópolis imperialistas.

Nuestro desenvolvimiento industrial estuvo preñado de corrupción, ilicitud –aún para la legislación burguesa– desde sus inicios. Hábitos que hoy, en medio de la crisis, desatada a fines de los '60, son particularmente habituales en los PCD, hábitos que devienen del carácter especulativo del capital, se manifestaron en nuestro medio ya en los años 50 junto (y a un mismo tiempo), con la ampliación del proceso de industrialización, y contribuyeron a su limitación y deformación. La magnitud y gravitación de la economía negra, los negocios de sobre y subfacturación y los que se producen en los mercados financieros y de cambio, han sido rasgos importantes en las restricciones del desenvolvimiento económico, lo han influenciado.

PROTECCIONISMO

Un rasgo peculiar fue el efecto del proteccionismo. A diferencia de lo sucedido en las metrópolis en los comienzos de su desarrollo industrial, el proteccionismo si bien permitió crecer, la forma en que se lo plasmó y el uso que de él hizo el capital extranjero y nativo, le restó eficacia como promotor del desarrollo industrial.

El empresario usufructuó el proteccionismo no para un proceso de acumulación, inversión y crecimiento, aprovechando cada vez en otro nivel los nuevos aportes de la ciencia y la técnica.

La ventaja de inexistencia de competencia externa, sin exigencia de reciprocidad al empresario que se beneficiaba con ello, se tradujo en la falta de incentivos para la inversión reproductiva.

SISTEMA TRIBUTARIO

La evasión tributaria, las ventajas que se hicieron eternas de diversas formas de promoción, están entre las causas de las dificultades para encarar un sistema tributario progresivo, por las trabas de quienes se beneficiaron con el que existe. Causas también del déficit fiscal y de la recurrencia a los impuestos indirectos, que hoy han devenido en un sistema tributario que desnaturaliza totalmente su rol: en lugar de posibilitar que el Estado, en ese aspecto, sea un promotor del desarrollo de las fuerzas productivas y por ende del capitalismo, se transforma en una forma más de distribuir en la sociedad, y mayoritariamente en la clase obrera y pueblo en general, los efectos de la crisis.

DESARROLLO INDUSTRIAL Y LA INCIDENCIA DEL MONOPOLIO.

En otro sentido, hay suficientes elementos que prueban la decisiva participación oligopólica en nuestra economía, que dificulta el juego de las leyes del mercado, cuando no las inhibe del todo. Con el agregado de que no se trata sólo de empresas extranjeras, sino de grandes empresas nacionales.

La manipulación oligopólica de los precios perturbó de inicio el mercado. En ello encontramos uno de los aspectos más importantes que explican el porqué de una inflación siempre muy alta, que acompañó la evolución económica en los últimos cuarenta años.

Al plasmarse un desenvolvimiento industrial alrededor de los sectores "dinámicos" productores de bienes de consumo durables –v.g. industria automotriz– y orientada la acumulación al consumo superfluo o a la inversión con ese sentido, necesariamente marchamos a una encrucijada.

Un crecimiento estable necesita para desarrollarse de una demanda interna creciente que entraña un poder de compra masivamente extendido. Asimismo requiere continuadamente mayores importaciones de materias primas, productos semielaborados, máquinas y equipos más sofisticados, que el país no produce o no fabrica. Lo primero implicaría una movilidad social ascendente, un incremento constante del salario real y de la ocupación, un aumento del consumo de sectores medios; y lo segundo, un agro y una industria con crecientes excedentes exportables y relaciones internacionales equitativas.

A su vez, lo anterior sólo es posible con una productividad creciente, y para lo cual la plusvalía acumulada debe ser reinvertida en el país. Finalmente el Estado debe tener finanzas sanas, por lo que debe contar con un sistema tributario asentado fundamentalmente en las ganancias, ya que los impuestos al consumo son una retribución que hace que el Estado le quite al consumidor lo que en teoría le da por otros servicios. Digo en teoría porque lo que quitó a los consumidores se lo reasignó, en parte, de diversas formas a las clases dirigentes.

Lo señalado son los requisitos para un crecimiento estable en un sistema capitalista cualquiera, que dejan de satisfacerse en las crisis cíclicas. En el nuestro no se han satisfecho a lo largo de décadas. Los ciclos se dan sobre una crisis reptante, continuada, que se agrava con el tiempo y que se manifiesta en la recurrente inestabilidad política y en una creciente inestabilidad económica.

Una economía no integrada económica y geográficamente, con un magro desarrollo de las industrias básicas y de bienes de capital y basada fundamentalmente en la producción de bienes de consumo, tiene en sus entrañas y en efervescencia, una crisis estructural que se agrega a las propias del capitalismo manifestadas en los ciclos.

A la relación inarmónica y anárquica entre la evolución de las industrias abastecedoras de industrias y aquellas vinculadas al consumo que lleva al capitalismo periódicamente a la crisis cíclica, se suman las que resultan de su peculiar desenvolvimiento. Un capitalismo que sin haber llegado a su madurez, desarrolla en su manera de crecer formas de capitalismo monopolista sin haber "aprovechado las ventajas" de una economía concurrencial. Este capitalismo monopolista se asentó sobre el monopolio extranjero en sectores consumidores de insumos que se importaban, en general, de sus casas matrices, orientando su inversión a las ramas industriales que atienden directamente el consumo.

Lo reseñado se manifestó en un rasgo específico de las economías dependientes: la industrialización y su desarrollo no se tradujo en independencia económica, mayor integración geográfica y gran movilidad social. Por el contrario, a medida que nos industrializamos se consolidó la dependencia y se multiplicaron las deformaciones estructurales y superestructurales que se ampliaron y profundizaron.

Así como en el agro, también en las industrias nuestra manera de crecer acorde con los intereses dominantes, dificultó el desarrollo capitalista a tal punto que hoy las clases dirigentes no encuentran una política que posibilite un desenvolvimiento económico estable por esa vía.

La oligarquía agraria, financiera e industrial no permite un desarrollo armónico sostenido de nuestra economía en una sociedad democrática. La magnitud de la renta que estos sectores acumulan y asignan dificulta la estrategia que ellos mismos reiteradamente anuncian y asimismo la anhelada estabilidad.

¿Es posible destacar que el el capitalismo en la Argentina tuvo un desenvolvimiento singular, respecto al resto de los países en desarrollo?

Nuestro capitalismo se pudrió antes de haber dado sus frutos que en otros países dio.

Todas las limitaciones de los P en D se manifiestan en nuestro país mucho más agravadas y desde mucho antes en un contexto socio-económico que, de acuerdo con el Dr. A. Ferrer, "revelaba rasgos característicos de las economías mundiales maduras".

Mi opinión, –es una reflexión para la discusión– es que nuestro país cayó en una crisis de sistema, estructural y superestructural mucho antes que el resto de los P en D, justamente por haberse desarrollado en el marco de las especificidades a las que acabo de referirme y siempre dentro de las limitaciones y perturbaciones propias de la dependencia-subordinación interna-externa, mucho antes.

Hablo de desarrollo como desarrollo del capitalismo, al margen de los niveles alcanzados por sus fuerzas productivas. **Se puede decir, de otra manera, que nuestro capitalismo maduró y entró en crisis sin haber desarrollado sus fuerzas productivas plenamente.**

Nuestras clases dirigentes fueron conscientes de ello, a su manera, y a esa percepción debemos atribuir fundamentalmente los golpes del 55 y luego los del 66 y 76, haciendo que cada una fuera más brutal, más pertinaz y metiera más a fondo el bisturí para tratar de restaurar y modernizar nuestro capitalismo.

El Dr. Cavallo en el libro citado, página 175, después de afirmar "el sistema económico argentino es una mezcla de socialismo sin plan, con capitalismo sin mercado" señala:

> "El sector público no tiene ni el más mínimo plan y hay una gran oscuridad, una absoluta falta de transparencia respecto de todas las cuentas y decisiones. Y el sector privado funciona sin que existan mercados competitivos, bien organizados y lo suficientemente transparentes.
> "Por el contrario, funciona con mercados muy intervenidos, muy distorsionados por actividades del sector público, por la falta de información y por las propias prácticas a las que son impulsados los agentes económicos privados en este tipo de contexto económico".

Aunque señala que "los agentes económicos son impulsados a..." en gran parte del libro el Dr. Cavallo demuestra que el déficit del sector público es resultado de esas prácticas y que de ellas se beneficiaron en lo esencial un pequeño número de empresas. Basta destacar los avales del Tesoro y las licuaciones selectivas de pasivos, prácticas de las que el Dr. Cavallo da abundantes ejemplos.

El mismo Dr. Cavallo nos evidencia la interacción entre el sector público y los monopolios cuando dice:

> "...si el poder del Estado se utiliza para asegurarle a los capitalistas un monopolio que les permite vender caro a los que viven dentro del país y después esas personas piden subsidios para venderle barato a los que viven afuera, estamos ante un monopolio absolutamente perjudicial. Y, lamentablemente, ese es el tipo de estructura que ha predominado en nuestra economía. Porque aquí, los monopolistas terminan regalando al exterior el trabajo y el esfuerzo de los argentinos".

Y más delante:

"Hemos estado creando cada vez más monopolios sectoriales, regionales, incluso de determinadas empresas, para que nos vendan cada vez más caro a los argentinos, degradando el nivel de vida de nuestra gente.

Por otro lado, hay un mecanismo impositivo que determina que lo que se gana en la Argentina paga altos impuestos si queda en el país, *pero está exento si se va al exterior. Entonces lo que se alienta es la fuga de los capitales.*

El mejor negocio en nuestro país es pedir protección para ganar mucho vendiéndole caro a los argentinos, e invertir las ganancias afuera. ¿Cómo van a producir los empresarios si se achica permanentemente el mercado interno? ¿Cómo va a desarrollarse la industria automotriz en la Argentina, si las fábricas de automóviles, en base a que pueden vender a cualquier precio, venden cada vez más caro, y, por supuesto, los argentinos compramos menor cantidad de automóviles que hace diez años?

¿Por qué algunos productores creen que están cantándole loas a la buena economía, cuando siguen vendiendo un producto al triple del precio por el cual lo exportan, y al triple del precio que reciben otros productores del mundo?".

Esa misma dinámica el Dr. Cavallo la denuncia respecto a las inversiones promocionadas, en la página 225 destaca:

"Cuando aplicamos sistemas selectivos de aliento a la inversión, cuando el Estado se mete a respaldar a los empresarios privados, las inversiones que resultan son muy malas. Han sido pésimas las inversiones que surgieron de los regímenes sectoriales de promoción, *aquellas que pretendieron desarrollar la petroquímica, la celulósica y la siderurgia.*

"Se hicieron emprendimientos aberrantes con plata del Estado, con diferimientos fiscales sin indexación, con créditos que luego no se pagaban, con avales del Tesoro. Las más de las veces invirtieron cifras que duplicaron o triplicaron a las que hubieran sido necesarias para producir lo mismo.

"Esas son las obras que sirvieron para que fugaran los capitales al exterior, porque como las pagaba el Estado, convenía contabilizarlas por tres veces su valor, dejar dos partes afuera y hacer el negocio con sólo hacer la inversión, aún cuando nunca se llegara a ponerla en producción".

Está claro que en la petroquímica, celulosa y siderurgia están las mismas empresas que influenciaron las decisiones de los agentes del gobierno, su discrecionalidad. Las reglamentaciones en una dirección u otra tuvieron siempre como objetivo beneficiar a una empresa o sector.

DEFICIENCIAS INSTITUCIONALES

Siguiendo con la anterior cita, hacia el final es aún más preciso:

"Pero si los capitalistas encuentran que, a través del reclamo de protección, pueden quitarle cada vez más plata a los argentinos y ganar produciendo menos y vendiendo más caro, obligando al Estado a emitir dinero o endeudarse internamente para cubrir su déficit; o si encuentran que se puede coimear a algunos fun-

cionarios para que le den privilegios a ellos y se los quiten a otros, entonces el capitalismo va a ir en contra del bienestar de la gente.
Por lo tanto, el tema institucional, el tema de las reglas del juego, el marco que se crea para que el capitalista esté al servicio de la gente es un tema fundamental. De allí mi énfasis en la reorganización económica y social del país. *La normatividad para un mejor juego económico va más allá de las políticas económicas".*

El capitalismo en el país ya está estructurado. Esa estructura que se viene conformando desde la posguerra impidió siempre superar la coyuntura, en tanto cada gran empresa y cada fracción de las clases dirigentes terminaba privilegiando el corto plazo.

Dicho de otra manera, lo señalado tiene que ver con las instituciones que norman el funcionamiento del sistema. De ello resulta la magnitud y calidad del presupuesto estatal, el carácter de la administración pública y las formas de gestión de las empresas del Estado, en una retroalimentación permanente con la gestión y hábitos del gran empresariado en el ámbito de sus propias empresas y su influencia –por múltiples vías, a veces con identidad de intereses o viabilizada por los personeros comunes con nombre y apellido– en el ámbito de la administración del Estado.

De lo dicho arriba se infiere que el déficit público y las deficiencias de la administración y empresas públicas, tienen origen en una dinámica de obtención de beneficio y su acumulación y posterior asignación impulsada por los grandes empresarios. Se infiere asimismo que las políticas económicas que han orientado al país, fueron el marco adecuado que hizo posible lo señalado. Se explica porque en dictadura o en democracia no lograron crear las bases de un desenvolvimiento capitalista más o menos estable.

Se comprende entonces, por qué el gobierno de Alfonsín nunca realizó las prometidas reformas tributaria y financiera, y por qué para incrementar sus ingresos fiscales se hizo siempre más de lo mismo: tarifas, devaluaciones extraordinarias, acumulación de impuestos indirectos, incrementos de encajes, altas tasas… y así de seguido.

Se entiende por qué en nuestro país la economía de mercado está profundamente "pervertida". Hecho acerca del cual todos advierten pero sin señalar a los reales responsables.

Debemos precisar: en los PCD y en muchos en desarrollo, los gobiernos a través del Estado han resguardado al sistema. No obstante que en circunstancias precisas hubo grupos o sectores que se beneficiaron más que otros, la esencia del desenvolvimiento socio-económico se dio al amparo de la superestructura, en la que los tres poderes propios del capitalismo defienden los intereses generales del sistema.

Un ejemplo de ello es el funcionamiento con todas sus prerrogativas de los parlamentarios en países como EE.UU, RFA, Francia, Italia, Japón. Aún cuando en cada uno de ellos funcionen *lobbies* sectoriales.

En el país prácticamente desde el 30 no funcionan las instituciones republicanas con la correspondiente división de poderes y el respeto por su independencia. Ello es por demás evidente en los gobiernos militares. Pero también se manifiesta en los gobiernos civiles.

CARACTERIZACIÓN DE LA CRISIS INSTITUCIONAL Y SUS EFECTOS EN NUESTRO DESARROLLO CAPIALISTA

Es en el devenir de décadas que se fue conformando un sistema corrupto de gestión del Estado.

En una entrevista por televisión Guy Sorman se refirió a la corrupción en nuestro país diferenciándola del resto de los países: dio a entender que en nuestro país la corrupción está institucionalizada.

Hay sometimiento al Poder Ejecutivo de los otros dos poderes.

Hay subordinación del Poder Ejecutivo a las clases dirigentes.

Hay avanzadas formas corporativas y una larga experiencia en la promoción de intereses particulares, ejercida por funcionarios permanentes y con los que cada equipo gobernante agrega. Corporaciones empresarias y empresas han presionado sobre los diversos estamentos estatales. Todo pasó a formar parte de las instituciones que han regido la sociedad argentina, su economía y su política.

— Han habido leyes y/o decretos que lo han amparado, o recurrieron a ilícitos conocidos y publicitados, protegidos por el poder que siempre ejercieron. De tal manera se conformó una dinámica que se corresponde con la lógica del capital en cuanto a la búsqueda de beneficio, pero no en cuanto a su autocrecimiento, particularmente como capital productivo.

— Hubo una retroalimentación continua entre esa dinámica y sus manifestaciones: a su vez las políticas económicas la han reforzado y, me reitero, las estrategias proclamadas y sus objetivos quedaron siempre subordinados a las respuestas coyunturales, debido fundamentalmente a quienes las orientaron. **De igual manera hubo una retroalimentación entre la estructura socioeconómica y la superestructura política y el funcionamiento institucional.**

De tal manera que el proceso de monopolización y la gestión estatal –vía presupuesto o vía empresas– que en gran número de países sirvieron en las décadas pasadas para facilitar un gran crecimiento económico, en nuestro país se tornaron en rasgos decisivos de un sistema capitalista perverso que condujo al país a la decadencia.

En la Argentina el capitalismo no aportó en lo único que sabe hacer: el crecimiento

Son las clases dirigentes las que han estructurado el funcionamiento descripto y me he repetido en destacar los aspectos que lo explican, porque es fundamental para una prospectiva posible.

Lo que pueden exhibir como resultado luego de 6 años de gobierno constitucional y 15 años –1974-1989– de políticas económicas, en esencia similares, no les da tranquilidad a las clases dirigentes por el presente y los llena de sobresaltos e inquietudes por el futuro.

— 15 años, en los que la tendencia dominante, salvo coyunturas breves, se reflejó en una política recesiva deliberada con política monetaria dura y restricciones crediticias y, a pesar de ello, con una continuada, creciente y desbordante inflación, eran suficientes para descartar la idea de una inflación por exceso de demanda. El único exceso de demanda posible fue para productos que satisfacían a los sectores de mayores ingresos. Esto a su vez implicaba que los mayores precios se acompañaban con una mayor segregación social y con mercado interno que se empequeñecía.

— 15 años de baja continuada del salario real descartaban la idea de la pugna distributiva. O por lo menos, habilitaban a pensar en que la mentada pugna era entre sectores de la clase dirigente: agro versus industria, v.g por la cotización del dólar; industria para mercado interno versus industria competitiva en el mercado mundial; contratistas del Estado versus usuarios; y en verdad enfrentamiento de clases no por ganar más, sino por impedir, (siempre como respuesta a la inflación), un deterioro del nivel de vida que se agrava constantemente.

— 15 años en los que los precios relativos se conformaron por la iniciativa de las empresas formadoras de precios, v.g en los meses previos a cada congelamiento, las grandes empresas hicieron siempre su colchón de precios que les permitió superar cada coyuntura. Como manipulaban ofertas y precios sus mayores costos se los hacían pagar al resto de la sociedad y al sector público, resguardando sus márgenes de ganancia y más aún, moviéndose de tal manera para que tales márgenes de ganancia fueran en dólares. Por otro lado, no se puede entonces hablar de inflación por expectativas, inflación psicológica o falta de credibilidad, sin destacar que quienes la impulsaron –aún aceptando el argumento que lo hicieron para defender sus niveles de rentabilidad esperada– son los que pueden hacerlo, es decir quienes mejoran precios, ofertas y, en definitiva, mercados.

Precios relativos en los que hay que señalar que los bienes salario –v.g. alimentos primarios o aquellos que a un mismo tiempo son materias primas para la agro-industria exportables, o los manejados por acopiadores que en tanto explotan a los productores agrarios venden al consumo hasta 10 veces el precio de compra–, siempre hicieron punta en el proceso inflacionario, como aconteció en los meses posteriores al Plan Austral y en lo que hoy se vive. Circunstancia que, a su vez repercutía en el salario que pagaba la industria, que debía aumentarse nominalmente para que el asalariado pudiera adquirir la misma cantidad de bienes de consumo, siendo un ejemplo más de la confrontación entre los intereses de las trasnacionales, grandes terratenientes y acopiadores mayoristas del agro, con la industria.

Precios relativos en los que gravitó tremendamente el costo financiero que perjudicó a las pequeñas y medianas empresas con imposibilidad de acceso a créditos baratos y a largo plazo, cuyos productos iban a mercados muy competitivos y cuyos insumos tenían precios determinados por oligopolios o el Estado; de igual manera los márgenes de comercialización que son excepcionales en el mundo capitalista. Ambos rasgos, costos financieros y márgenes de comercialización, sirvieron para la concentración y centralización del capital, incrementando la ineficiencia productiva y perturbando el funcionamiento de los mercados.

Lo señalado funcionó en un marco de proteccionismo que, como las otras prebendas que el Estado dio o permitió a las grandes empresas, no tuvo contrapartida alguna.

— 15 años en los que se incrementó el deterioro de las empresas públicas ya que su inversión fue una de las variables de ajuste.

— 15 años en los que el Tesoro y el Banco Central fueron permanentemente saqueados por las clases dominantes, a veces como beneficiarios directos de medidas concretas, otras por múltiples vías indirectas.
— 15 años en los que se contrajo la brutal deuda externa sin ninguna contrapartida en la inversión productiva y que en esencia sirvió para la fuga de capitales. Por lo que a la exacción brutal de la riqueza generada por nuestro país, se sumó el pago de los intereses a la deuda externa a la que se destinó la totalidad de los saldos comerciales positivos de los últimos años.
— Agreguemos que en estos últimos 15 años al igual que en décadas anteriores se continuó con la remisión de divisas, la legal –v.g licencias que en verdad son formas de encubrir utilidades punibles impositivamente– y las que resultaron de la economía negra, de la sobre y subfacturación. Esta dinámica de las empresas la hicieron resguardando el funcionamiento "blanco" en el país; y en algunos casos sino podían hacerlo le endosaron el falso quebranto al fisco. Se habla de 40.000 - 50.000 millones de dólares depositados en la banca internacional, por argentinos residentes en el país; y de 4.000 a 5.000 millones de dólares existentes en el interior, suma esta última que cuadriplica la masa monetaria (M1). Asimismo lo dicho hace pensar que el PBI calculado oficialmente no es real y que la productividad del capital no es tan baja; aunque ese "plus" de productividad es invisible para el fisco, obras sociales y demás recipiendario de los aportes patronales normales al sistema; y además esa productividad se transforma en acumulación no reproductiva, que en su casi totalidad se evade como atesoramiento en divisas transformándose en acumulación productiva para el extranjero.

— **Cada uno de nuestros grandes empresarios aplica en sus empresas normas elementales de severidad administrativa y de gestión. Ese es el marco de la actividad cotidiana y la dirección la convalida en cada acto con rigor y continuidad. De tal manera que los grandes empresarios tenían plena conciencia de que cada decisión del sector público que los beneficiaba arbitraria y selectivamente, marginaba las sanas normas y preceptos –que defendían en sus propias empresas– y contribuía a crear formas de gestión que necesariamente conducían al desquicio de la administración pública y formas de dirección y ejecución corruptas.**
— 15 años en los cuales se consolidó lo que podríamos decir "la corrupción institucionalizada en la gestión de la sociedad".
— *¿Cómo pensar que era posible adecuar la estructura de precios relativos al mercado mundial, o bajar a sus niveles las tasas de inflación, sin considerar que en esencia estaban determinadas por las formas objetivas de obtención de rentas y beneficios de los sectores claves y dominantes en el desenvolvimiento del país?*

Julio de 1989, ¿la última carta?

El presidente Dr. Menem y sus colaboradores han reseñado la estrategia económica –en verdad también política y social– que ampara su gestión. Lo conocido en sus enunciados no difiere en su esencia de los objetivos que las clases dirigentes, a través de los personeros de turno, se dieron en cada volver a empezar, luego de un renovado agravamiento en la crisis a que empujaron al país.

Desde ya la situación no es la misma. El país, su pueblo, pagó un tremendo costo económico, social y político, debido a la constancia durante años de la recesión, la descapitalización neta, el deterioro de las infraestructuras de transporte, sanitarias, de comunicaciones, de salud pública, de vivienda y educación. Es común comparar la situación actual con la devastación de una guerra. Desde la crisis de los años 30 no se vio semejante agravio a las más mínimas exigencias, como la eliminación diaria de capas numerosísimas de la población.

De las diversas fracciones de las clases dirigentes que ejercieron el poder a través de dictaduras y gobiernos constitucionales, hoy una de ellas lo asume públicamente. Quizás ello simbolice la gravedad de la crisis; ya no podemos hablar de poder formal y poder real, hoy están identificados. La historia dirá si el Sr. Presidente, para el caso que no se cumplan las expectativas formuladas en su libro *La revolución productiva*, ejercerá el poder político que la Constitución Nacional le asigna. Las encuestas de opinión revelan un apoyo mayoritario a su figura. ¿Esperanzas?, ¿necesidad?

Como marco que haga posible el cumplimiento del programa, se apela a la Unidad Nacional y se señala que todos los sectores deben resignar algo, dando la idea de una común responsabilidad. Esto ya es un mal comienzo, con ello se distorsiona el análisis y se le quita rigor. Hay sectores que se han beneficiado con lo acontecido, algunos que han mantenido sus niveles de ingreso y otros que han sido brutalmente agredidos.

Los primeros fueron quienes influenciaron en las políticas seguidas por lo que fueron únicos responsables, y el resto ha sido receptor pasivo, o impotente de sus desgracias.

Es común leer o escuchar de los analistas más serios, recalcar que la factibilidad de concretar en esta oportunidad las "transformaciones necesarias" descansa en el carisma, o poder de convocatoria del Sr. Presidente, es decir que pueda mantener consenso en el pueblo y seguir adelante con las estrategias y sus objetivos. Pero, lo señalado hasta aquí indica que son las grandes empresas quienes tienen que estar dispuestas a sacrificar sus arbitrarias prerrogativas. El pueblo ya dio lo que puede dar y lo que le pueden sacar en más no resolverá ya los problemas del capitalismo.

Sin embargo no se trata sólo de señalar culpables, ni es una mera polémica político-ideológica. Desentrañar responsabilidades y responsables nos permite precisar la no disposición de los diversos sectores dirigentes a resignar intereses o "hábitos"; 30, 40 o 50 años de nuestra historia lo evidencian.

No puede ser casual o mera conjunción de circunstancias lo que ha conducido a la conformación del gabinete.

Las clases dirigentes o más precisamente un grupo altamente representativo –agro, agro-industria, productos intermedios, petroquímica textil, trasnacional exportadora–, de nuestra estructura económica se hizo cargo del manejo económico. *Antes intentaron todo, faltaba tratar de lograr la reestructuración de la economía y sociedad argentina con el único partido que podría lograr consenso en la clase obrera, a la que consideran el sector que mayor resistencia ofreció siempre.*

En lo que hace a la confrontación social hay habilidad en la intención, pero se equivocan al no apreciar el freno que siempre se manifestó en los intentos anteriores, constituido por los rasgos específicos en que se ha desenvuelto el sistema.

Entre quienes hoy dirigen la política económica y quienes la influencian están los que impulsaron y se beneficiaron con:

- Las diversas licuaciones selectivas de pasivos.
- La ley de rehabilitación de empresas de Krieger Vasena por la que el Banco Nacional de Desarrollo y la Caja Nacional de Ahorro compró acciones de las principales empresas del país, que fueron vendidas posteriormente a sus ex propietarios por Martínez de Hoz.
- La estatización de la deuda externa privada y los seguros de cambio.
- Las contrataciones públicas que multiplicaron el costo de las Administración Pública y de sus empresas.
- Las sobre y subfacturación del sistema tributario. Con promociones que significaron que de hecho el erario público pagó las grandes inversiones del sector privado.
- La perversidad del sistema financiero. Fueron quienes en estos años han ganado más especulando que en la producción.
- Toda política de precios, en congelamiento y con precios libres. Manejaron precios, ofertas y por ende el mercado.

No es casual que el economista norteamericano Sachs, antes de esbozar su estrategia ortodoxa, afirmara la imprescindibilidad del retorno de los 40.000 millones de dólares que se llevaron del país, que se terminara con la evasión impositiva y se demorara el pago de la deuda externa. Basta un mínimo de honestidad intelectual para apreciar que en las diversas formas de evasión impositiva y en la salida de divisas que se restan a la potencial acumulación **productiva, encuentran explicación en gran parte del déficit fiscal, el deterioro del sector público, la perversidad del sector financiero y, en fin, la catarata de condicionamientos señalados.**

Al señor Sachs le faltó –lo atribuimos a la limitación ideológica de clase– precisar que su elemental exigencia se corresponde con una dinámica de acumulación de renta agraria y beneficios en la industria, comercio y finanzas que se concentró y acrecentó en todas las coyunturas vividas, sin que se haya logrado estabilizar la gobernabilidad del país.

LA DESREGULACIÓN ACRECENTÓ LA OLIGOPOLIZACIÓN E INFLUENCIA EN EL DESENVOLVIMIENTO ECONÓMICO

El Dr. Menem al asumir el gobierno en su mensaje al Parlamento no dejó lugar a dudas acerca de la intención de tomar las medidas necesarias que posibilitarían la anhelada y promocionada, desde hace décadas, reestructuración y modernización del país.

Se afirma que con la aprobación de las leyes de emergencia económica y de reforma del Estado se crearían las bases para la transformación de las instituciones. Pero, a nuestro juicio, no cambiará lo que fundamenta las actuales reglas del juego: las instituciones que hay que modificar tienen que ver con una dinámica que trasciende el campo en amplitud y profundidad lo que esas leyes han de legislar.

En esencia las leyes quitan prerrogativas al Parlamento que las cede al Ejecutivo. Se señala que se hace para agilizar las reformas buscadas y se la justifica con las complicaciones del quehacer parlamentario.

Es un tema de debate en los PCD, particularmente en tiempos de crisis y cuando los economistas buscan responsables para justificar los fracasos; sin embargo debido a las tradiciones institucionales de las democracias burguesas y/o a la acción de los partidos de la izquierda, las clases dirigentes y sus partidos terminan buscando otros atajos para obviar la confrontación parlamentaria dando lugar a la necesaria mediación entre sectores y, aunque se termine privilegiando a algunos de ellos, se lo hace dentro de un equilibrio que preserva la estabilidad del sistema.

De ahí lo justo de la visión del Estado como defensor de sus intereses generales.

En nuestro país directamente se debilita al Poder Legislativo, con ello se forja un funcionamiento institucional similar a los dictatoriales posibilitando que empresas, o fracciones de la clase dirigente, disputen un reparto de prebendas dentro de las organizaciones del Estado sin control parlamentario; con lo que al consolidar una gestión perversa de la sociedad que sigue reemplazando al equilibrio de poderes de las democracias burguesas, ha de continuar la inestabilidad.

Hay varias señales que avalan lo dicho.

— El colchón de precios que constituyeron las empresas líderes ante el acuerdo pactado con el Dr. Rapanelli y antes de la aprobación de las leyes mencionadas, atenta contra la posibilidad de avanzar en la estrategia y en la conformación de una estructura de precios relativos, porque la pugna distributiva ya está entablada y tiene ganadores, que son los de siempre, y como me he reiterado, son los mayores perturbadores de la economía del mercado. Ya con ello es, como se suele decir, más de lo mismo.

— **El gobierno ha decidido la privatización como medida clave para desregular y terminar con el "intervencionismo" y la "estatización".**

Vito Tanzi, funcionario del FMI, dijo al respecto:

"Al referirse a las privatizaciones, Tanzi se mostró muy cauteloso. A pesar de declararse partidario de su concreción, también sostuvo que 'la empresa pública bien manejada no es un problema' y que por el contrario puede significar una fuente de recursos en la medida que sean rentables. Asimismo, señaló que 'no hay que privatizar un monopolio'." (*El Cronista*, 18 de agosto de 1989, página 16)

La reflexión de Vito Tanzi evidencia que con la privatización se asegura su racionalización. Y tiene sentido porque siendo un celoso defensor del sistema considera que los problemas de su desenvolvimiento no pasan por ahí. Vito Tanzi representa una línea dentro de economistas del establishment. Tiene la experiencia que las empresas públicas se desempeñan muy bien en Austria, República Federal Alemana, Suiza, Bélgica, Italia, Francia, España y en muchos P en D como Brasil, Venezuela y México.

La comparación con esos países nos indica que lo que sucede en empresas similares en la Argentina tiene que ver con su gestión y para nada con la propiedad. (Para mayor información ver *El Estado y las empresas en la economía argentina* de Leonardo Bleger, Editorial Amalevi.)

Lo que se conoce de la forma de privatizar habilita a pensar que monopolios privados reemplazarán a los monopolios públicos.

El Dr. Cavallo en el libro citado dice (pág. 169):

"Es realmente paradójico que mientras se publicita la supuesta 'desmonopolización' de la prestación de los servicios públicos se estén 'monopolizando' las contrataciones del Estado, siendo que la experiencia nacional y mundial demuestra que es mucho más fácil utilizar la competencia y la transparencia para reducir el costo de las contrataciones estatales que crear condiciones de verdadera competencia en las prestaciones de los servicios públicos".

Privatizar las empresas del sector público implicó e implica reducir la participación estatal desde el punto de vista patrimonial, pero incrementa su actividad como órgano coactivo ya que hizo y hace uso de su poder para acrecentar y afianzar el de los monopolios. **De esa manera podemos decir que con la privatización la actividad del Estado alcanza su grado máximo en favor de los sectores más retrógrados del gran capital y del capital financiero internacional.**

No desaparece la regulación estatal monopólica. Cambia de forma, pretendiendo con ello preservarla de la lucha de clases.

A los actuales oligopolios se sumarían los que surgirían de la privatización –que con casi seguridad no implicaría que aumenten en número en cuanto grupos propietarios; los mismos grupos tendrían más empresas. De tal manera continuará el manejo de la oferta y de los precios en una economía más oligopolizada que la actual. Las empresas extranjeras remitirán con mayor libertad sus utilidades y a las cuales se sumarán las que resulten de la gestión de las empresas públicas que se privatizarán. Desaparecerán los espasmódicos tarifazos y aumentos de precios: sus nuevas magnitudes contendrán permanentemente la rentabilidad esperada en dólares.

La influencia que han de ejercer quienes manejan precios de insumos y tarifas esenciales en nuestra estructura y superestructura, al regirse por criterios de rentabilidad de los dueños de los paquetes de las empresas, ha de ser negativa para la estructura de precios relativos. Han de constituirse en nuevas formas corruptas de gestión. Recordar lo sucedido con la CHADE, o los negociados con la carne en la década del 30. El Dr. Cavallo da un ejemplo al respecto, con los ferrocarriles, cuando eran privados e ingleses:

"Los ferrocarriles se comportaron en la Argentina típicamente como una corporación que se valía de su acceso a los poderes públicos y de los poderes que había conseguido tomar del Estado, para hacer políticas que en aquella época los agricultores criticaban. Los ferrocarriles cobraban, vía la tarifa para el transporte de los granos, lo que hoy el Estado cobra vía las retenciones". (Pág. 195)

— De la reforma financiera ni se habla, o se afirma que se posterga para cuando se logre la estabilidad, siendo que ella constituye un pilar que la posibilita.

— La reforma tributaria se trataría en septiembre, pero ya se evidencia disparidad de criterios y la información aparecida da cuenta de que el proyecto de la ley consolidaría la regresividad del sistema actual, ampliación de los impuestos al consumo y disminución del porcentaje a gravar por ganancias.

Vito Tanzi en materia impositiva propuso una escala del 10 a 40% de impuesto a las ganancias y el impuesto a la tierra para eliminar todo tributo a exportación.

Un informe del Banco Mundial ubica a nuestro país en el penúltimo lugar en cuanto a la incidencia del impuesto a las ganancias sobre el total de ingresos tributarios.

Continuará la renta agraria; creciendo lo que de ella se apropian las trasnacionales exportadoras si se concretan las privatizaciones de ciertos tramos ferroviarios que sirven a los puertos y, más aún, si se privatizan estos últimos.

Se acrecentará la renta petrolera, también en dólares.

Aumentará la arbitrariedad debido a la mayor concentración de la gestión pública en el Poder Ejecutivo porque las leyes consolidan lo que antes permitían las leyes presupuestarias anuales, o decretos específicos: v.g. capitalización de deudas, avales del Tesoro.

El poder que hoy ejerce el sector oligopolizado a través del sector público, lo ejercerá acrecentado y directamente con lo que aumentará la exacción de plusvalía que se concentraría en su seno.

En lugar de descentralización de decisiones, o de atomización por "la acción de miles de agentes económicos individuales", como pretende la teoría-ideología dominante, las decisiones serán más concentradas y centralizadas. A la respuesta posible que el capitalismo funciona así y lo hace mejor, debo reiterarme acerca de cómo se ha dado y se da en nuestro país, en lo que la manipulación por los monopolios de ofertas, precios y, por ende, mercados, les ha posibilitado mayores ganancias, pero ha perturbado el desenvolvimiento general.

Integración a la economía mundial, reestructuración y modernización, considerando el desarrollo de las fuerzas productivas son necesidades objetivas que no han sido satisfechas por las estrategias experimentadas que no pudieron superar lo que condicionó nuestro desenvolvimiento.

Hoy, como nunca antes, se requiere una política independiente de los centros internos y externos de poder, para poder llevar adelante la integración, reestructuración y modernización pero en interés del país y su pueblo. Estrategia hasta hoy no probada.

Me reitero, es errado considerar el pasado y atribuirlo a errores e incapacidad de los equipos gobernantes, o al resultado de las acciones de tal o cual persona.

Todo lo dicho, circunstancias, hechos, personas con poder político, conductas empresarias, evasión o ilícitos, debilidades, traiciones, formas de búsqueda de beneficios de los sectores agrarios, industriales, comerciales, financieros, la ineficiencia de las empresas estatales y de la administración pública, la no integración geográfica, la crisis de las economías regionales, la inestabilidad económica y política, las políticas desestabilizadoras, la deformación ideológica de nuestros militares, la deuda externa, TODO CONFORMA NUESTRA CRISIS.

Se mezcla lo estructural con lo superestructural pero ello no es un artificio ideológico para justificar una posición, es nuestra realidad, la realidad de hace décadas. Hoy agudizada.

Lo anterior ha resultado de un desenvolvimiento económico y tuvo y tiene un límite en la propia estructura de la producción agraria e industrial, en la magnitud y destino de la acumulación y en el entorno internacional, consecuencia no sólo de las contradicciones inherentes a las relaciones de producción capitalistas, sino a las propias de la dependencia y en ella a las específicas de nuestros país. De ello surge que su desarrollo está condicionado a un cambio radical.

Es nuestra visión, pero como no puede ser de otra manera, las clases dominantes se hallan empeñadas en manipular la crisis a su favor buscando salidas y acrecentando beneficios.

Sin embargo la historia de las últimas décadas pone en evidencia la imposibilidad para resolver los problemas del país tanto de la burguesía local con identidad clasista con el capital extranjero, como de la burguesía nacional. Esto es un hecho, un dato insoslayable de la realidad. No considerarlo es ideologismo acientífico.

Para opinar acerca de si el actual gobierno podrá lograr lo que ningún otro gobierno consiguió es necesario tener en cuenta que:

— La estrategia es la misma.
— El poder y su dinámica que está en la raíz de los condicionamientos sigue actuando como siempre.
— Los intereses y la planificación de las TN siguen rigiendo los flujos y las pautas del comercio mundial al que nos empujan a integrarnos.
— La banca TN y el FMI nos exigen el pago y la capitalización de la deuda con lo que entregaríamos empresas productivas estatales y privadas a cambio de una deuda conocidamente impagable, aún por el mismo gobierno, y éste en lo concreto ha pergeñado la legislación que ampararía la legitimación de la ilicitud y el despojo.
— El desenvolvimiento de los PCD los incita junto a sus TN a mayor rapiña y voracidad.
— La crisis estructural y superestructuaral se ha profundizado y ampliado con la política seguida en estos años. Son ya 45 años y el país está cada día más hundido en la crisis, más subordinado, más dependiente, sin que el sistema pueda mostrar un sólo logro.

Las medidas tomadas y enunciadas expresan la voluntad de hacer caer la reestructuración en las espaldas de la clase obrera, sectores de ingreso fijo y sectores medios. ¿Tienen esos sectores capacidad de transferencia de ingresos y voluntad conciliadora para pagar? 1) La alternativa que fracciones de las clases dirigentes sean las que cedan prerrogativas profundamente enquistadas en sus estructuras de ácción y pensamiento, difícilmente se concrete. 2) Mayor endeudamiento público para pagar el ajuste es imposible.

REFLEXIONES CON RESPECTO AL DEVENIR

Como síntesis, me permito la siguiente reflexión:

Del camino real de un país capitalista dependiente ha resultado que, sin haberlo recorrido en su totalidad, haya surgido, como necesidad objetiva, la exigencia del inicio de un cambio en las relaciones de producción porque éstas bloquean el desarrollo de la sociedad en su conjunto. Y mientras esa transformación no se inicia, el país vive de crisis en crisis –al margen del ciclo– debido justamente al empeño de las clases dirigentes en impedirla. El camino clásico –capitalismo monopolista que da paso al CME– está deformado desde el inicio y aún el crecimiento y la modernización de las fuerzas productivas no hace más que agravar la crisis.

Si seguimos mirando nuestras posibilidades desde el punto de vista del desarrollo de las fuerzas productivas haciendo abstracción del país concreto, que es lo que está implícito en las propuestas de reestructuración y modernización, seguiremos inmersos en la crisis, como suficiente y probadamente lo evidencia nuestra historia.

Nuestro problema nunca radicó en nuestras posibilidades concretas y realizables. Nuestro problema radicó en aquello que imposibilitó el desarrollo franco, sostenido, integrador del país.

Cuando hablamos de crisis, de imperialismo, de dependencia interna-externa, de oligarquía agraria, industrial, bancaria, de capital extranjero, de la "incapacidad" de la burguesía para sacar al país de la crisis, no hacemos ideologismo, estamos observando y sacando conclusiones de 50 años de historia argentina.

La alternativa imaginada y promovida por el gobierno, de reestructuración y modernización dentro de los cánones y condicionamientos que han limitado y deformado nuestro crecimiento servirá para acrecentar la vulnerabilidad económica y política del país, y el sacrificio de nuestro pueblo seguirá satisfaciendo las necesidades y los apetitos de las TN y de la gran burguesía.

La política económica en curso va a poner al rojo vivo las contradicciones de nuestra sociedad y se van a agudizar los conflictos de clase y fracciones de clase. Su discrecionalidad en favor de sectores dominantes minoritarios ubicará objetivamente en la oposición a la enorme mayoría de la población.

A su vez en el ámbito político llega la hora de la verdad. La realidad acorta los tiempos de la demagogia y de los mensajes de los comunicadores sociales del sistema. Un campo amplio y fértil se abre para la confrontación política fundada en los conflictos sociales antedichos.

El frente de izquierda tendrá una acrecentada receptividad si, inmerso en el seno de las masas las acompaña, organiza y politiza en las luchas por reivindicaciones inmediatas sentidas por la clase obrera y el pueblo y otras que confluyen con las anteriores en la defensa de la independencia económica, soberanía política y justicia social y que motivan adhesiones de sectores medios que posibilitan alianzas más amplias.

Desarmar la estructura del poder es una exigencia ineludible a satisfacer para nuestro desenvolvimiento económico y, al poner en primer plano a los responsables de nuestra situación, quitarles el poder que ejercen, es la única forma de profundizar en el proceso de democratización y de saneamiento de la economía y sociedad argentina. Ello implicaría encaminarnos hacia la superación de los condicionamientos y la ruptura de la dependencia-subordinación interna-externa.

REFLEXIONES ACERCA DEL PLAN DE CONVERTIBILIDAD *

Este trabajo, planteado como una reflexión y desarrollado en esquemas, pretende relacionar pasado y presente de las concepciones económicas tradicionales en la Argentina y demostrar su continuidad a través de los diferentes actores y circunstancias.
Enfatiza la presencia de un protagonista al que siempre se disocia de lo que debería ser su unidad conceptual: asalariado - productor - consumidor.

Existen ciertas concepciones inhibitorias que perjudican el análisis de nuestra realidad. Destacamos dos: no hablar del pasado y tampoco de la crisis de la sociedad argentina (que se da por conocida). La justificación de tales afirmaciones es que la gente quiere propuestas de alternativa y no continuar escuchando diagnósticos y opiniones opositoras. Una cosa no invalida la otra. Aún con semejante carga nos permitiremos emitir algunas opiniones sobre la base de escritos de economistas libres de toda sospecha.

¿Por qué es necesario revisar el pasado?

Partir del presente como un dato de la realidad sin analizar el pasado, confunde acerca de las causas y responsables. No tener en cuenta el pasado impide analizar las razones que determinaron el desenvolvimiento de nuestro país y, al mismo tiempo, impide utilizarlas para precisar un análisis riguroso acerca del presente y proyectar un futuro.

¿Qué cambiar, como cambiar y con qué motorizar el cambio? Si consideramos la concepción de crisis estructural y superestructural que viene de decenas de año, al precisar sus rasgos podremos señalar qué cambios se han producido como resultado del Plan de Convertibilidad. Y si ellos son suficientes para superarlas.

Cuando decimos estructural hablamos de economía y cuando decimos superestructural hablamos de ideas, partidos políticos, hábitos culturales empresarios, instituciones de la república.

En cada momento de nuestra historia y con todos los planes económicos se privilegiaron siempre los intereses de los sectores dominantes.

Se trata de demostrar que la forma de acumular, consumir y crecer de esos sectores es contradictoria con la lógica de autocrecimiento del capital y por tanto ha sido la causa fundamental de nuestra crisis y de su especificidad.

---

* Publicado en "Realidad Económica" N° 124, mayo-junio de 1994.

Nos remitiremos a un ejemplo reiteradamente expuesto, suficientemente explícito y aleccionador.

Dornbusch y De Pablo (1984) señalan, citando a Abreu, quien resume la política de la década de los '30 negociada en el acuerdo Roca - Runciman de 1933:

> "La política económica externa de la Argentina de los años '30 fue definida bajo las fuertes presiones implantadas por el bilateralismo británico. Dados los fundamentos políticos de la concordancia, las concesiones argentinas tuvieron una forma que favorecía claramente los intereses ganaderos, en detrimento del interés nacional. A largo plazo, esta política tuvo costos en términos de un crecimiento más lento de la economía, y especialmente de la industria, del que hubiera tenido si hubiese hecho menos concesiones para con los intereses británicos."

Ello revela que fueron los intereses de los ganaderos los que siempre decidieron, y no una teoría económica. En otro sentido, que la concepción de la dependencia no es una creación ideológica.

Precisemos algunos de los rasgos que constituyen la crisis estructural y superestructural.

- El Estado comienza a jugar un nuevo papel en nuestro país con políticas económicas y monetarias deliberadas, ya en la crisis de los '30 y fundamentalmente en la posguerra. Si bien se da al mismo tiempo que en el mundo desarrollado, hay una diferencia esencial.
  En nuestro país surge un estatismo que aún en los sectores en los que desarrolla su intervención, no produce la calidad y la magnitud de los efectos positivos que genera en los países desarrollados, conformándose un sector público burocratizado, corrupto y corruptor. En aquellos países el sistema capitalista y la economía concurrencial, aún con sus limitaciones, les había permitido integrarse a su interior. En nuestro país si bien surgieron por necesidades concretas de sus clases dominantes, las políticas deliberadas y diversas regulaciones estatales comenzaron tempranamente con manejos corporativos y coincidentes con un golpe de Estado que interrumpió el funcionamiento de las instituciones de la república.
- Crecimiento de la industria siguiendo pautas de consumo similares a los países metrópolis en un país no integrado económicamente, ni geográfica ni socialmente. (Ver los aportes de Raúl Prebisch, para apreciar la influencia en nuestra crisis de la forma en que surge "la sociedad de consumo", su carácter y actuación de los "agentes dinámicos".)
- Corrupción en las relaciones económicas entre el sector público y el privado.
- Perversión desde el punto de vista de la lógica del capitalismo en la dinámica de acumulación, ahorro, inversión, y en el juego de las leyes del mercado.
  Poca inversión y reinversión; gran porcentaje de inversión en construcciones de balnearios, quintas y en el extranjero que absorbieron buena parte del ahorro.
  Acumulación y ahorro en divisas.
  Gran oligopolización de la economía
- Ineficiencia y pobre competitividad.
- El proteccionismo regresivo dificultó el desarrollo, ya que los empresarios no lo usaron para acumular y crecer al interior de las empresas, sino en el sentido indicado arriba.

- Sistemas promocionales por tiempo indeterminado y sin exigencias de reciprocidad.
- Evasión continuada y creciente.
- Desproporción en la captación del ingreso entre los sectores productivos y los del comercio y finanzas.
- Corrupción institucional.
  El Poder Ejecutivo subordinó siempre a los Poderes Legislativo y Judicial.
  Hubo dictaduras militares e ilegitimidad durante 53 años, con excepción de los gobiernos de Perón y Alfonsín (Frondizi e Illia fueron elegidos en comicios en los que el peronismo estuvo proscripto).
  Los partidos en el gobierno perdían legitimidad a poco de asumir, por promesas incumplidas.
- Falta de credibilidad de la sociedad.
- Todos los planes fueron cortoplacistas y nunca superaron la coyuntura, aún cuando prometían al inicio una "revolución libertadora, la Argentina potencia, la revolución productiva, o con democracia se vive, se come, se educa".

En el marco de cada uno de esos planes los sectores oligopólicos dirigentes y dominantes acumularon y se enriquecieron en tanto la crisis se profundizaba.

La lectura atenta de lo anterior permite destacar que con excepción de los logros en la disminución de la evasión tributaria, el resto de los aspectos señalados siguen vigentes.

Crisis y causas

Algunas causas puntuales de nuestra crisis, independientes de su secuencia temporal:

- Abandono de una política de transporte ferroviario para el país, que significó un aspecto importante en el costo argentino; implicancia para la exportación de transportar a lo largo de 1400 Km azúcar por camión; inexistencia de vagones graneleros para llevar la producción al puerto; similar situación con el vino. No son apreciaciones ideológicas. Lo mismo podemos señalar respecto de la pobre red de subterráneos (en *Clarín* del 19 - 5 - 94 se destaca que se derrochan 2000 millones de pesos por año por el caos en el tránsito).
- Estatizaciones de empresas por presiones empresarias.
- Manejo burocrático y corrupto del sector público.
- Diversas licuaciones de pasivos. Por ejemplo, la ley de rehabilitación de grandes empresas promulgada por Krieger Vasena. Similar implicancia tuvo la actitud de Cavallo, aunque la justificara destacando que fueron medidas generales. A pesar de ello dictó el decreto de "salvataje de empresas" con más de 500 operarios y con deudas fiscales y previsionales (ej. San Martín del Tabacal e Indupa).
- Avales por miles de millones de dólares nunca recuperados.
- Estatización de la deuda externa.
  La deuda externa implicó un 65 extra del PBI, que el Estado debió financiar (ver Dornbusch y De Pablo, 1984).
- Seguros de cambio del Banco Central, que significaron una transferencia inaudita a algunos cientos de empresas.
- Quebrantos bancarios asumidos por el Banco Central.

Sucesivos planes de lucha antiinflacionaria basados sobre políticas de restricción monetaria, bajos salarios y no inversión, despreciando las experiencias fracasadas.

Dornbusch y De Pablo destacan la interacción de los déficit, el servicio de la deuda externa, la devaluación real y los mercados financieros con la emisión de moneda y la explosión inflacionaria de 1981 - 84, al igual que su importante papel en lo que a mantener la inestabilidad macroeconómica se refiere. Y así siguió ocurriendo después.

Déficit, deuda, devaluación, emisión de moneda e inflación, una secuencia reveladora de las verdaderas causas de las explosiones de las crisis. Conocidas por todos los ministros de economía.

Ejemplos que abarcan 60 años y que, como otros, condicionaron nuestro desenvolvimiento económico y sociopolítico.

Al comienzo hablamos de crisis estructural y superestructural. Estas se evidenciaron finalmente en un proceso de decadencia, sin hablar que sus comportamientos posibles en la realidad concreta fueron mucho más pobres que en el resto de los países en desarrollo.

Podríamos decirlo de la siguiente manera:

Al plasmarse un desenvolvimiento industrial asentado, en buena parte, sobre la producción de bienes de consumo durables para sectores de gran poder adquisitivo, y orientada la acumulación al consumo superfluo o a la inversión con ese sentido, necesariamente marchamos a una encrucijada.

Un crecimiento estable necesita para desarrollarse de una demanda interna creciente que entraña un poder de compra masivamente extendido. Asimismo requiere continuadamente mayores importaciones de materias primas, productos semielaborados, máquinas y equipos más sofisticados que el país no produce. Lo primero implicaría movilidad social ascendente, incremento constante del salario real y de la ocupación, aumento del consumo de sectores medios; lo segundo, agro e industria con excedentes exportables que satisfagan las necesidades de mayores importaciones, todo conjugado con relaciones internacionales equitativas. A su vez lo anterior solo es posible con una productividad creciente, para lo cual la plusvalía acumulada debe ser reinvertida en el país.

Finalmente, el Estado debe tener finanzas sanas, por lo que tiene que contar con un sistema tributario asentado fundamentalmente sobre las ganancias.

Las señaladas son pautas para un crecimiento estable en un país capitalista, interrumpidas durante las crisis cíclicas. En el nuestro no se dieron a lo largo de décadas; hubo una crisis reptante, continuada, que se agravó con el tiempo y que se manifestó en la recurrente inestabilidad política y en la siempre creciente inestabilidad económica.

"Hacia una economía de mercado"

FIEL (1990) compara planes de reforma de diversos países, analizando comportamientos acordes con la concepción neoliberal. Aunque se refiere a experiencias argentinas anteriores al Plan de Convertibilidad, es útil para conocer el criterio de la entidad acerca de qué se debe hacer, qué se hizo y permitirnos comparar con lo que ha hecho y hace Cavallo.

Las políticas proclamadas tenían como objetivo:

1. Apertura económica.
2. Reforma del estado.

3. Solidez de las finanzas públicas.
4. Estabilidad del tipo real de cambio.
5. Flexibilidad en el mercado laboral.

1. Apertura económica

Sus objetivos fueron:

- Inserción competitiva de la Argentina en los mercados mundiales.
- Adecuación de los precios relativos al interior del país con los precios en los mercados externos.
- Liberalización en el intercambio de bienes y capitales.
- Disminución de aranceles y de formas de protección de la producción nacional.

FIEL señala la necesidad de que la liberación arancelaria sea precedida por la promoción de exportaciones, aspecto que el plan de Cavallo no consideró. Y agrega, refiriéndose a otro plan: "La apertura debía llevar a un cambio real más alto, que no se dio por el déficit fiscal y el incremento de los gastos públicos."

Hoy, sin déficit fiscal, con claras señales de irreversibilidad de las políticas y con privatizaciones, la apertura no se ha manifestado en el cambio real más alto que esperaba el equipo económico y se produjo un retraso cambiario. Al no concretarse la deflación esperada y en el contexto de crisis, en definitiva no resuelta, se produce una perturbación en la economía que puede llevar al fracaso del plan.

A continuación, FIEL se detiene en "los resultados y costos de la liberación comercial"; destaca como resultados principales a lograr, la aceleración del crecimiento económico y ganar eficiencia en las actividades económicas:

> "Ganar eficiencia significa liberar recursos de industrias protegidas y estancadas para su uso en industrias competitivas y dinámicas. Se trata de importar más bienes de capital para que crezca la capacidad instalada y por lo tanto aumenten el consumo y la exportación. Se trata también de importar los bienes finales que un país no está en condiciones de producir eficientemente a cambio de mayor producción y mayores exportaciones de los sectores más competitivos".

En abstracto no se puede discrepar con FIEL. Sin embargo, la realidad es distinta. FIEL reconoce que:

> "Durante el cambio se producen costos, que se deben a la imposibilidad de transformar todo el capital existente en una actividad que se abandona, para ser utilizado en otra actividad que se inicia y la dificultad transitoria de adecuar el perfil de la mano de obra a las necesidades de su nueva demanda".

No son los costos: son dificultades imposibles de superar. Podemos sintetizarlas en dos aspectos que la teoría neoliberal nunca tiene en cuenta: a) el tiempo que transcurre entre la toma de decisiones y el logro del objetivo buscado; b) el no considerar la actitud de los empresarios (vg. cuando se abrieron mercados se incrementó la importación y no se invirtió para mejorar la productividad en los sectores de bienes transables). Los empresarios toman decisiones en función de lograr lo antes posible la mayor rentabilidad. Circunstancia que se agrava cuando el estado pasa a tener un papel aparentemente pasivo que impide la existencia de una estrategia industrial.

Las afirmaciones de FIEL se podrían concretar si todos los empresarios tomaran las decisiones correctas, los factores de producción se movilizaran en el sentido apropiado y si todo se diera en un instante.

La apertura económica sirvió y sirve para una selección industrial en la que ciertas empresas quiebran y otras crecen y se consolidan en razón no de su eficiencia o productividad, sino de factores como acceso a créditos baratos o posibilidades de manipulación de precios.

Tanto la estructura agraria como la industrial dificultaron los procesos de apertura: confrontaciones entre ambos sectores en torno a la necesidad de la industria de tener bajos precios de los bienes que conforman el salario de sus obreros, con la del agro de tener precios altos para los mismos bienes ya que conforman su rentabilidad; relaciones entre tipos de cambio, devaluaciones, inflación, magnitud de la demanda, costo industrial, baja productividad debida a la falta de competencia externa, todos aspectos que se retroalimentan y son parte de la crisis.

El crecimiento se dio en sectores que abastecen al mercado interno, que por las políticas aplicadas empequeñecía continuadamente, con grandes subvenciones y altos costos para el fisco. Por ejemplo: siderurgía, petroquímica, papel, no fueron decisiones de mercado; resultaron del poder *lobbista* de esos sectores. Cavallo (1989) criticó como economista aquello que hoy hace como ministro.(*1)

El desenvolvimiento de la economía se dio de tal manera que a pesar de los enunciados, a poco de andar los planes la moneda nacional se apreciaba y las condiciones creadas eran contrarias a las posibilidades de la exportación.

Asimismo se terminó siempre alentando el consumo de bienes terminados y desalentando la inversión y el ahorro. Todas circunstancias que se reiteran con el plan Cavallo.

Consideremos igualmente el proteccionismo de la CEE, el Japón y los EUA con carnes, granos y productos agroindustriales y, resumiendo, las relaciones asimétricas inequitativas en el intercambio de bienes, tecnología y capitales.

2. Reforma del estado

Privilegió al mercado como asignador de ingresos. El estado renunciaba a toda política y estrategia industrial y a toda planificación, aún indicativa. Una política económica no racional y totalmente ideologizada.

Según FIEL (1990) las medidas que satisfarían el objetivo anunciado son:

A. Privatizaciones (la más trascendente).
B. Racionalización al interior del estado.
C. Disminución del gasto en la atención de las demandas sociales.
D. Incremento de la recaudación fiscal.

El conjunto contribuiría a un menor presupuesto.

A) **Los objetivos de las privatizaciones** (pág. 59):

1. Mejora en la eficiencia económica.
2. Despolitización en la toma de decisiones públicas.
3. Obtención de ingresos fiscales.
4. Reducción del gasto público.
5. Promoción del capitalismo popular.
6. Reducción del poder del los sindicatos.

Dejando de lado la falacia del anteúltimo punto, si bien han avanzado en el resto es poco lo logrado en el primero, en el que todos deberían sintetizarse.

En la obtención de ingresos fiscales Cavallo ha tenido uno de sus mayores éxitos debido al combate contra la evasión. Sin embargo la estrategia del plan está en los puntos segundo y sexto: eliminar la legislación social y limitar el poder sindical para que el obrero enfrente aislado a las asociaciones patronales. Con ella adecua coactivamente la realidad a la teoría dominante, que considera al obrero una mercancía más que debe quedar librada a la oferta y demanda sin perturbación alguna y, abandonando la teoría, librar de malezas el proceso de oligopolización y monopolización que surge de esas leyes.

B) **La racionalización del sector público**.

Esta medida, junto con las privatizaciones, incrementó la desocupación a un nivel desconocido y multiplicó los cuentapropistas, hecho que distorsiona la magnitud de la población económicamente activa del país.

C) **La disminución del gasto en las demandas sociales**.

El gobierno envió proyectos de leyes que tienen la misma orientación que el resto de la política: cambiar un sistema público corrupto que es corregible, por uno similar privado que no lo es.

3. La solidez de las finanzas públicas

A la lucha contra la evasión se suman logros como la eliminación de impuestos indirectos: sellos, cheques, combustibles e ingresos brutos; asimismo el Banco Central dejó de financiar al estado y equilibró el presupuesto. Aunque es necesario precisar que se equilibró con un criterio de caja.

4. Estabilidad en el tipo real de cambio

FIEL (1990) lo destaca como la variable fundamental. Al respecto Cavallo cumplió parcialmente: logró estabilizar el tipo de cambio nominal. La fijación del dólar funcionó como un corsé para los agentes económicos y obligó a las empresas a racionalizarse a su interior, disminuyendo sus costos, esencialmente por la disminución del costo salarial. Junto con la apertura limitó la suba de precios por la implicancia de los precios mayoristas en el nivel general de precios; morigeró y logró generar expectativas favorables entre los empresarios que orientan el proceso económico.

Sin embargo no podemos decir lo mismo respecto del tipo de cambio real. Hay un creciente déficit en la balanza comercial y la apertura –vinculada al tipo de cambio– trae efectos perversos para el desenvolvimiento económico futuro.

5. Flexibilidad laboral

A la reducción del poder de los sindicatos cabe agregar que alrededor de este tema se manifiesta la flaqueza primera de la teoría neoclásica: la de los factores de producción. Tal concepción es una involución respecto a la ley del valor trabajo de los clásicos, porque deja de lado la historia, ya que para esa concepción el capitalista y el capital están ahí como si hubieran surgido de un zapallo y no adelanta en la investigación de como se crea el valor; sin embargo permitió importantes avances en la microeconomía y en la gestión económica.

El capitalista que ya no es más el factor de producción/ capital, se enfrenta al obrero que ya dejó de ser el factor de producción/ trabajo. Y a partir de ahí la teoría no puede resolver el enigma del obrero productor desposeído de su producto y a un mismo tiempo consumidor.

El capitalista trata de incrementar su rentabilidad y para ello disminuye al ingreso al obrero, pero el obrero es a su vez un factor trascendente de la demanda, lo que restringe la realización de la producción. Sobrevienen las crisis; por un lado hay superproducción o capacidad de producción ociosa y por otro subconsumo y desocupación. Como el sistema está inmerso en una larga crisis, volvió sobre sus pasos y dejó de lado al Keynesianismo con su teoría de la demanda efectiva y revitalizó el neoliberalismo que, al privilegiar el poder que permanentemente surge del mercado, impone terminar con las rigideces, entre otras las del mercado laboral.

Flexibilizarlo de hecho para los obreros (en eso sí, es volver al siglo XIX) implica terminar con la legislación que los amparaba; legislación que permitió el crecimiento extraordinario de la posguerra en todo el mundo, incluido nuestro país. A pesar de su crisis, causada no precisamente por esa legislación, sino por la responsabilidad de sus clases dirigentes, tema acerca del cual Cavallo da abundantes ejemplos. Para esos sectores la flexibilización permite recuperar un poder perdido. Es la medida que faltaba para retornar a un pasado que la sociedad consideraba superado.

Armando Ribas es uno de los popes de la ortodoxia local. En un artículo (1989) escribe:

> "Pero esta reforma del Estado o la privatización de sus actividades productivas también está condicionada por la existencia de las actuales leyes laborales.
> "Es indudable que el funcionamiento de la economía sería imposible en un sistema que combinara la democracia política con la dictadura sindical.
> "La modificación definitiva del sistema sindical es pues un requisito *sine qua non* de la reforma del Estado". (…)
> "Esa modificación implica eliminar el unicato, que se apoya en la ley de obras sociales que determina la politización del salario nominal. En ese esquema las paritarias no son más que una falacia y la inflación es la respuesta posible de la democracia política ante la fuerza de la dictadura sindical".

Esas reflexiones evidencian lo afirmado antes en cuanto al significado real de la teoría (en realidad seudociencia) y las mistificaciones a que recurren: el obrero agremiado "pervierte" al factor de producción / trabajo, su lucha no es contra el empresario, atenta contra la democracia política. La legislación laboral ha conducido a la politización del salario nominal; el articulista apunta a impedir que los asalariados –ciudadanos y consumidores–, influyan en la economía. En cuanto a la utilización de la inflación como arma contra los intereses de los asalariados, produce un verdadero ejemplo de cinismo.

Con la ayuda de FIEL destacamos los objetivos de los diversos planes y sus frustraciones. Al mismo tiempo señalamos sus diferencias con el plan Cavallo. Volviendo a fines de los '80, luego de 17 años de seguir las políticas neoliberales, el resultado fue contrario a los propósitos enunciados.

Es frecuente la discusión acerca de si las políticas económicas aplicadas fueron por la presión del Fondo Monetario Internacional, o por la de los intereses internos dominantes. Es evidente que el FMI privilegia en primer lugar al sector externo al exigir pagar la deuda externa; luego el saneamiento de las finanzas públicas. Los gobiernos trataron de cumplir sus obligaciones, pero atendiendo en primer lugar los intereses de sus mandantes en el país. Es decir que la confrontación se manifiesta cuando se intenta, sin afectarlos, honrar los pagos externos y sanear las finanzas; una conjunción de políticas de realización imposible. ¿Por qué el plan Cavallo habría de resolver positivamente la confrontación?

Cavallo (1989: 159) se interroga:

> "Estamos asistiendo al fracaso de la gestión económica radical, ¿por qué ocurre siempre que las gestiones económicas tienden a fracasar? ¿Por qué terminan siempre mal los ministros de Economía, los presidentes del Banco Central, los secretarios de Hacienda? ¿Son todos tan malos, tan incapaces? ¿Pueden ser tan malas sus intenciones? Sería ingenuo pensarlo de este modo.
> "Lo que ocurre es que a cada ministro de economía, a todo presidente del Banco Central, a todos los secretarios de Hacienda les toca actuar en el marco de una ausencia total de organización económica y social."

Estamos de acuerdo con Cavallo aunque con una salvedad: no hay tal "ausencia"; como señalamos, hay una organización hace tiempo estructurada y que amparó una determinada mecánica de desenvolvimiento económico que finalmente conspiró para obstaculizar cada plan.

Las dificultades para el plan

Hay varios interrogantes:

> Las magnitudes en que pueden disminuir el costo y aumentar la productividad; es una carrera contra el tiempo, el desfasaje cambiario se puede acrecentar si no mejoran los precios relativos de los bienes transables, adecuándose a los precios relativos del mercado mundial y, con ello, sobrevenir una crisis cambiaria resultado de la continuidad de los déficit comerciales o de un cambio en la tendencia de los flujos de capitales. La incertidumbre persistirá en tanto no se cierren en forma sostenible las brechas fiscal y externa.

- Se profundizó la vulnerabilidad a los *shocks* externos, debido a que el movimiento de capitales sigue teniendo carácter especulativo. Su abundancia o no dependen de las tasas de interés fijadas en el exterior. Se incrementarán las remesas por pagos de licencias y por utilidades; y puede afectar la cotización de divisas distintas al dólar que influyen en nuestro comercio exterior.
Tenemos mayor dependencia de productos de importación –insumos terminados– y mayor presencia de capitales extranjeros, con la consiguiente subordinación a las políticas de sus casas matrices.
- Es imposible que la economía argentina pueda lograr un crecimiento sostenido sin altas tasas de inversión. Se necesitan incentivos para la inversión y su financiamiento. Si se depende de los capitales externos, vale lo dicho; si es del sector público depende de la situación fiscal.
- Desde el lado de los ingresos, consideramos que hay un margen importante para incrementar la recaudación y mejorar el altamente regresivo sistema tributario. Sin embargo no hay voluntad política de encararlo. Por otro lado, un incremento en la recaudación depende cada vez más de un incremento de la producción. El aumento de la producción dependerá de las posibilidades de incremento de la demanda interna, factible únicamente con una suba del salario real –hoy descartado– y de la demanda externa que depende a su vez de una evolución positiva de lo señalado más arriba, en relación con productividad, costo argentino y adecuación de los precios relativos de los bienes transables.
- Desde el lado de los gastos, se considera que estos no pueden bajar: las dificultades de las economías regionales se han agravado. Se han acrecentado las difíciles condiciones de capas cada vez más amplias de la sociedad, ha aumentado la marginalidad y la desnutrición. La situación de la salud, vivienda, educación, seguridad, se han deteriorado en las últimas décadas, al punto que deberían ser urgentemente atendidas por el Estado.

El gobierno ha encontrado una salida en una descentralización perversa que traslada los problemas, con excepción del de vivienda, a provincias y municipios, que por supuesto no podrán safisfacer. Aplica también en este aspecto la versión más salvaje del capitalismo.

Ni por el lado de los ingresos ni por el de los gastos, la posición fiscal está consolidada. Y menos con posibilidad de satisfacer financiamiento alguno. La estabilidad es aparente y los problemas persisten.

Una prospectiva correcta es considerar que se acumulan conflictos que necesariamente en algún momento estallarán.

Consecuencias posibles del plan

- **Reestructuración regresiva**

Modificación del tejido industrial; caída del ingreso que, dada nuestra estructura industrial y las características de la demanda, incrementarán las desproporciones de la economía y empeorarán el funcionamiento del mercado.

- **Desmantelamiento del Estado**

Disminución de la posibilidad de gestión macroeconómica. Ello conlleva a la pérdida de objetivos nacionales:

— Se profundizará la marginación geográfica; una geografía dual con centros de desarrollo conviviendo con extensas zonas sumergidas en acentuado subdesarrollo.
— Se profundizará la marginación social; una sociedad dual, con creciente concentración del ingreso en un polo superior pequeño y una gran base social de desposeídos.
— Se profundizará la marginación económica; una economía dual, con nichos de desarrollo y especialización, inmersos en una economía no integrada y dependiente en grado sumo de decisiones externas.
— El Estado se subordinó al mercado, es decir al poder que reemplaza sus leyes, dando lugar a externalidades a las cuales no puede influir.
— Se ha incrementado y consolidado la presencia de monopolios y oligopolios. Han sido esos sectores los que se beneficiaron con la perversidad del desenvolvimiento económico y los mayores frenos a todo intento transformador que no considerara sus intereses.
— Una situación social nunca es irreversible, pero el deterioro que afecta a los sectores populares es una realidad hoy. El costo social no es transferible ni obviable.
— En síntesis, quizá las consecuencias más graves del plan sean la mayor marginación social y el incremento de la vulnerabilidad y dependencia del país de los intereses externos.

Opciones políticas a Cavallo

Más arriba señalamos que todos sus antecesores sabían las consecuencias de sus decisiones y siguieron adelante con sus planes. Podemos ejemplificar con la inflación que fue siempre el objetivo a combatir.
Todos podían afirmar con Dornbusch y DePablo que "la inflación ayer significa inflación hoy" o de igual manera considerar que:

"La recesión como forma de combatir la inflación puede tener sentido en una economía donde reducciones de salarios de 2% ó 3% o similares recortes de ganancias implique reducir la inflación a la mitad".
"Cuando la inflación es muy alta o inercial no son aplicables las políticas antiinflacionarias basadas sobre el control de la demanda. Se necesitan impactos grandes y rápidos".
"Para frenar la inflación alguien debe empezar a ofrecer, o bien recortes en el margen de ganancias, o en el de los salarios reales. En la práctica no hay ningún voluntario".

Todos sabían que los oligopolios eran los principales motorizadores del proceso inflacionario.
En ese aspecto no hay distingos entre peronistas, radicales o ministros de las dictaduras.
Fanelli, Frenkel, Damill y Rozenwurcel (1989) dicen: "Hay inflación hoy porque hubo inflación ayer". "Los sectores administradores de precios pasaron de ajustarlos a la infla-

ción pasada a ajustarlos de acuerdo con la previsión de la inflación futura" (pág. 85). El desagio que se hizo en el plan Austral consideró tal afirmación: "El sector de precios administrados es predominantemente industrial y oligopólico" (pág. 87).

Para todos estaba claro que los mismos oligopolios tomaron siempre medidas acordes con sus "expectativas racionales", formando el conocido y reiterado "colchón de precios", que señaló siempre el comienzo del fracaso de todas las políticas que se encararon.

Todos saben que no hay una ley acerca de cuál debe ser el salario real en un momento dado de la economía; podríamos pensar que debería ser el adecuado para que se consuman todos los bienes que potencialmente la economía puede producir en forma creciente y estable. Pero la "teoría" se adecuó a las necesidades del sistema: se parte siempre del momento en que se lo encara, considerando, asimismo, que el porcentaje de la ganancia empresarial no solo no debe disminuir nunca sino que tiene que aprovechar en mayor grado cada aumento de la productividad.

Se hace un dogma del congelamiento, en cada momento, de la distribución del ingreso entre salario y ganancia y se orienta continuamente la distribución y redistribución del ingreso hacia los grandes sectores empresarios, justificándolo con otro dogma que establece que es necesario hacerlo así, en la medida que son esos sectores los llamados a invertir; aunque saben que todo depende, en cuanto al primer dogma, de las correlaciones de fuerza entre las clases; y en cuanto al segundo, lo hacían de cumplimiento obligatorio para los obreros pero no para los empresarios que reiteradamente, dado el entorno de crisis, en lugar de invertir especularon.

Consecuente con ello siempre se empeñaron _ y hoy lo consiguen _ en destruir las organizaciones sindicales o domesticarlas, imponiendo coactivamente bajas salariales que se manifestaron, al restringir la demanda, en una profundización de la crisis.

En otro sentido siempre identificaron estabilidad con estabilidad para los empresarios, que fueron los desestabilizadores juntamente con los gobiernos cómplices, pero no para los asalariados que fueron quienes padecieron las políticas implementadas. La estrategia de asegurar estabilidad, credibilidad y certidumbre estuvo y está orientada desde el gobierno hacia los sectores oligopólicos que siempre se manejaron con criterios cortoplacistas, de rentabilidad inmediata y con una cultura perversa que confronta aún con la propia del capitalismo. Esto fue y es conocido por todos.

Todos sabían que esos sectores son los que crearon los desórdenes macroeconómicos y están en el origen de las variabilidades en las políticas económicas.

Todos sabían que nunca se logró alcanzar la estabilidad porque jamás se desarmó la estructura oligopólica de manejos de ofertas y precios; porque no se modificó ni la política tributaria ni la financiera; tampoco la corrupción estatal.

El "compre nacional", común a muchos países desarrollados, terminó siendo la "patria contratista"; la pérdida por el sector bancario de su papel de intermediario entre ahorro e inversión para transformarse en intermediario especulador entre la liquidez de bancos y grandes empresas con el estado, ganó la denominación de "patria financiera". Lo anterior también fue conocido por todos y las denominaciones surgieron de las entrañas del sistema.

Y nos reiteramos: cuando decimos "todos sabían" nos referimos a todos, radicales, peronistas o ministros de las dictaduras.

Muchos justificaron su accionar con aquello de que solo podían encarar lo posible, lo permitido por la situación política imperante: "el posibilismo". Sin embargo se demostró que ello no era alternativa válida.

La política radical fue ejemplificadora al respecto: se terminó en las hiperinflaciones. Hoy algunos de sus economistas harían lo de Cavallo, otros repetirían lo que hicieron.

Para una estrategia alternativa

Al decir estrategia señalamos algunas ideas fuerza que deben amparar a un plan de alternativa.

— **Establecimiento de un nuevo papel del Estado.** Es necesario e imprescindible que el Estado juegue un papel activo en la política nacional a encarar, para lo cual hay que modificar su aparente pasividad y dotarlo de los instrumentos requeridos para que asuma una presencia plena en todos los terrenos, económicos y sociopolíticos.

Utilización de su capacidad de arbitrar y aprovechar las economías externas que su acción puede desarrollar; a un mismo tiempo limitar o eliminar las deseconomías externas que se produzcan por su propia actividad o por la del sector privado. Fijar límites a la magnitud de acumulación de renta de ese sector y orientar porcentajes de ésta.

Revisar las privatizaciones: por ejemplo, la forma en que se ha privatizado implicó que monopolios estatales, con formas de gestión corruptas en un país con instituciones corruptas, sean transferidos a empresas privadas con similares perversidades que sus predecesoras, sin organismos de control constituidos y con gran riesgo de que los que se constituyan estén captados, desde el comienzo, por aquellos a quienes deben controlar; se desprende que es indispensable hacer funcionar con todo rigor los organismos de control de las empresas privatizadas y llegado el caso renacionalizarlas, particularmente aquellas que con sus precios y tarifas influyen decididamente en todo el proceso económico.

— **Oferta y demanda:** aplicar una política de reactivación económica; adecuar la producción a la demanda global, y en ella a las demandas de los sectores populares, que se estrangulan con más rapidez ya que la producción de bienes está orientada a los de mayores ingresos.

Racionalmente se debe producir en cantidad, precio y calidad lo que la demanda requiere en una sociedad con plena ocupación. ¿Cómo unir lo que se necesita con lo que se produce?

¿Es posible que el mercado sea equitativo y eficiente?

Raymond Barre (1977), ex ministro francés de Economía, señala que con el funcionamiento del mercado es posible que se arbitre a favor de un vaso de leche a un gato, en lugar de un vaso de leche a un niño. No se puede dejar al arbitrio del mercado cómo y cuánto se acumula y cómo se asigna el excedente social.

¿Es posible la eficiencia en el plan?

¿Cómo vencer la tendencia al burocratismo, al estatismo y lograr correspondencia entre los requerimientos de los consumidores y las respuestas de los planificadores?

¿Cómo superar la arbitrariedad del mercado –en verdad del poder de los oligopólios– y la de los planificadores?

Si pensamos en la eficiencia, en esencia lo que se busca es la correspondencia entre la oferta y la demanda al menor costo.

En el sistema, los avances de la tecnología permiten hoy –con el *just in time*– acercar las demandas de los grandes almacenes con las decisiones de producción de las industrias prácticamente en tiempo real. Sin embargo con ello no pueden superar ni las desproporciones entre los sectores que producen bienes de capital con los que producen bienes de consumo; tampoco entre los salarios productivos con aquellos improductivos. Aspectos que los lleva inexorablemente a la crisis y consecuentemente a la concentración y centralización del capital y a la desocupación.

Debemos sumar a lo anterior, las diversas relaciones inequitativas al interior de las naciones y entre ellas.

Si queremos personificar la relación entre oferta y demanda debemos pensar en el asalariado productor y consumidor.

Con ello se hace evidente lo absurdo de despreciar el mayor mercado para nuestros productos de consumo al mantener semejantes porcentajes de desocupación de los asalariados, cuya disminución permitiría la reactivación de los sectores en crisis.

Lo anterior nos lleva a concluir que se hace imprescindible cambiar el criterio de priorizar la búsqueda de ganancias por un criterio mixto de rentabilidad social que contemple las necesarias apetencias individuales.

La única manera de lograrlo es conciliando plan y mercado y ello sólo es posible con una política pública que lo contemple y oriente. Política que los partidos tradicionales no encararán por sus compromisos con quienes hasta hoy se han beneficiado con lo sucedido en el país.

— **Ordenar las finanzas públicas.** El presupuesto debe ser revalorizado y respetado en su factura y realización. Ningún gobierno se empeñó en considerarlo así.

Esa herramienta, esencial para la gestión pública, tiene que ser concebida y controlada con una activa participación ciudadana en todos los niveles de la administración.

- **Revitalizar al municipio como célula de la democracia.** Es la institución que permite al ciudadano realizares plenamente; es una escuela de democracia. Revitalizarlo facilitaría la desburocratización y descentralización.
- **Política tributaria.** Es requisito fundamental su transformación, privilegiando la progresividad en la imposición.
- **Política de ingresos**. Su regla de oro debe ser lograr equidad en la redistribución de la renta.
  Las políticas aplicadas se desacreditaron porque se encararon en el marco ya descripto. Las políticas de ingreso no son viables sin austeridad fiscal y corrección del déficit.
- **Apertura económica.** Se hace necesario incorporarnos a los flujos del intercambio de bienes, capitales y tecnología, pero hacerlo desde la defensa del mercado interno con una estrategia integradora. Frente a la globalización de los mercados se necesita más que nunca crear condiciones de una política económica y social independiente.
- **Desarrollo.** Es necesario que converjan una mayor inversión, plena ocupación, mejor utilización de los recursos y mayor eficiencia económica, sumado al restablecimiento pleno de las instituciones republicanas. Posible con la profundización y ampliación en el proceso de democratización de la sociedad, borrando todo ves-

tigio de autoritarismo en el funcionamiento de las instituciones y desburocratizándolas; lograble con la participación y control ciudadanos.

Democracia, descentralización y participación como alternativa a la desnacionalización, desregularización y estatización. Esta concepción se corresponde con la visión del ciudadano, productor y consumidor. Particularmente de los asalariados y sectores de ingresos fijos. En esa identidad se manifiesta la unidad entre lo económico, lo político y lo social.

Sólo los partidos y movimientos que la contemplen pueden encarar la estrategia destacada que es totalmente diferente a lo que el país en verdad padeció hasta ahora. El Plan de Convertibilidad lo más que puede lograr es que avance algo en hacerlo similar a otros países dependientes y subordinados, que de alguna manera sobreviven.

A fuer de reiterativos agregamos que es errado atribuir el pasado a errores e incapacidad de los equipos gobernantes, o al resultado de las acciones de tal o cual persona.

Todo lo dicho, circunstancias, hechos, personas con poder político, conductas empresarias, evasión o ilícitos, debilidades, traiciones, formas de búsqueda de beneficios de los sectores agropecuarios, industriales, comerciales, financieros, la ineficiencia de las empresas estatales y de la administración pública, la no integración geográfica, la crisis de las economías regionales, la inestabilidad económica y política, las políticas desestabilizadoras, la deformación ideológica de nuestros militares, la deuda externa, **todo conforma nuestra crisis.**

Se mezcla lo estructural con lo coyuntural pero ello no es un artificio ideológico para justificar una posición: es nuestra realidad, la realidad de hace décadas Hoy agudizada, es el resultado de un desenvolvimiento económico que tuvo y tiene un límite en la propia estructura de la poducción agropecuaria e industrial, en la magnitud y destino de la acumulación y en el entorno internacional, consecuencia no solo de las contradicciones inherentes a las relaciones de producción capitalista, sino a las propias de la dependencia y en ella a las específicas de nuestro país. De ello surge que su desarrollo está condicionado a un profundo cambio.

NOTA
(*1) El Dr. Cavallo en el libro citado, página 175, después de afirmar "el sistema económico argentino es una mezcla de socialismo sin plan con capitalismo sin mercado", señala:
"El sector público no tiene ni el más mínimo plan y hay una gran oscuridad, una absoluta falta de transparencia respecto de todas sus cuentas y decisiones. Y el sector privado funciona sin que existan mercados competitivos, bien organizados y lo suficientemente transparentes.
"Por lo contrario, funciona con mercados muy intervenidos, muy distorsionados por actividades del sector público, por la falta de información y por las propias prácticas a las que son impulsados los agentes económicos privados en este tipo de contexto económico."
Aunque señala "que los agentes económicos son impulsados a...", el Dr. Cavallo demuestra en gran parte del libro que el déficit del sector público es resultado de esas prácticas y que de ellas se beneficiaron en lo esencial un pequeño número de empresas. Basta destacar los avales del Tesoro y las licuaciones selectivas de pasivos, prácticas de las que da abundantes ejemplos.
El mismo autor nos evidencia la interacción entre el sector público y los monopolios, cuando nos dice:
"...si el poder del Estado se utiliza para asegurar a los capitalistas un monopolio que les permite vender caro a los que viven dentro del país, y después esas personas piden subsidios para venderle barato a los que viven afuera, estamos ante un monopolio absolutamente per-

judicial. Y, lamentablemente, ése es el tipo de estructura que ha predominado en nuestra economía. Porque aquí, los monopolistas terminan regalando al exterior el trabajo y el esfuerzo de los argentinos."
Y más adelante:
"Hemos estado creando cada vez más monopolios sectoriales, regionales, incluso de determinadas empresas, para que nos vendan cada vez más caro a los argentinos, degradando el nivel de vida de nuestra gente.
"Por otro lado hay un mecanismo impositivo que determina que lo que se gana en la Argentina paga altos impuestos si queda en el país, pero está exento si se va al exterior. Entonces lo que se alimenta es la fuga de capitales.
"El mejor negocio en nuestro país es pedir protección para ganar mucho vendiéndole caro a los argentinos, e invertir las ganancias afuera. ¿Cómo van a producir los empresarios si se achica permanentemente el mercado interno? ¿Cómo va desarrollarse a la industria automotríz en la argentina, si las fábricas de automóviles, sobre la base de que pueden vender a cualquier precio, venden cada vez más caro y, por supuesto, los argentinos compramos menor cantidad de automóviles que hace diez años?
"¿Por qué algunos productores creen que están cantándole a la buena economía, cuando siguen vendiendo un producto al triple del precio por el cual lo exportan, y al triple del precio que reciben otros productores del mundo?
"Cuando aplicamos sistemas selectivos de aliento a la inversión, cuando el Estado se mete a respaldar a los empresarios privados, las inversiones que resultan son muy malas. Han sido pésimas las inversiones que surgieron de los regímenes sectoriales de promoción, aquellos que pretendieron desarrollar la petroquímica, la celulosa y la siderurgia.
"Se hicieron emprendimientos aberrantes con plata del estado, con diferimientos fiscales sin indexación, con créditos que luego no se pagaban, con avales del Tesoro. Las más de las veces invirtieron cifras que duplican o triplican a las que hubiera sido necesario para producir lo mismo."
"Esas son las obras que sirvieron para que fugaran los capitales al exterior, porque como las pagaba el estado, convenía contabilizarlas por tres veces su valor, dejar dos partes afuera y hacer el negocio con sólo hacer la inversión, aún cuando nunca se llegara a ponerla en producción."
Está claro que en petroquímica, celulosa y siderurgia están las mismas empresas que influyeron las decisiones de los agentes del gobierno, su discrecionalidad. Las reglamentaciones en una dirección u otra tuvieron siempre como objetivo beneficiar a una empresa o sector.
Hacia el final es aún más preciso:
"Pero si los capitalistas encuentran que, a través del reclamo de protección, pueden quitarle cada vez más plata a los argentinos y ganar produciendo menos y vendiendo más caro, obligando al estado a emitir dinero o endeudarse internamente para cubrir su déficit; o si encuentran que se puede coimear a algunos funcionarios para que se le den privilegios a ellos y se los quiten a otros, entonces el capitalismo va ir en contra del bienestar de la gente.
"Por lo tanto, el tema institucional, el tema de las reglas de juego, el marco que se crea para que el capitalista esté al servicio de la gente, es un tema fundamental. De allí mi énfasis en la reorganización económica y social del país. La normatividad para un mejor juego económico va más allá de las políticas económicas coyunturales."
En la página 169 escribe Cavallo:
"Es realmente paradójico que mientras se publicita la supuesta "desmonopolización" de la prestación de los servicios públicos se estén "monopolizando" las contrataciones del estado, siendo que la experiencia nacional y mundial demuestra que es mucho más fácil utilizar la competencia y la transparencia para reducir el costo de las contrataciones estatales que crea condiciones de verdadera competencia en las prestaciones de los servicios públicos."

DESOCUPACIÓN
TEORÍA E HISTORIA *

Es necesario recurrir al pasado para revelar las causas de lo que nos sucede en la actualidad. Se debe teorizar acerca de la desocupación para desentrañar sus verdaderas causas.
El autor recorre la teoría y la ideología a través de la historia y en su análisis considera que la responsabilidad de la crisis del sistema capitalista –particularmente de la desocupación– responde a la lógica del capital y de los propios capitalistas.

Es necesario teorizar acerca de la desocupación. De no hacerlo caeríamos sólo en la consideración de la situación actual, analizando el problema con la lógica de la teoría neoliberal.

Dicha teoría considera, en síntesis, que no hay desocupación involuntaria, que la desocupación es resultado de las perturbaciones en el mercado de trabajo provocadas por las diversas regulaciones y políticas económicas, impuestas por el Estado –con sus múltiples implicancias–, por las legislaciones laborales vigentes y por la rigidez a la baja de los salarios.

Al considerar al trabajo únicamente como mercancía, sería un producto de mercado más, que ajusta por precio o por cantidad. De tal manera la solución a la desocupación –cantidad– pasa por la disminución del salario real –precio–.

No hay mucho más en la teoría; lo que resta es la política concreta para lograr los objetivos trazados y una muy persistente actividad ideológica para lograr consenso.

Con esa teoría y esa argumentación impone las modificaciones a la legislación laboral y en particular la flexibilización, que es un tremendo retroceso en el desenvolvimiento de la sociedad.

Cuando analiza el mercado, el trabajo es mercancía; cuando toma medidas de flexibilización laboral apunta al asalariado de carne y hueso.

La transformación del factor de producción capital en capitalista – propietario, asignador de la ganancia y consumidor; y del trabajo en asalariado - productor y consumidor, es un conflicto no resuelto por la teoría económica neoliberal, y si introducimos la

---

* Este ensayo está basado sobre la ponencia que se presentó en el Seminario Continental "Perspectivas de liberación en América Latina", organizado por la revista *América Libre*, agosto de 1995, Facultad de Filosofía y Letras (UBA).

calidad de ciudadano con todos sus derechos, es un conflicto no resuelto por la democracia presente.

En esencia, la flexibilización busca que nuevamente, como en los orígenes del movimiento sindical, quede enfrentado el asalariado individual al capitalista, mejor dicho a las asociaciones patronales y al gobierno.

Es necesario recurrir al pasado para revelar las causas del presente

La teoría neoliberal no considera el tiempo; siempre parte del presente. Ello se origina en la concepción de que la economía tiende permanentemente al equilibrio y le sirve ideológicamente para no considerar el pasado; el presente es un dato de la realidad al que hay que encontrar solución y con esa exigencia, que se justifica en sí misma, termina imponiendo la "racionalidad" económica de sus concepciones y sus propuestas de ajuste, reformas, cambios y modernización.

El que parta del presente es sencillo de entender, porque ante una situación de crisis es fácil argumentar que no se le puede pedir sacrificios al propietario del capital, que es quien puede asegurar el trabajo hoy y prometer trabajo para el futuro, y sí pedirlo al obrero, o cargarlo al presupuesto.

La racionalidad del capitalista es fácilmente aprehensible. Cuando el presidente Menem les pide a los empresarios que protejan las fuentes de trabajo, Claudio Sebastiani, vicepresidente de la UIA, le contesta que los empresarios no despiden gente "porque seamos malvados, sino porque es una exigencia de la realidad económica" (*Clarín*, 16/07/95. Pág. 3). En el contexto actual es una reflexión que llega a todos, aún a los perjudicados por la política de gobierno.

Esa es la lógica del razonamiento neoliberal. Y hay que reconocer que es una lógica de hierro; debido a ello siempre tuvo gran predicamento. En *Germinal* de Emilio Zola el argumento de los patrones se impone a la miseria en la que viven sus obreros, quienes terminan convencidos de que para poder vivir mejor sólo pueden esperar que los primeros superen la crisis y ganen. Contundente hace 100 años, el argumento sigue vigente hoy.

Para el gobierno y los empresarios no existe otro análisis que el de la realidad actual. Y la oposición tiene que responder con soluciones, ahora; a partir de ello los análisis teóricos pasan a ser propios de lunáticos y demagógicos cuando no de meros "guitarreros".

La teoría neoliberal parte del presente pero termina modificando el futuro y preservando la lógica del capital y de su propietario, fundándola sobre la racionalidad económica.

La lógica del capitalista ni siquiera es tema de discusión y, sin embargo, ése es el tema.

Se evade la discusión teórica, se exigen respuestas concretas, pragmáticas y posibles para la situación que vivimos y si no insistimos en que debemos discutir primero y fundamentalmente las causas que provocan la desocupación –o eludimos la discusión haciendo futurología– quedamos prisioneros de las propuestas neoliberales.

La racionalidad económica y la lógica del capitalista termina imponiendo su impronta.

La lógica del capitalista es la obtención de beneficio para su acumulación y reproducción. La única forma de enfrentar la discusión es ponerla en su verdadero contexto.

No objetamos al capital como factor productivo. Sí, debemos develar que quienes originan los problemas son los propietarios del capital, quienes deciden su asignación y la distribución primaria de la ganancia, y el gobierno cómplice, responsable de la distribución secundaria, y centrar la discusión de las diferencias entre el capital-propiedad y el capital-función.

Cuando hay una situación de crisis –en el mundo existe desde fines de los '60–, sobrevienen los ajustes; su contenido y alcance expresan la correlación de fuerza entre el gobierno y los sectores de grandes empresarios por un lado y los diversos tipos de asalariados y capas medias subordinadas por el otro.

Es natural que sea así porque lo que está en pugna, en cada momento, es la distribución del ingreso en la sociedad y, para el futuro inmediato y mediato, quién se queda con los beneficios de la Revolución Científica Técnica (RCT), de los incrementos de la productividad y su distribución y quién paga el derroche de recursos, la superacumulación del capital y su desvalorización continuada.

Lo anterior se refleja –en cada país y en nivel mundial– en el proceso de concentración y centralización del capital; retroceso de los asalariados tanto en sus salarios reales como en la pérdida de conquistas sociales; pérdida de posiciones del movimiento sindical; mayor inequidad y deterioro de las condiciones de vida de la población en general y, en particular, de sectores de pequeños y medianos empresarios que descienden permanentemente en la escala social.

Las adecuaciones y ajustes implican, entre otras cosas, cambios en las relaciones internacionales –económicas, políticas y monetarias–, en el rol del Estado, en la sociedad civil, en las instituciones políticas y económicas, en las técnicas de producción y en el proceso de trabajo.

Cambios que tienen por objetivo adecuar la evolución del sistema a los problemas que le presentan los conflictos que se desatan por el desarrollo desigual entre las naciones –aún entre los países desarrollados (PD)– y por el surgimiento de un mercado mundial en el que se expresan, con formas propias, las contradicciones que hasta ahora se manifestaban esencialmente en cada país.

En este momento hay una hegemonía por parte de quien detenta el poder y no sólo por la manera en que lo ejerce. Es necesario reconocer que lleva por lejos la delantera en la lucha ideológica y tiene a su favor a los comunicadores sociales.

Los PD despliegan la influencia de la "estabilidad" actual ante el recuerdo de la "estagnación" de los '70, cuando el salario estaba rectificado en baja el día que se cobraba; y específicamente en nuestro país, el recuerdo tan reciente de la hiperinflación. De igual manera la desocupación presente impone el "disciplinamiento" en la mentalidad de los asalariados.

Es justa la afirmación que destaca que, en el sentir del asalariado, es mejor el peor trabajo y el salario más magro que el ningún salario de la desocupación.

Hemos caído en el dilema de siempre, y no hay tercera opción. Cuando es necesario un cambio, el cambio lo paga uno u otro sector de la sociedad.

Habida cuenta de la pasividad presente de los asalariados y del debilitamiento del movimiento sindical y que la economía la gestionan el gobierno y los oligopolios, la crisis la terminan pagando los asalariados. La desocupación es, en definitiva, su manifestación más grave.

Junto a advertir acerca de las graves consecuencias sociales, debemos intentar explicar las raíces de la desocupación y demostrar que hay alternativa a la reiteradamente pregonada desde el *establishment* y gobiernos, y que esa alternativa no sólo resuelve los aspectos sociales; asimismo es el único camino para un desarrollo que atienda a la mejor asignación de los recursos humanos, materiales y de capital.

Lo anterior ya fue

Esa expresión adolescente es la que se ha elevado a rango de teoría. El desguace del patrimonio público ha sido presentado como exigencia ineludible, habida cuenta de la ineficiencia de la gestión estatal, de la corrupción en todos sus emprendimientos y de la inexistencia de los fondos necesarios para la modernización de sus empresas. Basándose sobre ello responsabilizan al Estado y a la magnitud del déficit público como causa primera de la situación del país.

Efectivamente cada uno de esos señalamientos reflejan una verdad, pero se obvia lo principal, el pasado:

- Estado y gobierno han constituido, en lo esencial, una identidad;
- No existió división de poderes ni en gobiernos constitucionales ni en dictaduras;
- Ante la necesidad de tomar medidas que confrontaban directamente con los detentadores del poder económico –por ejemplo reforma del sistema financiero y enfrentamiento a la imposición del FMI de pagar en primer lugar el endeudamiento externo– tanto gobierno como oposición alternativa terminaron subordinándose. Valga decir que en general lo hicieron de buen grado;
- En los últimos 50 años, con pocas excepciones, tal subordinación se manifestó en diversas formas. Es válida la afirmación de que el desguace del Estado fue resultado de la magnitud y de la continuidad de todo tipo de negociados (algunos amparados por decretos y leyes), que unidos al sistema tributario y financiero beneficiaron siempre a las grandes empresas privadas y oligopolios locales y extranjeros;
- Durante años el presupuesto público –déficit e inflación mediante– disimuló la transferencia a esos sectores de la riqueza acumulada y la que se producía. Al mismo tiempo, la situación del resto del pueblo se deterioraba y el Estado caía al borde de la quiebra;
- Un desenvolvimiento capitalista corrupto se reflejó en el pobre desempeño de los últimos decenios, que podemos denominar, sin exageración, decadencia económica y sociopolítica;
- Para decirlo en cifras, de acuerdo con el presidente del Banco Central el manejo del sector financiero le costó a país 96.000 millones de dólares en la década de los '80. A ello hay que añadir los miles de millones de la denominada patria contratista;
- Desde ya que con cifras muy inferiores se pudo haber racionalizado el sector público, administración y empresas; alentado inversiones, con tiempo, para ocupar personal desplazado, para el caso que hubiera sido necesario; aumentado el salario real y consolidado el mercado interno insertando eficientemente al país en el mercado mundial.

Alcance de la concepción neoliberal y su aplicación en políticas económicas concretas

He dicho teorizar e historiar, porque el análisis de los últimos años nos permite apreciar cuál es el alcance de la teoría neoliberal, cómo se la utiliza, cuál es su vínculo con las políticas económicas aplicadas.

En el neoliberalismo hay inmediatez, identidad entre teoría, lucha ideológica y ejercicio del poder, continuada con una relación de causa y efecto en la realidad cotidiana.

La teoría-ideología se expresa en los objetivos de las políticas pregonadas, y al alcanzarlos por el poder que ejercen, se manifiestan como profecías que se autosatisfacen en el marco de una imposición ideológica para ganar el consenso de la mayoría de la población, en particular el de aquellos contra quienes está dirigida.

Se puede responder que es algo evidente en sí mismo porque la teoría neoliberal es la "ciencia" para quienes gobiernan; han sabido envolver todo en un marco de rigor conceptual.

Un ejemplo dramático de profecía que se autosatisface es lo acontecido con el plan de convertibilidad.

No se trata de teoría económica, sino de política económica deliberada, ejercicio activo del poder y manipulación ideológica que permitió lograr una correlación de fuerzas favorable.

Desde el Estado se ha llevado a cabo una política coactiva y persuasiva para poner en caja a los asalariados y otros sectores sociales perjudicados y, de tal manera, crear el marco adecuado para lograr consenso para la política adoptada.

Se concentraron y acrecentaron los beneficios disminuyendo los salarios reales y deteriorando la distribución de la renta, llevando la magnitud de la desocupación a cifras desconocidas en la historia del país en los últimos sesenta años.

Debemos agregar el remate de buena parte del patrimonio nacional, con lo que el Estado ha perdido la renta petrolera y la que producen servicios como el de electricidad –generación y distribución–, teléfonos, gas, agua y próximamente correos, con el objetivo de pagar la deuda externa y **cubrir un déficit público que resultó de las políticas económicas de los últimos decenios.**

De tal manera el Estado ha perdido posibilidades de regulación económica y el país ha quedado preso, como nunca, de la arbitrariedad de la asignación de la renta nacional por sectores monopólicos y oligopólicos, que son justamente los mayores responsables de lo acontecido.

La combinación del cambio fijo, la apertura de la economía al comercio de bienes y al capital financiero y el congelamiento salarial –en un país no integrado geográfica, económica y socialmente– desembocó, como no podía ser de otra manera, en desocupación, crisis recesiva, crisis de las economías regionales y acrecentamiento de la vulnerabilidad del capital financiero externo. El "tequilazo" no hizo más que desnudar una situación que necesariamente iba a conducir a la situación actual.

Con la continuidad deliberadamente coactiva del plan de convertibilidad se ha "liberado el mercado" en sus formas más "puras". Hoy se presenta a la estabilidad como un éxito de la "economía social de mercado", frente a un pueblo espantado por la hiperinflación y luego de largos años de desgobierno.

Se incrementó fuertemente la productividad racionalizando la producción, debido fundamentalmente a la expulsión de obreros mucho más que a la tecnificación del proceso productivo.

Los niveles actuales de desocupación, que seguirán aumentando de no conseguir que se cambie el rumbo, son una consecuencia inevitable del plan de convertibilidad. Sin embargo y a pesar del perjuicio inferido a la sociedad, la conciencia de los sectores afectados, como resultado de la lucha ideológica, ha quedado subordinada a la simplicidad y contundencia de la argumentación gubernamental; han tenido éxito en introducir la idea de que no hay alternativa.

El gobierno logró imponer el consenso para su plan debido al debilitamiento del movimiento sindical y a la claudicación de su dirigencia, en el entorno de una sociedad sin fuerzas, sin conducción y sin argumentos.

La estrategia se ha visto autosatisfecha, pero es una coyuntura en una crisis; se descapitalizó la nación; la desocupación y la subocupación alcanzan a 4.000.000 de personas; la subordinación a factores externos que no manejamos se ha incrementado y los problemas de fondo no han sido resueltos.

KEYNESIANISMO, CRISIS Y NEOLIBERALISMO

Es importante agregar a lo señalado para el neoliberalismo, que el marco general para las políticas económicas aplicadas resultó siempre de las necesidades objetivas del desenvolvimiento del sistema, que recurrió en cada oportunidad a la teoría más adecuada a sus fines.

Lo sucedido en las últimas décadas es un ejemplo de lo dicho: la corriente neoliberal se impone hoy, pero después de los '30 y particularmente del '45 la corriente en boga fue el Keynesianismo; entre ambas políticas económicas hay diferencias importantes.

Si observamos las situaciones concretas en las que se encontraba el sistema en su totalidad, podemos afirmar que el Keynesianismo se convierte en teoría oficial cuando el sistema lo necesitó para justificar su política de salida hacia adelante en la crisis de esos años, así como la reivindicación del dogma neoliberal fue funcional cuando el sistema se encontró sumergido en la crisis de fines de los setenta.

Una de las manifestaciones más graves de los '30 fue la desocupación, en un entorno sociopolítico que ponía en peligro la subsistencia del sistema, crisis agravada por la presencia de la Unión Soviética.

En una situación señalo dos aspectos de la teoría Keynesiana:

- Ubicar en primer lugar del razonamiento económico la demanda efectiva. Con ello Keynes introdujo al asalariado como productor y consumidor, con lo que perturbó el razonamiento neoclásico que apreciaba al asalariado como una mercancía más y al salario como su precio sujeto a la ley de oferta y demanda;
- Superar el análisis de la microeconomía con el extraordinario aporte de la macroeconomía, que permitió analizar el nuevo rol que comenzó a jugar el Estado al dotarse de herramientas que le posibilitaron tener políticas económicas deliberadas. A partir de entonces tomó un nuevo carácter el presupuesto y cedieron espacio los mecanismos autorreguladores del mercado, para dar lugar a la profundización y ampliación de la regulación estatal.

En el marco de las democracias burguesas, necesariamente la situación económica y sociopolítica debía conducir al fortalecimiento de los movimientos sindicales, a la satisfacción de reivindicaciones de los asalariados y al crecimiento de los partidos que los representaban. Sobre ello se asentó el cambio en el ciclo que comenzó a motorizarse en los incrementos del consumo antes que en los bienes de capital.

En un trabajo anterior (Serrano, 1982) recuerdo que P. Coulbois, profesor de la Universidad de París I dice, refiriéndose a los que propugnan "una política antiinflacionaria a cualquier costo":

"Los expertos de la OCDE se preguntan y no podemos menos que asociarnos a sus dudas, si es verdaderamente posible retroceder así en el tiempo, a los años '30; cuando el dogma del pleno empleo no existía, la depresión pudo considerarse como un cataclismo natural, mientras que en la actualidad se consideraría como el resultado de una política deliberada de los gobiernos, con los trastornos sociales y políticos que implica tal interpretación".

En 1974, año en que se publicó el libro de Coulbois, todavía existía la opinión de que no se podían imponer políticas de otra naturaleza. Pero la crisis y la manipulación mediática crearon otras condiciones; quienes propugnaron "una política antiinflacionaria a cualquier costo", tuvieron éxito.

Sin embargo, se evidencia en la opinión de los técnicos de la OCDE que una de las razones más importantes que motivaron el retorno al neoliberalismo fue la necesidad de quitar al Estado, en apariencia, su papel regulador y ubicar nuevamente al Dios-mercado, el "cataclismo natural", en único e inasible responsable de los problemas económicos.

Toda la batería de los economistas, sociólogos y politicólogos del establishment, desde los más vulgares hasta los más reverenciados por su academicismo y profundidad en los análisis, ha estado dirigida a destruir y desprestigiar al "estado de bienestar" que predominó en la teoría y en la práctica económica concreta hasta fines de los sesenta.

En lugar de políticas activas de regulación comenzó el Estado a ejercer un papel coactivo, al punto de imponer, desde el poder, el juego de la leyes del mercado en cuanto a la concentración de riqueza y segregación y marginación social.

El tigre de Paul Samuelson y el análisis de Marx

La necesidad de ser objetivo hizo que recurriera a algunos de los textos trascendentes de las universidades de los EE.UU. y de Europa como "Economía" de Paul Samuelson y William D. Nordhaus, "Economía" de Stanley Fisher, Rudiger Dornbush y Richard Schmalensee y "Economía Política" de Raymond Barre. En general vinculan la desocupación a los ciclos expresando los puntos de vista de las escuelas neoclásicas y keynesiana. Señalando de la primera su negación del ciclo, ya que considera sólo situaciones coyunturales que implicarían perturbaciones alrededor del equilibrio y por consiguiente destacando que la desocupación puede ser unicamente voluntaria. En cuanto a la keynesiana me detendré en el libro de Samuelson.

En la página 236 se refieren a los ciclos y como en otros temas el análisis es eminentemente descriptivo, veremos:

"Los ciclos económicos se producen cuando la actividad económica se acelera o se desacelera... Una recesión es una disminución de la actividad económica"

Luego agregan: "los ciclos económicos existen porque se amplía o se reduce la brecha entre el PNB potencial y el efectivo"; es decir la brecha entre lo que se podría producir con los recursos existentes y lo que efectivamente se produce.

Esa brecha expresa en realidad la superacumulación relativa del capital, y evidencia que empezó a crecer en el 75, siguió creciendo hasta el 83, descendiendo luego con la Reaganomic; resultado, como se sabe, de una succión de capitales de todo el mundo que posibilitó que EE.UU. creciera sin ahorro interno, con gran déficit de la balanza de pagos, comercial y fiscal; **ésto a su vez es un ejemplo de forma de contrarrestar los efectos de la crisis obviándolos por el poder económico y político de la potencia dominante, que se manifiesta en la manipulación económica a la que hice referencia más arriba.**

Siguen los autores: "¿Qué ocurre con el desempleo en las recesiones? Al disminuir los pedidos y la producción, los trabajadores son suspendidos del empleo. La rigidez de los salarios les impide encontrar rápidamente otro trabajo a un salario menor. En suma, en las recesiones aumenta la tasa de desempleo", pero no explica porqué disminuyen los pedidos. Destaca luego la denominada Ley de Okun que afirma "que por cada 2% que desciende el PNB efectivo en relación con el potencial, la tasa de desempleo aumenta un punto porcentual". **Es decir que en la medida que aumenta la diferencia entre lo que se puede producir y lo que efectivamente se produce (superacumulación relativa del capital), aumenta la desocupación.**

De las causas de los ciclos y, en ellos, de la desocupación ni una palabra; sólo la afirmación ideológica que atribuye la responsabilidad de que los ya desocupados no encuentren trabajo, a la rigidez de los salarios a bajar; con lo que responsabiliza por la desocupación reinante a los sindicatos, a las negociaciones colectivas...en definitiva a las conquistas de los asalariados. A pesar que los autores conocen que el sistema creció cuando la capacidad de compra de los asalariados fue grande, más aún en los años de postguerra el crecimiento estuvo fundado en el consumo de las masas por la elevación del salario real; y luego cuando comenzó la crisis la desocupación aumentó a pesar que los salarios reales bajaron.

Los autores se detienen mas adelante en destacar el abandono de la concepción keynesiana en cuanto a la influencia de la demanda agregada y su reemplazo por la concepción neoliberal de la oferta. **Como ya se ha dicho ni una ni otra expresan una teoría, propugnan una determinada política económica que puede o no funcionar dependiendo para ello de las relaciones de fuerza entre clases al interior de cada país, y con el resto del mundo.**

En la página 248 nos hablan de los factores externos e internos que influyen en los ciclos. Señalan como ejemplo de los primeros al "ciclo económico político", otros autores lo denominan electoral, "que se basa en la observación de que la política macroeconómica es decidida por cargos electos que pueden tratar de manipular la economía para promover su fortuna personal". Olvidan la manipulación económica por la presión de los sectores empresarios con influencias en los políticos que se postulan.

Los autores describen las tres premisas del ciclo político:

> "Desde los tiempos de Keynes, los poderes públicos han contado con los instrumentos necesarios para estimular la economía.
> "A los votantes les gustan los períodos de bajo desempleo, rápido crecimiento económico y baja inflación.
> "A los políticos les gusta ser reelegidos."

Frente a la crisis que comenzó en los 70, la toma de conciencia de esas premisas –particularmente las dos primeras que de inicio se manifestaron en que el presupuesto se tornó en un nuevo campo de la lucha de clases–, hizo que desde el poder político y del económico en nivel nacional y en todas las naciones del sistema, se propugnaran las reformas de los Estados.

Esas reformas privilegiaron el funcionamiento del mercado sin limitaciones sociales o políticas, acompañado de una tremenda ofensiva ideológica para ganar consenso en las masas y contando para ello con el sustento de los intelectuales que apoyan la teoría neoclásica.

Con respecto a los factores internos, los autores después de describir cómo la expectativa de mayores ventas empuja a los empresarios a invertir, concluyen en que:

> "la inversión depende del crecimiento de las ventas y de la producción. Esta relación se conoce con el nombre de «principio del acelerador», que aparece en casi todas las teorías de los ciclos económicos".

En verdad ésta afirmación de los autores permite concluir que si la inversión depende de las ventas es necesaria una alta capacidad de consumo y por otro lado la misma contradice las políticas de disminución de impuestos y descenso de los salarios reales para incrementar ganancias empresariales que facilitarían la inversión. Y el análisis de lo sucedido demuestra que efectivamente esas políticas no alentaron la inversión, pero sí la acumulación de ganancias, particularmente de los sectores oligopólicos.

En el apartado siguiente los autores dan lo que para mí constituye su más importante aporte teórico y, curiosamente, en una llamada dicen: "Este apartado puede omitirse en los cursos breves."

Los autores dicen:

> "El principio del acelerador es una teoría de los determinantes de la inversión, según la cual el capital que necesita una sociedad, ya sea en existencias o en equipo, depende principalmente del nivel de producción; el stock de capital, la inversión neta, sólo aumentará cuando esté creciendo la producción. Por tanto, un período de prosperidad puede llegar a su fin, no sólo porque hayan descendido las ventas, **sino simplemente porque la producción y las ventas se hayan estabilizado en un elevado nivel".** Dan luego un ejemplo en la industria textil para una determinada relación entre el stock de capital y la producción, y para los casos en que las ventas están estables y en crecimiento.

En el ejemplo se aprecia que cuando las ventas están estables el stock de capital se mantiene igual y la inversión es la necesaria para la reposición; ahora bien cuando las ventas aumentan un 50% para mantener la relación capital producto el número de máquinas también tendrá que aumentar un 50% –si al principio eran 20 máquinas y sólo se reponía una por año, al aumentar las ventas para satisfacer la demanda habrá que invertir en 10 máquinas nuevas lo que implica un incremento de 1000% en la inversión en máquinas– y dicen: "Esta respuesta acelerada de la inversión a las variaciones de la producción da su nombre al principio del acelerador". Si las ventas se mantienen al mismo nivel la inversión lo hará igual, pero si hay un nuevo aumento de las ventas se reproducirá el proceso.

Sigo con los autores que dicen:

> "Hasta ahora el principio del acelerador no nos ha planteado ningún problema. Por el contrario, ha dado un tremendo impulso a los gastos de inversión, como consecuencia del moderado aumento de las ventas de consumo.
> "Pero ahora estamos cabalgando sobre un tigre.
> "Según el principio del acelerador, para que la inversión actual se mantenga estable, las ventas tienen que continuar aumentando a la misma velocidad.
> "Si dejaran de aumentar tan de prisa –si se estancaran, aunque fuera a un nivel elevado–, la inversión neta descendería a cero... Así pues, la inversión puede disminuir acusadamente y provocar quizá una recesión simplemente porque la producción ha dejado de crecer". Y agregan:
> "El principio del acelerador es un poderoso factor que contribuye a la inestabilidad económica: las variaciones de la producción pueden ampliarse y traducirse en una variación mayor de la inversión".

Me sigo preguntando cuál es la razón por la que los autores consideraron que lo transcripto era prescindible para los cursos breves, cuando considero que es lo más sustancioso de lo que escribieron acerca de los ciclos; pero más abajo completan la concepción; en un acápite que titulan "Interacción entre el multiplicador y el acelerador", y al cual R.Barre se refiere con elogio aunque no lo desarrolla, dicen:

> "Existe una importante teoría de los ciclos económicos que integra el modelo del acelerador y el del mutiplicador. Para comprender el modelo del multiplicador y el acelerador, veamos qué ocurre cuando disminuye la producción de las industrias de maquinaria. En ese caso la renta, y el gasto en alimentos y vestido disminuyen y la producción experimenta variaciones multiplicadas, lo cual puede hacer que dejen de aumentar totalmente las ventas de textiles o incluso que empiecen a disminuir, lo que provocaría a su vez, una mayor reducción acelerada de la inversión neta.
> "En un momento dado, la inversión tocaría fondo. Cuando la producción disminuye rápidamente, el principio del acelerador implica que la inversión es negativa. Pero la inversión bruta en planta y equipo difícilmente puede ser negativa, lo cual determina el grado máximo en que puede disminuir la inversión. Así pues, la recesión contiene las semillas de su propia recuperación. Una vez que la inversión ha tocado fondo, debe dejar de disminuir. Pero también debe dejar de disminuir la producción.
> "Así pues, el Mr. Hyde de las depresiones puede convertirse en el Dr. Jekyll de las expansiones. Una vez que comienza a aumentar la producción, éste aumento genera nuevas inversiones a través del acelerador. La nueva inversión genera un mayor crecimiento de la producción a través del multiplicador. Sin embargo, en un momento dado la producción comienza a poner en tensión la capacidad productiva, por lo que se desacelera su crecimiento. Pero entonces actúa el acelera-

dor en contra de la expansión. **El sistema económico se desploma igual que un avión cae en cuanto se reduce su velocidad".**

El proceso que describen los autores tiene gran similitud con el análisis de Marx acerca del ciclo –ruego releer la cita que reproduce la página 220 de Boccara– y del funcionamiento de la economía capitalista:

La concepción de S y N se asemeja a la de Marx cuando analiza la mecánica de la reproducción ampliada y demuestra la inevitabilidad de la crisis a través de la falta de armonía, de proporcionalidad, en el crecimiento entre el sector productor de máquinas para la industria –sector 1–, y aquel de la producción de bienes de consumo –sector 2–.

Basta considerar:

— que todo empresario intenta crecer, captando cada vez mayor porción de mercado, y que el conjunto funciona con los mismos incentivos y los mismos objetivos –ganar dinero para crecer y crecer para ganar dinero.

El ejemplo dado por Samuelson y Nordhaus en la industria textil se amplía a toda la producción social. En el libro de Progreso citado, en la página 382 se dice:

"Es necesario remarcar que los capitales individuales no tienen existencia autónoma. La profundización de la división social del trabajo liga más y más intimamente los diferentes sectores y empresas, acentúa sus lazos de dependencia mutua". Y destacan que el proceso se realiza espontáneamente a través del mercado.

— que no es concebible dentro del sistema una planificación del crecimiento. Lo que S y N describen se atiene a lo que en realidad sucede.

— De tal manera, la evolución tendencial se manifiesta continuadamente en mayor stock de capital, **superacumulación relativa de capital,** hasta que el proceso se detiene y aparece la necesidad de su destrucción parcial, **desvalorización del capital.**

— El proceso descrito por S y N es posible si hay en cada momento a disposición de los capitalistas capital dinero, máquinas y **mano de obra**. En el libro de Progreso citado, se dice:

"Para aumentar el volumen de la producción, es necesario acumular una parte de la plus-valía bajo una forma monetaria, luego transformarla en un capital productivo adicional. Esta transformación de una parte de la plus-valía global en capital social no es posible sino cuando la **sociedad dispone de medios de producción complementarios, de obreros en exceso e igualmente de objetos de consumo suplementarios para obreros nuevamente ocupados.**

"La sociedad capitalista dispone permanentemente de obreros en exceso: "el ejército industrial de reserva" que resulta del proceso mismo de la acumulación del capital. Los medios de producción y los objetos de consumo adicional se acrecientan cada año por la magnitud de la plusvalía producida por los obreros".

— Marx señala que para evitar las crisis los medios de producción, los obreros y los objetos de consumo deberían estar proporcional y oportunamente a disposición de los dos grandes sectores industriales, entre ellos y al interior de cada uno de ellos, entre las ramas de cada actividad, entre la producción y el consumo, circunstancias imposibles de darse en la sociedad capitalista a raíz de las contradicciones propias de su dinámica de crecimiento. **Es debido a ello que "estamos montados en un tigre"***.

— En la búsqueda de mayores ganancia los empresarios incrementan la producción que da lugar a dos contradicciones:

Cuando la producción crece más rápidamente que la capacidad de compra de las masas medido esto por los salarios reales, como consecuencia de una mayor utilización de los recursos disponibles, el incremento de la producción entra en contradicción con la capacidad de consumo; se produce una disminución relativa de la demanda solvente respecto al incremento exacervado de la producción. Este distanciamiento que se profundiza entre la producción y el consumo va a desorganizar todo el mecanismo de la reproducción capitalista.

Cuando a fin de aumentar la producción de la plus-valía los capitalistas introducen nuevos materiales y nuevas tecnologías que resultan en el incremento de la productividad, el proceso se da conjuntamente con la consiguiente elevación de la composición orgánica del capital, reducción de la parte del capital variable y baja de la tasa media de ganancia; lo que implica nuevamente la disminución de la demanda solvente y la fase de crisis se agudiza.

LA DESOCUPACIÓN DESDE EL PUNTO DE VISTA DE LA ESCUELA DE LA REGULACIÓN

Los autores adscriptos a esta escuela:

- Basan sus análisis sobre el desenvolvimiento técnico de la economía, al que subordinan los aspectos sociales y superestructurales. Se detienen en el fordismo, que permitió el acceso de los asalariados al consumo de masas y en el taylorismo como organización del trabajo;
- Destacan el pleno empleo alcanzado en la posguerra hasta el estallido de la crisis, **situación que califican de excepcional en la historia del capitalismo** y que caracterizan por importantes avances en la productividad, lo que habría posibilitado rentabilidad del capital y progresos en el poder de compra de los asalariados.

"Se creó así una suerte de "círculo virtuoso" que vinculó armoniosamente las inversiones y la rentabilidad del capital, los salarios y la demanda, la producción y el empleo" (*Les Cahiers*, 1990).

- Explican la ruptura de ese círculo virtuoso con la emergencia de la crisis y el crecimiento de la desocupación en los comienzos de los años '70. La fundan sobre la necesidad de continuar haciendo grandes inversiones, que se tradujeron en una "baja de la productividad aparente del capital" y, hacia fines de los '60, en una "baja de los beneficios" y una "aceleración de la inflación consecuencia de las tensiones por la participación en el valor agregado entre las empresas y los asalariados". Luego señalan los shocks sufridos por la economía mundial por el precio de la energía y las tasas de interés que habrían catalizado el desenlace de la crisis.

En lo señalado apreciamos: competencia, grandes inversiones, baja de beneficios, tensiones en el mercado del trabajo…, que podemos calificar de otra manera:

- Superacumulación del capital, disminución de la tasa de ganancia, preeminencia del sector financiero, acumulación de activos líquidos que no encuentran en la producción rentabilidad similar a la que pueden obtener en la especulación financiera;
- Contrarrestar la baja en la tasa de ganancia con la baja de los salarios reales y la redistribución negativa de las rentas en el seno de la sociedad en beneficio de los sectores administradores de precios; disminución de la demanda solvente y consecuentemente del consumo, proceso que retroalimenta lo destacado en el punto anterior;
- Problemas similares en los distintos países debido al nivel de la interdependencia funcional y a la magnitud del comercio mundial, agravados por el desarrollo desigual de los PD y por los privilegios que le da a los EUA la manipulación del dólar.

Para la escuela de la regulación, "la desocupación debe ser analizada en el cuadro de la crisis del modelo fordista", resultado de "la multiplicación de los robots y de máquinas-herramientas"; de la "internacionalización de las economías que convierte en inoperante la acción reguladora de los Estados"; de "la producción de masa que no permite responder al crecimiento rápido de las necesidades sociales (salud, educación, vivienda, ect.) y que no puede ser satisfecha por una producción de tipo industrial".

Los economistas de la teoría de la regulación describen bien lo sucedido en los '70 desde el punto de vista de la técnica, pero es necesario reinsertar el análisis en la historia del sistema.

En el estudio del Keynesianismo referí las razones políticas y sociales que condujeron a la aplicación de políticas deliberadas luego de los '30 y al "Estado de bienestar". En la técnica, el taylorismo y el fordismo dieron satisfacción a necesidades objetivas de desarrollo de las fuerzas productivas, que resultan de la dinámica propia del capital en la búsqueda de mayores ganancias y en un momento de la historia del sistema, en que se conjugaron con los aspectos estructurales y superestructurales para crear el "círculo virtuoso".

En lo estrictamente económico se habrían dado las condiciones necesarias que Marx destacó, en abstracto, para una reproducción ampliada y armónica en la dinámica del capital; en el análisis marxista, al romperse esa armonía sobreviene la crisis.

Lo reseñado formó parte de la fase ascendente del ciclo de onda larga del crecimiento, que duró prácticamente 25 años. **Por razones económicas y sociopolíticas, el ciclo se fundó más sobre el incremento del consumo y de las inversiones necesarias para satisfacerlo que en las inversiones en bienes de capital como se dio en los anteriores ciclos económicos.**

Lo que sucedió a continuación fue inevitable, no exactamente en las formas precisas en que se produjo, pero sí en los resultados:

- La manera que encontraron gobiernos subordinados a intereses de las multi y trasnacionales para responder y adecuarse a la crisis, fue la reestructuración y relocalización de la industria y políticas económicas deliberadas que condujeron a los extraordinarios niveles de desocupación así como a cercenar derechos adquiridos y disminuir los salarios reales;
- "El círculo virtuoso" perdió su conjunción armónica, hubo superacumulación de capital que dejó de tener la rentabilidad esperada;
- La producción no encontró la demanda solvente necesaria, desapareció el pleno empleo, entró en crisis la producción de masa porque entró en crisis el consumo de masa;
- Todo estuvo vinculado, interrelacionado y se retroalimentó en una conjunción de factores de crisis y con un sincronismo que a todos sorprendió, ya que se manifestó en cada país y en el mundo;
- Fue mucho más que la crisis del fordismo; había comenzado una crisis de sistema, estructural y superestructural, económica y sociopolítica.

Para analizar la crisis debemos superar el horizonte que limita la visión del desenvolvimiento de los países a los factores técnicos de la producción. Es necesario apreciar los factores institucionales y sociopolíticos.

El investigador no puede considerar inmutables las relaciones sociales e inevitable la dinámica actual del capital; debe poner al sistema en la historia. Entiendo que el desafío a los intelectuales está enmarcado en la concepción de que la economía es una ciencia social y que la dinámica de mercado comprende a hombres, a pueblos, a países.

Estamos en un momento agudísimo de la crisis medido en particular en los niveles de desocupación, en la magnitud de capitales ficticios no regulados, en la obsolescencia acelerada de equipos y procesos que conllevan a un tremendo derroche de recursos.

LA DESOCUPACIÓN DESDE EL PUNTO DE VISTA MARXISTA

La desocupación y el ciclo

Las publicaciones consultadas nos están indicando que la desocupación alcanza a un nivel trascendente a partir de los años '60, a los cuales coincidentemente se los señala como comienzo de un ciclo recesivo de la economía capitalista mundial.

En un informe de la OCDE, *"Por el pleno empleo y la estabilidad de los precios"*, publicado en 1977, se dice (pág 43):

> "Ahora bien, he aquí que a la salida de estos 30 años de expansión sin precedente, la desocupación y la inflación alcanzan niveles inquietantes. La inestabilidad económica se ha agravado, la opinión pública ya no está más convencida de que el poder central sea capaz de asegurar la regulación de la economía, y se pone en duda la posibilidad, incluso la oportunidad, de proseguir en la vía de un crecimiento económico que ha permitido, sin embargo, al mundo occidental industrializado acceder a un nivel de bienestar material que no había conocido jamás" (cit. por Serrano, 1982).

Por ese entonces comenzó el neto predominio de la teoría neoliberal y en lugar de "pleno empleo", como reza el título del informe, la desocupación pasó a ser una de las variables del ajuste.

Lo señalado es también un buen ejemplo de la distancia que hay entre objetivos compatibles –"pleno empleo"– y la realidad que se plasma en el momento en que las necesidades de resguardar la lógica del capital, imponen su ley.

Hace un cuarto de siglo una publicación francesa ubicaba como comienzo de la crisis el bienio 1966 - 1967. Hablaba ya en ese entonces de "desocupación estructural", vinculando: inflación, desocupación y desorden de los mercados.

Se evidencia la relación entre la crisis, sus síntomas –desocupación, inflación–, las políticas deliberadas aplicadas y sus consecuencias: recesión provocada, descenso del nivel de vida y redistribución negativa de la renta (*Les Cahiers,* 1979: 59).

Todo, como veremos luego, para atenuar la disminución de la tasa de ganancias y tratar de rentabilizar la superacumulación de capital resultado de los años de auge desde 1954 a 1966.

Se puede abundar en citas diversas que demuestran que la desocupación ha estado presente en los últimos 25 años a pesar de ciclos con auges coyunturales; y luego justamente para los observadores no dejó de llamar la atención que la desocupación no descendiera en esas circunstancias a niveles propios de economías con algún grado de crecimiento.

Para destacar el punto de vista marxista de la crisis y por supuesto para intentar desentrañar las causas de la desocupación, tomo de un artículo publicado por Paul Boccara en la revista *Economie et Politique* del año 1969:

"En un año, de noviembre de 1967 a noviembre de 1968, el mundo capitalista ha conocido tres crisis monetarias graves: devaluación de la libra, crisis del mercado del oro, crisis del franco. A comienzo de mayo de 1969, en el momento en que se escriben estas líneas, el mundo capitalista está sacudido por una nueva ola de especulación".

"Sin embargo, los fenómenos monetarios expresan, de manera más o menos deformada, al conjunto del movimiento de la economía capitalista. Con la apertura de la crisis del sistema monetario internacional, es una verdadera crisis de todo el sistema capitalista contemporáneo que comienza...El capitalismo mundial comienza una nueva fase larga de dificultades coyunturales" (Boccara, 1973: 151).

A la luz de lo vivido en los años transcurridos desde que se escribieron estos párrafos no cabe duda de que el autor hizo una prospectiva acabadamente acertada.

Para precisar más acerca de la concepción de ciclo largo, vuelvo a citarme:

"Sus adherentes afirman que el sistema evoluciona a través de ellos respondiendo a cambios muy significativos en la producción, particularmente por nuevos descubrimientos o tecnologías, que se manifiestan en industrias y/o procesos productivos que tienen un efecto impulsor sobre la economía en la que influyen por largos años.

"En la fase del ciclo largo se dan los ciclos coyunturales conocidos, en los que predominan las fases económicamente activas sobre las crisis. En la fase de depresión se dan igualmente los ciclos, pero con un predominio de las fases recesivas sobre las de auge" (Serrano, 1982: 342)

Para quien esto escribe, las etapas de conocimiento científico se manifiestan en avances técnicos y en el proceso productivo al que de alguna manera revolucionan, afectando de manera profunda la dinámica del sistema.

Ejemplifico con las pérdidas de gravitación de las industrias básicas tradicionales, siderurgia, naviera, textil, y con la aparición de las denominadas industrias de punta, aeroespacial, informática, automatización, etc.; la crisis de las primeras y el desarrollo de las segundas están evidenciando un período de transición sobre el cual tiene asiento la crisis, que quedaría superada por la utilización masiva de los nuevos avances científico-técnicos; las industrias de punta antedichas motorizan un nuevo ciclo de la economía capitalista.

Agreguemos que mi libro se editó en 1982 y en estos trece años la desocupación se duplicó en los países de la OCDE.

Por lo dicho entiendo que la desocupación que nos ocupa tiene que ver con el ciclo de onda larga recesivo que aqueja al sistema capitalista en su conjunto desde fines de los años sesenta.

Posee una calidad distinta porque vivimos momentos de transformación resultado de la RCT, en un proceso que se retroalimenta con la superestructura sociopolítica.

Se puede afirmar que la desocupación actual es una manifestación cada vez más aguda de la crisis por la que atraviesa el sistema desde los años citados.

Lo anterior abona la concepción marxista cuando considera a la desocupación como una excrescencia de la dinámica del capital.

Boccara se refiere a esos "fenómenos absurdos, donde las dificultades acrecentadas de las masas populares resultan del proceso mismo de la producción y de las técnicas" (...)

"Estos fenómenos se explican si se considera que la producción no tiene por objetivo la satisfacción de las necesidades de los productores, sino la acumulación del capital y del beneficio en vista de una acumulación posterior.

"Periódicamente, hay exceso de exigencias de beneficios que ese capital reclama en relación con el beneficio posible".

"No se trata de un exceso de medios de producción en relación con las posibilidades de producción y de las necesidades de productos de las masas trabajadoras".

"Se trata de una excesiva cantidad de medios de producción y de intercambio, acumulados bajo la forma de capitales reclamando sobre el mercado un beneficio adecuado, en relación con los límites de la plusvalía que se puede extraer de la explotación de la fuerza de trabajo, con la elevación de la productividad y en relación con los límites del poder de compra de los trabajadores frente al acrecentamiento del producto en precio".

"Es lo que Marx denomina la superacumulación del capital". (1973: 219).

En el marxismo se conoce como "composición orgánica del capital la relación del valor entre capital constante y capital variable como expresión de la composición técnica del capital: los medios de producción en relación con los trabajadores productivos" (*Economie Politique. Le Capitalisme*).

"La composición orgánica del capital aumenta a mediada que el capitalismo se desarrolla, es decir, el capital consagrado a la compra de los medios de producción evoluciona más rápido; en consecuencia hay una disminución relativa de la parte del capital destinado a la fuerza de trabajo".

Cuando la producción crece más rápidamente que la capacidad de compra medida por los salarios reales, como consecuencia de una mayor utilización de los recursos de capital disponibles, el incremento de la producción entra en contradicción con la capacidad de consumo. Son los asalariados quienes compran lo esencial de los bienes de consumo y quienes conforman el capital variable: si se les reduce su parte en la renta nacional se les baja al mismo tiempo su poder de compra y la demanda solvente de los trabajadores va a acusar un retardo sobre la ampliación de la producción. Un poder de compra de los trabajadores que se sitúa en bajo nivel va directamente a frenar la venta de los bienes provenientes del sector II. De lo que resulta que los capitalistas de ese sector no podrán adquirir los medios de producción en el sector I.

Estos párrafos se asemejan al modelo multiplicador-acelerador expuestos por Samuelson y Nordhaus.

En la motivación del sistema está implícita la ganancia y su acumulación, por lo que el capitalista, con el incremento del capital y la incorporación de tecnología, lo que busca es incrementar la producción con más productividad y reservando para sí captar mayor porción de la misma.

La tendencia a la elevación de la composición orgánica del capital está en las entrañas del sistema; en sus motivaciones, en la competencia que obliga al empresario a bajar los costos, a racionalizar incorporando tecnología y maquinaria, creando nuevos productos para iguales necesidades.

Es un proceso que exige continuadamente que el sistema crezca acumulando capital y movilizándolo cada vez más con menor masa salarial.

Es una ley de su desenvolvimiento íntimamente vinculada con la concepción de la mercancía, de plusvalía, de acumulación del capital y reproducción del sistema.

Al mismo tiempo se manifiesta la tendencia a la baja de la tasa de ganancia y es natural que sea así ya que la ganancia es resultado del trabajo no retribuido que en gran parte se transforma en capital.

El sistema crece expulsando asalariados que a su vez son la base sobre la que se sustenta la ganancia y, a un mismo tiempo, constituyen en gran parte la demanda solvente que posibilita que la producción se realice.

Para decirlo en los términos de la economía oficial: si bien la relación entre el stock de capital y los bienes producidos disminuye, es mayor la relevancia, a los fines del desenvolvimiento económico, del continuo aumento de la relación entre el stock de capital y la suma en valor de los salarios necesarios para producir la misma cantidad de bienes.

El proceso en el cual el Tigre se monta tiene una historia previa; es complejo ya que abarca toda la sociedad, todos sus sectores productivos que se interinfluencian entre ellos; implica un tremendo derroche de recursos humanos con el lanzamiento a la desocupación de grandes núcleos de población, y de destrucción de capital.

¿QUÉ HACER?

Me he reiterado en cuanto a considerar la desocupación como síntoma de crisis y vincular el presente nivel de desocupación (la amplitud que abarca a todo el mundo y su simultaneidad) con la fase recesiva de la crisis de onda larga que comenzó a fines de los años sesenta. En cuanto a nuestro país la he vinculado con el proceso de decadencia vivido en los últimos 40 años, que desembocó en la hiperinflación del '89 y con la política económica deliberada desde el poder como forma de salida de la crisis.

Habida cuenta de lo dicho es explicable que los asalariados y sectores de ingresos fijos, así como sectores antes ascendentes de la clase media se hayan convertido en las variables de ajuste; es en ello donde se manifiesta con toda crudeza la deshumanización del sistema.

En algo coincido con aquellos que definen la desocupación como estructural y se quedan en el análisis: esta desocupación no es como otras, es cierto; es mucho más grave, más extendida y tiende a crecer. Mi diferencia con su concepción es que esto es así porque este ciclo de crisis de sistema tampoco es como otros.

Hoy el hombre tiene capacidad para que las máquinas hagan su trabajo y, en ciertos casos, piensen y hasta crean por él.

Evidentemente esta onda larga no es como otras.

Es por ello que la salida de esta fase recesiva no será igual a otras anteriores. Los ciclos de onda larga no se repiten como si nada hubiera cambiado. Hay irreversibilidad en los ciclos y el avance del conocimiento, propios de los logros de la RCT, nos permite, o alcanzar un futuro venturoso para la humanidad como nunca se soñó, o la destrucción del planeta.

La importancia de precisar el carácter y calidad de la crisis, hace a la necesaria toma de posición frente a ella.

Elucidar las causas de la desocupación no basta, es imprescindible ofrecer opciones a menos que se acepte que la salida surgirá de la propia dinámica del sistema, circunstancia que tendría un costo extraordinario para la humanidad.

Lucha ideológica

He dado elementos de la teoría y de la ideología de los agentes económicos dominantes. Considero que la concepción reiterada en el ensayo, que responsabiliza de la crisis que sufre el sistema y particularmente de la desocupación a la lógica del capital y, para precisarlo mejor, a la lógica del capitalista, se consolida como prueba analizando lo acontecido.

Hay un dato innegable de la realidad: la desocupación no ha dejado de crecer en el mundo en los últimos 30 años y particularmente en los PD, a pesar de que en la mayoría de ellos el resto de indicadores económicos tienen signos positivos aunque lejanos de la capacidad potencial de desarrollo.

Las afirmaciones y reflexiones de los líderes del primer mundo han sido reiteradas: "afrontar los cambios y desafíos", señalar "la interdependencia", "alcanzar un crecimiento paralelo", destacar la necesidad de la "convergencia" para "lanzar las reformas estructurales".

Efectivamente son necesidades a satisfacer pero de las que toman conciencia y por casualidad, desde los comienzos de los años '70. A raíz de ello, hacer prospectiva y propuesta en función de la crisis de esos años surgía como exigencia de la realidad económica y sociopolítica.

Fueron temas que llenaron páginas de libros de intelectuales y premios Nobel famosos, que motivaron reuniones cimeras de la CEE, del Grupo de los Siete, de los países del Tercer mundo y de los llamados Norte-Sur.

Agreguemos las reflexiones acerca de un Nuevo Orden Internacional (NOI) que en primer lugar habría de disminuir la "insoportable" brecha entre los Países Desarrollados y los Países en Desarrollo (PED). En función de la dura realidad, las Naciones Unidas decidieron que la década de los '70 fuera la "Década del Desarrollo" y así se la denominó; al respecto se tomaron compromisos que nadie respetó.

Eran los años de las altas tasas de inflación y poco crecimiento –"la estagnación"–. Se necesitaba encontrar explicaciones y repuestas, ya que pocos años antes otros libros y seminarios habían asegurado el advenimiento de la era "posindustrial" y un futuro venturoso para todos los países; afirmaban que para los países en desarrollo bastaba con crecer para lograr la meta y que el crecimiento resolvería todos los problemas.

Como forma de confrontar ideas y realidades, considero útil detenerme en lo que se dijo, prometió y especuló en los últimos 25 años en los círculos intelectuales y compararlo con lo sucedido.

Comienzos de los '70

El Club de Roma en su primer aporte, *Los límites del crecimiento* (1971) y que fue el que mayor impacto produjo, puso en duda el crecimiento, considerado como objetivo primordial en el desenvolvimiento de la economía y alertó acerca de las consecuencias posibles que podría traer aparejado de seguir con las mismas pautas de entonces.

Veamos algunas de sus ideas fuerza:

> "El avance de la ciencia ha conducido a la sociedad materialista de consumo y de desperdicio".
> "La ciencia y la técnica han acarreado la amenaza de la incineración termonuclear tanto como la salud y la prosperidad".
> "No sabemos hacia dónde orientar la inmensa fuerza que representa la investigación científica y tecnológica".

Los autores del Club de Roma se preguntan cómo sería el mundo en estado de equilibrio y afirman:

> "Podrían florecer (....) la educación, el arte, la música, la religión, la investigación científica básica, los deportes y las interacciones sociales (...) Para ello haría falta: primero, generar un excedente de producción una vez que hayan sido satisfechas las necesidades humanas básicas de alimento y vivienda; segundo, exigen tiempo ocioso".

El sistema no colapsó como permitía creerlo el primer informe del Club de Roma, no encontró el "crecimiento orgánico", como consideraba el segundo informe; tampoco siguió los señalamientos de Jean Tinbergen, Willy Brandt, Galbraith o aún los de Paul Samuelson cuando destacaba las virtudes del sistema de economía mixta.

Sin embargo, los síntomas que ellos evidenciaron como nadie, se multiplicaron: creció la brecha "Norte-Sur", los cuadros de desnutrición y hambre llegaron a millones de hogares, y los PED cayeron en la "década perdida" de los '80; se multiplicaba la devastación de los recursos de la naturaleza, el derroche de los recursos humanos, con niveles de desocupación impensados en ese entonces, la subutilización y desperdicio de capital productivo y las cifras fantásticas de capital ficticio que en una ruleta satelital alcanza varias veces en pocos días lo que el mundo produce en un año; la vida en las ciudades se ha degradado cada vez más: la droga, la violencia, los dramas cotidianos de una intensidad mayor y más extendida... podría seguir enumerando lo que las pantallas de televisión muestran cada día.

El sistema afrontó los cambios y desafíos y encontró su propia forma de adaptación, que como no podía ser de otra manera fue resultado de la lógica de reproducción y acumulación del capital, que en el mundo de hoy habría que decir de las trasnacionales, y en su beneficio.

Entre los recursos desperdiciados como signo distintivo de la época, el más destacado es el de los recursos humanos y su manifestación continuada y creciente ha sido y es la desocupación.

Resumiendo: a fines de los '60 se advirtió acerca de las posibles consecuencias de la RCT y de las pautas del crecimiento, y prácticamente de nada sirvieron las advertencias.

Década de los '90

En la selección de propuestas o reflexiones acerca de un futuro posible elegí las revista *El Socialismo del Futuro* (1992), que incluye los problemas actuales que plantea a la sociedad la RCT sólo en cuanto a su influencia en el trabajo.

Vale comparar parte de las concepciones de los ensayos con las reflexiones del Club de Roma.

En el primer artículo, Alfonso Guerra, presidente del Comité de Dirección de la revista, precisa:

> "El propósito de la izquierda ha de ser que en las nuevas uniones supranacionales prime la solidaridad y la cooperación frente al individualismo posesivo, que lo público y lo privado no se excluyan, sino que se complementen en unas sociedades integradas, donde desaparezca el peligro de la marginación que hoy afecta a colectivos importantes".

Al autor no se le puede escapar que en el "individualismo posesivo" gravita la búsqueda de beneficiosos y la acumulación que dificultan e impiden "la solidaridad y la cooperación". Asimismo es consciente que el único marco en que lo público y lo privado no se excluyen se dará cuando el interés social prime o por lo menos equilibre el interés privado, que a su vez es el que puede posibilitar "sociedades integradas" sin marginados.

En otro párrafo dice:

> "Las posibilidades que existen en el desarrollo de políticas públicas que contribuyan a mejorar la calidad de vida en educación, salud, cultura, hábitat, ocio, etc, pueden permitir en un futuro inmediato un crecimiento notable de empleos en el

sector servicios, que podrán compensar el paro que se produce como consecuencia de la revolución tecnológica".

Las opiniones de Guerra son importantes porque él y su partido llevan gobernando España desde hace años y confrontar lo que propone con la política económica concreta, nos demuestra que el problema no está en el nivel de la conciencia de los ideólogos o de los intelectuales, **sino en los límites que pone a cualquier propuesta la dinámica concreta del desenvolvimiento capitalista.**

Algunas prognosis, reflexiones y afirmaciones de la revista

"Las máquinas inteligentes tienden a reducir el tiempo de trabajo, de forma que el trabajo "disponible" se convierte en nuestro horizonte en un bien escaso"... "El desempleo estructural es inevitable" (Adam Schaff)

"En tanto la duración del trabajo disminuyó, en treinta años, en una tercera parte, la producción se duplicó con creces" (Jacques Rubin).

El primer interrogante que surge es cuál es la razón por la que frente al problema presten atención exclusivamente a la relación laboral, al trabajo, y no se detengan en la relación de propiedad, en la productividad del capital, en la distribución del ingreso y en su redistribución, en la forma que se asigna la riqueza que la sociedad acumula año tras año y de la cual disponen en su gran mayoría un puñado de empresas.

Nos hablan del trabajo "disponible" como de un bien escaso, sin intentar desentrañar las causas de esa circunstancia, y sin tener en cuenta lo que es por demás evidente que **hoy en el mundo habría suficiente demanda para todos los productos que se pueden fabricar con los obreros clásicos, con ocupación plena, utilizando todos los equipos y con revolución tecnológica mediante.**

"Se descarta que en la actualidad se pueda pensar en una solución "espontánea" al problema del trabajo que sería el resultado de la concepción que siempre situaciones similares se resolvieron por sí mismas". Se advierte acerca de los riesgos que ello puede implicar dado "el nivel de conciencia, las necesidades, la organización, y la capacidad para hacer frente a una amenaza similar por parte de la masas (....) ni en los círculos más reaccionarios hay ingenuos que consideren que millones de manos superfluas podrían ser "condenadas al hambre impunemente" (A. Schaff).

Félix Tezanos señala que "los de arriba", "las mayorías satisfechas", –aunque dejen de ser mayoría–, siempre tendrán más poder, más recursos, más iniciativa y más capacidad de organización, como para continuar pugnando por mantener una situación de dualidad social que les favorece.

Pero, ¿qué costo sería necesario pagar en términos de integración social y de oportunidades de convivencia ciudadana?

Tezano se refiere luego a la "sociedad de dos tercios" y da lo que podríamos denominar un escenario trágico; las citas mencionadas se pueden considerar como advertencias a los sectores políticos y económicos dominantes. De todas maneras, revelan que devendrán grandes conflictos que se resolverán de acuerdo con la correlación de fuerzas en la sociedad. En un mundo donde las economías tienen una gran interdependencia funcional, esas confrontaciones se manifestarán, asimismo, entre países y entre regiones.

Las escaseces siempre fueron relativas, como también las abundancias. Todas las crisis del sistema siempre se tradujeron en abundancias relativas en medio de las penurias de los desocupados. Lo nuevo son las diferencias cualitativas y en magnitudes de la crisis, propio del estado actual de desarrollo del sistema.

Revolución científico-técnica (RCT) y sociedad

Hay autores en *El socialismo del futuro* que responsabilizan a las técnicas: "de lo que se trata actualmente es de reemprender las luchas contra los abusos de una tecnociencia al servicio del mercado" (Jacques Rubin).

La "tecnociencia" no existe en abstracto, tiene dueños e historia.

> "Por una parte, la revolución tecnológica está contribuyendo eficazmente a crear mucha más riqueza, pero al tiempo, al generar un paro estructural, está fracasando en la distribución de la riqueza que crea". (Ibíd.).

No es la RCT la que está fracasando.

Sobre estos aspectos, T. R. Ide y A. J. Cordell señalan: "¿Puede decirse, pues, que las nuevas tecnologías son culpables? ¿Deberíamos culpar a los ordenadores, a los robots, a los sistemas de transmisión digital, etc.? Después de todo son herramientas (…) las herramientas son objetos inanimados. No hacen juicios morales, la gente sí los hace".

Citan a Norbert Wiener, el padre de la cibernética, quien en 1950 señaló que, como consecuencia de la aparición de las nuevas herramientas, "la actual recesión e incluso la depresión de los años '30 parecerán una broma simpática". Esta cita de Wiener echa por tierra las afirmaciones de perplejidad por lo que hoy sucede; los resultados de la revolución informacional eran previsibles cuando comenzó a manifestarse.

La historia del sistema habilitaba a pensar, con las primeras aplicaciones prácticas de la cibernética, que el futuro sería el que hoy vivimos, a menos que hubiéramos cambiado la lógica de acumulación de plusvalía y su posterior asignación.

Entiendo que nadie puede dudar de los profundos cambios que acaecen y acaecerán como resultado de la RCT, y que ellos influirán en el devenir de la sociedad. Lo que hay que considerar es que el sentido de los cambios será consecuencia de conflictos imprevisibles e impredecibles hoy. Estamos analizando rasgos de desenvolvimiento económico y sociopolítico, fenómenos cuyos efectos se manifiestan a veces imperceptiblemente y que, sin embargo, aún en esos momentos ya van imponiendo su impronta.

Recuerdo una concepción esbozada por Engels que señala que es un rasgo de soberbia subestimar al hombre del futuro, al considerar que hoy podemos determinar cual será el nivel o el caudal de sus conocimientos y sus aportes. Si hay algo que la RCT ha demostrado es –podríamos decirlo así– que la ciencia venció a la imaginación.

Manuel Castells dice al respecto en la revista citada: "No hay un determinismo tecnológico del cambio histórico, sino una dirección política, siempre abierta, en la lucha por el control y la orientación de dicho cambio".

El sociólogo, en ese entonces soviético, G. Volkov en su libro *El Hombre en el Mundo de la Ciencia y la Técnica*, dice:

"Cuando la parte se contrapone al todo, cuando un eslabón del sistema social se arranca de éste, la parte adquiere un reflejo torcido, teóricamente inadecuado, queda cerrado en general el camino de la comprensión del todo concreto. El cúmulo de fuerzas productivas de la sociedad constituye un sistema íntegro que únicamente cabe conceptuar dentro de la unidad orgánica de sus componentes. Y éste nexo es lo que hace que los componentes sean lo que son. Por su parte, miradas las cosas con mayor amplitud, las fuerzas productivas sólo forman un subsistema en su unidad con las relaciones de producción.

"La técnica, puede estudiarse lo mismo dentro del sistema de las fuerzas productivas que del más amplio sistema socio-económico. En el primer caso tendremos el estudio de la misma en su aspecto tecnológico; en el segundo, en su aspecto socio-económico. Lo que concuerda con el doble papel que la propia técnica desempeña en la sociedad. Por una parte es instrumento del obrero (o del personal obrero) en el proceso de trabajo y, por otra parte, instrumento de la clase a que pertenece".

G. Volkov transcribe una cita de Marx: "El vapor y la electricidad son unos revolucionarios incomparablemente más peligrosos que los ciudadanos Berbes, Raspail y Blanc" y agrega Volkov, "con mayor fundamento cabe decir de la automática, la electrónica y la energía atómica".

¡La ciencia y la técnica como rasgos revolucionarios, qué visión distinta de la que campea en el trabajo! La automática, la electrónica, la energía atómica, los microprocesadores o los robots, no son responsables de la desocupación y del derroche propio de la producción anárquica; no se los puede culpar del incremento de la brecha con los PED, ni de la succión de sus recursos humanos y naturales; nada tiene que ver con la degradación moral y no es su desarrollo lo que puede llevar a la sociedad dual, al crecimiento de la marginación.

Capital función y capital propiedad

Si todas las soluciones que se proponen en diversos ensayos acerca de la desocupación se hubieran planteado como opciones oportunamente, habrían permitido desembocar en un panorama totalmente distinto.

Veinticinco años después son pocos los que se acuerdan de los dos primeros informes del Club de Roma, pero hoy vuelven con similares pronósticos y advertencias.

¿Por qué no tomaron desde el poder las medidas para prevenir, no ya el colapso que no se produjo, sino al menos disminuir los efectos terribles para la humanidad de la economía de derroche y desperdicio de recursos humanos, de capital y de la naturaleza?

¿Por qué hoy y no 30 años antes?; ¿Por qué hoy la preocupación por el problema?

Porque en ese entonces el capitalismo vivía a pleno el vigoroso crecimiento de la posguerra y porque en las décadas de los '70 y '80 siguió adelante, creciendo menos pero creciendo, volcando la crisis sobre los pueblos del mundo entero: no se había llegado a los índices de desocupación de hoy.

Es por demás evidente que la dinámica capitalista, tal cual se ha dado en toda la historia del sistema, es la responsable de los resultados por la utilización de las técnicas y cualquier prognosis acerca del futuro del trabajo debe tener en cuenta que **la esencia del tema pasa por cuál debe ser la política para tratar la lógica del capitalista, su moti-**

vación principal, la búsqueda de beneficios, quiénes lo acumulan y quiénes disponen de ellos; es la única manera de terminar con sus efectos negativos para la evolución de la humanidad.

Reitero: ¿realmente se puede plantear el futuro del trabajo haciendo abstracción del marco propio del sistema? Y en cuanto a éste no hay que bucear en el futuro para conocer el resultado, porque es la áspera realidad del presente.

Trabajadores improductivos, servicios y crisis

En buena parte de los análisis se propone que la solución a la desocupación pasa por incrementar las personas ocupadas en actividades no productoras de bienes.

Desde sus comienzos les preocuparon a los economistas clásicos, de Malthus en adelante, los problemas de la superacumulación relativa del capital y su vinculación con la población económicamente activa y con los trabajadores improductivos, aunque las denominaciones de los conceptos y los conceptos mismos reflejen realidades diversas.

Joseph Gillman (1971) ubica históricamente las opiniones de Malthus, destacando que era una época en que existían grandes excedentes tanto agrícolas como de bienes manufacturados y un fuerte descenso de sus precios.

Como vemos, la necesidad de investigar y opinar acerca del tema de los "trabajadores improductivos" surgió cuando hubo excedente de capitales. Ya en ese entonces se aceptó que los problemas comienzan con el exceso de capital, y señalaban que habiendo exceso de capital la sociedad necesitaba del empleo improductivo.

En la época de los clásicos, la clasificación y distinción de clases era distinta. Los trabajadores improductivos (vg. eclesiásticos, militares, burócratas) se podían encasillar. El problema era cómo se cubrían sus necesidades y quiénes en la redistribución de la renta las satisfacían.

Hoy los problemas son mucho más complejos, pero al igual que dos siglos atrás, opiniones o visiones como la de Malthus surgen frente a la crisis y las respuestas desde el sistema son las mismas: la dinámica espontánea, a la que hoy agregamos políticas deliberadas y las que surgirían del desenvolvimiento sociopolítico.

Los servicios, las ecuaciones de Marx y el tigre de Samuelson

Miguel Castells precisa la denominación del "concepto de servicio como un no concepto" y agrega la importancia de diferenciarlos, destacando los: "servicios de distribución (comercio, transporte); servicios a la producción (finanzas, inmobiliarias); servicios a las empresas (consultorías); servicios sociales y servicios personales".

Esta diferenciación, en mi opinión, conduce a la íntima e indisoluble unidad de los servicios de distribución y servicios a la producción, con la producción industrial.

Castells separa "los servicios a la producción" de los servicios sociales, es decir: "la infraestructura pública de cobertura social sobre la que se basa el bienestar de las sociedades y la mejora del capital humano de las que depende la productividad de las economías avanzadas".

Marx en *Trabajo asalariado y capital* expresa: "Ahora bien, ¿cuál es el costo de producción de la fuerza de trabajo? Es lo que cuesta sostener al obrero como tal y educarlo para este oficio".

La educación, la salud, la vivienda, todos considerados erróneamente como bienes exclusivamente sociales, tienen que ver con el mantenimiento, reproducción y adecuación de la fuerza de trabajo a las nuevas exigencias de la producción.

Los "servicios a la producción" y la producción misma dependen, en su eficacia y eficiencia, de la calidad, permanencia en el tiempo y magnitud del espectro social que abarcan los "servicios sociales". Son ellos los que definen la diferenciación entre países y regiones en cuanto a sus posibilidades de desarrollo.

Si los costos de las empresas en función de su activo fijo son fáciles de medir, ¿cómo se hace para considerar los elementos conceptuales?; muchos son productos de las ideas de diferentes individuos que tal vez hayan estado germinando durante años. Agreguemos la cantidad de fuerza de trabajo manual e intelectual invertidas en investigaciones frustradas. Todo ello es trabajo y va a seguir siendo así, dando ocupación a millones de personas en el futuro.

A su vez todos los trabajos señalados influyen en el valor de las mercancías y se manifiestan en sus precios. Los presupuestos públicos a través de los impuestos atienden a las demandas de la sociedad.

Los sectores formadores de precios trasladan a precios los impuestos que pagan, por lo que son los beneficiados directos y sin cargo alguno del costo social en la adecuación de las fuerzas de trabajo manual e intelectual. Lo mismo se puede afirmar de los gastos de investigación y desarrollo que en su mayor parte atiende al sector público.

De lo que resulta que, de una forma u otra, como precio o como impuesto, es la sociedad y mayormente los asalariados y sectores de ingresos fijos quienes pagan hoy las exigencias del desenvolvimiento capitalista y sus crisis, ya que pagan aún las asignaciones sociales a los desocupados.

El mundo es mucho más complejo que en cualquier otro momento de su historia: el grado de complejidad de lograr armonía en la asignación de recursos entre los diversos sectores de la producción y servicios en cada país y en el mercado mundial, es la base sobre la cual se montan las dificultades del momento y es una medida de su gravedad, sin parangón en la historia del capitalismo.

Hoy el sistema es mucho más anárquico y trasciende los límites geográficos de las Naciones-Estado; las contradicciones del capitalismo señaladas por Marx hoy se dan en el espacio del mercado mundial.

Ya no se trata como en la época de los clásicos, ni siquiera la de 25 años atrás, de lograr proporcionalidad entre dos sectores de la economía; pensemos en el tigre de Samuelson o en las ecuaciones de Marx. La falta de proporcionalidad en las ecuaciones de Marx, el tigre de Samuelson o la destrucción creadora de Schumpeter tenían salida en el mismo ciclo. Consideremos que entre la producción de bienes de capital y la producción de bienes que atienden el consumo que era necesario armonizar, hoy apreciamos:

- Cambio en la producción, en el trabajo y en el proceso de trabajo RCT mediante.
- Participación en la producción y la realización de bienes en grados muy diversos del embalaje, transporte, publicidad y manipulación mediática, comunicaciones y comercialización, captando altos porcentajes de la acumulación del excedente generado en la producción.
- Las finanzas giran como un sector independiente de la economía. Gravita en forma trascendente el capital financiero invertido en acciones, en divisas, en títulos públicos y privados que sólo tienen rentabilidad en intereses, que son inde-

pendientes de la producción y realización de mercancías y que se auto reproducen en magnitudes varias veces superiores a las necesidades de la producción.
- Existe un mercado mundial de bienes al cual las políticas económicas nacionales no pueden dejar de tener en cuenta, o están subordinadas a sus vaivenes.
- En todos los sectores señalados y a través de todos los países se generan ingresos y gastos que deberían armonizarse para obviar sobresaltos, crisis y perturbaciones.
- **Las contradicciones que antes se manifestaban en el ámbito de las naciones, hoy se manifiestan en el mercado mundial, trascendiendo el concepto de tiempo y de espacio geográfico; todo cambia en segundos y afecta a la economía mundial.**

En este momento de la fase recesiva del ciclo largo con su gravísimo derroche de recursos materiales, naturales y humanos, es difícil pensar en una salida hacia adelante como antes, sin una participación activa de los pueblos del mundo que exijan un cambio perentorio en la dinámica de acumulación y autocrecimiento del capital de acuerdo con las leyes del sistema.

- La salida probable dentro de su lógica será de una tremenda desvalorización del capital, en primer lugar del financiero, que dará lugar a una crisis sin parangón en la historia del capitalismo.

La crisis actual y particularmente el tema que nos ocupa, está fundada esencialmente sobre la creciente dificultad de lograr armonía y eficiencia en la asignación de los extraordinarios beneficios que se acumulan en tanto se deje decidirlo a las trasnacionales, a los gobiernos que las amparan y a los vaivenes de un mercado frenético.

Frente a las reflexiones destacadas resumo:

- Que el trabajo disponible y la escasez o abundancia de bienes es relativo al sistema.
- Que no se puede hacer futurología alguna acerca del trabajo, sin considerar al desenvolvimiento del capital o, lo que es lo mismo, no se puede aislar al trabajo de la evolución del sistema en su conjunto.
- Que al mismo tiempo que hablamos del trabajo debemos hablar de capital y hacerlo distinguiendo entre el capital-función y el capital-propiedad.
- Que la desocupación siempre estalló en los tiempos de crisis.
- El llamarla estructural no cambia esa circunstancia. Las crisis siempre son estructurales y superestructurales, afectan a la economía y a la sociedad en su conjunto.
- En las crisis siempre el factor desencadenante fue y es la superacumulación del capital productivo, su obligada y acelerada obsolescencia moral, sumada a la tremenda superacumulación de capital dinero –en sus diversas formas– que vagabuandea por el mundo y que dentro de la lógica del capital no encuentran aplicación "productiva" (productiva para obtener beneficios).
- La desocupación fue su inmediata consecuencia.
- Es la lógica de acumulación y reproducción del capital lo que explica asimismo la agresión a la naturaleza, los agravios a la biósfera, el derroche de los recursos humanos, naturales y de capital, así como la "insalvable cuestión Norte-Sur".

- La única metodología con rigor científico es insertar el desarrollo científico-técnico en la historia del sistema.

REFLEXIONES FINALES Y PROPUESTAS

- Es necesario que los asalariados y agrupaciones de consumidores participen en consejos de dirección que tengan influencia sobre las decisiones globales relacionadas con la producción (Ulf Himmelstrand).
- Priorizar, antes que el crecimiento, "el pleno empleo y la mayor igualdad económica" (Tom Bottomore).
- Desagregar la noción de crecimiento dando preferencia "a las áreas que más beneficien a la población, que deterioren menos el ambiente y que más contribuyan al mejoramiento de los niveles de vida en el Tercer Mundo" (Ibid.).
- Limitar los horarios de trabajo sin deterioro del trabajo real, aumentar el gasto público en vivienda, educación, entretenimientos sociales y partes de la infraestructura económica.(Ibid.).
- Una planificación económica flexible y un grado sustancial, decisorio, de propiedad y control estatal (Ibid.).
- En el mediano plazo, una renta básica para todos los ciudadanos, independientemente de que estén "trabajando" o no (Ibid.).

Cualquiera de las soluciones propuestas para resolver el problema del paro, o de aquellos que son productos del crecimiento "inorgánico" –vg. "rentas mínimas garantizadas" para asalariados, o gastos por exigencias de la lucha contra la contaminación– se reflejarán siempre en costos crecientes para el grupo de trasnacionales que dominan el mercado mundial, o en incremento de impuestos, que a su vez tratarán de trasladar a los consumidores.

Por ello cada una de las medidas será motivo de múltiples y agudos conflictos, cuyos resultados dependerán ya no sólo de coyunturas económicas y sociopolíticas nacionales, sino de las coyunturas de comunidades de naciones, o globales, y en las que su desarrollo desigual multiplicará sus efectos.

Circunstancias como las señaladas se agravan en los momentos de crisis cíclicas, y con más agudeza en los períodos de depresión de un ciclo de onda larga.

En nuestro país

- La primera medida pasa por una respuesta alternativa al pago de la deuda externa. No puede haber solución sin moratoria de la deuda.
- Revisar las privatizaciones. Activar mecanismos de regulación y control de los precios y tarifas de servicios de los sectores oligopólicos, y posibilitar que el Estado tenga herramientas para regular y planificar la asignación de recursos. Dar lugar en los directorios de esas empresas a representantes de asociaciones de consumidores quienes deberán rendir cuenta periódicamente de sus acciones.
- Transformación radical del sistema tributario privilegiando los impuestos a ganancias y patrimonio que deben alcanzar el nivel del 50 % de los ingresos tributarios percibidos, como en los PD. Disminución de los impuestos al consumo

y al trabajo. Impuesto de recaudación inmediata a grandes fortunas personales y empresas. Las instituciones recaudadoras saben como pueden impedir la evasión.
- Disminución del porcentaje que los sectores del comercio, transporte y finanzas captan de la renta del sector productivo promoviendo formas que acerquen los productores al consumidor.
- Activación del mercado interno a través del aumento de la capacidad de consumo con incrementos del salario real y redistribución progresiva de la renta que el país probadamente puede generar.
- Democratización, desburocratización y descentralización profunda y a todos los niveles del sector público.
- Democratización de las instituciones intermedias.
- Participación obligada de los partidos políticos en los medios de comunicación independientemente de sus caudales electorales.

Octubre de 1995

REFERENCIAS BIBLIOGRÁFICAS
AA.VV.: *Economie-Politique - Le Capitalisme*. Editorial Progreso, Moscú, 1976.
BARRE, Raymond: *Economía política*, Barcelona, 1977.
BOCCARA, Paul: *Études sur le Capitalisme Monopoliste d'Etat* (CME) sa crise et son issue. Editions Sociales, 1973. Reproduce artículos de Boccara publicados en la revista *Economie et Politique* entre los años 1961 y 1973.
El Socialismo del futuro, N° 6, 1992, Madrid: "El futuro del trabajo".
GILLMAN, Joseph: *Prosperidad en crisis. Crítica del Keynesianismo.* Edit. Anagrama, Barcelona, 1971.
Les Cahiers Français N° 189, enero-febrero 1979, París: "Antimanual de macroeconomie".
Les Cahiers Français N° 246, mayo-junio 199, París, "Emploi et chomage".
MARX, Karl: Trabajo asalariado y capital. Edit. Ateneo, Buenos Aires, 1975.
SAMUELSON, Paul y Nordhaus, William D.: *Economía,* México, 1991..
SERRANO, Agustín: *Dinámica y crisis del sistema capitalista mundial.* Editorial Lihuel, Buenos Aires, 1982.

INTRODUCCIÓN TEÓRICA AL ANÁLISIS DEL PLAN DE CONVERTIBILIDAD

En *Economía en tiempos de crisis*, editorial Sudamericana, Cavallo en la página 59 se interroga: "estamos asistiendo al fracaso de la gestión económica radical, ¿por qué ocurre siempre que las gestiones económicas tienden a fracasar? ¿Por qué terminan siempre mal los ministros de economía, los presidentes del Banco Central, los secretarios de Hacienda? ¿Son todos tan malos tan incapaces? ¿Pueden ser tan malas sus intenciones? Sería ingenuo pensarlo de éste modo".

En el número 124 de *Realidad Económica* de mayo de 1994 publiqué un artículo "Acerca del Plan de Convertibilidad" (PdeC). (*1)

En el mismo planteé la necesidad de revisar nuestro pasado para tratar de explicarlo. Me serví de una muy sucinta descripción de las aberraciones que se fueron dando en nuestra dinámica capitalista como sistema, estructura económica y superestructura política, teniendo presente el desenvolvimiento capitalista de los Países Desarrollados (PD) y de otros Países en Desarrollo (P en D). Bosquejé lo que en mi opinión eran ejemplos causantes de nuestra larga crisis; utilicé una publicación de FIEL en la que se hace un estudio comparativo de diversos programas de reformas encarados en el mundo con los llevados a cabo en el país y, a un mismo tiempo, propuse medidas concretas de políticas económicas, las que a su vez comparo con lo hecho por Domingo Cavallo. Analizo las dificultades del PdeC, sus consecuencias posibles y esbozo alternativas al plan.

En ese momento parecía que el PdeC había logrado transformar nuestro país consolidando una estabilidad largamente inalcanzada; visión que objeté en función de su total dependencia de factores externos, y de la no eliminación de los condicionantes que siempre inhibieron las posibilidades de un desarrollo sostenido en el largo plazo:

Destaqué tres aspectos potenciales de la crisis que se agregaban a dichos condicionantes:

> Dependencia de los flujos financieros especulativos provenientes del exterior, la crisis de las economías regionales y la magnitud de la marginación social.

Rasgos éstos últimos que consideré consecuencias naturales de la implementación del PdeC.

Lamentablemente mis prevenciones en cuanto a la fragilidad de los resultados obtenidos hasta ese momento se vieron corroboradas con lo acontecido meses después.

No considero un gran mérito mi acierto, era previsible habida cuenta que mi opinión se basaba en hechos por demás evidentes. No fui ganado por la manipulación comunicacional ni enceguecido por el éxito contra la inflación, tampoco por un interés de defender, con el sacrificio del rigor investigativo, la estructura del poder en nuestro país.

En definitiva dependíamos, fundamentalmente, de las maniobras especulativa de las finanzas internacionales una de las consecuencias de una economía mundial en crisis que no podíamos influenciar; en cuanto a los otros aspectos señalados si bien eran producto de la implementación del plan, estallarían sólo si la gente resistía su aplicación; todo el tiempo que ello no sucediera, para el gobierno era una chance que finalmente la sociedad le concedía, obligada, para lograr la transformación buscada.

De todas maneras, en esencia, quedé prisionero de una visión de las medidas concretas del PdeC y de sus resultados, y es necesario ir más a fondo, como ejemplo: la dependencia y subordinación a factores externos e internos a las que aludo, correctamente, y que se han incrementado, forman parte de nuestra historia económica que, sin embargo, en otros PenD han tenido distintos derroteros con resultados muy superiores; creo necesario abundar en razones explicativas que nos diferencian de los países que tuvieron éxitos en los programas de reformas citados por FIEL e, imprescindible, argumentar más acerca de las concepciones teóricas-ideológicas que respaldan al PdeC.

Con ese objetivo, el pequeño ensayo que se presenta intenta responder a varios interrogantes que surgen de las siguientes constataciones:

- Nuestro país tiene, de acuerdo a un estudio del Banco Mundial, la peor performance entre los países del mundo desde comienzos del siglo hasta el año 1987 y particularmente desde 1950 en adelante.
- Todas las estrategias aplicadas en el país en dictaduras o democracia fracasaron.
- Las razones invocadas, en general, como causas de nuestro frustrante desempeño: modelo de sustitución de importaciones y estatismo, han sido políticas comunes a gran parte del mundo desarrollado, con un resultado substancialmente diferente al nuestro y, destaco, también en los países con economías afines.
- En el mismo sentido podemos afirmar que el Estado de Bienestar, así como las políticas de protección del mercado interno y promoción del desarrollo que se aplicaron en nuestro país, trajeron resultados diferentes al del resto de Latinoamérica.
- Las concepciones en que se basa éste plan son similares a la de los planes anteriores, con gobiernos civiles y militares.
- Los interrogantes a que hice referencia surgen de cada una de las constataciones destacadas y que podríamos sintetizar en uno solo: ¿por qué no logramos en ningún momento en los últimos cincuenta años una cierta estabilidad, ni siquiera de corto plazo, y por qué la performance económica real estuvo y está tan lejos de las dotaciones concretas de recursos humanos, de capital y naturales con las que cuenta el país?

— En la búsqueda de respuesta encuentro otros interrogantes:
- ¿Es posible el desarrollo y una estabilidad de largo plazo cuando existe un alto nivel de marginación social?
- ¿Es posible separar el desenvolvimiento económico del nivel de vida de la población?
- ¿Cómo influye en el desenvolvimiento de la economía el nivel de vida de la población comprendiendo en él, por supuesto, su capacidad de consumo?
- ¿Pueden ser separados los fenómenos económicos, de los políticos y sociales?

Hay una circunstancia acerca de la cual es ineludible reflexionar: el PdeC., como plan transformador, se aplica con un gobierno justicialista y por lo que demuestra nuestra historia no podía ser aplicado por otro de distinto origen, ya sea en dictadura o en democracia. Desde 1955 se intentó reformar nuestra economía para que retome una senda de crecimiento acorde con sus recursos y, luego, desde 1976 para adecuarla a las nuevas corrientes que marcaban el rumbo de la economía mundial. El complejo corporativo empresario, sindical y político pudo más, e impidió siempre cualquier cambio que no contemplara sus intereses que por otro lado fueron casi siempre cortoplacistas.

La quiebra del Estado, la hiperinflación y el desprestigio institucional catapultó a Menem que gozó desde un comienzo del apoyo de la corporación empresaria y asimismo, por su carácter de justicialista, de la corporación sindical.

Habida cuenta del éxito del PdeC, en cuanto a transformar las estructuras del sector público, reducir drásticamente la inflación y crear condiciones de rentabilidad asegurada a los sectores monopólicos y oligopólicos de las finanzas, servicios, comercio, e industrias, se hace necesario estudiar las condiciones de su implementación, su teoría-ideología y práctica concreta, y reflexionar acerca de qué país nos encontraremos al cabo de los años.

Para encarar el trabajo consideré oportuno confrontar algunas concepciones teóricas: la dinámica del mercado, teoría y realidad; el rol del estado y la gestión macroeconómica; sus implicancias en las políticas económicas.

El interrogante mayor es el que gira alrededor de plan y mercado y más en un país donde el estado se ha despojado, en gran parte, de la posibilidad de hacer política económica.

El trabajo lo encaro refiriéndome en primer lugar al mercado; luego, para precisar el rol del Estado, me detengo en la concepción "neoclásica" de externalidades, que explica la influencia en el mercado y, desde afuera del mismo, de las políticas económicas públicas y del presupuesto.

En tercer lugar me ocupo de las concepciones en que se basan los diversos planes que son, en verdad, premisas de funcionamiento que nada tienen que ver con la teoría económica y que aceptadas como "paradigmas" se utilizan para defender políticas económicas que privilegian a los sectores dirigentes de nuestra sociedad.

CONCEPCIONES SOBRE LAS QUE SE BASA EL PLAN

El Gobierno ha logrado hacer conciencia en la sociedad que no hay alternativa para el plan. El gobierno tiene razón en cuanto sabe a ciencia cierta que numerosos economistas de la oposición se manejan con el mismo marco conceptual y que, estando en la obligación de gobernar, apelarían a herramientas que en definitiva implicarían la continuidad de las políticas seguidas.

Atento a lo anterior importa precisar si es posible un marco conceptual diferente y a partir de ello proponer un plan alternativo que lo tenga como base.

EL DIOS MERCADO

Hay una raíz teórica que orienta las políticas económicas y que nos remite a la concepción de Mercado.

Samuelson y Nordhaus en su libro de texto *Economía* –quizás el más difundido en las universidades americanas– en el acápite denominado "Distribución inicial de la renta" luego de "prescindir, de los monopolios, la contaminación, los sindicatos y demás fallos del mercado... del desempleo, de la inflación, y de los ciclos económicos"; se pregunta: "¿Qué significan los mercados competitivos ideales para la distribución de las rentas? ¿Existe una mano invisible en el mercado que garantice que las personas que más lo merecen obtendrán los bienes que necesitan? No. De hecho, los mercados competitivos no garantizan que la renta y el consumo irán a parar necesariamente a las personas que se consideran más necesitadas o merecedoras. En una economía de mercado, la distribución de la renta y el consumo refleja, por el contrario, las dotaciones iniciales de talento y riqueza heredados, así como toda una variedad de factores como la discriminación, el esfuerzo, la salud y la suerte...".

"En un sistema de laissez-faire, la competencia perfecta podría dar lugar a una situación de desigualdad general, de niños mal nutridos que crecerían y tendrían hijos malnutridos y de perpetuación de la desigualdad de las rentas y de la riqueza de una generación tras otra. Si la distribución inicial de la riqueza, la capacidad genética, el nivel de estudios y la formación estuvieran repartidas, por el contrario, de un modo más uniforme, la competencia perfecta podría llevarnos a una sociedad caracterizada por una distribución casi igualitaria de los salarios, de la renta, y de la propiedad".

Todo nuestro pasado tiene que ver con "las fallas del mercado" a las que aluden los autores: monopolios, contaminación y ciclos económicos han resultado del desenvolvimiento económico del sistema y, en cuanto a los sindicatos, de su desenvolvimiento económico y socio-político. Lo trascendente es que los autores reconocen las consecuencias para la sociedad de un funcionamiento irrestricto de las leyes del mercado y de sus insalvables limitaciones que no tienen solución dentro de la dinámica que moviliza al sistema, ya que el "si" con el que condicionan la última parte del párrafo implicaría un cambio radical de su dinámica de crecimiento.(*2)

Una referencia a la historia económica para explicar lo acontecido

Considero que es necesario teorizar e historiar para poder apreciar cuál es el alcance de la teoría neoliberal, cómo se la utiliza y cuál es su vínculo con las políticas económicas aplicadas.

Al ubicarla históricamente, pretendo superar el análisis de las teorías oficiales que siempre parten del presente.

Este no es un tema menor, ya que es la metodología que les ha permitido al esconder el pasado, aún el inmediato, soslayar las causas de las perturbaciones que en cada momento ha padecido el sistema y, de tal manera, mantener las pautas que rigen las políticas económicas de turno dentro de un aparente rigor conceptual.

Encarar el tema de la forma antedicha, me obliga a destacar que el desenvolvimiento del sistema ha resultado de las políticas económicas ejecutadas desde el poder, por lo cual las considero como **políticas económicas deliberadas y, a un mismo tiempo, por el juego de las leyes de mercado.**

Hasta los años 30 se podía considerar que la asignación y la distribución de la renta se hacía, esencialmente, a través del mercado. Luego de la crisis de esos años y, particularmente, desde la postguerra, los gobiernos se atribuyeron en gran parte esa responsabilidad.

Durante el siglo pasado y hasta Keynes, reinó la teoría neoclásica que señala que el sistema funciona siempre en condiciones de equilibrio, con plena ocupación de sus recursos y que las perturbaciones –que considera pasajeras– son meras fluctuaciones a su alrededor. Toda acción externa se considerada inútil y perjudicial. La gran crisis del treinta evidenció la falacia de la teoría y Keynes interpretó la realidad al plantear la necesidad de que el Estado interviniera regulando el proceso económico, y señaló que el sistema podía funcionar **con desocupación y desaprovechamiento de recursos.**

De acuerdo con ello señalaremos dos aspectos de la teoría keynesiana:

- Ubica en primer lugar del razonamiento económico la demanda efectiva que motorizada por una gestión macroeconómica desde el Estado, podría influir en el ciclo, contrarrestar sus efectos nocivos y apurar y acrecentar el auge. Con ello Keynes introduce al asalariado como productor y consumidor, con lo que perturba el razonamiento neoclásico que aprecia al asalariado únicamente como una mercancía más y al salario como su precio sujeto a la ley de oferta y demanda.
- Supera el análisis de la microeconomía con el extraordinario aporte de la macroeconomía estudiando y haciendo propuestas acordes con el nuevo rol que comenzó a jugar el Estado al cambiar su antiguo papel de Estado - gendarme por el de gran gestor de la economía.

Keynes, gran heterodoxo –por no decir hereje–, contribuyó al desarrollo de la macroeconomía, a la implementación deliberada de políticas económicas y a una nueva valoración del presupuesto como redistribuidor de la renta y asignador de recursos, haciendo ceder espacios a los mecanismos autoreguladores y dando lugar a la ampliación y profundización de la regulación estatal, con lo que confrontó con el pensamiento neoliberal, y se ganó para siempre el odio de sus popes.

Desde la posguerra y hasta fines de los años setenta, en los países capitalistas desarrollados (PD) se consideraba que los tres objetivos a alcanzar eran la estabilidad de precios, el pleno empleo y el crecimiento; esas concepciones y su posterior desarrollo evidenciaron la vinculación entre los fenómenos económicos, políticos y sociales.

En el marco del funcionamiento de las instituciones democráticas, la situación económica y socio-política debía conducir, necesariamente, al fortalecimiento de los movimientos sindicales, a la satisfacción de reivindicaciones de los asalariados, y al crecimiento de los partidos que los representaban.

La necesidad de responder a los problemas nuevos que iba planteando el desenvolvimiento económico y a las exigencias crecientes de sectores cada vez más amplios de la sociedad, transformó las causas que estaban al origen del ciclo económico, haciendo del consumo su motor principal en lugar de las inversiones en bienes de capital.

El Estado de Bienestar llamado, así por la amplitud de los beneficios gozados por los pueblos, en particular de los PD, posibilitó a un mismo tiempo una acumulación nunca vista de beneficios a los sectores oligopolizados y fue en su marco en el que se desenvolvió el proceso citado anteriormente. **Sin embargo también el sector público creció espectacularmente y sus bienes y servicios comenzaron a confrontar con los bienes y servicios privados.**

Cuando sobrevino la crisis de fines de los ´60 que se agudizó en los ´70, apareció la estagflación ante la cual las políticas keynesianas no tuvieron respuestas y el objetivo del pleno empleo se debilitó. Los cambios comenzaron a manifestarse cuando se agravó la confrontación por la apropiación y asignación de la renta entre el sector público y el sector oligopolizado.

En la medida en que el Estado benefactor perdió sus atributos para las grandes empresas –a las que ya no servía para contrarrestar la tendencia a la baja de las tasas de ganancias–, éstas movilizaron su poder económico y comunicacional para promover el reemplazo de la regulación estatal por la **planificación de las transnacionales.** Gobiernos y poder económico conjugados votaron a favor de sus intereses, y sobrevino una tremenda reestructuración y relocalización industrial; se incrementó la desocupación y con ella la debilidad del movimiento obrero. Como afirmó P. Samuelson (A.Serrano 1982), fue una crisis deliberada. Este proceso se dio en el mundo en el marco de la crisis de los ´70, y en nuestro país cuando los grupos locales esquilmaron al Estado hasta llevarlo prácticamente a su quiebra.

Su resultado fue el desguace del Estado y la entrega del mercado, en forma "transparente", a los mismos grupos. "Transparente" porque antes lo dominaron a través del aparato estatal.

Toda la batería de los economistas, sociólogos y politicólogos del establishment, desde los más vulgares hasta los más reverenciados por su academicismo y profundidad en los análisis, ha estado dirigida a destruir las concepciones que predominaron en la teoría y en la práctica económica concreta hasta fines de los ´60 y **devolver al Estado su antiguo rol, adecuado a la situación presente.**

En lugar de ejercer políticas activas de regulación, el Estado comenzó a jugar un papel coactivo, al punto de imponer, desde el poder, el juego de las leyes del mercado en cuanto a concentración de riqueza y segregación y marginación social.

Es necesario aclarar un equívoco: tanto el neoliberalismo, como el keynesianismo, han sido formas de gestión macroeconómicas que se aplicaron desde el poder para responder a situaciones concretas: políticas keynesianas de intervención pública directa como salida a la crisis de los ´30, una de cuyas manifestaciones más graves fue la desocupación en un entorno socio político que ponía en peligro la subsistencia del sistema, crisis agravada por la presencia de la URSS, y que se siguió aplicando en la posguerra para la reconstrucción de Europa hasta fines de los ´60; y políticas neoliberales ya instalada la crisis en los ´70 y, con más precisión y fuerza, en los ochenta. (*3)

El proceso resultó exclusivamente de una política económica pragmática que atendió los intereses de las transnacionales aunque, en el afán de darle una justificación teórica, se apeló al neoliberalismo. Y es necesario para confrontar con ella remitirnos a sus concepciones y rebatirla con sus argumentos:

- **En primer lugar**, los neoliberales, con el objeto de privilegiar el mercado, lo ubican en el centro de sus desvelos como único factor a tener en cuenta, despreciando sus consecuencias y reclamando la prescindencia de la política del Estado y de todo aquello que pueda perturbarlo.

Sin embargo, reiteramos que la perturbación principal que influye agudamente en los mecanismos del mercado es la acción de los sectores oligopolizados por propia gravitación y por la que ejercen a través del Estado.

El neoclacisismo alejó la investigación económica del proceso de producción. Al observar la realidad el capital estaba allí, también los recursos y el trabajo. No hacía falta investigar su origen, el aporte de Marx con su análisis histórico - económico de la acumulación primitiva y del trabajo asalariado no fue considerado porque de hecho implicaba un avance en la profundización de la teoría del valor trabajo de los clásicos. Más aún, la ciencia se olvidó de la investigación acerca del origen del valor, la teoría del valor trabajo pasó a ser enunciada sin continuidad alguna en el análisis; el párrafo que se recuerda y se reitera de A.Smith es el que se refiere a la "mano invisible" que ordena los intereses individuales de tal manera que sirven a los intereses generales y que se complementa con el "laissez faire".

Al abandonar el rigor investigativo y detenerse en la comercialización y distribución, la teoría neoclásica cumplió su propósito: la teoría de los factores de producción emergía con tal solvencia que era fácil y natural dedicarse a estudiar las proporciones en las que los agentes contribuían en el proceso de producción y cambio. Ahí está el numen de la concepción del mercado y de ahí en más se acumulan los aportes para **profundizar exclusivamente en el funcionamiento económico.**

La teoría de los "factores de producción", útil para el análisis microeconómico, levanta un velo que encubre la realidad. Cuando analizan el mercado, el trabajo es mercancía; cuando toman medidas de flexibilización laboral apuntan al asalariado de carne y hueso.

La transformación del factor de producción capital en capitalista –propietario asignador de la ganancia y consumidor–, y del trabajo en asalariado –productor y consumidor–, es un conflicto no resuelto por la teoría económica neoliberal y si introducimos la calidad de ciudadano elector con todos sus derechos, es un conflicto no resuelto por la democracia burguesa (*4).

Son hombres los productores, hombres los consumidores, hombres los propietarios del capital y hombres los asalariados manuales e intelectuales. Hay intereses que guían a unos y otros: "la mano invisible" de Adam Smith hace tiempo que se personificó en los grupos oligopólicos transnacionales, sindicatos y movimientos de diferentes características, que confrontan en el mercado como tales, en una muy humana personificación.

El dominio de los mercados por los oligopolios transnacionales, indujo cambios esenciales en el mecanismo de formación de precios. **Este dejó de ser expresión monetaria del valor para transformarse en expresión monetaria del poder.** Con el predominio de la economía oligopolizada y transnacionalizada los mecanismos de mercado son pervertidos.

Lo anterior no significó una atemperación de la competencia sino un cambio de calidad, se hace por otros carriles que no son ya sólo de precios, y que se traducen en un agravamiento de la crisis expresada en un derroche acentuado de recursos humanos (desocupación en todo el mundo); de la naturaleza (incremento de la dilapidación de sus recursos agotables y de la contaminación ambiental); y del capital (obsolescencia moral acelerada y desvalorización permanente de stocks, sumado a su concentración como capital financiero, capital dinero, que gira independiente de la economía real).

En segundo lugar, la teoría monetaria complementa el marco teórico - ideológico descripto. Hay que volver y volver a la historia para entender lo que acontece, recordar lo sucedido en la década del 70 cuando se multiplicaban las medidas para desterrar al oro que se había convertido en una limitación difícil de salvar para la (funcional al sistema) transnacionalización económica y globalización financiera.

El abandono del sistema de paridad fija, pero ajustable, y la convertibilidad, que obligaba a los EEUU a cambiar cada onza de oro por 36.5 dólares, creado en Bretton Woods, facilitó la implementación de las políticas neoliberales. A la teoría cuantitativa, aún la oficial, se la recuerda exclusivamente en la explicación reduccionista del fenómeno inflacionario, por lo demás el nominalismo reina.

Pero, como en otros aspectos de la heterodoxia neoliberal, su aplicación hizo caer los velos que encubren la realidad: el nominalismo evidenció que es el poder el que respalda al signo monetario y ello es inconveniente para conservar **el automatismo regulatorio que respalda el sistema.**

La fundamentación de los economistas ortodoxos que claman por el retorno al oro y la desaparición de los bancos centrales, tiene sus raíces en su visión de que en la medida que se posibilitaran la aplicación de políticas económicas deliberadas, se abrirían las puertas para que la política y con ella las confrontaciones de intereses presionen sobre el desenvolvimiento económico y necesariamente queda afectado el libre desempeño de "los agentes económicos" y al desnudo la confrontación entre clases.

De los economistas ortodoxos quienes mejor expresaron sus temores y advertencias fueron Friedrich A. Hayek y Jaques Rueff. F. Hayek manifiesta su odio por Keynes por haber introducido la macroeconomía, y J.R. defiende al patrón oro frente al patrón de cambio dólar - oro, al expresar sus dudas en cuanto a que los funcionarios puedan aplicar oportunamente las medidas correctoras de las coyunturas deficitarias fiscales y de comercio exterior, que fueron consecuencias de las presiones políticas –"ya que las demoras en tomarlas implicarían un verdadero mazazo, que acarrearía consecuencias sociales dolorosas".

Jaques Rueff compara esas políticas deliberadas con la dinámica económica inflexible, sin responsables visibles, con que la economía funcionaría bajo el patrón oro; y así como objeta el manejo arbitrario desde el poder al interior de los países, J.R. critica ácidamente el poder extraordinario que dio el patrón de cambio dólar-oro a los EEUU, por ser emisor de la moneda patrón.

En otro momento J.R. dice: "Además éste proceso exige, para ser puesto en marcha, condiciones políticas que no siempre están dadas y que, por otro lado, se hallan frecuentemente afectadas por las reacciones que desencadena la operación de saneamiento en sí misma".

En la visión de J.R. todo debería haber saltado por el aire hace tiempo; la explicación es que las correlaciones de fuerza entre las distintas clases sociales sufrió un cambio cualitativo: no hubo un colapso, sino que el sistema enfrentó los síntomas de agudización de su crisis huyendo hacia adelante, aplicando cada vez con mayor rigor "medidas sociales dolorosas".

Para entender mejor la reflexión neoclásica ortodoxa, considero que es útil detenerse en el análisis de lo sucedido en la esfera monetaria donde encontramos otra coincidencia confrontativa entre los economistas ortodoxos y Marx, en éste caso respecto del oro.

Para ambas teorías el papel del oro es esencial, pero en tanto los ortodoxos lo destacan **para preservar al sistema de su propia dinámica,** Marx revela su historia para explicarla.

Marx fue quien develó la génesis y el papel desempeñado por el oro como equivalente intermediario entre la cantidad de fuerza de trabajo socialmente necesario invertida en su producción y la correspondiente al resto de las mercancías.

En la medida en que desaparece el equivalente se va evidenciando cual es el común denominador real que permite el intercambio. El oro es una mercancía especial, pero la mercancía esencial es la fuerza de trabajo. El oro es el símbolo del común denominador pero el común denominador es la fuerza de trabajo. Marx hablaba del dinero como "encarnación individual del trabajo social".

Al desaparecer el oro como respaldo del papel moneda queda ésta como signo no ya del oro, sino del poder. Al desaparecer el equivalente quedan al desnudo las correlaciones de fuerza en el seno de la sociedad. Es el poder quien reemplaza al equivalente: el poder del Estado que impuso y respalda el curso forzoso del papel moneda nacional. En el mercado mundial, en las transacciones financieras y comerciales, la imposición del dólar como moneda de curso forzoso (y en segundo lugar del marco), es reflejo de la actual correlación de fuerza en ese ámbito.(*Dinámica y Crisis del Sistema Capitalista Mundial*, Agustín Serrano, editorial Lihuel, 1982).

Sucedió lo que temían los ortodoxos: todo quedó en evidencia, en lugar de la regulación que impusiera el patrón oro y que cobijara maternalmente al sistema, se comenzó a manifestar la regulación coactiva desde el poder.

Pero nada aconteció, "solamente que se multiplicaron la marginación y los niveles de desocupación"; supieron cubrir ideológicamente lo acontecido y frente a los problemas la respuesta fue siempre: otra vuelta de tuerca.

En tercer lugar, en el neoliberalismo el ejercicio del poder, no la teoría, valida el proceso. En el Estado de bienestar, había hegemonía por consenso; hoy, hay hegemonía por coación lo que posibilitó la reestructuración y relocalización industrial y la consolidación con agudos conflictos de la economía mundial.

En lugar del "mazazo", "la reducción del poder de compra fue constante, los pasos fueron lentos y progresivos", pero no para terminar con el "facilismo" del Estado de bienestar, sino para consolidar la reestructuración del capitalismo después de los "venturosos 25 años" de la posguerra.

El estado de bienestar evidenció que Estado, sociedad, economía y política, están vinculados, tan estrechamente, que se interinfluyen en cada acto vital en un proceso de continua retroalimentación. Ello implica que es imposible abstraer al mercado del seno de la sociedad, que es imposible desligar al Estado y a los gobiernos de los resultados de sus políticas, que es difícil justificar que la producción no tenga por objeto prioritario satisfacer necesidades sociales.

Es todo una gran paradoja, J. Rueff escribió lo anterior en los últimos años del Estado de bienestar, cuando influía el Keynesianismo y los déficit se producían por políticas económicas que atendían las necesidades sociales de educación, salud y vivienda, al tiempo que se acumulaban los síntomas de crisis. Ante ese panorama los gobiernos privilegiaron la defensa de los intereses que representaban.

El conflicto se manifestó agudamente en las asignaciones presupuestarias que patrocinaban los beneficios aludidos.

El incremento de la población pasiva por la extensión de las expectativas de vida, y las obligaciones inherentes a la atención aunque sea mínima de los desocupados, hizo entrar en crisis a los sistemas de seguridad social, de tal manera que las prestaciones fueron cada vez más precarias y la presión sobre la fiscalidad cada vez más apremiante.

El problema de la población improductiva se planteó siempre en las fases agudas de las crisis y el haber dejado al mercado su resolución trajo a la Humanidad ingentes sacrificios. Situaciones como éstas exigirían una intervención extremadamente fina y precisa de los Estados sobre los mercados a fin de controlar y/o regular la asignación de las rentas y sobre los sistemas tributarios para vigilar su acumulación.

En la actualidad los déficit son unánimes. En los países desarrollados y en desarrollo persisten de hace años, cubiertos con liquides en magnitudes que hubieran espantado a J.Rueff.

Los déficit son consecuencia de la dinámica de crecimiento del sistema, de los gastos militares, y de las medidas tomadas para evitar que la crisis tenga manifestaciones más agudas. En la década del 70 la inflación disimuló el proceso pero en los 80 se puso en evidencia.

Con la primacía del neoliberalismo, esa dinámica fue posible por el continuado deterioro de los niveles de vida de la población, los crecientes niveles de desocupación, las caídas permanentes del nivel de compra y la consiguiente y siempre incrementada regresividad en la distribución de los ingresos.

Ese escenario creó condiciones políticas, inimaginables para J.R., que posibilitaron la coacción ideológica y permitieron continuar con la inequidad de las políticas económicas.

Los gobiernos, apoyados en el neoliberalismo, modifican la legislación social, restringen el presupuesto, y en la relación laboral imponen la flexibilización, que es un tremendo retroceso en el desenvolvimiento de la sociedad. En esencia la flexibilización busca que como en el siglo pasado, cuando los orígenes del movimiento sindical, quede enfrentado el asalariado individual al capitalista, mejor dicho a las asociaciones patronales y al gobierno. Nuevamente poder y coacción.

> **En cuarto lugar en el neoliberalismo** hay una inmediatez total, casi una identidad entre teoría, lucha ideológica y ejercicio del poder, continuada con una relación de causa y efecto en la realidad cotidiana.

La teoría - ideología se expresa en los objetivos de las políticas pregonadas y al alcanzarlos, por el poder que ejercen, se manifiesta como profecías que se auto satisfacen, en el marco de una imposición ideológica como forma de ganar el consenso de la mayoría de la población, en particular el de aquellos contra quienes está dirigida.

La coincidencia de la teoría con la realidad, así como sus propuestas para el futuro, nada tienen que ver con la ciencia. Han sido consecuencia de las confrontaciones y de los conflictos en el pasado, y sus teóricos confían en que el ejercicio del poder desde el Estado y de los grupos oligopolizados dará como resultado la prueba de sus pronósticos; por supuesto que debido a la subordinación a ese poder del resto de la sociedad. Ese es el carácter de " profecías autocumplidas".

La teoría-ideología neoliberal quedó reducida a impulsar coactivamente el libre juego de las fuerzas del mercado. Las medidas tomadas y la legislación que las ampara tienden a eliminar todo condicionamiento al mercado, ese es el papel que se asigna al Estado que, de tal manera, interviene activamente para promover y fortalecer su dinámica que privilegia, fortaleciendo a las empresas de mayor poderío económico y financiero y lesionando los intereses de la enorme mayoría de la población.

El derecho de propiedad de los grandes medios de producción subordina el derecho a la vivienda, a la salud, a la educación, a una vejez tranquila, que quedan como derechos residuales, reducidos a las posibilidades de un presupuesto restrictivo.

El considerar al hombre como "agente de producción" y a través de la lente de los ideólogos y sectores decisorios del poder, les permite diferenciar las necesidades individuales y colectivas como subalternas, pospuestas y supeditadas a la dinámica del mercado.

El neoliberalismo lejos de ser una teoría económica, se ha convertido en la principal herramienta ideológica de los factores de poder.

Su retorno, después de treinta años de predominio de keynesianos y neokeynesianos, transformándose en un paradigma de la ciencia económica, de gobiernos y círculos de poder, ha sido y es sumamente grave. Así como se denominó revolución keynesiana a los aportes de Keynes y seguidores, el actual predominio neoliberal es una verdadera contrarrevolución restauradora con efectos nefastos para la Humanidad.

En la práctica la contrarrevolución restauradora neoliberal es un freno al desarrollo de la sociedad; del capitalismo rescata todas sus perversiones, transformando sus virtudes en cuanto a la productividad y crecimiento, en derroche de los recursos que la Humanidad fue acumulando a lo largo de siglos.

ECONOMÍA Y SOCIEDAD

Ante todo cabe interrogarse si influyen en el desenvolvimiento económico las consecuencias que las políticas económicas tienen en el individuo, en el ciudadano y en la sociedad, y al mismo tiempo si es separable el costo social del costo económico.

En numerosas oportunidades definimos como teoría-ideología el pensamiento de los economistas del establishment, y quiero significar con ello que prima en sus análisis su adecuación a los intereses dominantes, antes que el rigor del pensamiento científico. Esos intereses son los que, con Tatcher y Reagan en los gobiernos de Inglaterra y los EEUU, posibilitaron que las políticas neoliberales se expandieran como nuevo paradigma al mundo entero.

Las usinas ideológicas robustecieron en los gobiernos esa concepción y el resultado concreto fue la subordinación de cualquier preocupación social, o política, a la necesidad de robustecer los mecanismos del mercado e incrementar las ganancias de las grandes empresas.

Hay que aceptar que el neoliberalismo tuvo un éxito ideológico importante al instalar esa concepción en la sociedad, al punto que los reclamos de justicia social, por mejoras en los niveles y calidad de vida, los problemas de la desocupación y la marginación social, son combatidos con éxito por los gobiernos con el simple argumento de que son costos que hay que pagar por los desaguisados del pasado, o resultados no deseados, aunque inevitables, en la búsqueda de un nuevo equilibrio.

En todo caso, hoy la mayoría piensa que una cosa es la economía y otra los problemas que aquejan a la sociedad y aceptan, aunque ignorándolo a nivel consciente, una antigua concepción neoclásica: que las crisis son resultados "del orden natural" del desenvolvimiento económico.

Necesidad de reivindicar la unidad de lo social con lo económico-
La teoría: 1-Marx; 2-concepción neoclásica de externalidad

1- En el prefacio a su obra: "Contribución a la crítica de la economía política" (1859), Marx escribe:

"En la producción social de su vida, los hombres entran en determinadas relaciones, necesarias e independientes de su voluntad, relaciones de producción que corresponden a una determinada fase de desarrollo de sus fuerzas productivas materiales. El conjunto de esas relaciones de producción forma la estructura económica de la sociedad, la base real sobre la que se levanta la superestructura jurídica y política, y a la que corresponden determinadas formas de conciencia social. El modo de producción de la vida material condiciona el proceso de la vida social, política e intelectual en general. No es la conciencia del hombre la que determina su ser, sino, por el contrario, es su ser social el que determina su conciencia".

El párrafo de Marx continua en su concepción de la inevitabilidad de la revolución, pero es necesario detenernos en lo ya transcripto.

Posteriormente, Engels aclara que ese párrafo de ninguna manera debe entenderse como un camino de vía única y que, a su vez, las superestructuras influyen en la estructura económica.

Lo importante es que Marx privilegia en la economía las relaciones que se establecen entre los hombres y la retroalimentación entre lo económico y lo socio-político. En otro momento Marx precisa más su concepción cuando nos habla del fetichismo de la mercancía y nos señala que aquello que aparece como relaciones entre cosas (las mercancías en el mercado), no son más que relaciones entre los hombres; y del fetichismo del capital que aparece como tal, con su propia luz, cuando en verdad es resultado de la acumulación pasada que proviene, a su vez, de la enajenación, alienación del producto del trabajador que, despojado del mismo por las condiciones de producción prevalecientes, termina no apreciándolo como propio, como su creación, y lo ve como ajeno y aún como su enemigo.

Si en lugar de individuos nos remitimos a la sociedad, la vemos enajenada de la riqueza que la misma produjo, enfrentada y sometida, o subordinada, a ella.

En el marxismo previo al mercado está la producción y, en cuanto a su valor toma la concepción del valor-trabajo de los clásicos, pero con dos diferencias esenciales: lo considera como resultado de la **fuerza de trabajo** (no del trabajo) **socialmente** necesario para producirlo, diferenciando al trabajo de la fuerza de trabajo y precisando trabajo socialmente necesario en lugar de trabajo necesario. De nuevo introduce al hombre dueño de la fuerza de trabajo y a la sociedad en cuyo seno se manifiestan los fenómenos económicos.

El Hombre, la sociedad, es el destinatario de la producción y al mismo tiempo su sujeto, quien le da valor.

Con la desocupación, pobreza y analfabetismo se desperdicia el principal recurso de la producción, el "factor de producción" (denominación neoclásica) esencial, el Hombre, sobre cuyas espaldas y cerebro se asienta la capacidad de trabajar física e intelectualmente, y se desprecia al ciudadano a quien se recurre solamente para que emita un voto manipulado por la necesidad y la ideología.

Marx recurrió a su profunda formación filosófica, conocimiento de la historia y capacidad extraordinaria para el análisis abstracto, para lograr conclusiones que hoy son destacadas con otro lenguaje por economistas y sociólogos del establishment.

Desde los tiempos en que Marx y Engels escribieran sus reflexiones, la Humanidad evolucionó de tal manera que los cambios producidos permitieron que para numerosos intelectuales del sistema, y aún funcionarios de sus instituciones, desaparecieran los fetiches y se evidenciaran los hombres con todas sus capacidades y recursos, aún en diferentes roles: dueños de su sola fuerza de trabajo manual o intelectual, y los propietarios del capital. Son ellos los que confrontan y no las mercancías y esa confrontación se hace cada vez más evidente y descarnada.

Hay dos aspectos que es necesario apreciar:

- En primer lugar, que la gestión del capital **como función** se realiza tendencialmente, y en forma creciente, por ejecutivos, y que en ella el propietario del capital va reduciendo su papel al de receptor de las ganancias, siendo éste rol difícil de justificar por la teoría, aún la neoclásica;
- En segundo lugar, la mercancía cosa pierde espacio frente a mercancías inasibles y de las que se afirma que carecen de soporte material y, de ellas, la mercancía clave en éste estadío del desarrollo es sin duda alguna el **conocimiento**. Decimos se afirma porque en verdad el "soporte material" es el Hombre.

Alvin Toffler en su libro *El Cambio de Poder* señala que el poder está centrado hoy en primer lugar en el conocimiento, más que en la riqueza y la fuerza. La clave de esa afirmación es que ello es así cuando el conocimiento es patrimonio de un país, resultado de la difusión –externalidad trascendente–, a escala de toda la sociedad, de la educación y formación profesional y, en general, de un nivel cultural, de vida y económico, que puede aprovechar en todo su significado la magnitud y calidad de la revolución científica técnica.

El Hombre, los Hombres, la sociedad, es la base del conocimiento y acorde con ello se la debe considerar como centro, motor y motivación principal de la economía y la política.

Nancy Birdsall, Vicepresidente del BID, en un seminario "Desafíos Socioeconómicos de América Latina" organizado por el BID y el IDES señaló: "hay que evitar una segregación entre el tema social y el económico" porque la marginalidad afecta al crecimiento y "tenemos que enfrentar los temas sociales como un problema de desarrollo económico", (*El Cronista* 22/2/96).

En la reunión de Davos en Bs. As. (ver *Clarín* 25/6/96) se cita a José Lopez de Arriortua, miembro del directorio de Volkswagen, cuando se refiere a la transformación de la fábrica tradicional en lo que denomina consorcio modular, "concepto que encierra raíces no solamente económicas sino filosóficas, por cuanto involucra la vuelta a una especie de **humanismo industrial**" y repiten: "La clave es el protagonismo que tienen los trabajadores a quienes les decimos: tú eres el nuevo Stradivarius".

Todo se conjuga para introducir nuevamente en la economía la inevitable vinculación del desenvolvimiento económico con el desenvolvimiento social.

Necesariamente no pasará mucho tiempo en que se apelará a nuevos mecanismos de regulación social, quizás superadores de los aparatos del Estado y con mayor participación de movimientos que surgirán en el seno de las sociedades.

2- Externalidades, una concepción científica explicativa de la unicidad de los fenómenos económicos y sociales

Para justificar la reforma del Estado los economistas del establishment se sirven del neoliberalismo para privilegiar el mercado, pero olvidan reales aportes a la teoría económica que hicieron neoclásicos como Alfred Marshall y otros, porque los llevarían a contradecir las propuestas que predican. Nos referimos a la concepción de externalidad.

Samuelson y Nordhaus, en el libro citado, definen las externalidades "como actividades que afectan a otros para mejor o para peor, sin que éstos paguen por ellas o sean compensados. Existen externalidades cuando los costos o los beneficios privados no son iguales a los costos o beneficios sociales". En otros lugares las precisan entre las "fallas del mercado" junto con el monopolio pero no se extienden mucho más. De similar manera tratan el tema Dornbush y Fisher, y Raymond Barre prácticamente no lo trata.

Apelando a la concepción de externalidad se puede comprender mejor la confrontación entre las necesidades que surgen del desenvolvimiento económico con la dinámica del mercado, así como las que existen entre el accionar de los agentes privados y el del Estado. El conjunto nos permite vincular, a su vez, lo económico con lo social y político.

Para su estudio desde el punto de vista de la economía recurrí al curso de "Teorías de los grandes problemas económicos contemporáneos" dictado por el profesor Roland Morin en la Fundación Nacional de Ciencias Políticas para el tiempo en que justamente estaba presidida por Raymond Barre, luego Primer Ministro conservador de Francia.

Al referirse a las externalidades, Roland Morin dice: "Se llaman externalidades por que son externas al sistema de precios y no son contabilizadas en términos de mercado.

"Para otros no son solamente elementos exteriores al mercado, a veces se manifiestan en el mercado y en el sistema de precios pero expresan en ese nivel fenómenos de interdependencia entre agentes económicos.

"El concepto de externalidades estaría en el corazón mismo de la economía, y del razonamiento acerca de las externalidades dependería, finalmente, la exactitud o falsedad de todos los razonamientos en Economía moderna.

"Ellas demuestran que en Economía la sola consideración del nivel de la firma o de la empresa no es más satisfactoria para razonar, y que la dimensión colectiva, a cualquier nivel que sea, es indispensable para apreciar correctamente los problemas de rentabilidad". (*6).

"El concepto de externalidad ubica a la empresa en su entorno. ¿Cómo influye su producción a los efectos del resto de los productores y consumidores?

"El concepto nace de Alfred Marshall, que descubre que una firma puede beneficiarse, para su crecimiento, de economías que le son exteriores y que resultan del "desarrollo general de la industria" o del "acrecentamiento de los conocimientos y del progreso técnico".

"Pigou desarrolla el concepto al construir el sistema de taxación-subvención para internalizar las economías o deseconomías externas, destacando que en las industrias aparece una divergencia entre su producto marginal social y su producto marginal privado.

"A. Young amplía la concepción de A.Marshall señalando que «cada aumento del producto global al ampliar el mercado, procura economías externas a las firmas en cualquier lugar del mercado». Es a partir de A.Young que se comienza a comprender que para razonar sobre la rentabilidad económica de una inversión, no se puede contentarse con razonar a nivel de la empresa, es necesaria la consideración del entorno socio-económico. La apreciación de la realidad necesita un análisis a nivel integrado.

"En su teoría del desarrollo Rosenstein-Rodan demuestra que las inversiones necesarias y socialmente rentables no pueden interesar al inversor aislado porque sus beneficios aparecen en economías externas que él no recoge integralmente.

"Asimismo R. Nurkse señala "que la única forma de romper «el círculo vicioso de la pobreza» es crear un vasto mercado por medio de una ola de inversiones coordinadas: ninguna de ellas puede ser encarada aisladamente". Es debido a ello que "un organismo central está mejor ubicado que las empresas aisladas para apreciar la rentabilidad social de una inversión".

Según Morin, el concepto de externalidad contradice la ley del equilibrio general, base del pensamiento neoclásico dice:

"De acuerdo a la quinta condición para la satisfacción de la teoría del equilibrio general de Walras y Pareto, las decisiones de producir y consumir deben ser tomadas independientemente por los agentes económicos. Todo el sistema reposa sobre el hecho de que no hay interacción directa fuera del mercado y no aprehendida por el sistema de precios. Y sin embargo la economía está plena de interacciones directas fuera del mercado, fuera del sistema de precios y que le quitan al mismo la virtud de información general que le dan Walras y Pareto".

Como ejemplo de éstas interacciones pueden citarse:

- Interacciones entre consumidores, vg. imitación, esnobismo, ostentación, donde no es el sistema de precios el que influye en la decisión del consumidor;
- Entre productores y consumidores, vg. las consecuencias de la publicidad del productor que influye en la decisión del consumidor y el perjuicio sobre el entorno de un productor contaminante;
- Entre productores entre sí, vg.resultados del crecimiento.

Continua Morin:

"Las consecuencias teóricas de la contradicción entre las exigencias de los principios y la realidad conllevan a que aparezca una divergencia entre el producto marginal privado, el costo marginal privado y el producto marginal social, el costo marginal social. De tal manera que todos los esquemas elegantes, simples y seductores de Walras y Pareto, enteramente fundados sobre ésta igualdad entre producto marginal social y producto marginal privado arriesgan de ser completamente destruidos desde el momento en que las externalidades no aprehendidas por el mercado tengan una incidencia económica.

¨Será necesario si se quiere restablecer la verdad de los cálculos económicos walrasso - paretianos, que haya intervención voluntaria del «Gerente» (el Estado), para reinsertar en los cálculos económicos éstas externalidades que son importantes en el cálculo económico y no son espontáneamente aprehendidas por el mercado y por los precios".

Hasta aquí Morin

- La concepción de externalidades nos conduce a una revalorización del rol del Estado como gestor imprescindible de la economía. Estoy hablando en términos macroeconómicos; no quiero significar que sustituye al mercado, mas necesito destacar que el mercado, guiado por la dinámica de búsqueda y acumulación de lucro y con la perspectiva de la visión privada, de ninguna manera puede por sí mismo resolver los problemas de desarrollo de una economía y menos, por supuesto, de la sociedad.
- La concepción de externalidad nos permite reflexionar de forma diferente acerca de la confrontación entre la rentabilidad privada y la rentabilidad social. Los neoclásicos citados tuvieron el gran mérito de introducirnos en el concepto con observaciones lúcidas del entorno del capitalismo de su época.
- La concepción de externalidad toma cuerpo en la interdependencia entre países y al interior de cada país; tornándose infinitamente más abarcatoria y profunda. En la economía presente, en la que el mercado mundial (que trasciende al mercado internacional), nos enfrenta a desafíos mayores, la interdependencia no se manifiesta solamente entre empresas de un sector en una región o en un país en particular, sino que se exterioriza en todo el mundo, a cada nivel en que se produce e

intercambia un bien, tangible o no, en la economía real o financiera. Es una concepción ampliamente aceptada que un hecho o fenómeno con alguna trascendencia económica que se manifiesta en cualquier país puede influir en el resto. Como ejemplo inmediato tenemos el efecto tequila.
- La interacción hoy trasciende de la mera interinfluencia entre los agentes económicos a la sociedad en su conjunto. A su vez a la confluencia inevitable e imprescindible entre el mercado y la gestión estatal, entre lo económico y lo socio-político, entre el individuo, los individuos, y la sociedad, entre las necesidades vitales que el Hombre ha incorporado en su devenir histórico y que el desenvolvimiento económico exige hoy.

Algunas externalidades Argentinas

En la Argentina tenemos varios grandes ejemplos que han marcado nuestra historia económica:

- La construcción de líneas de subterráneos, que se encaró a comienzos del siglo, sólo podían justificarse a través de una inversión pública ya que posibilitaban economías externas de magnitud. Su abandono como estrategia para el transporte en una gran ciudad y su reemplazo por las líneas de ómnibus, tuvo y tiene un tremendo costo social porque es ineficiente económicamente, incrementa la contaminación ambiental y la congestión en el tráfico, lo que implica deseconomías externas de magnitud; ello confrontó con el beneficio privado de la fábrica de autobuses y de los empresarios del transporte automotor.
- Otro ejemplo importante de economías externas lo constituyó la construcción de las líneas de ferrocarril a fines del siglo pasado, particularmente la del FGMB que pasa o pasaba por zonas marginadas geográficamente, reemplazadas por el transporte carretero que dificultaron siempre la integración del país y que hoy conforma parte importante del "costo argentino" (deseconomía externa).

No es casual que ambas estrategias de desarrollo que interesaban al país en su conjunto hayan sido abandonadas definitivamente en la década del sesenta con la preeminencia de personajes del neoliberalismo como A. Alsogaray y otros en el gobierno de A. Frondizi. Pero continuemos con otros ejemplos:

- El desarrollo de Río Turbio como empresa minera que explota carbón. Al considerar su rentabilidad era necesario tener en cuenta su significado como factor de desarrollo para una zona limítrofe con Chile, con salida al Pacífico a través de pasos fronterizos de muy baja altura y vinculada al Atlántico con un puerto en Río Gallegos.
- El personal ocupado en el área estatal que si bien es cierto implicaba una desocupación encubierta, padeció un tremendo perjuicio con su despido. La forma en que se actuó resultó en una tremenda deseconomía externa. Más ventajoso y económicamente viable –si se la emprendía dentro de una estrategia global, con reforma del sistema tributario y combatiendo efectivamente la evasión– hubiera sido encarar la racionalización del Estado con un sistema de protección social, capacitación y reubicación de personal. Lo hecho ha sido cargar en el pueblo, que

nada tuvo que ver, ni se benefició, la corrupción, la ineficiencia, la burocracia y la ilegalidad de las diversas gestiones tanto en democracia como en dictadura.
- Las privatizaciones se han hecho sin considerar las deseconomías externas por el manejo de precios y tarifas de productos y servicios claves que se fijaron en exclusividad por la motivación de lucro y sin considerar la pérdida en las economías externas que resultarían de la gestión macroeconómica realizadas por el Estado.
- Por supuesto que en todos los casos citados debemos pensar en la utilización eficiente de los recursos señalados y no en la historia de gestión ineficiente y corrupta que sufrieron la economía y sociedad argentina.

Con seguridad se podrían dar otros numerosos ejemplos que servirían para explicar nuestro frustrante derrotero.

El desempleo como externalidad

Hoy, la deseconomía externa más visible y perjudicial para el desenvolvimiento económico-social es la desocupación. (Tema que trato en extenso en otro capítulo)

Alrededor de ella podemos cuantificar la diferencia entre rentabilidad económica y social que se mencionó anteriormente.

Llama la atención que la ecología haya ganado consenso, con razón, en las preocupaciones de intelectuales e instituciones, en tanto a la desocupación –que, como vimos, entraña desaprovechar el recurso económico más importante ya que es el sustento del conocimiento, del saber y el hacer de la Humanidad– se la sigue considerando exclusivamente desde el punto de vista economicista, se la observa como consecuencia de la necesidad inevitable de la concentración de la renta en los propietarios del capital.

En *Clarín* del 23/9/93 se lee:

"Los niveles de desempleo son «**intolerables**» **en los países industrializados con costos sociales «inaceptablemente altos**». La alarma figura entre las conclusiones del FMI al trazar el panorama económico mundial para el año en curso.

"El Outlook o Previsiones Económicas Mundiales difundido ayer de cara a la reunión anual del FMI y el Banco Mundial señala que la desocupación «está destruyendo el tejido social» en el mundo industrializado, donde también se detectan « un crecimiento de la xenofobia y de los sentimientos proteccionistas».

"En éste sentido se sostiene que «junto a la teoría de que el avance tecnológico destruyen el empleo, éstas opiniones reflejan una visión de corto aliento del crecimiento económico y de la ocupación » y sugieren «**una profunda incomprensión del rol histórico del comercio y de la integración económica como motores del crecimiento en todos los países**»".

La dinámica económica que privilegia, en absoluto, al mercado, concentra el poder en un reducido número de empresas que son las que terminan imponiendo el curso económico, signado por sus intereses de corto plazo al interior de cada país y en sus intercambios internacionales y quita al Estado la posibilidad de tener políticas macroeconómicas, o por lo menos de arbitrar, y ahí mueren los intentos racionalizadores.

El 4% de la tasa "natural" de desempleo, "creación intelectual" de Milton Fridman para refutar la curva de Phillips subió al 6%. Hoy habría que subirla algunos puntos más.

Dicha curva y su refutación nada tiene que ver con la teoría económica. La información más descarnada es la que se da en *Clarín* del 5/9/94 donde se dice:

"El fin de semana pasado, en **Kansas** se reunieron directores de **19 bancos centrales del mundo** y se desentendieron del tema, **argumentando que el desempleo obedece a razones estructurales y no cíclicas, como serían aquellas en las que influye la demanda, y en la cual un banco central puede incidir vía tasas de interés.** El prestigioso académico **Paul Krugman** (de reciente visita a la Argentina) dijo que los niveles de desocupación **empiezan a ser asumidos como «naturales»**". No se trata ya de una "tasa natural", la desocupación es "natural", y para los bancos centrales tendría "razones estructurales"; el despreciar al recurso humano aparentemente no les preocupa y el destacar que existen "razones estructurales" tampoco. Por supuesto que los "académicos" no se esfuerzan en confrontar la información con la teoría del equilibrio general, a la que todos adhieren.

- A la luz de lo dicho podemos analizar lo tremendamente perjudicial de haber privilegiado al mercado frente a la gestión pública y haber quitado al Estado buena parte de las herramientas para actuar representando al interés colectivo e individual.

La falta de política industrial; el desatender la salud; la educación; la capacitación permanente; la vivienda; el desinterés en la creciente marginación geográfica, económica y social (*7): son todos aspectos que desde afuera del mercado influencian e influenciarán negativamente sobre el mundo y por supuesto, particularmente, sobre nuestro país. Son deseconomías externas trascendentes y se han de expresar con seguridad en la imposibilidad de lograr lo que hoy algunos denominan un crecimiento equitativo y sustentable.

Acorde con la teoría-ideología dominante los economistas no consideran el tiempo ni tampoco el espacio.

Externalidades, que se manifiestan como deseconomías externas; es importante destacarlo porque permite demostrar que las consecuencias del PdeC. en cuanto a marginación geográfica y marginación social y desocupación son su resultado natural.

Los economistas, cuando hacen propuestas de políticas económicas, cometen errores que tienen origen en general en sus concepciones teóricas teñidas de interés. Es más justo entonces hablar de ideologías, aunque en algunos casos pueden ser motivos del estudio de la psicología social:

Los economistas no consideran el tiempo entre los objetivos propuestos y su realización. Diciéndolo de otra manera, estiman que los mismos se manifiestan instantáneamente; "la economía siempre funciona alrededor del equilibrio";

El análisis racional abstracto olvida que la economía es una ciencia social en la que intervienen agentes económicos, que en definitiva actuarán impulsados por motivaciones, la fundamental el afán de lucro, que se exteriorizan en una sucesión temporal no considerada y que lleva a consecuencias radicalmente diferentes a la prevista. El mejor modelo fracasa por que los empresarios detentores del capital y dueños de las decisiones en cuanto a la oportunidad y destino de su asignación, medidas siempre por intereses inmediatos y con una visión exclusivamente microeconómica, pueden darse de patadas con lo diseñado.

La economía es un sistema de actores, recursos y acciones que se entrecruzan y en el cual la oportunidad en la toma de decisiones es tan importante como las decisiones mismas.

— Consideran que los individuos (empresarios), actúan racionalmente en cuanto a las opciones de ahorro, inversión y consumo. Racionalmente en el sentido de optimización microeconómica; ello de acuerdo a la teoría de las anticipaciones racionales;
— Sus propuestas, aún en las oportunidades que se destacan como paquetes de medidas, no consideran cambios en el desenvolvimiento socio - político;
— Las prioridades –siempre las hay y siempre hay previsto un orden de ejecución, aún cuando no se lo explicite– son fijadas en función de intereses económicos sectoriales y algunas se proponen subordinadas al nivel de cumplimiento de otras;
— Finalmente, consciente o inconscientemente, tienen implícitas la imposibilidad de superar condiciones de subordinación a correlaciones sociales expresadas políticamente en el poder ejercido por los actores internos y externos decisorios, subestimando las cambiantes condiciones de desenvolvimiento de los movimientos sociales y sus posibilidades políticas;
— Las estrategias son expresadas en agregados macroeconómicos que se satisfacen en el cumplimiento de los objetivos de los sectores dominantes. Por la simple razón de que son quiénes administran el excedente.
— No consideran el análisis sistémico y caen en el error, falsamente atribuido a Marx y Engels de separación del sistema en estructura (económica – social) y superestructura política, ideológica, cultural, institucional, sin interacción y retroalimentación entre ambas; al punto de que no hay fenómeno que pueda explicarse sin recurrir a dicho análisis. Del mismo modo no hay estrategia ni política económica de corto, mediano o largo plazo que, al no tenerlo en cuenta, tenga posibilidades de éxito.

En cuanto al problema del espacio sucede otro tanto: el Estado, al privarse de toda acción deliberada, dejándola en manos de los capitalistas, no puede orientar la asignación de los fondos para corregir las deformaciones estructurales propias de nuestra geografía y de nuestra historia; entre ellas, y no la menor, se encuentra la dualidad geográfica existente en el país, que se refleja en las concentraciones de riqueza en el litoral y algunos puntos del interior y en las extensísimas regiones marginadas del resto.

Ejemplos

1- Los beneficios esperados de las propuestas del Consenso de Washington: apertura económica; libre flujo de los movimientos de capitales; privatizaciones; reforma del Estado y flexibilización laboral, se hubieran visto satisfechos permitiendo la incorporación del país a la economía mundial, y beneficiándolo a pleno del comercio multilateral y el libre flujo de capitales si se hubieran cumplido las condiciones siguientes:

i)- si sus efectos se hubieran manifestado en 24 horas;

ii)- si los empresarios hubieran transferido sus capitales de los sectores menos eficientes y menos competitivos a los más eficientes y competitivos en el mismo lapso de tiempo;

iii)- si al interior de cada sector productivo todos hubieran tenido la oportunidad de actuar de la misma manera;

iv)- si la fuerza de trabajo manual e intelectual hubiera tenido la formación adecuada para los cambios en el lugar y momento oportuno;

v)- si hubiera existido una integración económica y geográfica adecuada;

vi)- si las relaciones económicas internacionales hubieran sido equitativas;

vii)- si las infraestructuras de transporte y comunicación hubieran sido las adecuadas;

viii)- si los niveles de desigualdad en la distribución del ingreso hubieran sido comparables a los de los países de desarrollo medio;

ix)- si en el punto inicial de aplicación de la estrategia los ingresos de los asalariados y de ingresos fijos, así como de las capas medias hubieran tenido un nivel como para aguantar una transferencia de ingreso sin perjudicar el mercado interno;

x)- si el costo del capital hubiera sido similar al de los países con los que esencialmente se comercia;

xi)- si otros costos internos a los que de alguna manera se ha hecho referencia en los puntos anteriores cumplieran similar requisito;

xii)- si su sistema tributario fuera progresivo, como en el resto de los países de desarrollo medio, anticíclico y no procíclico;

xiii)- si los déficit público de partida y su nivel de endeudamiento hubieran permitido una estrategia de crecimiento sustentable.

La observación detenida de los ítems destacados nos permite visualizar aspectos políticos, educativos, éticos, jurídicos, institucionales que influyen en la economía.

El mercado reproduce, incrementa y consolida la marginación dada.

Una estrategia pública integradora permitiría aprovechar las economías externas que resultarían de la eliminación de la marginación geográfica.

Estado y mercado y Estado y sociedad

Con la necesidad de transformar al Estado surgió la necesidad de las desregulaciones, privatizaciones y flexibilización en el mercado del trabajo.

FIEL sugiere las medidas como inevitables, a realizar para transformar al Estado **dada la urgencia de despolitizar la gestión pública y disminuir el poder sindical.** En el "Consenso de Washigton" se recomiendan similares medidas.

Es evidente que al margen de los resultados de la acción ideológica comunicacional, ningún gobierno ha conseguido el fin buscado; en tanto haya políticas deliberadas, presupuesto, dinero fiduciario, emisión de títulos públicos y ejercicio del poder tanto en el ejecutivo como en la legislatura y la justicia, los gobiernos de turno y quienes orientan las instituciones aparecerán siempre como responsables a los ojos de sus pueblos y, en verdad, lo serán.

Todos son conscientes de la necesidad de hegemonizar el poder y actuar en consecuencia; saben que no hay Estado neutro, ni siquiera pasivo. Siempre se ejerce un poder activo que no se quiere compartir.

El propósito es accionar ideológicamente para que los resultados nefastos sean considerados como "naturales" o productos de un pasado que hay que revertir y del que ninguno de los que tiene el poder real se declara "dueño".

Ese ha sido el basamento ideológico para impulsar nuevas reglas de juego en la manipulación macroeconómica:

- Privar al Estado de toda posibilidad de gestión que pueda influenciar en la economía real; de tal manera se lo liberaría de la presión de la sociedad civil en particular de asalariados, sectores de ingresos fijos, pequeña y mediana burguesía, clases sociales, vecinos. Ese fue uno de los objetivos de las privatizaciones. Los ortodoxos proponían el retorno al oro y la desaparición de los bancos centrales.

No hubo una ideología previa que comandara el cambio. La teoría - ideología sustentó una necesidad emergente de la crisis en el mundo y en nuestro país. (*5)

Pero lo realizado en nuestro país ha sido de alguna manera un obrar "fundamentalista": se le ha quitado al Estado, en lo fundamental, la posibilidad de arbitrar entre el mercado y las necesidades de la economía y de la sociedad, al punto que, como he de explicar, se perjudicó el desenvolvimiento económico y el bienestar de los argentinos. Y no se trató de teoría económica sino de pura ideología con la que se han defendido los intereses de los sectores dominantes.

Premisas paradigmáticas o dogmas para la acción

Precisadas las nociones de Mercado y de externalidades, puede afirmarse que el marco conceptual de los economistas del establishment eleva a teoría lo que no son más que criterios de funcionamiento basados sobre **premisas que reflejan la correlación de fuerza entre las clases sociales,** habida cuenta de que la renta que la sociedad genera se distribuye, para hacerlo simple, entre el sector empresario y los asalariados. La distribución de la renta es un dato de la realidad a la que apuntan las políticas económicas basadas en las premisas siguientes.

- Primer premisa:

Las políticas económicas deben orientarse de manera tal que el ahorro se acumule esencialmente en el propietario del capital, ya que de él depende la decisión de inversión y el crecimiento;

- La segunda premisa, subordinada a la primera, atañe a la productividad:

La productividad varía con la incorporación de tecnología, la racionalización en la organización del trabajo al interior de cada empresa, la intensificación del trabajo y la mayor eficiencia en la utilización de los equipos. En la medida en que se incrementa, crece la renta y con ella el excedente a distribuir. Acorde con la premisa anterior la mayor productividad debe ser retenida directamente por las empresas, acción facilitada por políticas deliberadas de los gobiernos de turno.

- Tercer premisa:

Ésta premisa privilegia al mercado a pesar de las críticas que recibe. Se razona que el libre juego de sus leyes es la única forma de crecer y que con el aumento del producto habrá más para distribuir.

Queda agregar que todos los economistas que ascendieron al gobierno obraron con idéntico criterio; ejemplo de ello son quienes de alguna manera formaron parte del equipo económico del Dr. R. Alfonsín. (*9)

En las premisas respecto a la necesaria mayor captación de las ganancias operativas y de las que se obtienen por incremento de la productividad, y la que expresa confianza en que el crecimiento económico posibilite un mejor nivel de vida para la población, existe gran racionalidad económica pero no hay nada de teoría sólo subordinación a intereses afines a los que gobiernan y que a su vez son dueños del aparato estatal.

Por otro lado la historia económica del país indica lo contrario de lo presupuesto en esas premisas.

En nuestro país las políticas económicas, salvo excepciones, utilizaron las herramientas que de ellas se desprendían, sin considerar la experiencia anterior; un eterno comenzar tomando como punto de partida la coyuntura tal cual se presentaba y con la distribución de la renta dada.

Así fue en los últimos 20 años. Los salarios de hecho quedaban prácticamente congelados al inicio de cada plan –momento en el cual ya eran bajos de acuerdo con la serie histórica previa– y se establecía que sólo se podían aumentar si se incrementaba la productividad. El efecto de lo anterior fue una creciente desigualdad y marginación social y, en lo económico, el deterioro continuado en la distribución de la renta de los asalariados, sectores de ingresos fijos y burguesía pequeña y mediana. (*10)

Lo afirmado no implica desconocer las diferencias entre uno y otro plan pero las concepciones y premisas de partida fueron las apuntadas. Los resultados hasta el 91 demuestran que no trajeron solución alguna a nuestra problemática.

Después del '91 el PBI creció, hubo un tremendo movimiento en la propiedad de los sectores decisorios de la actividad económica, sus ganancias se incrementaron apreciablemente. En cuanto a la productividad, lo sucedido con las industrias automotriz, siderúrgica, petroquímica, petrolera y otras que racionalizaron fuertemente el trabajo permite concluir que el sector empresario se llevó el total del diferencial de productividad. (*11)

Sin embargo, la tercer premisa no se cumplió; se incrementó la productividad, las ganancias de las grandes empresas, creció la desocupación y cayeron los salarios reales.

Desde 1974 no cesó de deteriorarse la pirámide de ingresos. Hubo siempre más para distribuir y a pesar de ello la regresividad en la distribución se incrementó.

No se presta atención al hecho de que no se cumplieron ninguno de los presupuestos de los planes ejecutados, sin embargo nunca se pusieron en duda las premisas de partida, ni se considera una alternativa diferente.

Es necesario reconocer que aunque se nos conceda que en las "premisas paradigmáticas" no hay nada de teoría y sí manifestación de la correlación de fuerzas entre las diversas clases y capas sociales, puede aceptarse la respuesta que indica la inexistencia de alternativa, dada la existencia del capital y su natural y real capacidad para asignar la renta generada.

Como respuesta a esa reflexión puede destacarse que, tal cual se evidencia, dejar al capital y al mercado la asignación de la renta ha traído como resultado en los últimos decenios ineficiencia económica y social que se multiplica y amplía a todo el mundo. De ello se desprende la necesidad de la indagación alternativa.

- En primer lugar, como se señaló más arriba, **hay que diferenciar entre el capital función y capital propiedad**. Eso destraba en parte el problema; no se niega

al capital como el factor necesario que ha de permitir con su reinversión la acumulación y el crecimiento. La ineficiencia de referencia ha sido producto de la preeminencia del capital propiedad en la toma de decisiones respecto de la renta generada.
- Lo anterior conduce directamente a la opción de plan y mercado. Reiteramos lo escrito en el artículo de *Realidad Económica* del 94:

¿Cómo unir lo que se necesita con lo que se produce?
¿Es posible que el mercado sea equitativo y eficiente?
Según Raymond Barre, economista conservador y ex ministro francés de economía, en su manual titulado *Economía Política* (editorial Ariel año 1977), con el funcionamiento del mercado es posible que se arbitre a favor de un vaso de leche a un gato, en lugar de un vaso de leche a un niño. No se puede dejar al mercado decidir cómo y cuánto se acumula y cómo se asigna el excedente social.

¿Es posible la eficiencia en el plan? ¿Cómo vencer la tendencia al burocratismo, al estatismo y lograr correspondencia entre los requerimientos de los consumidores y las respuestas de los planificadores?

¿Cómo superar la arbitrariedad del mercado –en verdad del poder de los oligopolios– y la de los planificadores?

Si pensamos en eficiencia, se busca esencialmente la correspondencia entre la oferta y la demanda al menor costo.

En el sistema los avances de la tecnología permiten hoy, con el just in time, acercar las demandas de los grandes almacenes a las decisiones de producción de las industrias prácticamente en tiempo real. Parece una referencia pueril pero no es así. Los avances en la revolución informacional acercan demanda y oferta en el ámbito económico mundial, los cambio en los procesos de producción y comercialización liderados por la planificación de las TN son un ejemplo de ello y revelan una tendencia.

Desde ya que con ello no se pueden superar las desproporciones entre los sectores que producen bienes de capital y los que producen bienes de consumo, así como tampoco entre los salarios productivos y los improductivos; aspectos que llevan al sistema inexorablemente a la crisis y consecuentemente a la concentración y centralización del capital y a la desocupación; reforzando las relaciones inequitativas entre las naciones y a su interior.

Lo anterior nos lleva a concluir que se hace imprescindible cambiar el criterio de priorizar la búsqueda de ganancias inherente al capital propiedad, ubicando en primer lugar la rentabilidad social a la que debe subordinarse la rentabilidad privada. Ello significa recuperar el círculo virtuoso del Estado benefactor sin sus vicios. La única manera de lograrlo es conciliando plan y mercado en un marco que resulte de:

- La democratización profunda y amplia de las instituciones;
- La descentralización y desburocratización del Estado;
- La participación popular institucionalizada en la gestión y en el control de los asuntos económicos y sociales públicos.

A la afirmación de que todo es una utopía, la respuesta es que no hay alternativa. La disyuntiva es si ello se logrará a través de los conflictos dentro del ejercicio de la democracia, o en un marco de una crisis más extendida y agravada para todos los pueblos del mundo.

MARCO INTERNACIONAL

El desenvolvimiento económico ha devenido en las últimas décadas en una situación que podemos caracterizar con los siguientes rasgos:

- Extraordinaria concentración y centralización del capital;
- Manejo creciente de la economía mundial por un relativamente pequeño número de oligopolios nacionales y, en fases sucesivas, multinacionales y transnacionales; manipulación de precios, de necesidades, apetencias y gustos de los consumidores;
- Proceso de transnacionalización de la economía, mal llamada globalización, y conformación del mercado mundial.
- Crisis desatada a fines de los años sesenta que comienza como crisis financiera y se manifiesta a comienzos de los setenta como crisis económica y de difundidos valores sociales. Ésta crisis de onda larga que se prolonga a la actualidad, la podemos precisar destacando lo siguiente:
- Desaparición del Sistema Monetario Internacional de B.W. de cambios fijos, pero flexibles, y de la instauración de bandas de flotación y diversas formas de flotación sucia; relajamiento de los controles de los bancos centrales; conformación del mercado de los eurodólares y eurodivisas; acumulación de capitales ficticios que se vienen multiplicando en los últimos veinte años de manera fantástica y que evidencian una magnitud de capitales especulativos, nunca imaginada, que no encuentran ubicación como capital productivo a la rentabilidad esperada, y que giran como sector independiente de la economía productiva; el dinero productor de más dinero, la acumulación de capital financiero sin pasar por la producción;
- **En los últimos 30 años hubo auges y recesiones pero nunca la desocupación dejó de crecer, nunca dejó de ampliarse la brecha entre naciones y al interior de cada nación, nunca dejó de aumentar la marginación social de grupos cada vez más amplios a lo largo y ancho del mundo (*12); nunca hubo tanta diferencia entre la producción real y la potencial dadas las ventajas de la revolución científica-técnica.**
- No se cumplió el vaticinio de colapso del primer informe del Club de Roma, en cuanto a los recursos de la naturaleza, porque la tecnología lo va postergando, pero los efectos en la sociedad en hacinamiento, desnutrición, magnitud de los problemas de las megaciudades se acercan a lo que el mismo destacara;
- Nunca el mundo tuvo tantas posibilidades para mejorar el nivel de vida para toda su población y nunca más lejos de equilibrar las diferencias;
- En todo lo destacado observamos **superacumulación** extraordinaria de capital que se prolonga a lo largo de los años y a un mismo tiempo y de igual magnitud y calidad, su **desvalorización**.
- Desde los círculos académicos neoliberales se atribuye la crisis al Estado de bienestar previo, un período donde la Humanidad vivió los momentos de mayor crecimiento en toda su historia y que se manifestó en los mejores estándares de vida alcanzados en lo PD y aún en los PenD.

En la actualidad, cuando se quiere precisar acerca del marco internacional es común el señalamiento como rasgo esencial de la "globalización", término que asimila la efectiva globalización financiera, con la internacionalización del proceso de producción que ya viene de años, confundiendo un hecho económico tendencial trasladándolo a las instituciones políticas a las que terminaría subordinando, ver A. Ferrer *Los ciclos económicos en la Argentina*, OIKOS 1995 y (*13).

La internacionalización del proceso de producción, que se ha traducido en la conformación de un mercado mundial, mercado superador del mercado internacional –entre naciones–, es un proceso económico objetivamente necesario y tendencial, que se ha de incrementar y, a su vez, es un proceso que entra en contradicción con la existencia de los Estados-Naciones lo que entraña una multiplicación de conflictos.

Dicha contradicción ha devenido en una confrontación que será uno de los rasgos dominantes en el escenario mundial de los próximos años; ya se aprecia en los acontecimientos de diferentes signos en torno al Tratado de Maastrich. Como se destaca en las notas los gobiernos y los poderes decisorios utilizan la concepción de la "globalización" para hacer pasar a sus pueblos las políticas de subordinación y dependencia que son caras a sus intereses.

De la desocupación de los años treinta a la sociedad de los dos tercios

El comienzo de la onda larga de auge es coincidente con el final de la Segunda Guerra Mundial. Decididos a no caer en los errores de las décadas precedentes a la conflagración –la política que se denominó "hacer pagar al vecino"– que condujeron al sistema a la crisis de los años treinta y a la Segunda Guerra Mundial, **particularmente en cuanto a evitar la competencia salvaje entre países a través de los tipos de cambio**, los vencedores reunidos en Bretton Woods crearon las instituciones y sus normas de funcionamiento, y precisaron reglas explícitas de cumplimiento inexorable para condicionar el comportamiento de las naciones en cuanto al intercambio internacional. Hasta hoy el sistema funcionó para evitar la competencia devaluatoria, aunque el sistema monetario internacional (SMI) se trocó en un no sistema que creo su propia lógica.

La fase declinante de la onda larga tuvo otros carriles. Las políticas neoliberales seguidas desde entonces, permitieron al sistema evolucionar estructurándose una dinámica económica con diferencias esenciales con el pasado.

La información de las últimas dos décadas reiteran un panorama cuanto menos confuso y contradictorio. La aproximación de la ciencia a la producción, la rapidez en la aplicación de los avances de la revolución informacional lanza al mercado productos que no terminan de asombrar a la sociedad. Productos que satisfacen a una minoría extendida por el planeta que goza como nunca en la historia de la Humanidad de los beneficios de la mentada revolución.

Economistas y sociólogos consideran que se ha instalado una forma de desarrollo que conduce a una economía no integrada (que algunos denominan "dual" o de dos velocidades), en la que convivirían capas sociales de gran nivel de ingreso, poseedoras de la capacidad y el conocimiento necesario para gozar de los avances de la revolución científica y técnica y que se autoheredan, con amplísimas capas sociales cuyo futuro es incierto y mezquino y que servirían para la reproducción y estabilidad de la economía dual descripta.

La economía dual pronosticada implica en verdad una profunda perturbación, a nivel mundial, en el mercado del trabajo y en el desenvolvimiento económico y socio-político. Tal pronóstico resultaría del análisis objetivo de la realidad y responde a fenómenos más profundos.

De la competencia devaluatoria entre naciones a la salvaje competencia internacional por bajar los costos laborales

Detengámonos en los siguientes hechos que avalarían lo dicho:

- Magnitud excepcional de la desocupación; exceptuando a los EEUU que goza de un estatus privilegiado y con otra tradición en su historia económica que le permite competir exitosamente con un costo laboral en disminución, aunque con creciente distribución inequitativa del ingreso y marginación social.
- Crisis de los sistemas de protección social.
- Grandes déficit fiscales hoy satisfechos por la especulación y circulación financiera satelital ya precisada.
- Es necesario tener presente **que los niveles de desocupación son consecuencia de políticas económicas deliberadas** aplicadas en todo el mundo y cuyos resultados eran previsibles para quienes las impusieron. Aunque haya países con niveles de desocupación disímiles, en la economía mundial el problema alcanza a todos, aún a aquellos con menor índice. Hay economistas a quienes manifiestamente les preocupa el tema y advierten acerca de la necesidad de buscar soluciones. La desocupación va unida a una cantidad de problemas sociales y a un creciente desarraigo y marginación de amplias capas de la sociedad.
- Necesariamente, la reestructuración defensiva del sistema carga la crisis sobre los pueblos. Su manifestación más visible es la cuasi quiebra de los sistemas de seguridad social. Los gobiernos disminuyeron drásticamente sus servicios, particularmente en la UE, donde estaban más difundidos. En Francia, a fines del '95, quizás por primera vez en la posguerra, se concitó un extraordinario movimiento nacional que repercutió agudamente en la vida cotidiana de la sociedad francesa que, a pesar de ello, se manifestó fuertemente solidaria con los obreros en huelga;
- En Alemania (*14), los sindicatos resisten las medidas con movimientos que no se veían desde hace décadas y en Italia un gobierno de centro izquierda trata de generar mecanismos de conciliación.

Aún en los EUA, donde la desocupación es menor pero la distribución del ingreso se ha deteriorado extraordinariamente se repiten las advertencias. En *Clarín* del 4 de febrero de 1997 se cita al presidente de la AFL-CIO, John Sweeny, quien habló "sobre los riesgos que significa para el capitalismo asociar la competitividad con el recorte de los derechos de los trabajadores" y dio los ejemplos de las huelgas en Corea, Francia y la Argentina. En el mismo diario en su página 17 del 23/9/96 se cita a Lester Thurow quien dice: "Ningún país que no haya sufrido una revolución o una derrota militar con la consiguiente ocupación ha experimentado jamás un cambio tan drástico en la distribución del ingreso como los EEUU en la última generación".

El segundo conflicto nacional en Francia llama poderosamente la atención, los transportistas ruteros están jaqueando al gobierno francés concitando como el anterior un apoyo popular amplio. El conflicto actual revela los límites a que está sujeto el desenvolvimiento de la economía mundial ya que la huelga de los transportistas franceses afecta a toda la UE.

Por primera vez las fronteras son superadas no únicamente por mercancías y dinero, sino por conflictos sociales (otro ejemplo es la incipiente organización sindical transnacional de los asalariados del Mercosur). **No se trata de un hecho fortuito, sino que es un signo revelador de cuáles pueden ser los carriles en los que se han de desenvolver los acontecimientos en un futuro no muy lejano o por lo menos es legítimo considerarlo así.**

Si la economía es mundial; si el capital, el proceso de producción y del trabajo traspasan las fronteras, es natural que las confrontaciones se manifiesten en el mismo espacio.

Agustín Serrano (Problemas de Economía N° 89, 1986) en la década pasada señalaba que las contradicciones entre el capital y el trabajo y entre las diferentes capas sociales que se manifestaba al interior de cada Nación, se iban a proyectar al espacio mundial, como productos de la conformación de la economía mundial y de la nueva dinámica de funcionamiento del sistema, signado por la presencia creciente de las Transnacionales, uno de sus caracteres más distintivos.

- El tercer rasgo que se retroalimenta con los dos anteriores lo constituyen los importantes déficit de las finanzas públicas, rasgo común a todos los países del mundo.

Pocas veces se debe haber dado en la historia económica que los déficit públicos sean tan unánimes (particularmente en los países de la OCDE), en un marco general de magro crecimiento económico y deterioro de los salarios reales y de la pirámide de ingresos.

Frente a los fenómenos enunciados, no es posible que **economistas enjundiosos sigan tratando los problemas aisladamente cuando todo demuestra que están íntimamente entrelazados. En la unanimidad de los déficit se revelan con toda claridad las consecuencias de la dinámica de crisis, todo se retroalimenta y los déficit presupuestarios evidencian los conflictos sociales; en el libro citado se dice que el presupuesto se ha transformado en un nuevo campo de las luchas de clases. Exigir bajar el déficit es, en esencia, exigir bajar el costo laboral directo e indirecto.**

Durante la década de los '70 los procesos inflacionarios disimulaban los intentos para encontrar soluciones a la crisis del Estado de bienestar, la recesión –que como vimos, según P. Samuelson fue provocada por los gobiernos– y la relocalización y desestructuración industrial, sirvieron para bajar los niveles de inflación, pero no desaparecieron los déficit públicos. La recesión deliberada de los setenta fue el primer embate para recuperar las tasas de ganancias, a costa de deteriorar la distribución del ingreso y dar paso a una desocupación persistente y creciente.

También los déficit extendidos evidencian la mundialización económica.

Su contracara es aquello que lo mantiene: la especulación financiera con la multiplicación sin límites, **por ahora**, de valores y títulos de distinto signos, incluida la especulación con las divisas nacionales.

Títulos que se basan en otros títulos, la más afiebrada imaginación de un economista, tan sólo diez años atrás, no podría haber predicho lo que sucede. Si la especulación desbordante es el paraguas que resguarda que no aparezca la crisis en manifestaciones más agudas, es dable pensar que estamos frente a una situación extremadamente lábil y riesgosa.

Consideremos, a su vez, que buena parte de los efectivos que respaldan las emisiones del caso provienen de los fondos de pensión, con lo que son los mismos futuros perjudicados los que hoy los financian.

Se pueden repetir las citas en las que se manifiesta el reconocimiento de la situación, agregando a lo señalado la contaminación, el derroche de recursos, la generalización de fenómenos como la corrupción o el narcotráfico, el incremento de la brecha de ingresos y marginación consiguiente entre países y al interior de cada país, pero todo queda disimulado porque no se detiene el crecimiento económico, aunque con porcentajes menores; no se intenta una profundización en el análisis.

Así como en los momentos de bonanzas del Estado de bienestar se hablaba de un círculo virtuoso, hoy debemos hablar de un círculo vicioso y la respuesta de las transnacionales, los gobiernos y economistas del establishment es, fundamentalmente, impulsar la baja de los costos laborales con su consecuencia inevitable de incrementar la regresividad del ingreso y la consiguiente disminución del consumo, lo que agrava la crisis.

La trascendencia de los fenómenos descriptos es mucho mayor que la crisis de los años treinta

El sistema crece desde hace años en una estabilidad aparente con decenas de millones de desocupados en los países desarrollados y cientos de millones en los países en desarrollo (*15). **Lo singular y nuevo es que en ese tiempo hubo varios períodos de auge y los síntomas de la crisis siguieron incrementándose, lo que implica que se trata de un cambio en los patrones de crecimiento vinculado a transformaciones de fondo en el sistema a escala mundial.**

Lo expresado permite afirmar que a la crisis se la puede identificar en sus principales manifestaciones: agresión a la Naturaleza y al Hombre.

Los rasgos señalados –y reiteramos la creciente brecha entre producción real y potencial, que evidencia las falencias del sistema y su ineficiencia– consolidan la idea de que, en esencia, la caracterización de la situación actual que mejor se corresponde con la realidad, es que nos encontramos en la fase aguda de la crisis de onda larga iniciada, como se dijo, en los años sesenta.

Al comenzar el acápite señalé que la devaluación salvaje fue el rasgo predominante en la competencia entre las naciones, al que cada país recurrió como respuesta a su crisis y que precipitó la crisis del 30 y la Segunda Guerra Mundial; rasgo que fue considerado al forjarse el primer sistema regulatorio de amplitud mundial –Bretton Woods– y que fue el marco en el que se desenvolvió.

Hoy, en el centro de todos los conflictos entre países y al interior de cada país, está la competencia entre naciones por la disminución del costo laboral, a través de la disminución del salario real y de los ingresos indirectos representados por los sistemas de protección social, en el marco de una economía mundial que obliga a los países a constreñirse y limitarse en sus propias políticas económicas. Esa competencia salvaje se traduce en los fenómenos descriptos, que amplían su magnitud cuando consideramos comprendidos entre los perjudicados a las amplias capas medias de la sociedad

Pocos se preguntan qué implica la competencia entre las naciones, las desarrolladas y en desarrollo, por lograr ventajas en esa confrontación.

En la época de la competencia devaluatoria la misma se manifestaba desde cada país a su interior confrontando con el resto; en la actualidad la competencia por bajar el costo laboral trasciende las fronteras obligando a cada país a adecuarse a esa política y competir con el resto del mundo sin tener una política independiente, lo que lleva implícita la extensión de la crisis ahondada por la disminución sistemática del consumo. **Resultado de ello es la profundización de la marginación y la pobreza a nivel mundial que explicaría la prognosis de la sociedad de los dos tercios.**

La confrontación en torno al costo laboral, directo e indirecto, se exterioriza en la pugna por incrementar al máximo el valor agregado (VA) por la fuerza de trabajo manual e intelectual, a través de las fronteras; **el VA agregado al que nos referimos es el VA que se termina manifestando como capital, incrementado y acumulado, expresado en bienes tangibles o en el conocimiento.**

Bien mirado, es una reivindicación de la teoría del valor-trabajo de los clásicos en su versión de Marx; ya que en todo bien el valor nuevo que contiene, desagregando sus componentes, exterioriza la materialización de fuerzas de trabajo material o intelectual; y su acumulación como capital constituye la porción de la misma no retribuida: la plusvalía de Marx.

Me reitero, según la teoría del valor trabajo en su concepción marxista, en su origen el valor agregado (VA), directa o indirectamente, siempre es reducible al valor agregado que resulta de un trabajo manual e intelectual previo. La confrontación en torno al costo laboral, directo e indirecto, exterioriza la pugna por la apropiación de ese valor agregado.

A fines del siglo XX se consolida en otro ámbito y en otro contexto social y político la contradicción capital propiedad - fuerza de trabajo. No se trata de un retorno al siglo XIX o a la primera mitad del siglo XX; es una pugna cualitativamente distinta ampliada a todo el sistema. Se expresa en la acción de las empresas transnacionales que manejan u orientan la economía mundial, que imponen su impronta sobre los Estados-Nación y, al mismo tiempo, compiten entre ellas en éste espacio constituyendo la baja en el costo laboral –tal cual se lo caracterizó– su principal objetivo en esa competencia. Esa disputa no conduce al sistema en una senda de desarrollo sino de derroche de recursos humanos, de capital y de la naturaleza. Son las manifestaciones más relevantes del momento agudo de la onda larga de crisis que lo envuelve. La cantidad y magnitud de los conflictos continentales son a su vez manifestaciones de esa crisis.

De lo anterior surge que no es descabellada una prognosis en torno a que la pugna, ya instalada, por maximizar el VA en el espacio del mercado mundial, caracterizará al siglo venidero. En otros términos dicha pugna expresa la explotación, sin igual, de los recursos humanos y naturales.

El cuadro de evidente ineficiencia en el funcionamiento del sistema, obliga a pensar que la única salida será un nuevo acuerdo impuesto por la realidad económica y por la creciente conflictividad social. Todas las instituciones transnacionales que regularon su evolución evitando un colapso se verán frente a un gran desafío.

Lo menos que se puede decir es que las demandas sociales y políticas que enfrentan a los gobiernos en todos y en cada país donde se aplicaron las recetas neoliberales, y que exigen una participación activa del Estado, son impulsadas por movimientos sociales pluralistas y polifacéticos que embretan y a veces superan a los tradicionales partidos de la izquierda y centroizquierda.

Con seguridad se encontrará una salida que no será la de la sociedad de los dos tercios, dependerá de la correlación de fuerza de los actores sociales, empresas y asalariados, patronatos y movimientos sindicales, partidos políticos y movimientos, que con nuevas formas de representación han de hacer escuchar su voz.

La historia de la humanidad ha probado que siempre se encontraron soluciones para problemas que surgieron del propio crecimiento; ellas no resultaron de los compromisos con los poderes de turno que necesariamente defendieron la lógica que los amparaba. Fueron consecuencias de los conflictos.

Agreguemos que cada cambio incrementa las contradicciones del sistema. La humanidad se desarrolla a saltos: la acumulación de problemas cuantitativos obligan a transformaciones cualitativas.

Pero la crisis la vivimos hoy y la cuantificación del fenómeno que se manifiesta en la diferencia creciente entre los productos brutos potenciales y reales, es una medida de la deseconomía externa, inherente al sistema, provocada por la ineficiencia e ineficacia de su lógica de crecimiento basada en exclusividad en la búsqueda de lucro.

El Plan de Convertibilidad

Podemos introducir ahora el análisis circunscripto al PdeC. Hemos considerado que es la única forma de discutirlo a la vista de sus "logros", caros para los sectores dirigentes y dominantes pero perjudiciales para el desenvolvimiento económico y social del país.

Falta considerar que el marco descrito fue común para todos los países del mundo y, en particular, para los Pen D, surgiendo el interrogante de por qué la crisis fue más aguda en la Argentina y por qué tuvimos el desarrollo más decepcionante de todos ellos, habida cuenta de nuestros recursos.

El interrogante del epígrafe, Cavallo lo responde diciendo: "Lo que ocurre es que a cada ministro de economía, a todo **presidente del Banco Central, a todos los Secretarios de Hacienda les toca actuar en el marco de una ausencia total de organización económica y social**".

Estamos de acuerdo con Cavallo con una salvedad: no hay tal "ausencia". Hubo y hay una "organización" ya estructurada que amparó una determinada dinámica de desenvolvimiento económico y que finalmente conspiró para obstaculizar cada plan.

Esa organización no permitió aprovechar en plenitud el largo período del círculo virtuoso del Estado de bienestar y su larvada crisis ya comenzó antes de que el Estado de bienestar comenzara la suya.

En otro sentido esa "organización" hizo que las medidas del PdeC para ponerse a tono con la mencionada competencia salvaje por el descenso del costo laboral, que arrastra a las capas medias, se manifestaran en la magnitud de la desocupación y marginación social que vivimos.

Sin embargo me es necesario reflexionar acerca de la real "organización" económica y sociopolítica que hemos tenido para intentar responder al interrogante planteado, deteniéndonos en nuestras especificidades. Desafío que dejo para más adelante.

NOTAS
(*1) "Acerca del Plan de Convertibilidad", JG, *Realidad Económica* 124 (16/5-30/6/1994)
(*2) De M.Camdessus tres lecciones a tener en cuenta:
- Los mercados no son indiferentes a la calidad de los consensos políticos.
- Los mercados detectan las fallas, su reacción es gregaria, brutal y hasta excesiva, pero esa es la lógica de un mundo en el que las crisis pueden desatarse de improviso".
- El drama de Méjico inmerso en la mundialización del mercado de capitales. Vivimos de hoy en más en la economía globalizada del siglo XXI y las estrategias y las instituciones deben situarse en ese horizonte mundial.

(*3) En *Clarín* del 21/9/95 se publica un artículo, reproducido de *The New York Times*, en el que John Kenneth Galbraith justificando el Medicare y Medicaid, dice: "los pobres o hasta las personas de ingresos modestos no podían quedar librados decentemente a la enfermedad o a la muerte **sólo porque no podían pagar.** Una vez más **el gobierno cambió** en respuesta a las distintas circunstancias"... "fue la **sociedad de consumo moderna** y su gran proliferación de bienes y servicios lo que trajo aparejada la **regulación gubernamental**... La seguridad social **no fue creación** de los liberales ni de madres solteras con apoyo y estímulo liberal. Fue el resultado de una de las grandes migraciones de los tiempos modernos", y termina: "Tal vez éste sea el punto. Los liberales nos adaptamos a las circunstancias y dejamos que los republicanos conservadores creyeran que éramos la fuerza del cambio. De ahí su desdicha.

"Ahora están persuadidos de que pueden revertir la marea. Si hubiéramos sido responsables del cambio, **podrían hacerlo.**

"La historia es otra cosa. Tiene su propio poder, su propia dinámica. (en negrita en el original, J.G.).

(*4) "De Lester Thurow «Los mercados libres tienden a producir niveles de desigualdad en los ingresos que son políticamente incompatibles con el gobierno democrático»·.

(*5) Agustín Serrano, "Desocupación. Teoría e Historia". Realidad Económica 135, 1º/10 al 15/11/1995.

(*6) *Clarín* 27/12/92.
De Reich Robert luego asesor de Clinton:
"La lucha por definir una nueva relación entre empresa y nación será una de las principales tareas económicas y políticas de nuestra era « aunque» la búsqueda de soluciones no será fácil, EEUU debe proporcionar a las empresas el ambiente, como ámbito, necesario para su mejor desarrollo".
Acerca del mismo tema Erik Izraelewicz, columnista de *Le Monde*, en *Clarín* 18/3/96, pág. 13, destaca los ataques de Alain Juppé contra los grandes empresarios, del gobierno contra los gigantes de la distribución y de Jacques Chirac contra los **grandes banqueros** y dice: "Incapaces hasta ahora de detener el aumento de la desocupación y de reactivar la economía, los funcionarios políticos han encontrado un **chivo emisario**: las empresas mundiales y sus dirigentes, que no tienen ni dios ni ley"... "La revista *Newsweek* pone en la picota a los empresarios por ser vulgares **«asesinos industriales»** que ganan millones y despiden a miles de trabajadores.
Incluso el *Wall Street Journal*, la biblia del mundo de los negocios norteamericano, el apóstol más perseverante del ultraliberalismo, comienza a dudar"... "Que el partido del proletariado denuncie al gran capital no tiene nada de sorprendente. La novedad, y la sorpresa, es que hoy es el **partido del capital** mismo el que denuncia el comportamiento de las grandes empresas"... "la liberalización acelerada de los años 80 ha profundizado la brecha entre el Estado –que sigue siendo nacional– y la empresa –que se ha vuelto mundial. El Estado comprueba que, a fuerza de celebrar los encantos del mercado, le transfirió una gran parte del poder. ¿Cómo hacer para restablecer el equilibrio? En esto consiste el debate que se desarrolla en todas partes acerca de la "responsabilidad social" de la empresa en sentido amplio".

(*7) Los resultados evidentes de las políticas de ajuste en cuanto al agravamiento de la marginación social y sus consecuencias en el desenvolvimiento de la economía, obligó a personalidades e instituciones a pronunciarse contra ellos, transcribo algunos de esos pronunciamientos; es importante tomar nota de las fechas de los mismos: *Clarín*, 29/3/93, el Vice ministro alemán de Cooperación Económica y Desarrollo, Hans Peter Repnik "aseguró ayer que **«no podrá imponerse en América Latina un programa económico del que sólo pueda beneficiarse una minoría»**... "remarcó que en varios países de la región **resta mucho por hacer en materia social** y subrayó que en la presente década las políticas económicas deben orientarse tanto al crecimiento económico cuanto a la justicia social"... "citó como ejemplo «**un sistema fiscal que grave a los contribuyentes conforme a su auténtico nivel de ingresos**».

Clarín, 24/9/95: "El Banco Mundial **cuestionó los programas de ajustes neoliberales** y sostuvo que junto con el crecimiento económico los países en desarrollo **deben reducir la pobreza y lograr una mejor distribución de los ingresos**". A continuación dan siete lecciones "fundamentales, según los especialistas del BM; esas lecciones son otras tantas 'hay que hacer tal cosa', que lo menos que debería suscitarles, es interrogarse acerca de cuáles son las razones que siendo tan elementales, para cualquier economista, no son llevadas a cabo por los equipos económicos responsables de esas políticas en nuestros países; la razón es simple: los organismos internacionales y los gobiernos de turno subordinan el paquete de medidas a su objetivo común prioritario: honrar las deudas externas. Los organismos internacionales tienen la fuerza como para imponer condiciones.

(*8) Un ejemplo de la "cultura" de los sectores decisores es su actitud respecto a sus obligaciones fiscales, en el marco de un sistema tributario totalmente regresivo: en *Clarín* del 31/8/94 hay un artículo que reproduce declaraciones de Michel Camdessus, titular del FMI. "Comparó la evasión impositiva con el fútbol «es un deporte nacional»...

"El director gerente del FMI dijo que«**la principal obligación del sector privado** para contribuir a resolver los problemas sociales que ocasiona el ajuste económico es **acostumbrarse a pagar los impuestos**»... «un mal impuesto no es bueno para la economía, pero es mucho peor el déficit de las cuentas públicas»; y agrega que los técnicos del FMI se la pasan recomendando prudencia cada vez que Cavallo dice que eliminará los impuestos que distorsionan la actividad productiva ...«Nos parece bien que se cambien por impuestos sanos aquellos que no lo son, pero **es necesario cuidarse de no generar un riesgo excesivo en el equilibrio fiscal**».

Han pasado 2 años desde que se publicó la entrevista con M.C. y se puede afirmar que la situación se agravó.

(*9) En el libro *Déficit Fiscal, Deuda Externa y Desequilibrio Financiero* de Damill, Frenkel, Fanelli y Rozenwurcel, se dice:

"Para posibilitar que crezca el coeficiente de exportaciones y el ajuste sea viable tiene que crecer el ahorro interno y destacan que ello sólo es posible, de acuerdo a la experiencia, a través del ahorro forzoso resultado de una distribución regresiva del ingreso; a mayor tasa de ahorro requerida para el ajuste externo menor la participación de los asalariados en el ingreso". Definen la participación como cociente entre salario real y productividad; la participación decrece cuando el salario crece a un ritmo inferior al de la productividad. De no darse ello para que crezca el coeficiente de exportaciones y haya un correspondiente crecimiento de la tasa de ahorro interno debería darse una disminución del consumo no asalariado en el producto.

De lo anterior se presume:

- Que el excedente de la economía necesario para el ajuste debe provenir de la disminución del salario real respecto de la productividad.
- Como los asalariados prácticamente no ahorran se considera que debe disminuir el consumo de los asalariados.
- Como los no asalariados son los que ahorran consideran que su participación respecto de la productividad debe aumentar; ello implica que no se puede afectar su consumo.

Para que quede claro la implicancia de lo anterior, cito el siguiente párrafo:

"La interpretación de estos resultados es directa. Si no se consigue transferir a los asalariados el pago de los intereses no refinanciados en el exterior, la estrategia de ajuste con crecimiento liderado por exportaciones implicaría la reducción del presupuesto de libre disponibilidad de los no asalariados. "Pero en tal caso, las señales recibidas por ese sector, presuntamente encargado de invertir y exportar, serían justamente las contrarias a las necesarias para mantener las tasas de inversión en los niveles requeridos por la meta de crecimiento".

Sin embargo la experiencia indica que en el país a pesar de que **siempre se justificaron todos** los planes de ajuste con las mismas consideraciones, los sectores no asalariados acumularon los excedentes en divisas o inversiones en el exterior; por otro lado como siempre se partió de un nivel salarial bajo, los resultados de cada plan de ajuste eran disminuir aún más el salario real, en general de los sectores de ingresos fijos y aquellos de las PYMES, con lo que en definitiva se disminuía el mercado interno y se consolidaba un proceso recesivo que agravaba la coyuntura.

Y más abajo siguen: "La cuestión es todavía más evidente si se explícita el gobierno"...Si se incluye el gobierno, como en el país la deuda externa ha sido totalmente estatizada, y considerando que el comercio exterior lo realizan particulares, cuanto más aumenten los superávit comerciales y menores sean los intereses exteriores a refinanciar, se necesitarían mayores superávit fiscales para adquirir las divisas que únicamente pueden resultar de mayores recaudaciones tributarias. Si hay resistencia a la disminución salarial "se da la paradoja de que lo que debería disminuir son los beneficios después de impuestos (es decir, no sólo el presupuesto de libre disponibilidad de los no asalariados, sino directamente su ingreso disponible)".

(*10) En *Clarín* (16/2/97) con el título "Ricos cada vez más ricos y pobres cada vez más pobres", Ismael Bermúdez destaca: "Los más pudientes reciben 22 veces el ingreso de los más pobres. En 1990 esa relación era de 15 veces".

(*11) Acerca del incremento de la productividad en el país.

Siderurgia

En 1980 1 tn. acero 22.7 Hs. Hombres

En 1993 1 tn. acero 9.4   "   "

De 34000 obreros en 1987 a 16000 obreros en 1993

Petroquímica

1987: 145 tn./hombre

1993 220 "

Automotriz

1987 190000 unidades 22.000 personas

1993 340000 " 24.800 "

(*12) *Clarín*, 9/2/96, pág.18.

Entre 1.500.000.000 y 2.000.000.000 de personas viven en estado de extrema pobreza en el mundo.

Según la ONU, más del 20% de la Humanidad trata de sobrevivir con menos de un dólar por día, sin agua, sin vivienda y sin acceso a algún tipo de atención médica. Cerca de 130.000.000 de niños no reciben ninguna educación.

En la Subcomisión de Derechos Humanos de las N.U. se destacó asimismo que hay personas que por carecer de dinero, no tienen domicilio, no pueden votar y por lo tanto están privadas de sus derechos cívicos y sociales.

Hay 40.000.000 de chicos en la calle en A.Latina; 25M en Asia y 10M en Africa.

(*13) En un artículo de Henri Guaino publicado en *Le Monde* y reproducido por *Clarín* del 9/6/96 se ratifica la opinión de A. Ferrer, agregando conceptos que considero imprescindible transcribir:

- Se objeta que las políticas nacionales sean imposibles y que las naciones no tengan cabida;
- "Como si la ley del mercado, el juego de la libre competencia, el cálculo económico, **la movilidad de capitales** borraran fatalmente todas las diferencias, suprimieran todos los grados de libertad, redujeran todas las distancias que obstaculizan la fluidez de los intercambios, la flexibilidad de los ajustes y la liquidez de las transacciones. Y como éste movimiento sería el precio ineluctable de la modernidad y la eficacia, lo mejor sería someterse a él armonizando, normalizando apostando a la exportación, a las **inversiones en el extranjero** y a las finanzas internacionales";

- "En veinte años los intercambios corrientes aumentaron diez veces y su proporción en el PBI mundial casi se duplicó. Pero ésta mundialización de la economía mercantil no supera el 20%";
- "Si bien un 20% implica que toda la economía está directa o indirectamente expuesta a la competencia, un 75% siguen concentrándose en el interior del país y detenerse en ese cálculo es caer en una visión restrictiva de la economía. No hay que olvidar el bienestar, las solidaridades, las reciprocidades, las externalidades que éstos intercambios engendran y que están en el centro de lo que los economistas contemporáneos denominan el «crecimiento endógeno»".
- "Las características de las innovaciones son dictadas por el tamaño del país, por su cultura, por la estructura de su economía, por los hábitos de trabajo, por los gustos de los consumidores, por los medios y las competencias que pueden movilizarse.
- "Lo nacional es tan o más importante en los métodos de gestión";
- "No hay una dictadura de mercado que obligue a todos a alinearse con todos los demás. Los operadores de mercado no tienen ninguna política. Tienen una obsesión y nada más que una: el arbitraje entre el riesgo y la rentabilidad esperada.

"Si el gasto público es productivo; si se combate el despilfarro; si la estructura de la fiscalidad alienta a producir, a invertir y a sacar el mejor partido de las ventajas del país, el capital siempre saldrá beneficiado, con globalización financiera o no".

Frente a la situación creada destaca que hay dos alternativas:

"La primera consiste en elegir el camino de la adaptación inmediata a todas las exigencias del mercado, de la flexibilización absoluta y de la movilidad total. Implica el relajamiento del vínculo social.

"La segunda más conforme a nuestro sistema de valores y la más razonable, consiste en elegir el camino de la solidaridad nacional, del frente común para el crecimiento y la competitividad. Implica preservar el vínculo social, amortiguar los golpes, disminuir los ritmos. Implica que se restauren todos los estabilizadores automáticos y que el Estado acompañe las mutaciones necesarias.

"La mutación de la economía no condena a los países: los pone en competencia obligando a cada uno de ellos a hacer todo lo que tenga a su alcance.

"Con demasiada frecuencia, se olvida que un país forma un todo y que sólo cuenta la competitividad global derivada de la «productividad general de los factores de producción». Y es allí donde se unen la razón económica y el ideal republicano de una sociedad solidaria".

Cabe agregar que tal cual funcionan las instituciones del sistema hoy, lograr lo que el autor propone con la segunda alternativa es más o menos como el asalto al Palacio de Invierno. Ya que los "si" con los que da el marco para su funcionamiento (antes de dar las dos alternativas), presuponen una transformación profunda en su dinámica y en las relaciones de poder que lo rigen.

(*14) *Cronista Comercial*, 14/11/96:

El presidente de la Confederación Alemana de Sindicatos (DGB), (que totaliza M9.3 de afiliados),"advirtió al gobierno contra los peligros de una desenfrenada globalización de la economía"; denunció que "el gobierno y los empresarios están utilizando la globalización de los mercados mundiales como pretexto para desmontar las conquistas sociales"; el líder agregó que es preciso poner ataduras al "capital global" y abogó por una estrategia de reformas de la economía de mercado con regulaciones sociales y ecológicas en la intención de no poner en peligro al ideal de "cohesión social".

(*15) En el libro *Dinámica y Crisis del Sistema Capitalista Mundial* de Agustín Serrano, editorial Lihuel, se informa que a comienzos de los ochenta había 18 millones de desocupados en los países de la OCDE. Hoy en los países de la UE se alcanza esa cifra y para los países de la OCDE se elevaría su nivel en 1995 a 34 o 35 Millones; reaparecieron las protestas masivas, particularmente, en los países de la UE, con la singularidad de contar con el apoyo de las clases medias también afectadas por el fenómeno. Durante todos éstos años hubo innumerables reuniones en los más altos niveles de gobierno con igual cantidad de apelaciones para resolver el problema o por lo menos acotarlo.

Un ejemplo es lo sucedido con las desregulaciones (instrumento de su ideología) que, aseguraban, terminaría con la desocupación y, en tanto que racionalizaron y reestructuraron la industria, la agravaron.

En *Clarín* del 27/12/92, se dice:

"La desregulación no fue la panacea"...reproduzco un párrafo en que Robert Lindley del Instituto para la investigación del empleo en la Universidad de Warwick destaca:

"En lugar de obligar a los de adentro a compartir parte de su seguridad laboral y elevada remuneración simplemente hizo que "los trabajadores débiles fueran más débiles y dividió la misma cantidad de empleo en parcelas más pequeñas". El porcentaje de trabajadores franceses en el empleo de media jornada aumentó en un 50% en los últimos diez años y un 20% del empleo del Reino Unido ahora es de media jornada".

En *Clarín* del 19/6/93 se da la información de que a los fines de buscar soluciones a la desocupación: "Los representantes de los doce países de la, entonces, CEE, tienen pensado impulsar con más fuerza la Iniciativa Europea de Crecimiento (IEC) anunciada a fines de 1992 en la cumbre de Edimburgo. Este programa tiene como objetivo promover en dos años inversiones en grandes obras de infraestructuras por el equivalente a 20.000 millones de ecus". Desconozco el final del proyecto, pero la desocupación no dejó de subir.

EL PLAN DE CONVERTIBILIDAD EN ARGENTINA, OCHO AÑOS DESPUÉS [1]

RESUMEN

El Plan de Convertibilidad (P de C) en Argentina es el intento más serio, consecuente, y de mayor éxito, de las reiteradas tentativas encaradas por los sectores dominantes para imponer las políticas neoliberales en voga "modernizando" el país e integrándolo a la economía mundial, a sus flujos de capital, mercancía y conocimiento, aceptando de inicio una total subordinación del gran empresariado local a los grupos transnacionales.

Subordinación que tiene su máxima expresión en el proyecto de dolarización, el cual forma parte de uno mayor orientado a resignar la independencia y soberanía nacional, para transformarnos en algo así como un nuevo Puerto Rico. Ya han avanzado en la lucha ideológica al punto de que hoy quienes, desde la oposición mayoritaria, se oponen al proyecto, lo discuten en cuanto a sus desventajas económicas, abstrayéndose de la defensa de la soberanía, o dignidad nacional. Conceptos que, como el de patria, están desvalorizados a niveles impensables pocos años atrás. Conceptos que trascienden a su simbolismo y que se exteriorizan en la actitud que cada individuo tiene acerca de los intereses que son comunes a todo el pueblo.

---

[1] El presente será el cuarto trabajo motivado por la necesidad de opinar sobre el Plan de Convertibilidad (PdeC):
En *Realidad Económica,* "Acerca del Plan de Convertibilidad". No. 124, mayo-junio de 1994, publiqué el primer artículo acerca del PdeC. En el mismo destaqué sus fuentes inspiradoras y advertí sobre sus limitaciones y debilidades.
Cuando aparecieron las primeras cifras sobre desocupación, un problema nuevo para la Argentina, se publicó un trabajo teórico sobre el tema en coedición con Agustín Serrano en *Realidad Económica,* "Desocupación, teoría e historiaº. No. 135, octubre-noviembre de 1995. En 1996 el PdeC había superado al efecto Tequila, la producción se había relanzado, no había inflación y, con la "estabilidad" lograda, el triunfalismo de sus ejecutores apabulló ideológicamente a los intelectuales opositores, que se quedaron con la crítica a los negociados, obviando los demás problemas. Ello me indujo a escribir el tercer trabajo titulado "Introducción teórica al análisis del Plan de Convertibilidad". En *Realidad Económica*, "Introducción al análisis de la teoría del Plan de Convertibilidad". No. 146, febrero-marzo de 1997. Al final de ese trabajo destaqué que volvería sobre el PdeC. La necesidad surgió a fines del 1998 cuando la principal fuerza opositora manifestara su acuerdo con el PdeC y señalaba la necesidad de superar sus "efectos no queridos"; en ese momento la necesidad se convirtió en obligación.
Para que haya una línea conductora me remitiré a los trabajos anteriores en numerosas oportunidades.

Con base en algunos aspectos de las últimas décadas en este trabajo se incluyen elementos explicativos de la descomposición de una clase dirigente que entrega sin reservas al país ocasionándole un perjuicio moral, económico y sociopolítico, embargando su futuro.

INTRODUCCIÓN

Paul Samuelson en una muy conocida reflexión, en el Congreso de la Asociación Internacional de Economistas realizado en Méjico en 1980, señaló que si en 1945 le hubieran interrogado acerca de qué país de los subdesarrollados de ese entonces alcanzaría al pelotón de los desarrollados, habría respondido que, de dos, uno sería Argentina. Tal opinión tenía en cuenta la magnitud y calidad de los recursos de capital, humanos y de la naturaleza que teníamos en la posguerra.

A su vez nuestro país tiene, de acuerdo a un estudio de la OCDE (*L'Economie Mondiale au 20º siècle par Angus Maddison*, París, 1989), el peor desempeño entre los países de América Latina y uno de los peores del mundo desde comienzos del siglo hasta el año 1950, 1970, 1987.

Hacer historia de lo acontecido en la Argentina en las últimas décadas, es responder al interrogante de: ¿por qué con apreciables recursos de capital, humanos y de la naturaleza, ya en la posguerra, en lugar de alcanzar un lugar acorde con ellos, retrocedimos comparativamente respecto al resto de los países latinoamericanos, y aún de algunos países que para esa época tenían menos posibilidades que nosotros y sin embargo lograron muy buenos niveles de desarrollo? V.g. España, Australia, Nueva Zelanda, Canadá.

En *Economía en tiempos de crisis* (editorial Sudamericana, 1986) Domingo Cavallo en la página 59 se interroga: "estamos asistiendo al fracaso de la gestión económica radical, ¿por qué ocurre siempre que las gestiones económicas tienden a fracasar? ¿Por qué terminan siempre mal los ministros de economía, los presidentes del Banco Central, los secretarios de Hacienda? ¿Son todos tan malos tan incapaces? ¿Pueden ser tan malas sus intenciones? Sería ingenuo pensarlo de éste modo". Cavallo se responde afirmando que la causa de nuestras desventuras fue "la falta de organización económica".

Interesa la afirmación de Cavallo, e induce a ahondar en la "organización económica" que nos caracterizó: un análisis superador de los devaneos de la economía y con una visión sistémica que conduce a conclusiones diametralmente opuestas a las de Cavallo.

Se puede ejemplificar con las consecuencias para nuestro país de la dependencia y subordinación a factores externos e internos y analizar lo acontecido en los PenD con distintos derroteros. La performance de ellos fue muy superior a la nuestra.

Marco Teórico - histórico general de referencia

Al ubicar el análisis en la historia, pretendo superar las teorías oficiales que siempre parten del presente. Éste no es un tema menor, ya que es la metodología que les ha permitido al esconder el pasado, aún el inmediato, soslayar las causas de las perturbaciones que en cada momento ha padecido el sistema y, de tal manera, mantener las pautas que rigen las políticas económicas de turno dentro de un aparente rigor conceptual.

Dado el alcance del presente trabajo, no nos es posible remontarnos lejos en la Historia. Destaquemos que recién en 1853, después de 40 años de luchas intestinas, se promulgó la Constitución que habría de consolidar la República. Y que en los 30 años siguientes, en un marco de convulsiones institucionales, posibilitada por un fuerte flujo de capitales (principalmente inglés), se conformó una estructura productiva agrícola ganadera, se construyó la infraestructura portuaria y ferroviaria adecuada, y se alentó una gran corriente inmigratoria que comenzó a poblar al país.

La colonización de la Patagonia implicó la marginación y la casi eliminación de las poblaciones indígenas. Las tierras fueron entregadas de tal manera que dieron lugar en el tiempo a la conformación de grandes Latifundios y a la ampliación de la oligarquía terrateniente; un rasgo a tener en cuenta en el análisis y que es necesario comparar con la "Conquista del Oeste" norteamericana que permitió una agricultura y ganadería dividida, poblada y compradora que facilitó el desarrollo industrial y un creciente mercado interno.

La Argentina tuvo un extraordinario ritmo de crecimiento constituyendo lo que se denominara el "granero del mundo". Fue la época en que surgieron la industria azucarera, la vitivinícola, otras industrias alimenticias y, al unísono, talleres metalúrgicos que las abastecían de los elementos necesarios para su mantenimiento.

Una relativa consolidación institucional, una integración geográfica y social importante para la época, gran demanda exterior para una producción creciente, se manifestaron en otros resultados destacables:

Ley de enseñanza laica, gratuita y obligatoria desde hace más de 120 años y antes que muchos países de la desarrollada Europa; en la época en que el emperador de la dinastía reinante en Japón encaró su transformación de un país feudal atrasado a un país industrial, nuestro Domingo F. Sarmiento tuvo idéntico propósito y tomó similares medidas, sin poder vencer la resistencia de los sectores dominantes en ese entonces. ¿Cuáles fueron las razones del fracaso?

Tuvimos un diputado socialista en 1904. Las Universidades Argentinas rompieron en 1918 con la escolástica y abrieron y democratizaron los claustros, antes que en casi el resto de los países desarrollados. A nuestras Universidades venían a estudiar desde Centroamérica; teníamos el mayor índice de alfabetización de América Latina, casamiento civil.

La nueva conformación poblacional con la integración de los inmigrantes se hizo sin problemas raciales; una población con predominio de origen europeo que vino al país a "hacer la América" y que rápidamente se integró.

Buenos Aires tuvo subterráneos desde las primeras décadas del siglo; el país, 40.000 kilómetros de vías férreas; en la década del 20 era el séptimo en la cantidad de automóviles per cápita.

Se puede seguir dando razones que avalan la apreciación en cuanto a nuestras posibilidades y nuestras frustraciones.

Sin embargo el crecimiento basado en el agro exportador tuvo su fin con la crisis de los años '30.

En nuestro país, lo acontecido por la crisis tuvo sus especificidades:

— La crisis demostró que nuestro crecimiento tenía pies de barro[2]. El ser granero del mundo durante 50 años, no fue aprovechado por la oligarquía terrateniente que acumuló los excedentes y los despilfarró alegremente (simbolizado en los palacios que engala-

---

[2] Ver para una visión más amplia "Opinión sobre el desenvolvimiento de la economía en la sociedad argentina y las características de su crisis" (Agustín Serrano, edición especial de *Anales*, Ediciones Centro de Estudio, 1983).

nan a Buenos Aires, y en la imagen de los terratenientes que llegaban a París con sus vacas), en lugar de utilizarlos para facilitar pautas de crecimiento de un país agroindustrial con fuertes bases para un futuro desarrollo.

En los '30 no se había consolidado la integración geográfica, tampoco la socio - económica. Como respuesta a la crisis se promovió la acción estatal deliberada y se establecieron organismos y políticas reguladoras con resultados muy inferiores a los de otros países. El estatismo de la época reforzó el dualismo estructural, aunque en la Argentina, por lo dicho, tuvo posibilidades de ser superado. Los organismos reguladores beneficiaron de inicio a la oligarquía dominante y contribuyeron a estructurar una dinámica capitalista perversa que se fue consolidando en el tiempo. Considerando hábitos y cultura de la oligarquía que siguió con poder e influencia, a pesar de la disminución en la participación del PBI, podemos señalar a esos años como el comienzo de "la organización económica" a la que se refiere Cavallo, por supuesto en nuestra interpretación.

A partir de esos años el desenvolvimiento del país resultó de las políticas económicas ejecutadas desde el poder, por lo cual las considero como políticas económicas deliberadas y, a un mismo tiempo, de la dinámica de un mercado cuya característica principal fue su creciente grado de monopolización y oligopolización dependiente.

La implementación de políticas públicas deliberadas y creciente participación estatal coincidió con el primer golpe militar de la Argentina moderna, iniciándose un proceso institucional que favoreció lo señalado.

En la década del '30 y '40, y luego en la posguerra, la versión argentina del Estado de Bienestar no aportó al país ventajas acordes con sus recursos. Las razones invocadas, en general, como causas de nuestro frustrante desempeño: modelo de sustitución de importaciones y estatismo, han sido políticas comunes a gran parte del mundo, con un resultado substancialmente diferente al nuestro.

En el mismo sentido podemos afirmar que las políticas de protección del mercado interno y promoción del desarrollo que se aplicaron en nuestro país, trajeron resultados muy inferiores al del resto de Latinoamérica. Desde 1952, aún con el general J.D. Perón en el gobierno, se intentó reformar nuestra economía. En 1955 con el tercer golpe de Estado se avanzó en el camino reformador, siempre en un esquema de dependencia y subordinación. Se comenzaron a aplicar políticas neoliberales mezcladas con la presencia de sistemas regulatorios.

Luego sobrevinieron los golpes de 1962, y de 1966. Sin embargo, fue desde el golpe del '55 que derrocó a Perón que los golpes tuvieron objetivos cada vez más ambiciosos en cuanto a reformar al país y sus instituciones. El complejo corporativo empresario, sindical y político, impulsó cambios con el único objetivo de preservar sus intereses, que por otro lado fueron siempre cortoplacistas.

También repercutió en la Argentina la crisis mundial de los años '70, que tuvo su correlato ideológico en el desplazamiento del keynesianismo a favor del neoliberalismo.

La política tradicional del peronismo fundada en una negociación corporativa entre patronales y sindicatos, había permitido a los sectores dominantes acceder a los reclamos salariales sin dejar de obtener los beneficios esperados, gracias a una inflación reptante (aceptable para la época), un manejo de precios consecuencia de la oligopolización y solventado todo por el erario. Celestino Rodrigo, ministro de Economía de Isabel Perón, hizo una mega devaluación en 1974, que perdió rápidamente sus esperados efectos por un fuerte rebote inflacionario que los anuló. Fue el final abrupto de la política negociadora en la distribución del ingreso y el primer ensayo de imponer coactivamente una desregulación del mercado que fracasa en cuanto a lograr estabilizar la economía;

en ese punto comienza a decaer la participación salarial en el PBI que había llegado a cerca de un 50% y coincidentemente se desata el proceso inflacionario de dos dígitos que, salvo cortos períodos, no pudo ser superado.

Finalmente sobreviene el golpe de 1976, el de mayor ferocidad, que a sangre y fuego intentó adecuar la economía y sociedad argentina a las nuevas corrientes que marcaban el rumbo de la economía mundial.

A la inflación se sumó el endeudamiento externo. La dictadura, a la represión y muerte que la caracterizó, le agregó el mayor retroceso económico de nuestra historia. Y la primera guerra perdida por el país.

El gobierno del Dr. Raúl Alfonsín, fracasó al comienzo de su gestión en un intento de de enfrentar al FMI y a los intereses afines al interior; fracaso atribuible, en parte, a la falta de apoyo del sindicalismo peronista, y a su indecisión para encausar el consenso del que gozaba, en una política independiente.

Encaró luego un original plan económico, el "Plan Austral", que tuvo importantes logros al inicio destrabando los mecanismos indexatorios y frenando la inflación. Sin embargo no intentó, siquiera, afectar la perversa estructura financiera montada en el '77, tampoco modificar el sistema tributario, ni terminar con la burocracia corrupta que manejaba el sector público.

Todo terminó en otro rotundo fracaso: se relanzó la inflación que dio paso a la hiperinflación; era la manifestación en los precios de la desconfianza generalizada hacia el gobierno, la gente huía del peso y se refugiaba en el dólar. Un gobierno golpeado por los sectores dominantes y sin apoyo externo, responsable, a su vez, de lo acontecido, por su actitud claudicante y por haber perdido apoyo popular al no tomar las medidas necesarias en su beneficio.

En esencia, la estrategia económica de la dictadura se consolidó en la democracia y posibilitó que los grupos locales esquilmaran durante años al Estado hasta llevarlo prácticamente a su quiebra.

Es necesario ahondar en la respuesta a los interrogantes que surgen de las reflexiones de Paul Samuelson y las de Domingo Cavallo, dado que nos ha de permitir elucidar los por qué del PdeC, sus consecuencias y su posible desenlace.

¿Cuáles son las razones explicativas del magro desempeño de nuestro país desde el 50 en adelante?

¿Por qué, a pesar de la homogeneidad de nuestra riqueza en recursos humanos, de capital y de la naturaleza, la diferencia entre las posibilidades concretas, el producto bruto potencial (dado esos recursos) y el real se acrecentó?

Es evidente que la respuesta trasciende de lo económico a lo cultural, social y político. Siendo decisiva la actitud de los sectores dominantes y dirigentes cuya falta de identidad nacional es una de las raíces de nuestros padecimientos.

El país que encontró el plan de convertibilidad (*1)

i) Las perversiones visibles

a) Déficit del sector público. El déficit fue una constante; se lo considera como causante del proceso inflacionario sin indagar su origen.

El déficit fiscal fue el resultado de las falencias del sistema tributario, de la evasión y de una determinada organización económica a la que haré referencia. (*2)

Leyes de protección aduanera y promocionales se dieron cubiertas con corrupción, sin límites en el tiempo y sin exigencias de reciprocidad. Afectaron al presupuesto incrementando los déficit

b) Ineficiencias y quebrantos de las empresas públicas

c) Sistema financiero. De intermediario entre ahorrista e inversor y entre producción y consumo pasó a ser fuente de especulación y acumulación de riquezas.

d) Comercialización. Canales de comercialización ineficientes y costosos. Comercialización y finanzas captaron siempre buena parte de la plus-valía generada en la producción.

e) Gestión macroeconómica. En nuestro país nunca tuvieron éxito las herramientas de gestión macroeconómica. El poder económico y político, inhibió de origen cualquier amago de regulación, o lo aprovechó en su beneficio.

f) Equilibrio externo. Los problemas en el desenvolvimiento económico-social se reflejaron, a veces, en la balanza comercial y/o en déficit en la cuenta corriente de la balanza de pagos. Particularmente, desde fines de los setenta, por un endeudamiento externo que no se utilizó para inversiones reproductivas. Sirvió para negociados extraordinarios de un grupo reducido de grandes empresarios.

La deuda externa condiciona nuestra economía y sociedad; el pago de intereses gravitó más que los salarios de la administración pública.

ii) Analicemos causas más profundas y menos evidentes

a) Estructura productiva. Se caracterizó como una economía cerrada, cuya producción atendía, en particular, un consumo elitista y fácilmente saturable; con un mercado interno que se achicaba continuamente debido a una distribución del ingreso crecientemente desigual y con un sistema tributario regresivo, en el que la mayor parte del presupuesto era satisfecho por el consumo y el trabajo. El proceso se potenció en el tiempo, determinando la inversión y las pautas de producción y consumo que la conformó.

Necesariamente, con políticas económicas que se reiteraron en consolidar lo descripto caíamos en encrucijadas, agudizando las crisis, con inflación, hiperinflación y deterioro general y profundo.

Una economía no integrada y basada en una relación inarmónica entre la evolución de los sectores de bienes de capital y consumo, tiene en sus entrañas una crisis que se monta, agravándola, sobre las crisis cíclicas propias del sistema. Una dinámica como la nuestra necesitaría, para desarrollarse, una demanda interna creciente que implica un poder de compra masivamente extendido, con incremento del salario real y gran movilidad social. Asimismo un agro y una industria con excedentes exportables que satisfagan las necesidades de importación. El desenvolvimiento real fue lo contrario de los supuestos destacados.

El estrangulamiento que debió tenerse en cuenta fue el de la demanda popular solvente, que decrecía continuamente dificultando la realización de lo producido.

Lo anterior se aprecia con facilidad en lo acontecido con la industria automotriz. Industria que necesita una gran movilidad social, de tal manera que su horizonte de crecimiento no se alcance.

iii) Un Análisis Sistémico

El análisis sistémico permite abordar como un todo lo destacado en i) y en ii), ya que la respuesta al interrogante planteado no está en algunas de sus especificidades sino que se trata del funcionamiento global del sistema en los últimos cincuenta años.

a) En la economía

Lo señalado fue posible por la estructuración de una muy perfilada y corrupta organización económica social y política que se plasmó en los cuarenta y se consolidó con el tiempo.

Hubo una gestión corrupta dirigida y orientada por los principales actores de la sociedad argentina:

En la administración pública.

En los más trascendentes negocios privados, al interior de cada empresa y en las vinculaciones de éstas con el Estado.

Pervirtió el ejercicio de la Democracia y las bases del sistema capitalista. El sistema tributario, la moneda, el mercado y su dinámica de crecimiento, conformaron una red de causas y efectos que se retroalimentaron.

Organización fundada sobre acuerdos corporativos entre los movimientos empresarios y las jerarquías sindicales, bendecida por el gobierno de turno, civil o militar, participando a través de sus empresas y de los gobiernos provinciales. Los conflictos se resolvieron en un permanente toma y daca y, por supuesto, beneficiando siempre, y siempre más, al sector gran empresario.

Fue el Poder de los agentes económicos dominantes el que distribuyó premios y castigos:

El juego de las leyes del mercado, la equidad distributiva, el interés del consumidor, la eficiencia y, en definitiva, el interés de la sociedad, estuvieron ausentes.

El desenvolvimiento económico y social quedó afectado. El funcionamiento del mercado estuvo marcado por las distorsiones a que era sometido por los oligopolios directamente y a través del Estado.

A lo largo de los años la situación de los asalariados, sectores de ingresos fijos, y capas medias, se fue deteriorando en la medida en que la crisis se acentuaba; mientras tanto en la punta de la pirámide se producía una creciente concentración.

De tal manera se conformó una dinámica de funcionamiento que se corresponde con la lógica del capital en cuanto a la búsqueda de beneficios, pero no en cuanto a su autocrecimiento: acumulación, ahorro, inversión y consumo.

Mis reflexiones anteriores parecen pertenecer tanto al ámbito de la psicología social como al económico, sin embargo creo que un análisis de ese carácter, global, es el que mejor puede responder al interrogante planteado y siempre que se lo considere en su totalidad, de ninguna manera en forma parcial.

Lo acontecido en nuestro país fue diferente, abarcatorio. Nuestra corrupción trasciende la condenable por ilicitud, alcanza a las instituciones de la democracia y aquellas propias del capitalismo.

A la corrupción se sumó la impunidad.

Hubo corrupción amparada por leyes, que incrementaron los déficits y gravaron el presupuesto:

- Captación del dinero de las Cajas de Jubilaciones;
- Ley de rehabilitación de empresas dictada por Krieger Vasena en 1958 que hizo del Estado propietario de los paquetes mayoritarios de las más grandes empresas locales, y que fueron retornados a sus antiguos dueños en la dictadura del 76 a precios viles. La sociedad pagó la rehabilitación de esas empresas.
- Licuación de pasivos y estatización de la deuda privada con el Dr. Cavallo como funcionario de la dictadura;

- Avales no cubiertos por sus beneficiarios.
- Quebrantos bancarios asumidos por el Banco Central. (*3)
- Agreguemos ilícitos de sobre y subfacturación; autopréstamos y contrataciones con las empresas públicas.
- Los déficit se cubrieron con emisión, reforzando el proceso inflacionario y envileciendo el signo monetario, símbolo de soberanía. La inflación de tres dígitos durante 20 años, y la hiperinflación, no tiene parangón en la historia económica. No hubo sanciones penales, ni sociales.

Es común escuchar que lo destacado aconteció en todo el mundo, sin embargo hay diferencias que se aprecian en los resultados:

- En Corea y Japón cayeron los últimos gobiernos por corruptos, y qué decir de Italia o tantos otros países. Sin embargo ellos crecieron a pesar de la corrupción.
- Las dictaduras chilena, brasileña, coreana, o española, sirvieron para modernizarlos, de manera salvaje y represiva, pero modernización capitalista al fin. En nuestro país, se tuvieron que ir después de llevarlo a la ruina.
- México, Brasil, Venezuela, Colombia crecieron con corrupción, dependencia, subdesarrollo, falencias tecnológicas y educativas. Se desarrollaron más acorde con sus recursos, con estatismo, sustitución de importaciones, economía cerrada, subsidiada y promocionada. **Argentina es el de peor performance, en todo el mundo, desde los 50 en adelante.**

En definitiva, los resultados con cada gobierno fueron:
- La consolidación de las perversiones destacadas;
- El achicamiento del mercado interno;
- Mayor regresividad del sistema tributario;
- Privilegios crecientes para los sectores oligopólicos;
- Un funcionamiento que pervirtió las leyes de mercado.

Este proceso necesariamente tenía que tener un final, no podía mantenerse en el tiempo. La crisis estaba ahí, con manifestaciones más graves y agudas, y la respuesta fue coherente con lo acontecido.

En el 91, aprovechando las razones de objeción válidas al proceso acaecido, sus beneficiarios dieron una vuelta de tuerca mayor y se implantó el PdeC.

Al no cambiar la dinámica perversa de acumulación, la variable de ajuste fue el ingreso de los asalariados y capas medias, expresado en el deterioro en la distribución de la riqueza.

b) En la política e instituciones republicanas:

Lo sucedido en el país, particularmente desde los años treinta, nos esta indicando un sendero para encarar su análisis.

La desgraciada conjunción del nuevo accionar del Estado con el golpe de Estado del general José Felix Uriburu, abrió un proceso que es común insertarlo en el marco histórico, sin reparar en el tremendo significado que tuvo para el país, para cada individuo y para la sociedad.

La inexistencia de las instituciones republicanas formó parte de nuestra vida cotidiana, aún en aquellos años en los que éstas parecían tener vigencia; ya que el golpe estaba ahí, esperando la conjunción de acontecimientos que lo tornaran posible. Peor aún, y lo más terrible, esperando el momento en que parte importante de la población lo considerara necesario.

Vivir en dictadura se internalizó en cada uno de nosotros, en nuestra manera de ser, de pensar, de actuar. Formó parte de nuestra personalidad.

Escuchar la marcha militar por la radio del Estado o Radio Nacional, ver las tres gorras en la pantalla del televisor que remplazaban al Parlamento y ejercían de hecho y de derecho los tres poderes nos pareció natural, no una monstruosidad.

Hubo intelectuales, políticos, empresarios y dirigentes sindicales, que convalidaron la situación imperante. Hemos aceptado como una mera referencia histórica que jueces convalidaran la interrupción de la Constitución y la vigencia legal de la dictadura.

Así fueron éstos cincuenta años. En los 15 años de Democracia quienes gobiernan y aquellos que tienen Poder, siguen actuando acorde con la historia que los conformó como individuos, o como espacio de Poder.

En el devenir de décadas se conformó un sistema corrupto de gestión del Estado.

En el devenir de décadas se conformó la identidad del Estado con el Gobierno de turno.

La burocracia sobrevivió y se adecuó para servir a los intereses puntuales de los gobernantes y, fundamentalmente, de los sectores dirigentes, cuya forma de actuar confrontaron siempre con las Instituciones y con la Democracia.

Hubo y hay, sometimiento al Poder Ejecutivo de los otros dos poderes.

Hubo y hay, sometimiento del Poder Ejecutivo a intereses empresarios.

El proceso económico y socio-político nos llevó, en cada coyuntura, a una encrucijada imposible de superar sin un cambio. Los sectores rectores de la sociedad, conscientes de ello, optaban por hacer caer la ya precaria legalidad constitucional.

c) **En la Sociedad**

Lo descripto de la economía y las instituciones, influyó en la sociedad. Se corrompió la vida ciudadana, que se redujo a comportarse como productores y consumidores. Lo significativo, y fundamental, es que la identidad nacional faltó en los sectores dirigentes, empresarios, políticos y militares.

Al quedar el Estado y las Instituciones subvertidas en su accionar, la sociedad civil adecuó su funcionamiento a ese marco.

En la cima de la pirámide es el juego del poder y no el juego del mercado el que orienta las decisiones y, en la base, la lucha por la supervivencia; en la base no hay responsabilidades ni beneficios, por el contrario se sufren las consecuencias de todo lo afirmado.

El propósito era accionar ideológicamente para que los resultados nefastos fueran considerados como "naturales" o productos de un pasado que había que revertir y del que ninguno de los que tienen el poder real se declara "dueño".

Objetivos del Plan de Convertibilidad

La hiperinflación fue la contundente explicitación de que el crecimiento, fundado en una inflación que disimulaba las perversiones de nuestro particular capitalismo, había llegado al límite.

Carlos Menem asume el poder en 1989 con el propósito y el compromiso con los sectores dominantes de resolver el problema de la quiebra del Estado, la hiperinflación, y el desprestigio institucional, por lo que, aunado a su carácter justicialista, gozó desde un comienzo del apoyo de la corporación empresaria y de la corporación sindical.

En los dos primeros años la hiperinflación no cedió, hasta que, recién después de los primeros meses del '91 se encaró el Plan de Convertibilidad. Se hacía imprescindible recuperar la moneda y los disturbios sociales, que no tenían fin, exigían medidas de shock.

Al país, al Estado, se lo había despojado de todo lo posible. No daba para más, había que cambiar, y urgente. Y se encaró una reforma acorde con los intereses empresarios y políticos decisorios.

Si el Estado estaba quebrado había que terminar de despojarlo al mismo tiempo que se estimulaba una redistribución de la renta a todo nivel social. Ni gobernantes, ni economistas del establishment, apreciaron los estrangulamientos a los que hice referencia.

La estrategia del PdeC quedó esbozada: Reforma del Estado; Apertura económica; Flexibilización laboral; Solidez de las Finanzas Públicas y Privatizaciones.

Una política activa obligó a la economía y sociedad argentina a transformarse en un operativo sin anestesia, ni previsión.

Para recuperar la moneda no bastaban compromisos públicos. No había respeto ni credibilidad en un Estado que no tenía el prestigio ni el poder necesario para gestionar una política monetaria previsible. La única forma de hacerlo era retornar a épocas pasadas y respaldar la moneda vinculándola al dólar, moneda fuerte, confiable para el público y ya aceptada al punto que se ahorraba en ella y se la usaba desde hacía tiempo como medio de pago y circulación. Y la forma de hacerlo era a través de una ley para que la política monetaria y cambiaria quedara fuera del arbitrio de las autoridades de turno.

Surgió la idea de la caja de conversión. Se destacaron sus virtudes: a) restablecer la demanda de dinero, asegurar la convertibilidad; b) instaurar una política macroeconómica; y c) garantizar el mecanismo de ajuste de la Balanza de Pagos. (¿Caja de Conversión -CdeC- Pura o un Banco Central con límites estrictos?) Las ventajas de la flexibilidad durante la crisis del primer trimestre de 1995". (Miguel A. Broda, Luis R. Secco, Versión Preliminar, Buenos Aires, agosto de 1996)

Los autores citados precisan que la nuestra es una Caja de Convención Flexible en comparación de las CdeC ortodoxas, en las que las variaciones en los activos internacionales son la única fuente de variación de pasivos monetarios y cuyo funcionamiento determina que las reservas de la CdeC deben moverse al unísono (con el mismo signo y la misma magnitud) con la demanda de pasivos monetarios del sector privado. Los pasivos monetarios pueden incrementarse si la gente le entrega dólares al Banco Central y retira pesos y sólo pueden reducirse si la gente le lleva pesos y retira dólares. Habría que aclarar que las CdeC ortodoxas son aquellas en las que el respaldo monetario está constituido por oro contante y sonante lo que impediría una política discrecional, dependiente de un Banco Central, o de un Gobierno.

En el caso argentino, La Ley de Convertibilidad le permite computar como reservas internacionales títulos públicos en dólares emitidos por el gobierno nacional a valor de mercado y en un monto preciso. Habría que agregar que el Banco Central tomó medidas para afianzar la solvencia de las instituciones financieras y evitar corridas bancarias: en algunas circunstancias hizo de "prestamista de última instancia; se fijaron exigencias de efectivo mínimo; exigencias mínimas de capital (hoy son mayores que las exigidas por el Banco de Basilea); regímenes sobre previsiones y calificación de deudores; límites a la asistencia crediticia a clientes, grupos económicos y personas vinculadas. El Banco Central alentó la privatización de las entidades bancarias provinciales e impulsó el cierre o la absorción de entidades que, a su criterio, eran pasibles de generar desconfianza y corridas. En el sistema financiero las medidas tomadas respaldaron la convertibilidad del uno a uno peso - dólar.

La ley de Convertibilidad se dictó después de haberse producido una licuación extraordinaria de la deuda pública y de los activos privados nominados en pesos. Los únicos "agentes" a quienes no se les perjudicó fueron los bancos y las grandes empresas.

LA APLICACIÓN DEL PdeC AGRAVÓ LA CRISIS SISTÉMICA (*4)

El tipo de cambio fijo por ley tuvo la virtud innegable de sujetar como a un potro el proceso económico. Embretó a los "agentes económicos" en un ring, les puso un cerco e indudablemente generó expectativas favorables en los grandes empresarios locales y extranjeros, logrando lo que parecía imposible: dar imagen de "estabilidad" al proceso.

Sin embargo, con el PdeC y en el marco sistémico descripto, la estabilidad quedó totalmente condicionada.

El plan de convertibilidad impuso **deliberadamente** una reforma **perversa** que resultó en una profunda desestructuración económica y desindustrialización en auge y recesión.

Perversa porque no se trata de fases en un ciclo; están los síntomas del ciclo recesivo: deterioro de la calidad de vida, altas tasas de desocupación y cierres de fábricas, pero con incremento del PBI.

No se produjo "una destrucción creadora" que renueva, moderniza, expande y adecúa al sistema y, a un mismo tiempo, sirve para integrar económica y geográficamente al país.

El desenvolvimiento, viable, como se dijo, siempre que se diera una movilidad social ascendente, aumentó su perversidad.

Deliberada porque abriendo la economía –de siempre muy cerrada y con muy bajo nivel de exportaciones– y fijado el tipo de cambio, con convertibilidad obligada por ley, se evidenció la no competitividad de los sectores transables, que quedaron expuestos a los precios del mercado mundial.

Se reestructuró la industria en forma salvaje, sin tiempo para modernizar cada sector y para la transferencia de capitales y mano de obra capacitada; en tanto que sectores de servicios protegidos acrecentaron sus precios.

La reforma del sector público, las privatizaciones y la imposición de la flexibilidad laboral, se tradujo en una abrupta desocupación que no dejó de crecer.[3]

Basta analizar cómo el PdeC afrontó los condicionantes señalados al comienzo para apreciar objetivamente sus resultados.

---

[3] *Clarín*, diciembre 8 de 1998 da cifras del mapa laboral en la Capital y Gran Buenos Aires, sobre una población activa de 5.320.346 personas. Daré últimos datos
Desocupados .... 749.363 .... 14.1%
Ocupados .... 4.570.983 .... 85.9%
Autónomos .... 1.175.307 .... 25.7%
Asalariados .... 3.395.676 .... 74.3%
En blanco .... 2.129.124 .... 62.7%
En negro .... 1.266.552 .... 37.3%
Hay que considerar que es la región con mayor nivel ocupacional

i) La estructura productiva se consolidó como condicionante.

El PdeC acentuó la regresividad en la distribución del ingreso y, al contraerse el mercado interno, acrecentó la dependencia de la demanda externa, siendo su mayor desafío incrementar abruptamente las exportaciones.[4]

a) Sin embargo, la historia económica demostró que la exportación contribuye al desarrollo desde un mercado interno integrado.

- La producción que se exporta surge de un tejido intersectorial agrario, industrial, comercial y financiero, influido por las infraestructuras y por un entramado social e institucional. El mercado interno no es una entelequia.
- La posibilidad de exportar depende de la disminución del costo de los bienes y del incremento de la productividad y de la competitividad; los costos están influenciados, entre otros por:
- Los impuestos al trabajo;
- Los impuestos indirectos de los bienes salarios;
- Los impuestos indirectos de los insumos;
- Las tarifas y precios de los productos de las empresas privatizadas;
- Los costos financieros internos;
- Las tasas de interés externas;
- Los costos del transporte;
- Los costos de comercialización en sus diferentes niveles.

El conjunto forma el mercado interno; es el mercado interno.

En definitiva, para que el nivel de intercambio externo sea el que necesita la economía argentina para una estabilidad de largo plazo, hay que resolver la crisis que padecemos dinamizando el mercado interno, integrándolo y consolidándolo. Imposible con el PdeC que impone su contracción continuamente.

Además, y ello es grave, los sectores dominantes suponen que el mundo está a nuestra disposición.

Los países asiáticos volcados a la exportación, no superaron su dependencia del capital externo.

b) La ausencia deliberada del Estado impidió que la inversión extranjera directa (IED) sirviera para mejorar el perfil exportador del país, o para mejorar su balance de divisas. Las IED fueron, esencialmente, a sectores no transables, al sector financiero, a las infraestruturas de comunicaciones, energía (petróleo, hidroelectricidad, gas, generación y distribución), viales y ferroviarias[5]; de ellas únicamente gas y petróleo suman volumen a las exportaciones, aunque siempre manteniéndolas dentro del rango de commodities, o productos de bajo valor agregado.

---

[4] Informe del Banco Mundial citado:
Argentina exporta 7.9% de su PBI, Brasil 9.4%, Chile 29.%3, Méjico 28.1%, Colombia 18.4%. En cuanto a la relación Deuda Pública/años de exportaciones Argentina necesita 2.77 años, Brasil 2.99, Méjico 1.46, Colombia 1.44.

[5] *Clarín*, mayo 10 de 1998 - Fuente Sociedad de estudios laborales. Información varia sobre la magnitud del sector servicios.
Empresas por sectores: Hay un cuadro. De las 10 mayores empresas hay una sola manufacturera. Hay tres empresas que pertenecen a los sectores de transporte, almacenamiento, comunicaciones; cinco a comercio por mayor y menor, restaurantes y hoteles; una a servicios financieros y a empresas;

Cabe agregar que la inversión en el sector energético se hizo a costa de renunciar a su manejo; en algunos países se lo privatizó parcialmente quedando para el Estado la posibilidad de intervención y no resignando perder la soberanía. Se desmejoró el perfil del país en cuanto a los ratios que vinculan la capacidad exportadora, y otros ingresos de divisas, con los compromisos en divisas que se asumieron.

En el sector industrial la IED se dirigió, apreciablemente a la industria automotriz, con un saldo negativo de divisas en su intercambio exterior por ser altamente dependiente debido a la pequeña dimensión del mercado interno nacional y a la no integración de su estructura productiva. El desenvolvimiento de la industria automotriz es un desafío para el PdeC; sigue siendo protegida y su balance de divisas sigue siendo deficitario ($1400 millones en 1996). A pesar de ello las automotrices solicitan la prórroga del arancel del 35%, olvidándose de la cacareada apertura; la crisis brasileña la ha afectado agudamente.

En cuanto a la inversión en agro industrias (parte importante de la IED fue a la compra de empresas), tenemos larga experiencia en el país por su dependencia de las coyunturas internacionales (hoy lo vivimos con la situación del Brasil, y la baja de los precios de las commodities), agravadas porque el capital extranjero que se invirtió en el sector tiene total libertad para la remisión de divisas.

ii) La nueva estructura estatal

Con el PdeC el Estado se ha privado de las herramientas de la macroeconomía, que le dan la posibilidad de aprovechar las economías externas y limitar, o eliminar, las deseconomías externas. (5)

Distribución por rama de las primeras 1000 empresas.

	% de empresas	% de ocupados
Sectores transables	36.00	33.8
Industria manufacturera (de ellos)	33.30	30.92
Electricidad, gas y agua	2.80	2.90
Construcción	7.40	4.98
Servicios	53.40	58.57

Clarín, 7/3/99; Da información de las operaciones de compra - ventas más importantes del '98, fueron 15 operaciones e intervinieron 13 empresas, de ellas en dos operaciones intervino una argentina (Pérez Companc), que compró dos empresas también argentinas del sector alimenticios, el resto fueron empresas extranjeras que invirtieron en petróleo, tres hiper, dos bancos, una aerolínea, una prepaga de salud, acciones de telefónica, acciones de un complejo inversor y electrónica de consumo masivo.

En esa fecha, se provee un cuadro que informa a qué sectores se orientan los fondos de inversión: en el '97 fueron, de mayor a menor, a servicios financieros, entretenimientos, bienes de consumo, supermercados y energía; en el '98 entretenimiento ocupa el primer lugar. Lo importante es que como en la información anterior son pocas las inversiones en la industria manufacturera.

Si consideramos las inversiones en bienes de capital dada por el INDEC, tercer trimestre 1998, comparando 1997 y 1998:
Industria manufacturera 33.00%
Minería 0.40%
Resto no transable.

A su vez, si tenemos en cuenta las inversiones en la industria automotriz y sus proveedoras: vg. autopartes, neumáticos que no son competitivas, el 33% disminuye apreciablemente.

Se ha privado de hacer políticas que faciliten la integración económica, social y geográfica.

En otro sentido, se han agravado los rasgos negativos de un Estado, identificado de siempre con los gobiernos, y cómplice de su accionar, en cuanto a su burocratización, a su ineficiencia y a la gestión corrupta en los gastos de educación, salud, vivienda, asistencia a la ancianidad, a la niñez, a la seguridad pública y a la protección del entorno; y de igual manera con su participación en forma corrupta en contrataciones diversas y en la disposición de fondos reservados, así como con la disposición arbitraria y partidista de fondos asignados a las provincias. Su deliberada "ausencia" se aprecia en cada uno de los aspectos que destacamos como condicionantes de nuestro desenvolvimiento.

iii) Privatizaciones

Se cambiaron los monopolios públicos por monopolios privados. De un manejo corrupto, pero corregible, pasamos a otro con un cambio trascendente de propiedad. El Estado perdió una cantidad de economías externas imposibles de ser satisfechas por el capital privado. *Hoy todas las empresas privatizadas exigen renegociar, con nuevas ventajas, sus acuerdos.*

Las privatizaciones reforzaron las deformaciones de la economía, respecto a:

Concentración de la renta en fuertes grupos económicos, y su asignación;

Manipulación de tarifas y precios en sectores proveedores de insumos y/o servicios, que influyen en los costos y precios relativos de toda la economía;

No funcionan los organismos de control instituidos y en algunos casos ni siquiera han sido programados;

Las privatizaciones fueron un caso increíble de concesiones sin exigencias de reciprocidad y, por lo que se perfila, sin riesgos.

En lugar de inducir la inversión a sectores transables competitivos internacionalmente, se ha fortalecido a servicios no transables, dificultando, más aún, la posibilidad de integrarnos al mercado mundial.

Si en tan poco tiempo las telefónicas, YPF, Gas del Estado, Segba, las hidroeléctricas, se volvieron eficientes y rentables es evidente que tenían las estructuras productivas para lograrlo. Su manejo corrupto, en el marco económico y socio-político, con déficit, inflación y evasión, lo impidió.[7] y [8]

Al momento que estaba escrito el presente trabajo un hecho avala lo expresado: la ciudad de Buenos Aires sufre un corte de energía superior al de un bombardeo o un terremoto: 480.000 usuarios quedaron sin energía durante 24hs; que se redujo a 240.000 usuarios que padecieron el problema durante 140 hs. y 120.000 usuarios sin energía más de 160 hs. La empresa no ha dado una explicación convincente a un problema que no la puede tener. Es un servicio que únicamente puede tener cortes transitorios y de muy corta duración, no hay explicación para uno mayor, menos para lo que se vive en Buenos Aires. Una cámara de comercio evaluó las pérdidas en más de 700.000.000 de dólares que con seguridad se incrementarán hasta la recuperación de la energía. Considerar la falta de agua, luz, heladeras, ascensores, semáforos, energía para talleres, industria, comercio.

Lo acontecido prueba que los servicios públicos no pueden ser concesionados al capital privado, sobre todo en un país como el nuestro donde las grandes empresas están

---

[7] Serrano Agustín. *Op. Cit.*
[8] Realidad Económica. No. 124. *Op. Cit.*

habituadas a la corrupción y al manejo ilícito, y un pueblo que todavía no exige (con participación activa y con máximo rigor), a sus gobernantes y a la burocracia estatal, el necesario cumplimiento de pautas de gestión acordes con la magnitud y calidad de los emprendimientos que se conceden. ¿Qué pensar de la concesión de las usinas de energía nuclear, proceso anunciado para éste año y cuyo ingreso está ya estimado en el presupuesto?

iv) Desequilibrio fiscal
a) Ingresos.

Lo hecho hasta ahora no supera la coyuntura. Sucede algo increíble: no hay quien reclame la transformación radical del sistema tributario, con carácter de urgente, e indispensable, a pesar de que algunos destacan las perversidades del actual. Pero la resistencia al cambio se explica dentro del análisis sistémico realizado. Adjunto tabla extraída de *L'Observateur de l'OCDE*, nº 214, octubre-noviembre 1998, en el que se muestra que los impuestos a las ganancias de las empresas y de particulares, así como al patrimonio, gravitan en un 40% constituyéndose en el mayor ingreso fiscal; de su texto cito: "Es muy importante que los países de la OCDE conserven la capacidad de elevar los impuestos sobre los ingresos del capital y, particularmente, sobre los beneficios de las empresas. Nuevas formas de cooperación internacional podrían ser necesarias para contrarrestar tanto la evasión fiscal como las estrategias de búsquedas deliberadas de zonas menos fiscalizadas".

Si se considera que nuestro país tiene el "privilegio" de ser el último en la tabla en cuanto a los impuestos a los ingresos, se explica la calificación de increíble, más bien manifiestamente ideologizada e interesada, de los técnicos economistas de todos los gobiernos que debieron exigir al inicio de una gestión la transformación del sistema.

b) Gastos: nada esencial se ha hecho para mejorar su asignación. Muestran como logro haber terminado con la "desocupación encubierta", que solventaba a asalariados consumidores, no responsables de la gestión.

Desaparecieron los déficit resultado del desmanejo deliberado y corrupto de las empresas públicas, pero el gasto no dejó de crecer.[9]

---

[9] *Clarín* agosto 3 de 1998: Sobre el gasto social y su asignación; Hay un cuadro que indica que Argentina es el cuarto país (detrás de Uruguay, Costa Rica y Panamá), en el gasto social en relación al PBI, pero el primero en el gasto social per cápita. El Grupo Sophía quien proporcionó el cuadro, señala que "entre 1991 y 1996 el gasto social aumentó 85%, en tanto que el gasto público lo hizo en un 65% y el PBI un 60%. Entonces –se pregunta– ¿por qué se tiene la creencia de que la red de contención social no existe o es insuficiente? Básicamente por la ineficiencia del gasto social". Juan José Llach, titular del Instituto de Investigaciones de la fundación Mediterránea lo atribuye a las llamadas "filtraciones del gasto social", que hacen que de un total de $28.000 M, alrededor de $8.400 M vayan a parar a familias de mayores ingresos. Otro concepto que llama a engaño es que en el conjunto del gasto social de la Nación, las provincias y municipios, se incluyen las erogaciones de la seguridad social (jubilaciones, asignaciones familiares, seguro de desempleo y obras sociales) que no tienen en su totalidad un impacto redistributivo. Sólo las asignaciones familiares ($2.400 M) y las inversiones en política de empleo ($6.000 M del Fondo Nacional del Empleo) se redistribuyen en la población, pero representan apenas el 5% de las erogaciones" (Centro de Estudios para el cambio Estructural).

La deuda externa se incrementó continuamente. El PdeC funcionó con creciente e ineludible, dada su estrategia, endeudamiento.[10]

v) Desequilibrio externo

Se incrementó:

El PdeC funciona con un creciente desequilibrio externo;

Con la reactivación económica crecieron las importaciones y en tanto no crezcan a igual ritmo las exportaciones, el déficit comercial se agravará ya que, sumado al pago de intereses, regalías y remisión de utilidades ($3000 millones en 1996), se acrecienta el déficit de la cuenta corriente de la balanza de pago;[11]

Resultado de lo anterior, la propia convertibilidad como herramienta principal del PdeC, es puesta en peligro de colapso.

Al PdeC lo sostiene, como se ha dicho, el endeudamiento creciente; es un círculo vicioso que alienta los ajustes sin solución de continuidad. Son nuevos condicionantes estructurales que se suman a los anteriores.

vi) Comercialización

También en el sector hay una diferencia con el país de antes del '91. Más del 60% del comercio minorista está en manos de hipermercados extranjeros.[12] Desapareció la ineficiencia técnica que nos caracterizaba, producto de miles y miles de boca de expendio que eran fuente de ingreso, para igual cantidad de familias, y de trabajo para miles de asalariados, que pasaron a engrosar las filas de desocupados. La ventaja por mayor productividad y el diferencial de rentabilidad quedó en buena parte en manos de los

---

[10] De acuerdo al INDEC, tercer trimestre de 1998 publicado en enero de 1999, la deuda externa ascendió a setiembre de 1998 a $122.909 millones de dólares compuesta por:
Sector público no financiero y Banco Central......$ 79.530 M
Sector privado no financiero................................$ 18.017 M
Sector financiero sin Banco Central.....$ 25.363 M
En dic./91 la deuda ascendía a ....$ 58.588 M
En dic./93..$ 67.938 M
En dic./95..$ 99.468 M
En dic./97..$110.207 M
En set./98..$122.909 M
El sector privado no financiero creció de dic.'91 $775M; $5.435, '93; $8692M, '95; 14.906M, '97; 18.016M, set '98.
El sector financiero, sin Banco Central dic.'91 $5.074M; $8.881, '93; $13.627M, '95; $20.498M, '97; $25.363M, '98.
Respecto al monto de los intereses, *Clarín*, 20 de setiembre de 1998 indica que en el presupuesto de 1999 se prevee que la Argentina pague 7.769.3 millones de pesos por los intereses de la deuda pública. Cifra mayor a todo lo que el gobierno destinará a salud, educación y cultura, ciencia y técnica, vivienda y urbanismo y agua potable y alcantarillado que sumados recibirán $7.700 millones. En 1994 los intereses eran de 3.221 millones de pesos, crecieron un 142%, una suma acumulativa del 20% anual.

[11] *El Cronista*, 26/1/98, pág. 6: Remesas al exterior por utilidades y dividendos: 1992... M1.100; 1997 M2.550; proyectado 1998 M3.000; De 1992 a 1997 casi se triplicaron en tanto que las exportaciones crecieron en un 120%; Las inversiones fueron mayoritariamente a servicios.

[12] Alrededor del 60% del comercio al público es satisfecho por grandes hipermercados extranjeros, salvo uno local, y unas pocas cadenas de comercio de bienes durables electródomésticos.

Hiper, que aplican precios de oligopolio a sus proveedores industriales y mayoristas y que remiten las ganancias a sus casas matrices.

vii) Flexibilización (*1)

Está claro para todos, y hoy nadie debería tener dudas, que el PdeC cerraba y cierra con mayor y continuado deterioro de los ingresos de los asalariados manuales e intelectuales. Ello es así porque frente a cualquier problema coyuntural, o en todas las propuestas para promocionar exportaciones, la primera medida planteada apuntó siempre a incrementar la flexibilización laboral.

La productividad creció continuamente desde el 91, fundada en gran parte en la racionalización de personal, en la disminución de los salarios reales, en la baja de los aportes a la seguridad social y en el incremento de la precariedad laboral. Sin embargo, las ganancias de productividad fueron embolsadas en su totalidad por las empresas y su consecuencia fue una creciente desigualdad y marginación social.

Dichos cambios afectaron asimismo al desenvolvimiento económico, el deterioro continuado en la distribución de la renta para los asalariados, sectores de ingresos fijos y burguesía pequeña y mediana lo que implicó una acentuada contracción del mercado interno que dificultó la colocación de la producción, tornándola más dependiente de la demanda externa, afectando las posibilidades de lograr una estabilidad en el desenvolvimiento macroeconómico.

La desocupación, la subocupación, la precarización laboral reemplazó en la dinámica de nuestro desenvolvimiento a la inflación y a la hiperinflación. Durante décadas la inflación sirvió a los sectores dominantes para descontar las ventajas momentáneas que las negociaciones colectivas otorgaban a los asalariados; cuando sobrevino la destrucción del sector público y la hiperinflación, el PdeC con sus ajustes reiterados impuso la flexibilización que dio lugar a la mayor redistribución regresiva del ingreso en la historia argentina.[13]

---

[13] Información varia sobre salario, distribución del ingreso y situación laboral:
Clarín, setiembre 7 de 1998 - Distribución del ingreso por hogares. De acuerdo al INDEC el 60% de los hogares no cubre la canasta familiar. Hay un cuadro con los ingresos medios por deciles. Clarín, diciembre 8 de 1998, da informes sobre participación en el ingreso del INDEC. Se proveerán cuadros; el 20% de la población acapara el 53.2% de los ingresos, mientras el 20% más pobre recibe el 4.2%.
Clarín, diciembre 5 de 1998. Hay un cuadro que revela (cada cinco años, entre 1974 y 1998) las veces que el rico gana más que el pobre: en 1974, oct.: 6.5 veces; 1980, oct.: 7.9 veces; 1985, oct.: 8.4 veces; 1990, oct.: 8.9 veces; 1995, mayo: 10.8 veces; 1996, abril: 11.8 veces; mayo de 1998 12.3 veces; agosto 1998 12.7 veces.
Clarín, 8/11/98, Caída de los salarios en la industria y sueldo promedio. De acuerdo a la UADE, el sueldo medio industrial es 4% inferior al promedio salarial de 1993. Y entre setiembre de 1995 y setiembre de 1998, el poder de compra del operario no calificado disminuyó el 3%. Mientras el calificado disminuyó el 2.4%. El sueldo promedio de 4.9 millones de asalariados empleados en unas 420.000 empresas es de $683/mes según datos del Ministerio del Trabajo de mayo. A la vez hay 3.3 millones de asalariados en negro que ganan un promedio de $380/mes. Si se ponderan los trabajadores en blanco y en negro, el sueldo promedio cae a $565/mes.
Ingresos y canasta. Los ingresos de los trabajadores suman en el año 60.000 millones de pesos, lo que equivale al 18% del PBI, uno de los porcentajes más bajos en la distribución de ingresos del país. La canasta para una familia tipo, de padres y dos hijos, en el Gran Buenos Aires,

Luego de ocho años de aplicación del PdeC la concentración de la riqueza no dejó de acrecentarse en el decibel del 10% superior de la población y el de la pobreza en el decibel inferior; aumentó el porcentaje de pobreza y el de indigencia.

La distribución de la renta alcanzó para los asalariados el más bajo índice de la serie histórica, llegando al 25% de la renta total.

En el proceso, como se ha dicho, influyó el sistema tributario regresivo que multiplicó los problemas.

Se agravaron los problemas inherentes a semejante inequidad: Creció la inseguridad (desapareció la imagen del Bs. As. en el que se podía caminar tranquilo a cualquier hora); la corrupción; la incertidumbre por el futuro; la desocupación y el temor por el puesto de trabajo; el trabajo precario (legislado por ley, los llamados contratos basuras) y su contrapartida el trabajo de doce horas; continuó el deterioro de la legislación laboral y de seguridad social, creció el número de personas que carecen del mínimo de protección social, el PAMI una institución que fue ejemplo de sistema de protección de jubilados y pensionados, sufrió un deterioro progresivo (* 6) y está a punto de ser privatizado; se incrementó el trabajo en negro (* 7); y todo ello contribuyendo a la conformación de una sociedad en que prima el individualismo y la ley suprema es el darwinismo social. (*8)

La ley del goteo que asegura que el incremento de producción y el crecimiento "de la torta", irá beneficiando a los sectores más bajos en la pirámide social, en nuestro país se ha trocado en la ley del gallinero en el que no es precisamente riqueza la que gotea.

La flexibilización legislada, y de hecho, ha cambiado radicalmente los hábitos de vida de gran parte de la población, también la cultura y tradiciones. Se ha impuesto un individualismo exasperado y reina la falta de solidaridad, están en juego la dignidad y autoestima del Hombre.

Se gravaron todos los problemas que dificultan tener una población capacitada para la revolución informacional y disminuyó la capacidad de consumo.

viii) Sector Financiero

Desde el comienzo del PdeC la concentración bancaria que se iniciara en el '82 se manifestó con desnacionalización de la banca y desaparición de la mayoría de los bancos provinciales. Hoy el sistema financiero argentino está dominado esencialmente por la banca extranjera que acumula más del 50% de los depósitos.

---

alcanza a $1.030. Se trata de una canasta restringida de alimentos, transporte y gastos generales. Como se puede apreciar muy superior al sueldo promedio.

Clarín, 6/07/98, Salario horario y tabla comparativa. Hay un cuadro que revela que el salario en dólares por hora pagado en Argentina es de $1.71/h.; Brasil $3.73/h.; Chile $3.13/h.; Venezuela $1.78/h.; México $1.69/h.; Perú $1.53/h.; Colombia $0.56/h.

Clarín 25/10/98. Prolongación de la jornada de trabajo y salario: Cada vez se trabaja más. Son 2200 horas anuales, un 10% por encima de las cifras de 1990. En tanto los sueldos bajaron. Hay cuadro comparativo con otros países. En Argentina se trabaja más que en Japón, 2124 horas; más que el Reino Unido, 1953 horas; más que en los EE.UU. 1.948 horas; más que en Francia, 1.683 horas; más que en Alemania, 1.583 horas. Sólo una de cada cinco personas cobran horas extras.

Aquí habría que destacar el triste papel del FMI

La estructura del FMI permite presuponer que sus funcionarios tienen la información de lo que acontece en cada país.

Del nuestro conocían los condicionamientos destacados, particularmente su sistema tributario; la manera de privatizar; la cultura de nuestros grandes empresarios (más de una vez denunciaron la magnitud de los capitales argentinos en el exterior); la corrupción institucional; hasta denunciaron la creciente marginación social. Sin embargo nunca apuntaron, desde ya dentro del sistema, a un cambio.

Lograr la estabilidad de largo plazo fundada en exportaciones (para facilitar el pago de la deuda externa), y sin transformaciones esenciales, implica ajustes tras ajustes, sin resolver la coyuntura y agravando la crisis. El FMI lo sabe.

Está claro que se necesita más que "tiempo", que es lo que brinda el apoyo externo que multiplica la vulnerabilidad.

Durante años, la concepción de "globalización" forjó la opinión de que en su marco no se pueden superar los límites impuestos a nuestra capacidad de tomar decisiones. Es lo que nos venden. Sin embargo la mayor dificultad la generan los sectores dirigentes que impulsan coactivamente sus políticas para satisfacer sus objetivos de maximizar sus beneficios, en cualquier circunstancia y ante cualquier obstáculo.

Nunca un plan tuvo semejante apoyo financiero, no sólo del FMI sino de toda la comunidad internacional. Y ello permitió un inestimable período de espera.

Hoy se evidencia que la espera y el apoyo fue utilizado para acrecentar los beneficios y privilegios de los mismos actores económicos de siempre, a los que se han sumado otros capitales del exterior.

El déficit fiscal se mantiene alto para nuestro país; creció, acentuadamente, el de la cuenta corriente de la balanza de pago, así como el endeudamiento público y el privado.

El conjunto llegó a un límite que encendió las alarmas de los inversores individuales e institucionales.

Las últimas propuestas del FMI refuerzan nuestras deformaciones, solicitando otro ajuste con más impuestos indirectos (que disminuyen la competitividad) y agravian a los asalariados y capas medias (el consumo posible).

El FMI dijo lo mismo de siempre ante circunstancias difíciles.

¿Por qué el triste papel del FMI? Porque en lugar de un disciplinamiento, aún dentro del sistema, financiero y económico, acorde con su papel de cancerbero del Sistema monetario y financiero internacional, termina subordinándose a los intereses cortoplacistas de los grupos vernáculos y del capital extranjero, manteniendo su objetivo principal: privilegiar, ante todo, los intereses del capital financiero creando las condiciones que permitan pagar la deuda externa y refinanciar las cuotas imposibles de saldar.

Lo dan como logro pero representa un paso concreto a la dolarización propuesta ya abiertamente por el gobierno.[14]

---

[14] Concentración de los primeros 10 bancos, desde diciembre del '94 a noviembre del '98:
Activos crecieron de .... 50.15% a 61.1%
Préstamos .... 50.8% a 66.29%
Depósitos .... 49.73% a 68.35%
Patrimonio neto .... 57.69% a 63.72%
Si se toman los 20 primeros hay que considerar que se agregan aproximadamente un 25% más en cada ítem. Entre los diez primeros hay uno sólo privado local, dos públicos y el resto son extranjeros.

Cuando el gobierno lanzó la idea de la dolarización, fue inmediatamente después de desatada la crisis brasileña. Los comentaristas la atribuyeron a la necesidad de dar seguridad a los inversores, particularmente a los institucionales, y evitar corridas y fugas de capitales. Considero que el gobierno aprovechó la oportunidad para hacer un anuncio acerca de un proyecto que venía de tiempo atrás y que se inscribe dentro de lo precedentemente señalado. Saben que el tiempo que les dio la ley de convertibilidad no les bastó para producir los cambios: dado el juego de poder, la correlación de fuerzas existente y su consciente subordinación a las mismas.

La convertibilidad es un instrumento a plazo fijo vencido el cual, de no producir las transformaciones requeridas en la dinámica sistémica, es abandonado o colapsa. Esas transformaciones son de una orientación contraria a la encarada. Y de eso se trata.

Hoy, mayo 6, se publican informaciones que avalan lo dicho arriba: 1- El Gobierno señalando que obedece instrucciones del FMI se reitera en un importante ajuste del presupuesto que grava educación, jubilaciones, vivienda, obras públicas, reconociendo la gravedad de la situación; 2- La recaudación tributaria disminuyó respecto de 1998; 3- Las cifras revelan que la recesión en el primer mes del segundo trimestre acentúa la tendencia recesiva de tres meses atrás.

Los datos son los destacados, pero se suma otra información: los economistas de la Alianza se reunieron ayer para precisar que no se saldría de la convertibilidad de ser gobierno; también rechazan la dolarización y la rebaja de salarios y con ello responden al proyecto del gobierno y a un economista de su riñón, pero no dan una alternativa creíble al proyecto y tampoco a la propuesta; señalan que una devaluación del 10% tendría un costo de M 40.000. Días atrás un importante economista de la Alianza opositora y también ejecutivo de FIEL, el Dr. Ricardo López Murphy, lanzó la propuesta de rebajar los salarios en un 10%. El mensaje era claro, se rebajan los salarios, o se devalúa.

Sin embargo más importante y reveladora es la información que indica que el presidente del Banco Central, Pedro Pou, invitado al Congreso para explicar la liquidación de algunos bancos, aprovechó para anunciar que el país no tiene moneda: "No hay moneda argentina, en la práctica no existe" y para justificarse agregó: "Tanto las deudas a largo plazo como las operaciones por sumas fuertes se hacen en dólares" y por eso "hay que avanzar en la dolarización". El matutino publicó la noticia en su página 22; no dice nada en su primer página y tampoco en las noticias en pocas líneas que adelanta las importantes. Hasta ese punto está maduro el tema.

Objetivamente la dolarización expresa la solución encontrada para salir del PdeC. Se argumentó que de esa forma el país vería mejorada su posición por las calificadoras de riesgo, con la consiguiente rebaja en los intereses, también por lo que implica que la Reserva Federal sería "el prestamista de último recurso" y que la única desventaja es la pérdida de la rentabilidad por los intereses de las reservas del Banco Central depositadas en Bancos Internacionales. ¿Qué mejor solución para nuestra gran burguesía y el capital extranjero radicado en el país? Se terminarían las discusiones sobre más o menos flexibilización, sobre el tema de los jubilados, sobre la educación no arancelada, sobre la salud pública. Todo se enmarca en el proyecto de otro Puerto Rico en un mundo globalizado. De todas maneras de nuevo nos presentan otro hecho consumado.

Ya nuestra oligarquía, en las primeras décadas del siglo, se consideró otro diamante de la corona británica. La historia se repite. Se olvidan de que lo que aparentaba una roca se desvaneció cuando la crisis del 30, cuando comenzaron nuestras desventuras institucionales. La Corona no hizo nada por nosotros, firmamos el Pacto de Roca Runciman que nos afectó aún más que la política dependiente anterior.

Con la medida de dolarización el país perdería toda posibilidad de una política monetaria y por ende económica, social y política independiente. Es la presencia soberana de La República Argentina en el concierto de Naciones lo que esta en juego, ¿No merece el tema ser debatido con la mayor seriedad y severidad en un ámbito en el Congreso por los dos poderes reunidos juntos dado la gravedad del anuncio? La propuesta nada tiene que ver con el Euro, moneda común y no única, no vinculada al arbitrio de una sola potencia, surgida de una decisión soberana y con elecciones previas de los países involucrados.

De ninguna manera, para el caso que los EE.UU. lo acepten, seremos un par entre pares y lo que es más grave, estaríamos sometidos a los vaivenes de la política interna norteamericana. Pagaremos, agravados todos sus costos y tendremos las ventajas, en algunas circunstancias, de un pariente pobre. Se incrementarán las dificultades para lograr un desenvolvimiento del país acorde con sus recursos. Quedaremos atados de pies y manos a la política de la Reserva Federal, pero también a la del Departamento de Estado.

La dolarización incrementaría nuestra dependencia –subordinación a los EE.UU. en un momento de crisis sistémica, comprometiendo nuestro futuro, dificultando un camino y una estrategia totalmente diferente a las seguidas hasta ahora que privilegie los intereses de nuestro pueblo. Además en un momento en el que son cada vez más los economistas del stablishment que advierten sobre los riesgos de que los EE.UU. estén viviendo en una burbuja de sobrevalorización de activos. Recordar las palabras de Alan Greenspan a fines del '97.

LOS EFECTOS NO QUERIDOS DEL PLAN DE CONVERTIBILIDAD

Hay sectores de la oposición que dan su apoyo al Plan de Convertibilidad (PdeC) y aunque critican la marginación social y la desocupación como "efectos no queridos", asumen compromisos dentro del mismo juego de poder e intereses económicos.

¿Se puede afirmar, como hacen desde el oficialismo y la oposición, que lo importante es corregir al PdeC para obviar sus efectos negativos?;

¿Cómo se corrige la pérdida del patrimonio público?;

¿Cómo las limitaciones de gobierno y provincias para la gestión macroeconómica?;

¿Qué hacer con el incremento del endeudamiento externo?;

¿Cómo salimos del fortalecimiento de la dependencia de capitales especulativos?;

¿Cómo superamos la consolidación de la marginación económica, social y geográfica?;

¿Es que acaso el "modelo" pudo tener otros resultados diferentes a los que tuvo?

Los objetivos del PdeC están condicionados por la obligación, a priori, de la defensa de los intereses de los sectores que condujeron a la hiperinflación, a la agudización de la crisis de nuestra economía y sociedad. Crecimiento, desocupación y marginación social son consecuencias del PdeC, una unidad en cuanto a estrategia y política económica.

Después de lo padecido por décadas es inadmisible que nuestros políticos no hayan aprendido la lección y es ingenuo pensar en ingenuidad.

Fijarse como objetivo una estabilidad de largo plazo, con equidad y crecimiento, implica instrumentar medidas radicalmente diferentes; sin dejar de respetar la necesidad de apertura económica, la dinámica de mercado, el equilibrio fiscal y la eficiencia del sector público.

La causa de nuestro creciente deterioro ha sido el marco económico y socio-político en que se desenvolvió el país.

En dictadura y en democracia, la defensa de similares intereses se manifestaron en casi idénticas estrategias, y los mismos condicionantes llevaron esos intentos a una encrucijada, sin haber logrado un desarrollo estable, agudizando la crisis y concentrando la riqueza.

Se exige una propuesta alternativa a la estrategia llevada a cabo por el gobierno partiendo siempre de hechos consumados, e imposibles de revertir, sin una modificación radical que implicaría duras confrontaciones con el poder; aún el político, o el economista mejor inspirado, queda preso del condicionamiento previo si no está dispuesto a enfrentarlo.

Hoy la oposición está obligada a opinar acerca de un país totalmente distinto de lo que era en el 90, con la pérdida de gran parte del patrimonio nacional y mucho más endeudado.

Los responsables de nuestro derrotero no han dado señales de ser proclives a conceder nada; la historia enseña que la Humanidad avanzó a través de conflictos, y según la manera en que se resolvieron entrañaron avances o retrocesos.

Ya hay fuertes indicios positivos: la conformación de la Central de Trabajadores Argentinos (CTA) está indicando el comienzo de la democratización sindical, verdadero efecto no querido del PdeC; una nueva actitud en sectores de la jerarquía eclesiástica; la multiplicación de protestas con gran participación social; la cantidad de ONG que confluyen en generar una conciencia de responsabilidad ciudadana.

La transformación real del país es una asignatura pendiente

Al comienzo del análisis del PdeC nos hicimos varios interrogantes acerca de la viabilidad del plan.

Luego de ocho años no hace falta recurrir a la teoría para apreciar que la contradicción entre producción (**dirigida a sectores reducidos de la población**) y consumo (limitado por el incremento de la marginación, los altos niveles de desocupación, el deterioro de los sectores medios y su correlato en la **disminución de la capacidad de compra de la mayoría de la población**), dificulta crecientemente la viabilidad del Plan.

Más arriba destacamos los aspectos negativos. Confrontemos con los aspectos "positivos" que son banderas de sus sostenedores. Es pertinente, además, porque estamos en un año electoral y el oficialismo proclama que Menem es la garantía última para la continuidad del modelo; en tanto la oposición mayoritaria se empeña en demostrar que no efectuará cambios que lo distorsionen, abocándose a planificar solamente la corrección de los problemas sociales, obviando que éstos fueron consecuencia del modelo. Unos y otros se basan en:

- La estabilidad y derrota de la inflación;
- El crecimiento del PBI;
- El incremento del comercio exterior, particularmente con el Mercosur;
- El nivel de reservas en el Banco Central;
- La magnitud de los depósitos bancarios;

- La eficiencia de los servicios públicos;
- La imagen del país en el mundo:
1. La estabilidad lograda no es la estabilidad necesaria para un crecimiento sostenido, aún dentro del sistema. La muy baja tasa de inflación y la aparente solvencia del sistema financiero se sustentan en la ley de convertibilidad (que está siendo puesta a prueba permanentemente por la acumulación de crisis externas y ahora por la de Brasil), en los ajustes y creciente endeudamiento con la consiguiente vulnerabilidad.
2. El crecimiento del PBI fue consecuencia del cambio en las expectativas en el año 1991, por la implantación de la ley de convertibilidad y la licuación de la deuda pública interna, cambios que permitieron un crecimiento acorde con las capacidades productivas **ya existentes en el país**. Sin embargo se reconoce que llevamos ya tres trimestres en decrecimiento; avanza un proceso recesivo por el muy bajo nivel de la demanda interna de los asalariados y sectores medios y disminución de la demanda de los sectores privilegiados y, por primera vez en mucho tiempo, hay bajas de precios en artículos de consumo durables y aún perecederos; **nuevamente se manifiesta con agudeza el deterioro de los términos del intercambio.**[15] **El clásico estrangulamiento externo que** sobrevenía en otras épocas luego de una activación coyuntural está disimulado por la entrada de **capitales (mayor endeudamiento).** Las perspectivas para el '99 son negativas y cualquier presunción positiva para más adelante no se funda en un análisis objetivo de la coyuntura nacional y tampoco de la internacional
3. Las reservas del Banco Central sirven como respaldo de la circulación monetaria, pero si consideramos la deuda externa quedamos al "garete", prisioneros de la ruleta satelital de capitales. Es poco serio responsabilizar de cada problema planteado a los acontecimientos externos, en lugar de reflexionar acerca de las razones que nos hacen tan vulnerables. La situación se agrava si sumamos la deuda privada.[16]

---

[15] *Clarín*, diciembre 22 de 1998 - Argentina exporta más y recauda menos. El deterioro de los términos del intercambio comparando nueve meses de 1998 respecto de nueve meses de1997: en exportaciones se entregó un 12% más en volumen y se recibió un 9.7% menos por baja de precio; en importaciones se recibió un 13.7% más en volumen y se pagó un 4.6% menos por precio. Pérdida del intercambio: - 5.3%

[16] *Clarín* noviembre 8 de 1998 - Deuda privada y dificultades para su refinanciación - Según la calificadora de riesgo DCR el mercado de capitales se ha convertido en terreno de muy difícil acceso como consecuencia de la crisis financiera internacional y el aumento del riesgo país en los mercados emergentes. Los vencimientos de ON que vencen son:

	Empresas	Bancos	Total
Cuarto trimestre de 1998	$790 M	$977 M	$ 1.797 M
Año 1999	$1.296 M	$1.296 M	$ 2.682 M

Según esa calificadora "es común que se llegue a la refinanciación de las deudas, o al menos de una buena parte de ellas". De todas maneras es deuda en divisas que se debe saldar con divisas. En *La Nación*, marzo 1 de 1998 nos da más información sobre la deuda privada, nos da un cuadro con la evolución de ON de 1991 a 1997. Un total de $441,3 millones de ON vigentes en 1991 a 13.116,1 millones en 1997.

Clarín, octubre 5 de 1998, nos informa que disminuyen los créditos para el sector privado. La Fundación Capital destaca: "El momento actual evidencia la desaparición para la Argentina del financiamiento provisto desde el mercado de capitales"; y agrega: "mientras el sector público

4. Los niveles de depósitos, que lentamente se desplazan de pesos a dólares, no sirven para otorgar créditos ya que sus tasas son prohibitivas. Asimismo su magnitud, que hace pensar en un incremento del ahorro interno, es un rasgo clásico de los procesos recesivos como consecuencia de la falta de incentivos para invertir y crecer y de los temores a comprar o a endeudarse.
5. En cuanto a la demanda externa (posibilidad de exportar), vale lo dicho sobre la baja productividad y competitividad del capital debido a los precios relativos en el mercado interno, y a un comercio mundial con disminución en sus pautas de crecimiento y con signos de que entramos en un proceso recesivo. Precios relativos influidos por los precios de los servicios que contrapesan la eficiencia técnica que los mismos brindan. Eficiencia que resultó de la magnitud de la inversión del ahorro externo dirigida a ese sector en lugar de una inversión reproductiva que hubiera permitido generar una producción de bienes transables.
6. La volatilidad del sector financiero crece y en el mercado mundial la "locomotora" son los EE.UU.

En ese entorno internacional, nuestro país es visto como modelo: porque honra la deuda, aunque renovándola, pagando sus intereses y sacrificando su desarrollo; porque ha privatizado sus empresas y facilitado la concentración bancaria y, en ambos casos, posibilitando un proceso no visto de desnacionalización;[17] porque no hay limitación a la remisión de utilidades, ni sector restringido para la inversión extranjera; y porque ha llevado una política exterior de sumisión a los EE.UU.

Lo expresado, que es un recuento objetivo de la situación, evidencia un gobierno y un Estado que, acorde con los intereses de los sectores dominantes, abandonaron deliberadamente sus obligaciones, demostrando a un mismo tiempo que los efectos "positivos" del PdeC son meramente coyunturales (a pesar de los perjuicios al patrimonio nacional), y que benefician a una pequeña parte de la población, agravando la crisis sistémica. En todo caso su continuidad resulta del "círculo vicioso" del que hablamos; el PdeC tal como fue concebido, solamente cierra con ajustes y endeudamiento. Valga

---

tiene la alternativa de acudir a los organismos internacionales de crédito, el sector privado queda mucho más desamparado" Hay un cuadro. Finalmente en *Clarín*, noviembre 23 de 1998, se informa sobre el riesgo americano en América Latina y deuda. Hay cuadros que demuestran la alta exposición de los bancos de los EE.UU. en América Latina. La deuda externa latinoamericana alcanza a un total de $677.9 miles de millones. La apuesta de los 50 mayores bancos internacionales en los mercados emergentes corre entre el 5% y el 25% de su portafolio. Fuente Banco Mundial y Ministerio de Economía.

[17] *Clarín*, diciembre 1º de 1998; El avance de las TN. De acuerdo al investigador de CEPAL, Bernardo Kosacoff, en el '90 entre las primeras 500 empresas había 116 CE y TN, que alcanzaban el 33.6% de las ventas. Hoy hay, entre esas 500, 244 CE y TN cuya facturación equivale al 57% del total. "Las operaciones de fusiones y adquisiciones demandaron un total de $27.723 M entre 1990 y 1997, incluyendo las privatizaciones. De ese monto el 85% correspondió a empresas extranjeras. "Un informe del Centro de Estudios para la Producción, de la Secretaría de Industria, señala que en la actualidad, con las privatizaciones ya concretadas, la inversión se reparte entre la compra de empresas y la inversión en compañías ya existentes. De los $14.157 millones destinados a fusiones y adquisiciones en 1997, más de la mitad (7.700 M) respondieron a compras de firmas nacionales por parte de las CE y TN. De acuerdo al origen del capital EE.UU. 48.7%; España 21.6%; Chile 6.7%; Gran Bretaña 6%; otros 17%".

como ejemplo la actitud de los grandes empresarios que frente a la recesión exigen al gobierno más flexibilidad y subsidios.

¿Qué sucedería si hay cambios en la coyuntura internacional, y cabe la pregunta: hasta cuándo el pueblo aguantará los ajustes?

La coyuntura diseñada no se corresponde con una crisis cíclica, o como las que denominan crisis de negocios. Es un momento de la crisis provocada, agravando la que venía de años atrás, por la reforma deliberada y perversa a la que hice referencia más arriba, que no tendrá solución o salida en tanto se continúen las pautas fijadas por el PdeC.

En el PdeC está el germen que puede destruir la fijación por ley del tipo de cambio, su principal herramienta, con un peligro creciente de colapso.

Si no se toman medidas para un cambio radical no hay patrón de cambio, reforma del Estado, o flexibilización laboral, que permita un desenvolvimiento estable.

En el mismo marco sistémico, se manifestarán en consolidar las perversidades de nuestro desenvolvimiento y la marginación social.

Para los gobernantes y sectores decisores, empresarios y políticos, el PdeC tendría éxito si sale indemne de la coyuntura, se recupera el nivel de actividad y hay crecimiento, no importando el costo socio-económico.

Ya hemos visto que ello no interesa a esos sectores. Sin embargo, el costo social implica un extraordinario costo económico imposible de obviar, aún en lo inmediato.

Si sobreviene un colapso, no sería un volver a empezar como en los años 73, 83 u 89; sería más grave por el daño inferido al País, a su patrimonio, a su sociedad, a su cultura; y por los perjuicios estructurales cometidos.

Para terminar con la inflación, incorporar al país a la economía internacional y lograr una estabilidad de largo plazo, se debió haber empezado por profundizar y consolidar las instituciones republicanas, enfrentar la realidad de la imposibilidad de pagar la deuda, incrementar la demanda interna, terminar con la corrupción sistémica, y transformar el sistema tributario.

PROPUESTA

Para comenzar a transitar un camino de salida a la crisis sistémica en sus aspectos económicos (incrementar la productividad y competitividad), sociales, y políticos - institucionales, se debería contemplar:

Redefinir el papel del Estado: Aprovechar su capacidad de gestión macroeconómica para orientar los excedentes que año a año genera nuestra economía. Recuperar su capacidad de aprovechar las economías externas (vg. infraestructuras);

Descentralizar, desburocratizar y democratizar las Instituciones;

Autonomía del Estado respecto del gobierno de turno;

Independencia y separación de los tres poderes;

Revitalizar el Municipio como célula de la democracia;

Reglamentación, resguardando el espíritu con que fueron promulgadas, de las leyes de la nueva Constitución que hacen a la defensa de los derechos del ciudadano y proponer nuevas formas de participación.

Desde las Leyes de Indias hasta ahora han sido constantes la transgresión y desprecio en el cumplimiento de leyes ejemplares; con el agravante de eterna impunidad por sucesivos gobiernos y sectores decisorios.

Modificar la estructura productiva; lograr la integración geográfica, económica y social; en particular terminar con la desocupación y la marginación social.

Mejorar apreciablemente la distribución de los ingresos;

Resolver el problema de las economías regionales.

Privilegiar el mercado interno preservándolo de la globalización.

Apertura económica. Incorporarnos a la economía mundial desde un mercado interno consolidado y defendido por medidas claras y explícitas, privilegiando el interés general del país y no al particular de empresas o grupos empresarios.

Disminuir los niveles de renta de los servicios comerciales y financieros, en gran parte responsables de la baja productividad del stock de capital del país.

Política fiscal

Equilibrar el presupuesto y revitalizarlo como una de las instituciones en las que se expresan con mayor precisión los objetivos de la gestión macroeconómica; alentar la participación ciudadana, mediante organismos no gubernamentales, en su confección y desde su inicio; privilegiar la atención eficiente de los servicios públicos. La deuda externa es imposible de ser saldada. El Papa ha lanzado la iniciativa del jubileo en el 2000, que satisface una necesidad ineludible de ser satisfecha para alentar un nuevo rumbo para la Humanidad.

Ingresos: es imprescindible la modificación radical del sistema tributario privilegiando los impuestos a ganancias y patrimonio, única forma de lograr que el Estado tenga los recursos necesarios para satisfacer las políticas enunciadas. Terminar con las excenciones abusivas, como la del régimen automotriz. Disminuir el IVA; combatir la evasión y la elusión.

Gastos: es necesario arbitrar sistemas en los que diversas organizaciones sociales ejerzan un control presupuestario severo.

Dictar una Ley de Auditoría Social.

Producción. Es imprescindible el funcionamiento a pleno de la economía y el aprovechamiento eficiente y total de los recursos que el país probadamente posee (posible con una distribución del ingreso progresiva y permanente). Es lamentable, y sin duda interesado, que en el país no se mida el PBI potencial como se lo hace, cada año, en los EE.UU. La comparación con el PBI real habría precisado la magnitud del perjuicio inferido a nuestra economía por los sucesivos planes de ajuste, que duran décadas.

Cada uno de los objetivos reseñados contiene en sí verdaderas banderas transformadoras del Estado y la sociedad, y movilizar al pueblo para satisfacerlas y, para el caso de leyes, exigir su cumplimiento, entraña un real programa para las instituciones y partidos representativos de los intereses del país y de su pueblo. Encarar las medidas propuestas, entraña enfrentar al Poder constituido y las instituciones que lo amparan: grandes empresas, burocracias nacionales y provinciales, organismos corporativos, partidos políticos afines, o sectores dentro de ellos. Un desafío singular y trascendente.

NOTAS

(*1) "Acerca del Plan de Convertibilidad", *Realidad Económica* 124 (16/5-30/6/1994); En el artículo del '94 objeté el triunfalismo de las autoridades; opinábamos que el PdeC había profundizado la dependencia de factores externos, sin eliminar los condicionantes que siempre inhibieron las posibilidades de estabilidad y un desarrollo sostenido en el largo plazo. Destaqué tres aspectos potenciales de crisis que se agregaban a dichos condicionantes: "Dependencia de los flujos financieros especulativos provenientes del exterior, la crisis de las economías regionales y la magnitud de la marginación social".

(*2) Informe sobre el desarrollo mundial 1997, del Banco Mundial. Observando los diversos cuadros (página 220 y siguientes), que reagrupan a los países según sus niveles de ingresos (bajos, medianos bajos, medianos altos, que incluye Argentina, Chile, Brasil, y México, y altos) podemos concluir que Argentina tiene el sistema tributario más perverso. Es de los últimos en cuanto a la gravitación del impuesto a las ganancias en los ingresos tributarios, muy inferior al resto de los países latinoamericanos.

(*3) Informe del Banco Mundial, citado: en la página 79 hay un gráfico que indica los "costos directos de las crisis bancarias (porcentaje del PBI)", en diferentes momentos, para cada país, entre 1980 y 1995. La de mayor costo entre 23 países fue la de nuestro país en 1980-1982 que alcanzó el 55% de su PBI. Habría que agregar que en los años siguientes se sucedieron los cierres de bancos, con el consiguiente perjuicio para el Banco Central y los ahorristas. Daré datos.

(*4) "Introducción al análisis de la teoría del Plan de Convertibilidad", *Realidad Económica*, N°146, febrero-marzo1997

(*5) En el mismo trabajo sobre la teoría del PdeC, nos extendimos sobre la concepción de externalidad, concepción útil para explicar las consecuencias de la reforma del Estado. La estrategia neoliberal, privó al Estado de tener políticas macroeconómicas que soslayaran los aspectos más acuciantes de la crisis, aprovechando economías, o resolviendo favorablemente las deseconomías externas. La falta de política industrial; el desatender la salud, la educación, la capacitación permanente y la vivienda; el desinterés en la creciente marginación geográfica, económica y social: son todos aspectos que desde afuera del mercado lo influencian. Son deseconomías externas trascendentes que en la medida en que no son atendidas dificultan una salida al propio PdeC y comprometen el futuro. Remito al lector para otro aspecto teórico relevante en la teoría neoliberal, cual es que dicha teoría no considera el tiempo, tampoco el espacio. Podemos ejemplificar con el PdeC (R.E. N° 124), en cuanto a los efectos de la política de apertura económica, racional en sí misma, se manifestó en la práctica como causante de cierres de empresas, desocupación y desestructuración del tejido industrial. Para satisfacer lo que indica la teoría, el tiempo de realización de la apertura debería ser de 24 horas, que servirían para que los empresarios tomasen las medidas correctas en cuanto a movilidad de capital y de mano de obra, a fin de que se produzcan las necesarias transferencias de los sectores transables no competitivos a aquellos que sí lo son; un sinsentido evidente.

En la actividad concreta intervienen agentes económicos, que en definitiva actuarán impulsados por el afán de lucro en una sucesión temporal no considerada y que lleva a consecuencias radicalmente diferente a la prevista. El mejor modelo fracasa porque los empresarios detentores del capital y dueños de las decisiones en cuanto a la oportunidad y destino de su asignación, medidas siempre por intereses inmediatos y con una visión exclusivamente microeconómica, pueden darse de patadas con lo diseñado.

En cuanto al problema del espacio sucede otro tanto: el Estado, al privarse de toda acción deliberada, dejándola en manos de los capitalistas, no puede orientar la asignación de los fondos para corregir las deformaciones estructurales propias de nuestra geografía y de nuestra historia, que se refleja en las concentraciones de riqueza en el litoral y algunos puntos del interior y en las extensísimas regiones marginadas del resto.

Sin un Estado fuerte, el mercado reproduce, incrementa y consolida la marginación dada. Una estrategia pública integradora permitiría aprovechar las economías externas que resultarían de la eliminación de la marginación geográfica.

(*6) *Clarín*, página 22 del 12/1/97 con cifras de la ANSES. La disminución de los aportes patronales restó en 1996 al Tesoro $M 3.000. La ANSES paga 3.5 millones de jubilaciones y pensiones y recibe el aporte de 4.7 millones de trabajadores activos, lo que implica 1.3 activo por pasivo en lugar de 4 a 1 que sería la relación aceptable.

(*7) *Clarín*, setiembre 20 de 1998 informa sobre el trabajo en negro y sus implicancias: perjuicios al trabajador y al fisco. El trabajador en negro no podrá jubilarse; no podrá pensionarse por invalidez ni su familia acceder a una pensión en caso de fallecimiento; no tiene seguro por accidente de trabajo; no cobra vacaciones, aguinaldo, salario familiar o las horas extras; al no poseer recibo de sueldo no puede alquilar o acceder a un crédito. Ese tipo de contratación es casi una norma en el servicio doméstico, en el empleo rural, en buena parte de la construcción, en el comercio y en la industria, y una alta proporción del trabajo en negro está en compañías registradas, que se desempeñan en "blanco". En una inspección del Ministerio del Trabajo de 380 empresas visitadas, el 60% estaban en infracción. En el mismo número de *Clarín* se informa que: hay 3.3 millones de persona en negro; el 20% de empleados; su sueldo promedio es de $ 380/mes; la evasión anual del sector privado a la seguridad social por éste concepto es $6.620 millones. Sin embargo de acuerdo al INDEC las empresas dejan de pagar entre sus aportes y los de sus trabajadores, 7.300 Millones de pesos por año, información dada por *Clarín* del 6 de diciembre de 1998. Es necesario agregar que las empresas para pagar en negro deben hacer dinero negro que implica ventas en negro que, a su vez, significa evasión de ganancias e IVA e ingresos brutos. Algunos estudios privados estimaron que por cada peso de salario en negro la seguridad social y la DGI pierden de recaudar otro peso. *Clarín*, marzo 1º de 1997.

(*8) *Clarín* del 12/6/1997, página 74. Destaca que de acuerdo al último informe de la ONU Argentina retrocedió del lugar 30 al 36, detrás de Chile y Costa Rica. "Para calcular el Indice de Desarrollo Humano (IDH) de un país se tiene en cuenta la longevidad, la instrucción, las condiciones de vida y los ingresos por habitantes de ese país".

CARTA DIRIGIDA A LOS FUNDADORES DE LA ALIANZA

Buenos Aires, abril 14 de 1998

At. Dr. Raúl Alfonsín
    Sra. Graciela Fernández Meijide
    Dr. Fernando De La Rua
    Licenciado Carlos Alvarez
    Dr. Rodolfo Terragno

Estimados Sres.

Espero que sepan disculpar el tiempo que les pueda distraer la lectura de los dos trabajos que adjunto. Me guía, podríamos decir, la responsabilidad ciudadana. He leído en el diario *Clarín* de la fecha que Uds. se reunirán para definir el marco general de un programa alternativo de gobierno. Analizarían un documento preliminar elaborado en el IPA, por un grupo de técnicos de muy alto nivel.

Según *Clarín*, el borrador "bendeciría la estabilidad y la reforma del estado"; ello motiva la presente.

En el trabajo acerca del Plan de Convertibilidad intento demostrar que lo que presentan como logros, entre ellos la estabilidad y la reforma, consolidaron lo que denomino las perversidades de nuestra dinámica de crecimiento.

Si Uds. elaboran un programa alternativo, deben considerar sus "logros" y los "efectos no queridos", como "dos caras de una misma moneda". Ya que los objetivos del Plan, y sus herramientas, estuvieron de inicio condicionados por los mismos intereses que conformaron el marco sistémico que explica la magra perfomance del país en los últimos cincuenta años, en especial, del 74 a la fecha.

Entiendo que busquen convertirse en una alternativa de poder, pero es un grave error adecuar sus propuestas para lograr consenso entre el empresariado que creció, y se fortaleció, con la corrupción de la gestión pública y de las instituciones republicanas.

No se me escapa que enfrentar a esos sectores entraña una fuerte puja, pero creo que es la única opción, por dos razones:

Tienen experiencia, vinculaciones y poder como para doblegarlos en la gestión cotidiana del gobierno. Si ganan las elecciones con su consenso, se constituirán en una más de las tantas frustraciones que han agraviado a los argentinos por décadas. ¿Para qué y por qué?

Si los enfrentan, tendrán el apoyo de todo el pueblo. No sé si ganarían, pero le darán al país una esperanza, en tanto el pueblo hará una nueva experiencia en democracia.

El otro trabajo es acerca de las crisis en las finanzas. Puede serles útil como una opinión diferente, aunque fundada en la de prestigiosos economistas.

Sin más los saludo respetuosamente.

Jacob Goransky

SUGERENCIAS PARA UN PROYECTO DE INVESTIGACIÓN DE LA CRISIS SISTÉMICA ARGENTINA

PRESENTACIÓN DEL OBJETO DE ESTUDIO

Paul Samuelson en una muy conocida reflexión, en el Congreso de la Asociación Internacional de Economistas realizado en México en 1980, señaló que si en 1945 le hubieran interrogado acerca de qué país de los subdesarrollados de ese entonces alcanzaría el pelotón de los desarrollados, habría respondido que de dos uno sería Argentina. Tal opinión tenía en cuenta la magnitud y calidad de los recursos de capital, humanos y de la naturaleza que teníamos en la posguerra.

A su vez nuestro país tiene, de acuerdo a un estudio de la OCDE (L´Economie Mondiale au 20º siècle par Angus Maddison, París1989), el peor desempeño entre los países de América Latina y una de las peores del mundo desde comienzos del siglo hasta el año 1950, 1970, 1987.

En *Economía en tiempos de crisis* (editorial Sudamericana, 1986) Domingo Cavallo en la página 59 se interroga: "¿estamos asistiendo al fracaso de la gestión económica radical, por qué ocurre siempre que las gestiones económicas tienden a fracasar? ¿Por qué terminan siempre mal los ministros de economía, los presidentes del Banco Central, los Secretarios de Hacienda? ¿Son todos tan malos tan incapaces? ¿Pueden ser tan malas sus intenciones? Sería ingenuo pensarlo de este modo". Cavallo se responde afirmando que "la causa de nuestras desventuras fue la falta de organización económica".

Interesa la afirmación de Cavallo, e induce a ahondar en la organización económica que nos caracterizó: un análisis superador de los devaneos de la economía y con una visión sistémica que posiblemente conduce a conclusiones diametralmente opuestas a la de Cavallo quien, de alguna manera, aceptaba que habían especificidades en nuestro desenvolvimiento; sus interrogantes, por lo menos dan razón al presente proyecto.

Es una exigencia y obligación de los intelectuales buscar una respuesta al interrogante de ¿qué paso con nuestro país que con apreciables recursos de capital, humanos y de la naturaleza, ya en la posguerra, en lugar de alcanzar un lugar acorde con ellos, retrocedimos comparativamente respecto al resto de países latinoamericanos, y aun de algunos países que para esa época tenían menos posibilidades que nosotros y sin embargo lograron muy buenos niveles de desarrollo? V.g. España, Australia, Nueva Zelanda, Canadá.

HIPÓTESIS DE LA INTELECTUALIDAD OFICIAL

Desde los sectores dominantes, políticos, economistas y comunicadores, convencieron a la sociedad argentina de que nuestro frustrante desempeño resultó de las políticas económicas populistas prevalecientes en los últimos cincuenta años.

Bien, en esos cincuenta años se puede hablar de populismo los años 46 al 52 del primer gobierno de Perón, los tres años de Illia, los dos años de Cámpora-Perón y el primer año de R. Alfonsín, once años en total. El resto –39 años– nos han gobernado con políticas que privilegiaron, en esencia, los mismos intereses corporativos que nos gobiernan. ¿Está bien utilizada la denominación de corporativa?

HIPÓTESIS CONFRONTATIVA CON LA ANTERIOR

Creemos que, entre otros, uno de los condicionantes esenciales de la crisis sistémica es la "cultura" de los sectores decisores que gravitan en el "mercado" y en las instituciones políticas: la corporación empresaria; los partidos políticos que buscan el calor de su apoyo; los intelectuales (en particular los economistas), que les dieron el sustento teórico-ideológico; y el movimiento burocrático y corporativo sindical no democrático; todos habituados a las prácticas corruptas de gestión de nuestra economía, nuestra política y nuestra sociedad.

Con prácticas corruptas de gestión se quiere significar que la corrupción en nuestro país supera el "toma y daca", para afectar el funcionamiento de las instituciones de la república y la división de poderes, atenta contra la soberanía y la dignidad nacional.

Tenemos en cuenta, asimismo, las aberraciones que se fueron dando en nuestra dinámica sistémica y que afectaron, como en una tabla de múltiples entradas, nuestro desempeño: economía, política, instituciones, Estado, sociedad civil y, a su vez, observando el desenvolvimiento capitalista de los Países Desarrollados (PD) y de otros Países en Desarrollo (PenD).

Se puede ejemplificar con las consecuencias para nuestro país de la dependencia y subordinación de nuestros sectores dominantes a factores externos e internos y compararla con lo acontecido con otros PenD. La performance de ellos fue muy superior a la nuestra.

Hoy la subordinación de esos sectores se expresa con crudeza en el proyecto de dolarización, que es un primer paso de uno mayor orientado a resignar la independencia y soberanía nacional, para transformarnos en algo así como un nuevo Puerto Rico. Ya han avanzado ideológicamente al punto que quiénes se oponen al proyecto, desde la oposición mayoritaria, lo discuten en cuanto a sus desventajas económicas, abstrayéndose de la defensa de la soberanía o dignidad nacional. Conceptos que como el de patria están desvalorizados a niveles impensables pocos años atrás. Conceptos que trascienden a su simbolismo y que se exteriorizan en la actitud que cada individuo tiene acerca de los intereses que nos son comunes a los ciudadanos y aún a los residentes.

CONSIDERANDOS

En los distintos y muy importantes libros y ensayos publicados, en esencia, sus autores se quedan prisioneros de una visión de las medidas concretas de cada plan y de sus resultados y se describen y explican los acontecimientos siempre desde el punto de vista de la economía.

Es necesario ir más a fondo. Se hace necesario abundar en las razones que explicarían las diferencias con los países que tuvieron éxito en los programas de reformas e, imprescindible, argumentar más acerca de las concepciones teóricas-ideológicas que respaldaron los diferentes planes.

— Precisemos las siguientes constataciones:

Tenemos ley de enseñanza laica, gratuita y obligatoria de hace más de 120 años y antes que muchos países de la desarrollada Europa; para la época en que el emperador de la dinastía reinante en Japón encaró transformarlo de un país feudal atrasado a un país industrial, nuestro D. F. Sarmiento tuvo idéntico propósito y tomó similares medidas, sin poder vencer la resistencia de los sectores dominantes en ese entonces. ¿Cuáles fueron las razones del fracaso?

Tuvimos un diputado socialista en 1904. Las universidades argentinas rompieron en 1918 con la escolástica y abrieron y democratizaron los claustros, antes que en casi el resto de los países desarrollados. A nuestras universidades venían a estudiar desde Centroamérica; teníamos el mayor índice de alfabetización de América Latina; Casamiento Civil, voto femenino desde 1927 en San Juan y en el resto del país desde 1950; Distribución del ingreso similar a Europa hasta comienzos de los '70; legislación social muy avanzada y autofinanciada hasta esos años. No tuvimos problemas raciales; una población con predominio de origen europeo que vino al país a "hacer la América" y que rápidamente se integró. Subterráneos desde las primeras décadas del siglo; 40.000 kilómetros de vías férreas; industrias que complementaban las tareas del agro en varias regiones. Se puede seguir dando razones que avalan la apreciación en cuanto a nuestras posibilidades y nuestras frustraciones.

Todas las estrategias aplicadas en el país, en dictaduras o democracia, fracasaron en lograr un desenvolvimiento estable económica y políticamente, y con ratios de crecimiento más acorde con sus potencialidades.

Las razones invocadas, en general, como causas de nuestro frustrante desempeño: modelo de sustitución de importaciones y estatismo, han sido políticas comunes a gran parte del mundo desarrollado, con un resultado substancialmente diferente al nuestro.

En el mismo sentido podemos afirmar que el Estado de Bienestar, así como las políticas de protección del mercado interno y promoción del desarrollo que se aplicaron en nuestro país, trajeron resultados diferentes y muy inferiores al del resto de Latinoamérica.

Las concepciones en que se basa el PdeC son similares a la de los planes anteriores, con gobiernos civiles y militares.

Los interrogantes a que se hacen referencias surgen de cada una de las constataciones destacadas y que podríamos sintetizar en uno:

¿Por qué no logramos en ningún momento en los últimos cincuenta años una cierta estabilidad (a la lograda con el PdeC y su entorno sistémico, no la considero como tal y es absolutamente precaria), ni siquiera de corto plazo, y por qué el desempeño económico real estuvo y está tan lejos de las dotaciones concretas de recursos humanos, de capital y de la naturaleza con los que cuenta el país?

Es necesario ahondar en la respuesta a los interrogantes:

¿Cuáles son las razones explicativas del magro desempeño de nuestro país desde el 50 en adelante?

¿Por qué a pesar de la homogeneidad de nuestra riqueza en recursos humanos, de capital y de la naturaleza, la diferencia entre las posibilidades concretas, el producto bruto potencial (dado esos recursos), y el real, se acrecentó?

La dinámica de "mercado" induce la concentración y centralización del capital y la marginación económica, social, y geográfica, consolidando la asimetría existente:

En la distribución de la riqueza;

En el usufructo de las ventajas de la revolución científica-técnica, hoy más precisamente Revolución Informacional (RI);

En las diferencias en el acceso a la educación y cultura.

El "mercado" en el capitalismo, aún con idéntica dinámica, no da los mismos resultados. **Son las políticas macroeconómicas deliberadas del sector público las que marcan las diferencias.**

Las políticas deliberadas, en cada país, están condicionadas por el punto de partida:

El nivel de integración económica, social y geográfica;

La inserción al mercado mundial;

Sus instituciones.

Hay presupuestos que deben satisfacerse para lograr un crecimiento, lo estable posible en el sistema:

Un marco que orienta el proceso socio-económico;

Un empresario que asume riesgos que, descontando un consumo adecuado, prioriza ahorrar, acumular e invertir y que está condicionado para crecer y que con él crezca el país;

Una legislación que exija reciprocidad del beneficiario para cualquier medida promocional o proteccionista;

Instituciones que gocen de la independencia y autonomía necesarias y acordes con prácticas democráticas;

Respeto por la moneda, el tributo, el presupuesto, la ley;

Un sistema tributario basado en los impuestos directos;

Un sistema financiero que posibilite inversiones de largo plazo;

Un "mercado", un Estado y una democracia que funcionen a pesar de sus imperfecciones;

Un capitalismo cuya lógica de autocrecimiento del capital, ahorro e inversión, esté en los parámetros que le dieron origen;

Un país integrado económica, social y geográficamente;

Una estructura productiva con cierta proporcionalidad en su crecimiento y que atienda a un consumo masivo.

Si se observa con rigor nuestra historia, se aprecia cuán lejos está de satisfacer esas premisas.

Es evidente que ello trasciende de lo económico a lo cultural, social y político. Siendo decisiva la actitud de los sectores dominantes y dirigentes **cuya falta de identidad nacional es una de las raíces de nuestros padecimientos.**

Se hace necesario avanzar en la respuesta al interrogante planteado.

— *En la búsqueda de respuestas surgen otros interrogantes:*

¿Es posible el desarrollo y una estabilidad de largo plazo cuando existe un alto nivel de marginación social, económica y geográfica?

¿Es posible separar el desenvolvimiento económico del nivel de vida de la población?

¿Cómo influye en el desenvolvimiento de la economía el nivel de vida de la población comprendiendo en él, por supuesto, su capacidad de consumo?

¿Pueden ser separados los fenómenos económicos de los políticos y sociales?

En dictadura y en democracia, la defensa de similares intereses se manifiestó en casi idénticas estrategias, y los mismos condicionantes llevaron esos intentos a una encrucijada, sin haber logrado un desarrollo estable, agudizando la crisis y concentrando la riqueza.

Ni gobernantes, ni economistas del establishment, apreciaron los estrangulamientos a los que hice referencia.

La hiperinflación, fue la contundente explicitación que el crecimiento, fundado en una inflación que disimulaba las perversiones de nuestro particular capitalismo, había llegado al límite.

Al país, al Estado, se lo había despojado de todo lo posible. No daba para más, había que cambiar y urgente. Y se encaró **una reforma acorde con los intereses empresarios y políticos decisorios**.

Si el Estado estaba quebrado había que terminar de despojarlo al mismo tiempo que se estimulaba una redistribución de la renta a todo nivel social.

La estrategia del PdeC quedó esbozada: Reforma del Estado; Apertura económica; Flexibilización laboral; Solidez de las Finanzas Públicas y Privatizaciones.

Una política activa obligó a la economía y sociedad argentina a transformarse en un operativo sin anestesia, ni previsión.

Como ejemplo para el debate se adelante la siguiente opinión.

1) El PAIS QUE ENCONTRO EL PLAN DE CONVERTIBILIDAD

i) Las perversiones visibles

a) Déficit del sector público. El déficit fue una constante; se lo considera como causante del proceso inflacionario sin indagar su origen, sin embargo es imprescindible precisarlo.

b) Ineficiencias y quebrantos en las empresas públicas. Su gestión fue corrupta, en particular, en las últimas décadas; y se subordinó a las políticas económicas que fijaron sus tarifas y precios de acuerdo a necesidades presupuestarias, cediendo sus posibilidades de crédito internacional y endeudándolas como en la época de M.de Hoz. Está probado que las empresas públicas que gozan de autonomía, compiten en rentabilidad y eficiencia.

c) Sistema financiero. De intermediario entre ahorrista e inversor y entre producción y consumo, fue y es, fuente de especulación y acumulación de riquezas; dejó de corresponderse con la evolución económica, y se destaca de la producción y el comercio.

d) Comercialización. Los canales de comercialización son ineficientes y costosos. Los bienes salarios están gravados por un plus no común, que refleja la magnitud de excedente económico que queda en el sector. Comercialización y finanzas captan buena parte de la plus-valía generada en la producción.

e) Gestión macroeconómica. En nuestro pais nunca tuvieron éxito las herramientas de gestión macroeconómica. El poder económico y político, **inhibió de origen cualquier amago de regulación,** o la aprovechó en su beneficio.

f) Equilibrio externo. Los problemas en el desenvolvimiento económico-social se reflejaron, a veces en la balanza comercial y/o en déficit en la cuenta corriente de la balanza de pagos. Particularmente, desde fines de los setenta, por el endeudamiento y las dificultades de financiación.

La deuda externa condiciona nuestra economía y sociedad; el pago de intereses gravitó más que los salarios de la administración pública; el capital que la originó se despilfarró.

ii) Analicemos causas más profundas y menos evidentes

a) Estructura productiva. No se consideró la trascendencia de una economía cerrada, cuya producción atendía al mercado interno (en particular un consumo elitista y fácilmente saturable), que se achicaba continuamente debido a una distribución del ingreso crecientemente desigual y con un sistema tributario regresivo en el que la mayor parte del presupuesto era satisfecho por el consumo y el trabajo.

Necesariamente, con políticas económicas que se reiteraron en consolidar lo descrito caíamos en encrucijadas, agudizando las crisis, con inflación, hiperinflación y deterioro general y profundo.

El estrangulamiento que debió tenerse en cuenta fue el de la demanda popular solvente, que decrecía continuamente dificultando la realización de lo producido.

Lo anterior se aprecia con facilidad en lo acontecido con la industria automotriz. Industria que necesita una gran movilidad social, de tal manera que su horizonte de crecimiento no se alcance.

b) Leyes y regulaciones que protegieron el desarrollo industrial del País.

El proteccionismo sirvió ya desde la primera Revolución Industrial y, particularmente, desde mediados del siglo pasado para el desarrollo pujante de las Naciones.

En nuestro País no fue así. La industria creció, se amplió el abanico de la producción nacional pero su desempeño nada tiene que ver con la de otros Países en Desarrollo (PenD).

La legislación no contempló la necesaria, y obligatoria, reciprocidad del empresariado para con la sociedad, que al amparar su industria naciente compraba más caro, o se privaba de ciertos bienes.

Ilimitada en el tiempo, no exigió actualización tecnológica, tampoco la hizo competitiva con el exterior.

Lo mismo aconteció con las promociones: eternas, sin reciprocidad, ni innovaciones.

c) Sistema tributario. Los Países Desarrollados (PD), crecieron con las tributaciones directas.

Adjunto referencias que evidencian la regresividad del sistema tributario argentino. Causa, asimismo, de la evasión y de la continuada redistribución del ingreso que conduce a una acentuada concentración del capital y del poder.

El proceso se potenció en el tiempo, determinando la inversión y las pautas de producción y consumo que originaron la estructura productiva, a la que hice referencia.

Son impuestos inflacionarios que restan competitividad a los sectores transables; situación que se agrava al acrecentarse la necesidad de exportar.

Un sistema tributario similar al promedio de los PCD y de algunos PenD, y tasas de evasión a igual nivel promedio, habrían superado los problemas presupuestarios de los últimos cincuenta años, e impedido la hiperinflación.

El déficit fiscal fue el resultado de las falencias del sistema tributario, de la evasión y de una determinada organización económica a la que haré referencia.

Hay un punto de confluencia entre el sistema tributario y la transformación del Estado que refleja la ideología de los gobernantes y repercute en la problemática cotidiana:

d) **El presupuesto**. Institución fundamental de la República, que define y llena de contenido a la Democracia, o la desnaturaliza.

El país se distinguió por su avanzado sistema de protección social. Hasta la década del 50 el sistema jubilatorio se autofinanciaba, al igual que las asignaciones familiares hasta la década del 80; hoy es uno de los principales agujeros negros del presupuesto.

Cavallo en su afán de "organizar" la economía, blanquear a los trabajadores en negro, bajar los costos y mejorar la competitividad, les dio a los empresarios una moratoria para las deudas fiscales y disminuyó los aportes patronales. A pesar de ello la cantidad de asalariados en negro aumentó, al igual que los morosos, y la evasión se incrementó.

Lo concedido por la sociedad no fue retribuido. La actitud de los grandes empresarios, evidenció, una vez más, que un desenvolvimiento con estabilidad es viable si hay un cambio en las instituciones, y en la "cultura", de los principales agentes económicos y políticos.

Nunca el Presupuesto fue respetado. El poder ejecutivo lo transgredió toda vez que quiso.

En definitiva, los resultados con cada gobierno fueron:
La consolidación de las perversiones;
El achicamiento del mercado interno;
Mayor regresividad del sistema tributario;
Privilegios crecientes para los sectores oligopólicos;
Un funcionamiento que pervirtió las leyes de mercado.

Este proceso necesariamente tenía que tener un final, no podía mantenerse en el tiempo. La crisis estaba ahí, con manifestaciones más graves y agudas, y la respuesta fue coherente con lo acontecido. En el 91, aprovechando las razones de objeción válidas al proceso acaecido, sus beneficiarios dieron una vuelta de tuerca mayor y se implantó el PdeC.

Al no cambiar la dinámica perversa de acumulación, la variable de ajuste fue el ingreso de los asalariados y capas medias, expresado en el deterioro en la distribución de la riqueza.

Un analisis sistemico

El análisis sistémico permite abordar todos los problemas del país, ya que la respuesta al interrogante planteado no está en algunas de sus especificidades, se trata del funcionamiento global del sistema en los últimos cincuenta años.

a)**En la economía**
La problemática argentina fue consecuencia de una muy perfilada y corrupta organización económica social y política que se plasmó en los cuarenta y se consolidó con el tiempo.

Hubo una gestión corrupta dirigida y orientada por los principales actores de la sociedad argentina.:
En la administración pública;

En los más trascendentes negocios privados, al interior de cada empresa y en las vinculaciones de éstas con el Estado.

Pervirtió el ejercicio de la Democracia y las bases del sistema capitalista:

El mercado, el sistema tributario, la moneda, y su dinámica de crecimiento, conformando una red de causas y efectos que se retroalimentaron.

Organización fundada sobre acuerdos corporativos entre los movimientos empresarios y las jerarquías sindicales, bendecida por el gobierno de turno, civil o militar, participando a través de sus empresas y de los gobiernos provinciales. Los conflictos se resolvieron en un permanente tome y daca y, por supuesto, beneficiando siempre, y siempre más, al sector gran empresario.

Fue el Poder de los agentes económicos dominantes el que distribuyó premios y castigos:

El juego de las leyes del mercado, la equidad distributiva, el interés del consumidor, la eficiencia y, en definitiva, el interés de la sociedad, estuvo ausente.

El desenvolvimiento económico y social quedó afectado. **El funcionamiento del mercado estuvo marcado por las distorsiones a que era sometido por los oligopolios** directamente y a través del Estado.

A lo largo de los años la situación de los asalariados, sectores de ingresos fijos y capas medias se fue deteriorando en la medida que la crisis se acentuaba; mientras tanto en la punta de la pirámide se producía una creciente concentración.

De tal manera se conformó una dinámica de funcionamiento que se corresponde con la lógica del capital en cuanto a la búsqueda de beneficios, pero no en cuanto a su autocrecimiento: acumulación, ahorro, inversión y consumo.

Mis reflexiones anteriores parecen pertenecer tanto al ámbito de la psicología social como al económico, sin embargo creo que un análisis de ese carácter –global–, es el que mejor puede responder al interrogante planteado y siempre que se lo considere en su totalidad, de ninguna manera en forma parcial.

Lo acontecido en nuestro país fue diferente, abarcatorio. Nuestra corrupción trasciende la condenable por ilicitud, alcanza a las instituciones de la democracia y aquellas propias del capitalismo.

A la corrupción se sumó la impunidad.

Hubo corrupción amparada por leyes, que incrementaron los déficit y gravaron el presupuesto:

Captación del dinero de las Cajas de Jubilaciones;

Ley de rehabilitación de empresas dictada por Krieger Vasena;

Licuación de pasivos y estatización de la deuda privada con el Dr. Cavallo como funcionario de la dictadura;

Avales no cubiertos por sus beneficiarios;

Quebrantos bancarios asumidos por el Banco Central.

Agreguemos ilícitos de sobre y subfacturación; autopréstamos y contrataciones con las empresas públicas.

Los déficit se cubrieron con emisión, reforzando el proceso inflacionario y envileciendo el signo monetario, símbolo de soberanía. La inflación de tres dígitos durante 20 años, y la hiperinflación, no tiene parangón en la historia económica. No hubo sanciones penales, ni sociales.

Es común escuchar que lo destacado aconteció en todo el mundo, sin embargo hay diferencias que se aprecian en los resultados:

En Corea y Japón cayeron los últimos gobiernos por corruptos, y qué decir de Italia o tantos otros países, sin embargo ellos crecieron a pesar de la corrupción.

Las dictaduras chilena, brasileña, coreana, o española, sirvieron para modernizarlos, de manera salvaje y represiva, pero modernización capitalista al fin. En nuestro país, se tuvieron que ir después de llevarlo a la ruina.

Méjico, Brasil, Venezuela, Colombia crecieron con dependencia, subdesarrollo, falencias tecnológicas y educativas. Se desarrollaron más acorde con sus recursos, con estatismo, sustitución de importaciones, economía cerrada, subsidiada y promocionada. **Argentina es el de peor desempeño, en todo el mundo, desde los 50 en adelante.**

b) En la política e instituciones republicanas:

Lo sucedido en el país, particularmente desde los años treinta nos esta indicando un sendero para encarar su análisis.

La desgraciada conjunción del nuevo accionar del Estado con el Golpe de Estado del General Félix Uriburu, abrió un proceso que es común insertarlo en el marco histórico, sin reparar en el tremendo significado que tuvo para el País, para cada individuo y para la sociedad.

La inexistencia de las instituciones republicanas formó parte de nuestra vida cotidiana, aún en aquellos años en las que éstas parecían tener vigencia; ya que el Golpe estaba ahí esperando la conjunción de acontecimientos que lo tornaran posible. Peor aún, y lo más terrible, esperando el momento que parte importante de la población lo considerara necesario.

Vivir en dictadura se internalizó en cada uno de nosotros, en nuestra manera de ser, de pensar, de actuar. Formó parte de nuestra personalidad.

Escuchar la marcha militar por radio del Estado, o radio Nacional, ver las tres gorras en la pantalla del televisor que remplazaban al Parlamento y ejercían de hecho y de derecho los tres poderes nos parecieron naturales, no una monstruosidad.

Hubo intelectuales, políticos, empresarios y dirigentes sindicales, que convalidaron la situación imperante. Hemos aceptado como una mera referencia histórica que jueces convalidaren la interrupción de la Constitución y la vigencia legal de la dictadura.

Así fueron éstos cincuenta años. En los trece años de Democracia quienes gobiernan y aquellos que tienen Poder, siguen actuando acorde con la historia que los conformó como individuos, o como espacio de Poder.

En el devenir de décadas se conformó un sistema corrupto de gestión del Estado.

En el devenir de décadas se conformó la identidad del Estado con el Gobierno de turno.

La burocracia sobrevivió y se adecuó para servir los intereses puntuales de los gobernantes y, fundamentalmente, de los sectores dirigentes, cuya forma de actuar confrontaron siempre con las Instituciones y con la Democracia.

Hubo y hay, sometimiento al Poder Ejecutivo de los otros dos poderes.

Hubo y hay, sometimiento del Poder Ejecutivo a intereses empresarios.

El proceso económico y socio-político nos llevó, en cada coyuntura, a una encrucijada imposible de superar sin un cambio. Los sectores rectores de la sociedad, conscientes de ello, optaban por hacer caer la ya precaria legalidad constitucional.

c) En la Sociedad

Lo descrito de la economía y las instituciones, influenciaron en la sociedad. Se corrompió la vida ciudadana, que se redujo a comportarse como productores y consumidores. Lo significativo, y fundamental, es que la identidad nacional faltó en los sectores dirigentes, empresarios, políticos, y militares.

Al quedar el Estado y las Instituciones subvertidas en su accionar, la sociedad civil adecuó su funcionamiento a ese marco.

En la cima de la pirámide es el juego del poder y no el juego del mercado el que orienta las decisiones, en la base, la lucha por la sobrevivencia; en la base no hay responsabilidades ni beneficios, por el contrario se sufre las consecuencias de todo lo afirmado.

Los responsables de nuestro derrotero no han dado señales de ser proclives a conceder nada; la historia enseña que la Humanidad avanzó a través de conflictos, y según la manera en que se resolvieron entrañaron avances o retrocesos.

Ya hay fuertes indicios positivos: la conformación de la CTA está indicando el comienzo de la democratización sindical, verdadero efecto no querido del PdeC; una nueva actitud en sectores de la jerarquía eclesiástica; la multiplicación de protestas con gran participación social; la cantidad de ONG que confluyen en generar una conciencia de responsabilidad ciudadana.

La implementación del plan de convertibilidad, modificó la estructura económica y social del país, así como las instituciones y agudizó al extremo la crisis hasta conducirnos a la situación de ruptura actual, habida cuenta de ello se considera necesario incorporar nuevos interrogantes:

¿Vale la pena revisar la historia de los últimos años y discutir el llamado "costo social"?;

¿Vale la pena señalar a los beneficiarios del PdeC y de lo que acontece?;

¿Se puede afirmar, como hacen desde el oficialismo y la oposición, que lo importante era corregir el tipo de cambio y no la esencia de la estrategia del PdeC para obviar sus efectos negativos?:

¿Cómo se corrige la pérdida del patrimonio público?;

¿Cómo las limitaciones de gobiernos y del estado para la gestión macroeconómica?;

¿Qué hacer con el incremento del endeudamiento externo?;

¿Cómo salimos del fortalecimiento de la dependencia de capitales especulativos?;

¿Cómo superamos la consolidación de la marginación económica, social y geográfica?;

¿Es que acaso la estrategia del PdeC pudo tener otros resultados diferentes a los que tuvo?;

Los objetivos del PdeC están condicionados por la obligación, a priori, de la defensa de los intereses de los sectores que condujeron a la hiperinflación, a la agudización de la crisis de nuestra economía y sociedad.

Crecimiento, desocupación y marginación social fueron consecuencias de la estrategia del PdeC, explicitada en su política económica.

Fijarse como objetivo una estabilidad de largo plazo, con equidad y crecimiento, implica instrumentar medidas radicalmente diferentes; **sin discutir la necesidad de apertura económica (previa consolidación del mercado interno), el respeto por la dinámica de mercado (previa precisión de su significado e implicancia), el equilibrio fiscal (previa rectificación radical de lo que siempre fueran sus causas) y la eficiencia del sector público**.

La causa de nuestro creciente deterioro ha sido el marco económico y socio-político en que se desenvolvió el país.

Se exige una propuesta alternativa a la estrategia llevada a cabo por el gobierno partiendo siempre de hechos consumados, e imposibles de revertir, sin una modificación radical que implicaría duras confrontaciones con el poder; aún el político, o el economista mejor inspirado, queda preso del condicionamiento previo si no está dispuesto a enfrentarlo.

Hoy hay que opinar acerca de un país totalmente distinto de lo que era en el 55, 82, 73, 83, 90, en el 2000, con la pérdida de gran parte del patrimonio nacional y mucho más endeudado.

Con lo anterior se pretende justificar la necesidad de avanzar en un estudio que responda a los interrogantes arriba señalados. Todo el tiempo que se acepte que nuestra crisis **es sistémica,** es natural que los aportes para su explicación deben provenir de la suma de los aportes de especialistas de diferentes disciplinas.

La aplicación del plan de convertibilidad agravó la crisis sistémica.

El plan de convertibilidad impuso deliberadamente una reforma perversa que resultó en una profunda desestructuracion económica y desindustrialización en auge y recesión.

Perversa porque no se trata de fases en un ciclo; están los síntomas del ciclo recesivo: deterioro de la calidad de vida, altas tasas de desocupación y cierres de fábricas, pero con incremento del PBI.

No se produjo "una destrucción creadora" que renueva, moderniza, expande y adecua al sistema y, a un mismo tiempo, sirve para integrar económica y geográficamente al país.

El desenvolvimiento, viable siempre que se diera una movilidad social ascendente, aumentó su perversidad.

Deliberada porque abriendo la economía –siempre muy cerrada y con muy bajo nivel de exportaciones– y fijado el tipo de cambio, con convertibilidad obligada por ley, se evidenció la falta de competitividad de los sectores transables, que quedaron expuestos a los precios del mercado mundial.

Se reestructuró la industria en forma salvaje, sin tiempo para modernizar cada sector y para la transferencia de capitales y mano de obra capacitada; en tanto que sectores de servicios protegidos acrecentaron sus precios.

La reforma del sector público, las privatizaciones y la imposición de la flexibilidad laboral, se tradujo en una abrupta desocupación que no dejó de crecer.

Basta analizar cómo el PdeC afrontó los condicionantes señalados al comienzo para apreciar objetivamente sus resultados.

i) La estructura productiva se consolidó como condicionante

El PdeC acentuó la regresividad en la distribución del ingreso y acrecentó la dependencia de la demanda externa; su mayor desafío fue y es incrementar abruptamente las exportaciones.

Sin embargo, la historia económica demostró que la exportación contribuye al desarrollo desde un mercado interno integrado. La producción que se exporta surge de un tejido intersectorial agrario, industrial, comercial y financiero, influido por las infraestructuras y por un entramado social e institucional. El mercado interno no es una entelequia.

La posibilidad de exportar depende de la disminución del costo de los bienes y del incremento de la productividad; los costos están influidos, entre otros factores por:

Los impuestos al trabajo;
Los impuestos indirectos de los bienes salarios;
Los impuestos indirectos de los insumos;
Las tarifas y precios de los productos de las empresas privatizadas;
Los costos financieros internos;
Las tasas de interés externas;
Los costos del transporte;
Los costos de comercialización en sus diferentes niveles.

En definitiva, para que el nivel de intercambio externo sea el necesario para una estabilidad de largo plazo, hay que resolver la crisis que padecemos dinamizando el mercado interno, integrándolo y consolidándolo. Imposible con el PdeC.

La industria automotriz fue y es un desafío para cualquier estrategia, sigue siendo protegida y su balance de divisas sigue siendo deficitario.

Además, y ello es grave, los sectores dominantes suponen que el mundo está a nuestra disposición.

Los países asiáticos volcados a la exportación, no superaron su dependencia del capital externo.

ii) La nueva estructura estatal

Con el PdeC el Estado se ha privado de las herramientas de la macroeconomía, que le dan la posibilidad de aprovechar las economías externas y limitar, o eliminar, las deseconomías externas. Se ha privado de políticas que faciliten la integración económica, social y geográfica.

iii) Privatizaciones

Merece destacarse en primer lugar la privatización de la seguridad social con la constitución de las AFJP, ya que es un ejemplo del funcionamiento sistémico y en particular de la forma en que se hicieron las privatizaciones: fue escandalosa y ruinosa para el país y es una de las causas principales junto a los intereses de la deuda de los déficit fiscales.

Se cambiaron los monopolios públicos por monopolios privados. De un manejo corrupto, pero corregible, pasamos a otro con un cambio trascendente de propiedad. El Estado perdió una cantidad de economías externas imposibles de ser satisfechas por el capital privado. Hoy las empresas privatizadas exigen renegociar con nuevas ventajas sus acuerdos. El "hoy" debe ser entendido temporalmente, ya que ha sido una constante de su comportamiento.

— Las privatizaciones reforzaron las deformaciones de la economía, respecto de:

Concentración de la renta en fuertes grupos económicos, y su asignación;

Manipulación de tarifas y precios en sectores proveedores de insumos y/o servicios, que influyen en los costos y precios relativos de toda la economía;

No funcionan los organismos de control instituidos y en algunos casos ni siquiera han sido programados;

Las privatizaciones fueron un caso increíble de concesiones sin exigencias de reciprocidad y sin riesgos.

En lugar de inducir la inversión a sectores transables competitivos internacionalmente, se ha fortalecido a servicios no transables, dificultando, más aún, la posibilidad de integrarnos al mercado mundial.

Si en tan poco tiempo las telefónicas, YPF, Gas del Estado, Segba, las hidroeléctricas, se volvieron eficientes y rentables es evidente que tenían las estructuras productivas para lograrlo. Su manejo corrupto, en el marco económico y socio-político, con déficit, inflación y evasión, lo impidió.

iv) Desequilibrio fiscal

a) Ingresos: Lo hecho hasta ahora nunca superó lo coyuntural y las medidas concretas afectaron a jubilados y sectores de menores ingresos, sin tocar jamás a los de gran capacidad contributiva, y con ello disminuyeron el consumo y agravaron la situación. Sucede algo increíble, no hay quien reclame la transformación radical del sistema tributario, con carácter de urgente, e indispensable, a pesar de que algunos destacan las perversidades del actual. Pero la resistencia al cambio, se explica dentro del análisis sistémico realizado. Hay una aclaración pertinente, es necesario precisar la responsabilidad del FMI, porque los responsables han sido y son los mismos sectores que precipitaron la crisis a éste callejón sin salida.

b) Gastos: En el presupuesto gravita crecientemente la deuda externa y sus intereses y la tendencia es cada vez más empinada. En general, nada esencial se ha hecho para mejorar la asignación de los ingresos. Muestran como logro haber terminado con la "desocupación encubierta", que solventaba a ciudadanos, productores y consumidores, no responsables de la gestión. Desaparecieron los déficit resultado del desmanejo corrupto y deliberado de las empresas públicas, pero el gasto se incrementó apreciablemente. y la gestión pública es ineficiente y plagada de ilícitos y corrupción legal e institucional.

v) Desequilibrio externo

Se incrementó:

El PdeC funcionó con un creciente desequilibrio externo. Con la reactivación económica crecieron las importaciones y en tanto no crecieron a igual ritmo las exportaciones, el déficit comercial se agravó lo que, sumado al pago de intereses, regalías y remisión de utilidades acrecentó el déficit de la cuenta corriente de la balanza de pago.

Resultado de lo anterior, la propia convertibilidad como herramienta principal del PdeC, es puesta en peligro de colapso.

Al PdeC lo sostiene el endeudamiento creciente; es un círculo vicioso que alienta los ajustes sin solución de continuidad. Son nuevos condicionantes estructurales que se suman a los anteriores.

vi) Flexibilización

Estaba claro para todos, y hoy nadie debería tener dudas, que el PdeC cerraba y cierra con mayor deterioro los ingresos de los asalariados manuales e intelectuales.

La desocupación reemplazó en la dinámica de nuestro desenvolvimiento a la inflación y finalmente a la hiperinflación. Durante décadas la inflación sirvió a los sectores dominantes para descontar las ventajas momentáneas que las negociaciones otorgaban a los asalariados; cuando sobrevino la destrucción del sector público y la hiperinflación, el PdeC con sus ajustes reiterados impusieron la desocupación que dio lugar a la mayor redistribución regresiva del ingreso en la historia argentina.

La flexibilización legislada y de hecho, cambió radicalmente los hábitos de vida de gran parte de la población, también la cultura y tradiciones. Se impuso un individualismo exasperado y reina la falta de solidaridad, están en juego la dignidad y autoestima del ciudadano. Dichos cambios afectan asimismo al desenvolvimiento económico. Se agravaron todos los problemas que dificultan tener una población capacitada para la revolución Informacional y disminuyó la capacidad de consumo.

vii) Coyuntura

El tipo de cambio fijo por ley, tuvo la virtud innegable de sujetar como a un potro el proceso económico. Embretó a los "agentes económicos" en un ring, les puso un cerco e indudablemente generó expectativas favorables en los grandes empresarios locales y extranjeros, logrando lo que parecía imposible: dar imagen de "estabilidad" al proceso, pero con un "zorro en el gallinero". Con el PdeC y en el marco sistémico descrito, la estabilidad quedó totalmente condicionada.

El Plan de Convertibilidad cierra con ajuste tras ajuste incrementando la marginación y reduciendo el mercado interno.

En el PdeC está el germen que puede destruir su principal herramienta: la fijación, por ley, del tipo de cambio. Si no se toman medidas para un cambio radical no hay patrón de cambio, reforma del Estado, o flexibilización laboral que permita un desenvolvimiento estable. En el mismo marco sistémico, se manifestarán en consolidar las perversidades de nuestro desenvolvimiento y la marginación social.

Una última reflexión

Frente a lo acontecido en los últimos veinte años, y en los últimos diez manipulado desde el gobierno, ¿es muy loco pensar que poco a poco apareció primero una imagen difusa, luego una idea un tanto no delineada y que fue tomando forma, de producir una transformación de fondo que cale profundamente y trastoque nuestras raíces?

Con una política gubernamental deliberada el Estado se ha desprendido de patrimonio y funciones indelegables y absolutamente excepcionales con relación al resto de los países. Igualmente se han afectado las instituciones.

Ya hemos resignado la soberanía implícita en la moneda y en el manejo de las finanzas, los bancos extranjeros actúan con mayor libertad que en sus casas matrices y sin limitaciones ni regulaciones; petróleo y gas desde los pozos al consumidor están en idénticas manos; al igual que la producción y distribución de energía; nuestra Cancillería responde en plenitud a los dictados del Departamento de Estado (las relaciones carnales);

las políticas presupuestarias, déficit del comercio exterior y fiscal, van en mayor consonancia con los intereses del capital TN (local y extranjero) que las propias del FMI.

Hemos concedido más al gran capital, local y extranjero, que los atributos que la Constitución y los pactos federales acordaban entre provincias y Nación.

No se trata de que se concedieron ventajas, se está concediendo de hecho la esencia de las instituciones que conforman la república.

Se trataría de borrar de la memoria de los argentinos la Asamblea de 1816, el Congreso Constituyente del 53 y las reformas que siguieron. Quizás sería suficiente borrar los considerandos, ya que no se cumple con sus articulados.

Ya nuestra oligarquía, en las primeras décadas del siglo, se consideró otro diamante de la corona británica, la historia se repite. Se olvidan que lo que aparentaba una roca se desvaneció cuando la crisis del 30, cuando comenzaron nuestras desventuras institucionales. La Corona no hizo nada por nosotros, firmamos el Pacto de Roca Runciman que nos afectó aún más que la política dependiente anterior.

Lo acontecido no fue una mera reforma fue un terremoto institucional, en verdad una contrarrevolución. Dicho de otra manera con los pasos dados, ¿no nos estamos constituyendo en el primer país que abandona la pertenencia a un Estado-Nación, con todas sus implicancias?, para entregarnos en los brazos de la Globalización. ¿O justificarla en otro Puerto Rico? Y la estrategia que ampara dicha aspiración ¿no estaría compartida por empresarios, economistas, políticos, juristas, líderes sindicales y algunos operadores de medios?

Lo dicho es estrictamente objetivo, desgraciadamente; no hay prejuicio ideológico, responde a una desgraciada y humillante realidad. Miremos en los países del MERCOSUR, México y el resto de Latinoamérica, en ningún país del mundo sucede algo similar. El Estado, en general en todos ellos y a pesar de las reformas, conserva los resortes claves en su poder.

Si miramos en perspectiva, la actitud de nuestro gobierno y de la cancillería, nos traerá problemas en el MERCOSUR.

Con nuestros grandes empresarios lo señalado no es un ejercicio de imaginación demasiado delirante, un ejemplo de "realismo mágico". Lo sucedido en el país y su reforma evidencia con nombres y apellidos quiénes constituyen actualmente los grupos que dominan en la banca, los servicios, el comercio, la industria y, hecho no menor, cómo amasaron su fortuna.

ASPECTOS PREVIOS A LA PROPUESTA

Se propone encarar una investigación acerca del desenvolvimiento sistémico de nuestro país. Se parte del supuesto que las circunstancias que han marcado nuestro derrotero superan el análisis económico y un estudio riguroso presupone un aporte interdisciplinario.

Se necesitan historiadores con formación económica, profesionales que ya hayan escrutado en nuestro pasado y que se avengan a reflexionar con una visión superadora del análisis de los hechos en su sucesión temporal, buscando causas y efectos, aspectos coyunturales y tendenciales y, desde ya, que acepten la influencia del entorno en la conducta de los individuos, sus hábitos, su ascendencia, su cultura.

Tarea, a su vez de investigadores industriales, sociólogos, politicólogos y psicólogos sociales, sin dejar de ser necesario el punto de vista del historiador y del economista. El intercambio de conocimientos permitirá responder al interrogante de cómo se estructuró ese entorno. Partimos de la concepción de que la cultura, en sentido amplio, debe considerarse a los fines de comprender, a un mismo tiempo que las consideraciones anteriores, cómo participan y reaccionan los distintos sectores y clases sociales ante los hechos que resultan de la acción del mercado que ellos, a su vez, conforman con sus acciones, con su cultura, con su ética. Individuos, clases y corporaciones, agentes económicos individuales, asalariados, capitalistas, funcionarios públicos, empresarios, Estados, gobiernos.

Debemos agregar la necesidad de estudiar el origen de la oligarquía terrateniente (como denominación científica), su influencia en el desenvolvimiento económico y en la estructuración de la sociedad argentina, y sus cambios a través de los años. Investigar su contribución a la elaboración de esa levadura de la que emerge el "ser" argentino, y a la conformación de un determinado "espacio" que fue marco para el acontecer político y social. Podemos reiterarnos en lo dicho en cuanto a la influencia de los diversos flujos inmigratorios.

Los aspectos éticos, culturales, el entorno político-social (resultado de todo lo dicho), en determinadas coyunturas económicas nacionales e internacionales, tienen consecuencias diferentes en una continua retroalimentación. Valga como ejemplo, la oportunidad en la que en nuestro país el Estado toma injerencia en los asuntos económicos a través de mecanismos reguladores, tal como sucedía en todo el mundo con la crisis de los años treinta: situación política, clase dominante, nivel de integración económica, social y geográfica del país.

Se deben considerar los aspectos éticos que surgen de la ascendencia hispánica, de la influencia de nuestros terratenientes, a la que hice referencia, de los rasgos constitutivos de la burguesía local, no nacional. El afán de J. D. Perón de apoyarla con todo el poder del Estado, es uno de los aspectos a estudiar, habida cuenta de la diferente actitud empresaria de los sectores medios antes de Perón y después de Perón.

Hay quienes analizan, a la luz de la influencia sajona, las diferencias entre las historias de los EE.UU., Canadá, Australia y Nueva Zelanda, con nuestro país,. Aceptando esa reflexión ¿cómo se explica la diferencia entre el desenvolvimiento de España desde los años cincuenta (un desempeño muy superior) con el argentino?

¿Es posible pensar en una clara especificidad argentina en cuanto al grado de responsabilidad social y sentido nacional de nuestra burguesía? Comparar con las burguesías del resto de América Latina.

Consideramos que realizar la investigación propuesta es por demás oportuna. Estamos en un año electoral y se hace necesario ofrecer a los ciudadanos una reflexión superadora de los devaneos políticos. A un mismo tiempo de los resultados de la investigación se debe poder concluir en una propuesta que, dado como se desarrollan los acontecimientos, debe estar más allá de los posicionamientos frente a los factores de poder, que son quienes actualmente determinan las políticas económicas a seguir.

Se repite en el gobierno y en sectores de la oposición que se hace necesario dar solución a "los efectos no queridos del Plan de Convertibilidad". Sin embargo de acuerdo con las opiniones adelantadas, que son para debatir, surge de nuestra historia reciente que plan y resultados económicos y sociales son dos caras de la misma moneda, la única y previsible consecuencia de la aplicación del plan.

Lo anterior no implica desconocer la necesidad de lograr una estabilidad de largo plazo, crecimiento económico, equilibrio fiscal, equilibrio en la balanza de pago, apertura económica, incorporación del país a los flujos de capitales, pero partiendo de premisas fundamentalmente diferentes al plan.

La política a seguir debe priorizar la defensa del mercado interno, particularmente el ingreso de las amplias capas de la población base del consumo y ahorro interno (no es una afirmación ideológica, responde a una lógica económica cual es que tiene que haber coherencia entre consumo y producción, entre ahorro interno e inversión). La recurrencia al ahorro externo ha sido uno de los factores desequilibrantes que nos ha llevado a la actual situación de dependencia del capital especulativo.

Priorizar asimismo la defensa de las instituciones republicanas y la democratización y desburocratización del sector público.

PROPUESTA

El proyecto de investigación propuesto requiere para ser satisfecho, las siguientes condiciones:

1. Los profesionales que participan deben estar imbuidos de la necesidad de investigar nuestro desenvolvimiento. Deben aceptar el marco conceptual de análisis descripto, aunque guarden diferencias respecto a precisiones o rasgos (políticos, económicos, sociales o culturales) que se retroalimentan de diversas formas en el devenir histórico. Lo esencial es que acuerden con una concepción histórica superadora del análisis coyuntural más o menos cortoplacista propio de la teoría neoclásica.

2. Contar con información –descripción y tablas estadísticas– acerca de población (cantidad, ubicación, distribución geográfica, urbanización), nivel educacional, índices de alfabetización, salud, vivienda, leyes de seguridad social; relaciones de propiedad en la tierra; PBI, su composición sectorial ; PBII, establecimientos industriales, por sectores, dimensiones y distribución geográfica; superestructuras de servicios; comercios; finanzas; Estado, patrimonio público, políticas públicas, presupuestos (su orientación), políticas tributarias. Lo precedente es indicativo, no exhaustivo. Se trata de tener al alcance, y desde que existe información, los elementos necesarios.

3. Información comparativa con otros países de similares o disímiles niveles de desarrollo.

4. Un ámbito para reuniones y trabajo.

Patrocinantes

Se entiende como tal a instituciones o personas que financien o brinden otro tipo de apoyo a la realización del proyecto.

Consultores

El Director del proyecto gestionará, ante los científicos propuestos como consultores, su conformidad con la realización del proyecto

Se entiende como tal a quienes, a solicitud de los investigadores, acepten participar en reuniones de discusión de temas puntuales que requieran precisiones y ampliación de puntos de vistas para su debate.

Se considera necesario lograr el apoyo, a través de la participación o colaboración, de sus responsables: de los Institutos de Investigaciones Económicas y Sociales de la UBA; Facultad de Ciencias Sociales; Instituto Gino Germani; Centro de Estudios Urbanos y Regionales de la UBA; CLACSO; FLACSO...

Profesionales participantes activos en la investigación

A proponer por las Instituciones colaboradoras, o consultores

Secuencia de la Investigación

Conformación de una Dirección.
Se compondrá de un Director y tres miembros que colaboraran a pedido del Director sobre temas puntuales; Su tarea:
— reelaborar las pautas y concepciones de la investigación;
— acordar la metodología de investigación propuesta;
— acordar con los profesionales propuestos o proponer otros;
— acordar la secuencia propuesta;
— acordar sobre el ámbito de trabajo;
— aprobar la información regular para las personas o instituciones que financien la investigación.
— seguir la marcha de las comisiones por disciplinas en cuanto a sus aportes y las pautas fijadas.

Metodología

1. El tiempo considerado necesario para realizar la investigación es de 14 meses. Durante los primeros 30 días se acordará la participación de los investigadores propuestos, se reunirá información y se organizará el ámbito de trabajo, archivos, equipos, etc.
2. Reunión general con la participación de los Señores investigadores, quienes habrán recibido con anterioridad la documentación elaborada respaldatoria.
3. Conformación de comisiones de investigación por disciplinas que aprobarán las pautas metodológicas; Cada comisión elegirá un coordinador y contralor; se repartirán los temas a las personas que los han de encarar; y deberá reunirse cada quince días, mínimo. Durante el lapso establecido, el Director podrá vincularse las veces que sean necesarias, en carácter de colaboración, con los participantes activos. Las comisiones de investigación elegirán al consultor que consideren necesario a quien informarán y recabarán su opinión.
4. Se harán reuniones interdisciplinarias generales o parciales, cada 40 días;
5. Las comisiones brindarán información sobre su trabajo cada 50 días
6. Reuniones con consultores con la periodicidad que decidan;
7. Mesas redondas con los participantes por temas a debatir;
8. Cada actividad debe ser coordinada a través de la secretaría, para evitar confusiones y tener ordenadas las fechas y el ámbito físico en donde se realizarán;
9. Los llamados a reunión, o consulta, deben acompañarse oportunamente con el temario y con los papers que se quieren debatir;
10. Debe guardarse constancias de lo tratado en cada reunión;

11. La Dirección debe estar informada del avance de la investigación; información que deberá suministrar a quienes la financien, todo el tiempo que sea solicitada.

BIBLIOGRAFÍA

La bibliografía se constituye, además con los trabajos de los consultores y responsables de las Instituciones citadas, los aportes de Cepal, OCDE, Banco Mundial, BID, FMI.

Infraestructuras de apoyo

Se buscará un ámbito de trabajo que tenga los servicios de teléfonos, e informáticos adecuados, con autonomía para su uso y para el funcionamiento cotidiano.

ACERCA DE LA DEUDA EXTERNA

Reflexión inicial

El propósito del presente aporte no es realizar un exhaustivo análisis sobre el proceso de endeudamiento, acerca del cual hay profundos y rigurosos estudios.

El propósito es demostrar que, salvando la diferencia trascendente entre dictadura y Democracia, es posible afirmar que el proceso de endeudamiento 76-83 permitió proyectar la estrategia de los sectores involucrados hasta la actualidad.

Que, esencialmente, a través de 25 años las políticas económicas seguidas, con argumentos respaldatorios, en algunos casos, y en otros justificadas en la imposibilidad de alternativas, han logrado los objetivos de la dictadura del '76.

En verdad, han logrado los objetivos planteados desde el '55 con cada golpe de estado, y aún en democracia, de transformar radicalmente al país.

La política deliberada de ajuste, inspirada por los Organismos Multilaterales, y llevada a cabo por nuestros sectores dirigentes, políticos y empresarios, con el apoyo de militares, líderes sindicales y jerarquía eclesiástica, se dispuso superar las crisis recurrentes, económicas e institucionales.

Y lo hizo siempre, en cualquier circunstancia y con diferentes estrategias, privilegiando a un mismo tiempo dos objetivos: que la crisis la paguen los asalariados manuales, e intelectuales, y capas medias, y avanzando en la estrategia teórica-ideológica pero adecuándola a sus intereses, para acumular ganancias de cualquier forma que, de acuerdo a nuestra historia, fueron, fundamentalmente, ganancias líquidas y en divisas.

Adecuaron sus estrategias, o "modelos", con su ética, con sus prioridades y con su cultura que, en definitiva, fueron las causas fundamentales de la crisis del "modelo de sustitución de importaciones" y de nuestras crisis posteriores.

Prioridades y cultura que impidieron, con esa estrategia, que nuestro país usufructuara de los beneficios que otros países de LatinoAmérica alcanzaron como Brasil, México, Colombia y otros.

Prioridades y cultura que dieron al endeudamiento externo de fines del 70 hasta la crisis del 82 un sesgo singular.

No nos endeudamos para facilitar inversiones que se manifestaran en crecimiento económico, ni hablar de desarrollo o de integración económica o social. Nuestro endeudamiento arruinó al país y creó las bases para la posterior desposeción del Estado.

Con la autolimitación precisada, me remito a algunos pocos aportes que con reflexiones y estadísticas me permiten alcanzar el objetivo señalado.

Entre los muchos libros publicados, la información específica, así como los cuadros adjuntos, fueron extraídos de: "Argentina 1976 - 1981: El endeudamiento externo como pivote de la especulación financiera" de Jorge Schvartzer; "Deuda Externa" de Eduardo

Basualdo; "Los roles de la deuda externa en la Convertibilidad" de Mercedes Marco del Pont y "El balance de pagos y la deuda externa pública bajo la convertibilidad" de Mario Damill.

ACERCA DE LA DEUDA PÚBLICA

Hacer historia de los acontecimientos previos al proceso de endeudamiento nos permite evitar caer en una trampa, cual es considerarlo como si el mismo se hubiera originado por el excesivo afán de lucro de algunos grandes empresarios, políticos y militares afines, o dicho de otra manera un escenario montado para un gran negociado, fue eso y mucho más. (*1)

Analizarlo de esa manera nos permite comprender lo acontecido después del 83, el fracaso del Plan Austral y la trampa del Plan de Convertibilidad.

Hubo un marco nacional y otro internacional que condicionó y posibilitó el proceso. Convergieron:

— Las necesidades de vender de los Países Desarrollados (PD) con las de comprar de los Países en Desarrollo (PenD);
— Las necesidades de crecer y recibir inversiones de los P en D con la necesidades de expandirse de los capitales de los PD.

Ambos procesos fueron facilitados por la abundancia de liquidez en los PD.

ENTORNO INTERNACIONAL

Cuando la crisis del estado de bienestar (que estalló con la medida de Richard Nixon que declara la inconvertibilidad del dólar por oro y se agravó cuando la suba violenta de los precios del petróleo), hubo un cambio esencial en las políticas gubernamentales de los Países Capitalistas (PC).

Convergieron las necesidades de las grandes multinacionales en la búsqueda de incrementar las tasas de ganancias disminuidas por la crisis, y la de los gobiernos que abandonaron las premisas de la posguerra en cuanto al pleno empleo y pasaron a privilegiar políticas desregulatorias (desestructurando y deslocalizando sectores industriales enteros), y antinflacionarias. Ello tuvo un correlato ideológico con el reemplazo de las políticas keynesianas por las neoliberales.

La suba de precios del petróleo permitió a los países productores acumular miles de millones de dólares que, al no tener donde invertirlos, los colocaban en la banca internacional que, en un primer momento, los recicló a los propios PD para cubrir sus déficit en la balanza comercial, resultado justamente de la importación del petróleo. Se creó el llamado mercado de Eurodólares en el que comenzaron a circular cifras fantásticas de dinero.

Una vez que los PD resolvieron sus problemas en lo inmediato, la banca comenzó a prestarlo a los países africanos y lo hizo sin preocuparse si esos países tenían, o no, capacidad de repago. A un mismo tiempo las Instituciones Internacionales de crédito FMI, BM, AID se retiraron como aportantes.

Cabe preguntarse las razones de semejante discrecionalidad, criticada oportunamente por el FMI; la razón de ello es una primera e importante reflexión y enseñanza:

Una primera enseñanza: La gran banca recirculó los eurodólares con la seguridad de que en caso de crisis sería protegida por los gobiernos que las cobijan, ello es esencial para comprender lo acontecido y precisar responsabilidades.

En esos años se fractura el acuerdo de Bretton Woods, se conforma un No Sistema Financiero Internacional Público (No SFIP) y un Sistema Internacional Privado (SFIP), en el que la Banca, las empresas y las familias, encuentran un lugar para invertir con rentabilidad superior a la posible de conseguir en la producción y en los servicios diferentes del financiero.

La llamada valorización financiera es una denominación de la preeminencia de las finanzas sobre la producción que, al mismo tiempo, fue y es el marco que posibilitó la mundialización económica.

Todos los países latinoamericanos se endeudaron en cifras que implicaban una severa subordinación de los capitales financieros internacionales. Dependencia que se manifestaba crudamente en la política monetaria y crediticia de la Reserva Federal de los EE.UU.

La crisis revienta en 1982 cuando la Reserva Federal, por problemas internos de los EE.UU., eleva la tasa de interés de 6% y 8% al 22-24% en poco tiempo.

Lo señalado constituye la segunda enseñanza: en un marco en el que el futuro del SFIP y el No SFIP se encuentra en un equilibrio labil por la magnitud de los capitales ficticios que circulan, y por su dependencia de la doble confianza entre acreedores y deudores: el mundo depende de la política de la Reserva Federal que, está probado históricamente, la maneja acorde con los intereses internos de los EE.UU., sin tener en cuenta el estatus del dólar como moneda internacional de curso forzoso con las responsabilidades que le son inherentes.

Comienza para los P en D un período dramático que se precisa en el Informe del Desarrollo Humano 1998 del Programa de Naciones Unidas para el Desarrollo (PNUD).

ENTORNO NACIONAL

En nuestro país lo descrito alcanza una perversidad que lo hace singular y que explica la crisis sistémica que nos agobia.

Con la dictadura de 1976 los sectores decisorios se plantearon el objetivo de lograr lo que no consiguieron con los anteriores golpes:

Transformar y reestructurar al país a cualquier costo, apoyándose en una práctica que reflejaba una identidad de ideología, política económica y coacción.

OBJETIVOS MEDIATOS

Un objetivo POLÍTICO:
— La teoría: Modernizar al país que, para los tecnócratas, significaba crear las condiciones para un funcionamiento capitalista que se fue deteriorando continuadamente.

— La práctica: Reemplazar las Instituciones republicanas, con el CAL, los tres comandantes y la subordinación de la justicia, imponiendo coactivamente el neoliberalismo.
— Posiblilitar lo anterior con toda la represión necesaria;

Un objetivo ECONÓMICO:
— La teoría: Inserción del país a la economía mundial; hacer converger los precios de bienes y servicios a la misma.
— La práctica: Concentración del capital, consolidando grupos económicos financieros locales y fuertemente vinculados a grupos transnacionales

OBJETIVOS INMEDIATOS QUE POSIBILITAN LOS ANTERIORES

— Reforma y consiguiente subsidiaridad del Estado que resigna sus funciones tradicionales;
— Privilegiar al mercado como regulador de la actividad económica;
— Redimensionar y adecuar el mercado interno;

LOS INSTRUMENTOS

— Racionalizar al sector público despidiendo personal, disminuyendo salarios e inversión;
— Privatizar las empresas públicas;
— Terminar con la influencia del sindicalismo y de los sectores de ingresos fijos;
— Reforma laboral llevando a fondo la flexibilización;
— Apertura económica al exterior; que desestructuraría la industria y mantendría los precios deteniendo la inflación.
— Liberalización del mercado cambiario; con el Plan de Convertibilidad con el mismo objetivo de liberar el movimiento de capitales se fijó por ley el tipo de cambio.
— Política monetaria y crediticia restrictiva;

Sintetizo: (recuerdo que la información y los cuadros fueron extraídos de "Argentina 1976-1981: El endeudamiento externo como pivote de la especulación financiera" de Jorge Schvartzer);

1. En 1976 se estableció un sistema de doble cambio: financiero y comercial variable con la inflación.
—Capitales golondrinas, particularmente de la Banca extranjera, entraron al país a través del mercado financiero, se colocaron en inversiones ajustables con la inflación y los retiraron luego convertidos en dólares con una ganancia estimada en más de un 160% anual en dólares.
—En 1977, se promulgó una nueva ley de entidades financieras que implantó un mercado libre de dinero sujeto a la oferta y la demanda con tasas de interés en competencia entre los bancos.

—En poco tiempo todos los depósitos se volvieron remunerados, desapareció la cuenta corriente y los bancos comenzaron a operar a plazos no mayores de siete días. La inflación siguió y llegó al 150% anual.

En 1978 se consolidó lo descrito: se pautó la evolución del tipo de cambio a través del tiempo, dándolo a conocer previamente a los operadores. La llamada "tablita cambiaria". A la inflación se la combatiría con la baja de aranceles que, importación mediante, facilitaría que los precios internos se adecuarían a los internacionales.

La inflación siguió, no se cumplió lo esperado por la teoría ideología. El proceso condujo a la revaluación creciente del peso y al alza permanente de las tasas de interés que debían ser superiores a la tasa de inflación para posibilitar la entrada de capitales. Una dinámica perversa se manifestó en múltiples maniobras que en conjunto significó una tremenda transferencia de riqueza del sector público al sector privado. (El cuadro 1 revela cómo se revaluó el peso respecto al dólar con el objetivo de mantener vigente la tablita.)

La Banca, las tesorerías de las Transnacionales y de las empresas locales, cambiaron dólares invirtiéndolos en la plaza local, pudiendo prever su retorno y con tasas inigualables en mundo. Se reiteraba sin riesgo lo que se vino haciendo desde 1976, pero en magnitudes extraordinarias.

Dado que la ganancia financiera estaba en el diferencial de la tasa de interés, con el ritmo de atraso del tipo de cambio había que aumentar el rendimiento financiero. Con todo el dinero remunerado, sin cuenta corriente, los bancos competían atrayendo los depósitos y aumentando la tasa pasiva que presionaba la activa. El costo financiero era el ítem principal en el costo de producción y en el comercio de bienes.

El sector privado fue incitado a endeudarse en el exterior y lo hacía sin correr riesgo alguno y, en numerosas oportunidades, contando con avales de Bancos oficiales que una vez desatada la crisis fue el Tesoro Nacional quien los pagó. (*2)

Asimismo, para asegurar al inversor que tendría las divisas en el momento en que las requeriría, el gobierno se endeudó en dólares manteniéndolos en reserva. **El volumen de éstas se ligó más a los flujos de capital que a la cuenta de mercancías**.

El cuadro 2 revela que la deuda externa neta entre 1975 y 1979 se mantuvo en cifras similares; que en 1980 se incrementó en más de un 100% y creció en más de un 60% entre 1980 y 1981.

La estrategia del Plan de Martínez de Hoz necesitó para mantenerse, para el caso mantener la tablita, generar nuevos ingresos de capitales que a su vez coincidieran con los objetivos de transformación del país. Las empresas públicas siempre estuvieron en la mira de los transformadores y grandes empresarios locales, aún antes del proceso, y al mismo tiempo que usufructuaban de ellas gestaban políticas para desprestigiarlas y, en casos notorios, arruinarlas. (*3)

La forma en que los objetivos convergieron, fue endeudarlas en el exterior, aunque no lo necesitaran, obligándolas luego a entregar las divisas a cambio de pesos. Para cerrar el objetivo buscado no se les permitió tomar seguro de cambio. Las empresas públicas quedaron endeudadas; al ser utilizados sus precios y tarifas como medio de limitar la inflación, su situación financiera no les permitió por años las inversiones necesarias, ni siquiera las de mantenimiento. También quedaron con una situación patrimonial muy deteriorada y maduras para la posterior privatización a precios viles.

A su vez, los inversores privados declararon las divisas ingresadas como deudas, que dio origen a los autopréstamos asegurados por el nivel de reservas destacado, y mediando un sistema de seguros de cambio, que al producirse el cambio súbito de las reglas de juego, e instalarse un mercado de cambio controlado, quedaron deudores de sí mismos en el exterior.

Durante años ganaron intereses en dólares siderales y al estatizarse la deuda externa privada, recuperaron los dólares consolidando sus utilidades. Pocas veces en la historia del capitalismo se debe haber dado semejante rapiña.

Así se fue generando el escenario que daría lugar, posteriormente, al sistema de capitalización de la deuda pública que posibilitó a los Bancos y grandes empresas locales y Transnacionales quedarse con las empresas estatales.

A fines del 79 estaba claro que la teoría-ideología que alimentaba el plan hacía agua. Primero se desató una crisis financiera que barrió con bancos privados que crecieron a su amparo. Durante un tiempo el Banco Central los sostuvo invirtiendo una enorme cantidad de dólares, pero llegó un momento en que la bola se hizo demasiada grande y los dejó caer.

En el Informe sobre el desarrollo mundial 1997, del Banco Mundial, observando los diversos cuadros, en la página 79 hay un gráfico que indica los "costos directos de las crisis bancarias (porcentaje del PBI)", en diferentes momentos, para cada país, entre 1980 y 1995. La de mayor costo entre 23 países fue la de nuestro país que en 1980-1982 alcanzó el 55% de su PBI. Habría que agregar que en los años siguientes se sucedieron los cierres de bancos, con el consiguiente perjuicio para el Banco Central y los ahorristas.

Finalmente con la apertura económica el país se cubrió de artículos de consumo que ya se fabricaban en el país, cayó la producción industrial, se cerraron fábricas, se rompió el tejido industrial, y se perjudicó las relaciones técnicas de intercambio.

1983 - 1989

Me he detenido en lo acontecido en los años de la dictadura; en los años del Dr. Raúl Alfonsín, luego del paréntesis del Dr. Bernardo Grinspun, el Dr. Juan Vital Sourrouille continuó con la misma estrategia de subordinación a las políticas fijadas por el FMI y por el Banco Mundial, así como a privilegiar los intereses de los sectores dominantes conformados por grupos locales y extranjeros financieros y productivos. En un aporte anterior a hacerse cargo del ministerio el Dr. J.S. había señalado la imposibilidad de liberarse de la coacción exterior. Con el Plan Austral, recibido con esperanza por la población, quedaba claro, también, el amparo a los sectores dominantes al interior del país.

De ese período queda para considerar la legalización de los actos de la dictadura respecto del endeudamiento del país, el renunciamiento a toda acción de confrontación con el sector financiero y económico que condujeron a la destrucción del Estado y a la hiperinflación (*4) y la política de capitalización de la deuda (*5).

En el año 1989 el país estaba maduro para la política diseñada por Menem-Cavallo.

El Plan de Convertibilidad luego de algunos ensayos previos se impuso en 1991, con un pueblo resignado que no tenía otra demanda que la estabilidad.

La estrategia pergeñada por la dictadura de Martinez de Hoz-Videla, consiguió en un gobierno ungido en elecciones limpias, los objetivos buscados.

Cuadro 1. Paridad real del tipo de cambio financiero o libre
(Promedio 1968-74:100)

Fecha	Valor
Promedio 1976	145,2
Promedio 1977	102,2
diciembre	100,5
Promedio 1978	90,2
diciembre	74,8
Promedio 1979	63,4
diciembre	60,8
Promedio 1980	57,1
diciembre	53,9
marzo 1981	58,3

Cuadro 2. Evolución de la deuda externa
(en millones de dólares corrientes)

A fin de 1	Deuda bruta 2	Reservas 3	Deuda neta 4
1975	7.875	620	7.215
1976	8.279	1.812	6.467
1977	9.678	4.039	5.639
1978	12.496	6.037	6.459
1979	19.034	10.480	8.554
1980	27.163	7.683	19.479
Marzo 81	29.587	4.290	25.297
1981	35.671	3.877	31.794

Fuente: BCRA, Memorias anuales.
Nota: La deuda bruta es la deuda por concepto de capital solamente a fin de cada período.

Año 1991 - 2000

2. Para analizar lo acontecido y comparar con lo dicho sobre el período 1976-1981, recurro a un aporte muy reciente sobre la evolución del endeudamiento en los años '90, resultado de una investigación realizada por Mario Damill para el grupo Techint.

MD destaca que en 1999 se rehicieron las estimaciones de la deuda con una diferencia que entre 1992 y 1998 alcanza a más de 11.300 millones de dólares

Los ingresos netos de capital en esos años son mayores en 17.981 millones de dólares[1].

---

[1] Si a eso se le suma el saldo acumulado de la nueva cuenta "Errores y Omisiones Netos" (que es negativo y algo mayor a los 6 mil millones de dólares) se alcanza, como corresponde, una cifra muy semejante a la diferencia en el cómputo del déficit en cuenta corriente.

Cuadro 3. Deuda externa por origen del deudor
(En millones de dólares corrientes)

A fin de 1	Deuda pública 2	Deuda privada 3	Deuda pública neta (menos reservas)
1976	5.189	3.090	3.377
1977	6.044	3.634	2.005
1978	8.357	4.139	2.020
1979	9.960	9.074	(520)
1980	14.459	12.703	6.776
Marzo 81	17.170	12.417	12.880
1981	20.024	15.647	17.747
Variaciones en el período			
1976	(106)	(764)	(1.298)
1977	855	544	(1.372)
1978	863	505	15
1979	1.603	4.935	(535)
1980	5.050	3.639	7.296
Marzo 81	2.721	(286)	6.104 *
1981	2.854	3.230	5.867 **

Fuente: BCRA, Memorias anuales y datos periódicos para marzo de 1981.

* Variación en 3 meses.
** Variación en 9 meses.

Cuadro 4. Evolución de la deuda neta y sus causas
(En millones de dólares corrientes)

Período 1	Variación de la deuda neta 2	Balanza comercial 3	Transferencias no especificadas 4	Otros 5
1977	(828)	1.490	—	(662)
1978	820	2.565	—	(3.385)
1979	2.095	1.110	(2.295)	(905)
1980	10.925	(2.519)	(6.641)	(1.765)
Marzo 81	5.818	(525)	(3.887)	(1.406)

Fuente: Banco Central.
Notas: Las "transferencias no especificadas" se obtienen del balance cambiario del BCRA y "otros" por diferencia; los paréntesis en el saldo comercial indican saldo negativo del período; los períodos son actuales hasta diciembre de 1980 y de un solo trimestre en el último renglón; "otros" incluye los ítems del balance de servicios.

Cuadro 5. Estimación del beneficio en dólares de la deuda externa tomada por el sector privado e invertida en el sistema financiero

Trimestre 1	Saldo de deuda privada (M u$s) 2	Tasa de interés externa % 3	Beneficio tomando tasa pasiva (M u$s) 4	Beneficio tomando tasa activa (M u$s) 5
IV 78	4.139			
I 79	4.139	3,75	74	120
II 79	5.869	3,75	93	161
III 79	7.487	3,75	361	458
IV 79	9.074	3,75	430	599
Total año			*958*	*1.338*
I 80	9.803	4,25	295	517
II 80	10.232	4,25	377	618
III 80	12.301	4,25	594	982
IV 80	12.703	4,25	769	1.181
Total año			*2.035*	*3.298*

Fuente y método: Columna 2: BCRA. Saldo trimestral de la deuda externa del sector privado en millones de dólares. Columna 3: FMI. Se ha tomado la tasa anual del mercado de eurodólares a la que se sumó 3 puntos y se colocó a valores trimestrales. Columna 4: Calculada suponiendo que el saldo de deuda a fin de un trimestre se coloca en el mercado financiero interno a tasa pasiva, se corrige por devaluación, y se descuenta costo del crédito externo. Columna 5: Ídem que 4 pero con tasa activa (que supone que los operadores trajeron divisas y prestaron el equivalente en pesos en el mercado interno).

El incremento del déficit en cuenta corriente resultó de mayores importaciones de servicios, del pago de intereses por la deuda privada, y por la consideración de los intereses vencidos no devengados.

Al analizar la cuenta de capital y financiera que se debe corresponder con el saldo de la de cuenta corriente D.M. revela que en los primeros años predominaron los ingresos asociados a las privatizaciones, siendo los aportes el segundo rubro en importancia que crecieron de poco menos de 500 millones en 1992, a más de 3.300 millones en 1999. Su crecimiento se explica en razón de la extranjerización de las empresas. En la segunda mitad de la década se produjeron los cambios de mano con la consiguiente extranjerización de empresas y bancos. Los cuadros 3 y 5 revelan lo acontecido.

También crecieron las deudas con matrices y filiales especialmente en 1996 y 1997. El aporte de M.D. es sumamente revelador cuando analiza la "Reinversión de Utilidades", que no se modificó (MD considera, con razón, que con el crecimiento sostenido del stock de inversión extranjera directa en el país,[2] cabría esperar un comportamiento creciente de la reinversión); sin embargo lo que creció (Anexo, ver cuadro 6), es la proporción de las utilidades remitidas, que promedia alrededor de 62% para el período 1992-99, con una tendencia creciente. El total de las utilidades remitidas en ese lapso se acerca a los 9500 millones de dólares, lo que equivale a alrededor de 20% de los ingresos netos por inversión directa estimados para los mismos años.

---

[2] El que pasó de 15.822 millones de dólares a fines de 1992 a 62.289 millones al cierre de 1999, de acuerdo con las estimaciones disponibles.

Los cuadros destacan el efecto negativo para el país de las privatizaciones y desnacionalización de empresas: la remisión de utilidades es ya un rubro negativo importante en la balanza de la cuenta corriente, que de hecho suma otra salida de dólares a satisfacer.

El análisis del balance de pagos y la acumulación de reservas recuerda a lo acontecido entre 1976-81 y que se acentuara entre 1995-99. Desde ya que hay una diferencia entre lo que fue un mero negociado financiero con lo sucedido en la década, pero a los fines de la subordinación al SFIP, las consecuencias para el país fueron más desastrosas. El cuadro 8 es suficientemente revelador

Entre 1992 y 1999 las reservas de divisas de las autoridades monetarias se incrementaron, de acuerdo con el balance de pagos, en $ 19.898 millones de dólares; la contribución del sector público fue de $ 27.450 millones, mientras que el sector privado no financiero tuvo una contribución negativa de $ 6.316 millones.[3] Tal saldo de la balanza de Pago resulta de restar el ingreso de la cuenta de capital y financiera ($ 53.483 ver cuadro 7) el saldo negativo de la cuenta corriente ($ 26.033 ver cuadro 5) que equivale a $ 27.450 M.

"Esto indica que, en una perspectiva temporal de mediano plazo, fue la acumulación de deuda pública lo que permitió financiar la acumulación de reservas" (subrayado por J.G.). Nuevamente, como se dijo se acentúa un proceso similar al del 79-81, el Estado se endeuda para seguridad del sector privado y mantener la convertibilidad del peso en dólar. De ser instrumento de una política económica se ha convertido en un grave condicionante que se suma a los tradicionales.

Lo sucedido después del Tequila diseña un escenario posible para nuestro futuro. Entre 1995-99 se acumularon reservas por $ 11.692 millones de dólares, pero la contribución del sector privado no financiero resultó negativa y superior a los $ 11.100 millones, mientras que la realizada por el sector público más que duplica la acumulación de reservas producida efectivamente. Y si observamos la evolución entre 1997 y 1999, la subordinación al SFIP se acentúa.

i) Influencia del proceso destacado en la actividad económica

MD evidencia la verdadera causa de la recesión prolongada y una de las causas de la dificultad para cubrir el déficit fiscal que nos agrava, al señalar que la creciente deuda pública afecta la solvencia fiscal y al ser contractiva tiene consecuencia sobre la actividad económica.

ii) La evolución del endeudamiento externo total y sectorial

MD desagrega el destino de los ingresos en divisas del exterior computados como ingresos en la cuenta de capital que, esencialmente, financiaron el desequilibrio en cuenta corriente, la acumulación de reservas, y la acumulación de activos externos por parte de los sectores residentes.[4]

La contribución de MD evidencia la dinámica de nuestro endeudamiento, al destacar que las necesidades de financiamiento de los agentes residentes en el país en el período

---

[3] Que asciende en realidad a –13.695 millones si se atribuye el total de los "Errores y Omisiones Netos" al sector privado no financiero.
[4] Nos referimos a los ingresos netos de amortizaciones.

1993-99 (próximo a los 20 mil millones dólares anuales, en promedio), incrementó la deuda externa con una tasa media anual de crecimiento, entre 1991 y 1999, de 11,3%, (cuadro 9); que a pesar de ser tan alta es muy inferior a las obligaciones contraídas por los sectores privados financiero y no financiero que creció a un ritmo cercano al 34% anual en todo el lapso considerado, y casi 22% anual en el período post-tequila (cuadro 10).

La magnitud del endeudamiento se aprecia más aún al compararlo con la evolución del PBI que creció, a precios corrientes, entre 1993 y 1999 a sólo el 3,02% anual, y bajó en 1995-99 a una cifra del orden de 2,3% en promedio. Se corresponde con ello el incremento de la relación "deuda externa/PIB" de la Argentina que aumentó en casi 22 puntos entre 1993 y 1999 (cuadro 11), pasando de 28,5 a 50,4%.

Ambos indicadores: el nivel de la deuda que supera el 50% del PBI y el deterioro de la relación deuda exportaciones, consecuencias del Plan de Convertibilidad, al ser una tendencia irreversible en su marco, sumados a los otros condicionantes, evidencian su inviabilidad y pronostican un escenario sombrío para el país de no tomarse medidas para su reversión. Me reitero que la observación del aporte de MD nos revela la similitud entre el proceso 1979-1981 y el de 1995-1999.

Finalmente, la limitación de la investigación surge en las conclusiones, cuando DM afirma:

"La clave para superar esta situación y reducir la dependencia de las expansiones económicas en relación con los flujos de capitales (y del nivel de actividad en relación con la deuda externa pública) es la mejora a largo plazo del balance comercial. De acuerdo con las orientaciones generales de la política económica seguida en los años noventa, esta mejora debería resultar de los efectos positivos sobre la competitividad que, a su vez, derivarían de la apertura comercial, de la desregulación de las actividades económicas, de las privatizaciones y, en general, del conjunto de reformas estructurales desarrolladas con especial intensidad desde 1989 en adelante".

Curiosa conclusión: MD en una investigación rigurosa de la dinámica del endeudamiento público y privado, al no vincularla con el desenvolvimiento económico, social, y político del país, evidenciando falencias y debilidades, termina proponiendo como vulgarmente se dice: "más de lo mismo" y consecuencia de ello se equivoca en sus propuestas. El análisis de nuestra realidad debe ser siempre sistémico por que así lo es nuestra crisis.

Debería haberse interrogado acerca de las causas de las bajas performances de nuestras exportaciones, que lo hubiera conducido a interrogarse de nuestra pobre productividad antes que de la magra competitividad, al margen de las políticas con el tipo de cambio.

Cuantifica los capitales argentinos en el exterior producto de la evasión y de otros ilícitos (sin destacar que son actitudes tradicionales de nuestros sectores dirigentes), y en general omite los condicionantes propios de nuestro país para llevar una política de exportaciones, y una política en general.

La posibilidad de exportar depende de la disminución del costo de los bienes y del incremento de la productividad y de la competitividad; los costos están influenciados, entre otros por:

Los impuestos al trabajo; Los impuestos indirectos de los bienes salarios; Los impuestos indirectos de los insumos; Las tarifas y precios de los productos de las empresas privatizadas; Los costos financieros internos; Las tasas de interés externas; Los costos del transporte; Los costos de comercialización en sus diferentes niveles. El conjunto forma el mercado interno; es el mercado interno.

Todos factores que hacen a la productividad del trabajo y del capital, aspectos esenciales para reactivar el mercado interno y crear bases para la competitividad del país con el mercado mundial.

3. Implicancias políticas del endeudamiento, posiciones a asumir; su influencia en la crisis sistémica y su indivisibilidad con el Plan de Convertibilidad.

Para incorporar los aspectos políticos del endeudamiento externo, aprovecho un aporte del Dr. Eduardo Basualdo de Flacso, sobre la Deuda Externa que publicó *Página 12*.

En el mismo hay abundante información sobre el origen y conformación de la cuenta corriente de la balanza de pago, así como sobre la cuenta de capital, que son trascendentes para evidenciar el juego de intereses que han llevado al país a la mayor crisis de su historia. De igual manera información sobre expresiones de quienes dirigieron la economía del país.

Sin embargo hay un aspecto que es necesario elucidar: E. Basualdo reiteradamente diferencia el egreso de divisas para pago de intereses, de los egresos de divisas efectuados por los sectores dominantes por distintas vías: legales, e ilegales.

Lo hace en varias oportunidades:

i) EB destaca "que la fuga de capitales de esos años alcanzó a 30 mil millones de dólares, comprometiendo el 4,7% del PBI. *Por lo tanto, esta fuga de capitales fue equivalente –o incluso superior– a la transferencia de recursos al exterior destinada al pago de los intereses de la deuda externa*".

El endeudamiento externo fue y es una política deliberada, un instrumento esencial utilizado para transformar el país convirtiéndolo en un espacio geográfico para ser explotado en la totalidad de sus recursos humanos, materiales, y de capital;

Las diversas formas en las que el gran capital, local y extranjero, desnacionalizan tales recursos llevándose la liquidez en divisas al exterior, forma parte de la dinámica sistémica respecto a los países emergentes, acentuada esencialmente desde los años setenta con el predominio del neoliberalismo y que en nuestro país alcanzó niveles excepcionales.

Una y otra política, son igualmente nocivas y limitantes de nuestro desenvolvimiento que, ineludiblemente, debemos enfrentar.

ii) Al referirse a la "espectacular reducción de la inversión que se registró en la década pasada" señala que: "constituye un fenómeno económico y social de suma trascendencia por dos motivos. El primero es que la acentuada e ininterrumpida disminución de la inversión fue decisiva para determinar el estancamiento y la crisis de la economía argentina que, a su vez, al reducir la demanda de mano de obra disminuyó el salario real. *El segundo motivo, es que ese mismo proceso indica que una interrupción o disminución del pago de los intereses de la deuda externa no habría aminorado la crisis económica, la reducción del salario real y la desocupación porque en esas condiciones esos recursos no habrían sino aumentado la fuga de capitales al exterior por parte del capital concentrado interno*". (el subrayado es mío J.G.)

Obtener una disminución del pago de intereses forma parte de una estrategia económica diferente de la actual, diferencia que estaría vinculada a la amplitud y profundidad del enfrentamiento con los sectores dominantes. Sería un avance importante aunque se trata de un escenario en que ambos conflictos se manifiestan y que es difícil de ser escindido. De todas manera, de lograrlo, la baja del pago de intereses aminoraría la crisis económica, facilitaría el incremento del salario real, permitiría relanzar al país y aumentar la ocupación. "Impedir la fuga de capitales al exterior" es una profundización del conflicto y así está planteado.

En general, quiénes combatimos contra el pago de la deuda también combatimos al "modelo" en todas sus manifestaciones. Sin embargo es posible que sectores industriales y otros cada vez más perjudicados, consideren la necesidad de plantear el no pago, no deberíamos oponernos, deberíamos impedir que ello los habilite para seguir extrayendo nuestras riquezas y explotando nuestro pueblo, como la "corporación gran empresaria" la vieja y la nueva, en todas sus formas, lo ha hecho siempre, también cuando el "modelo de sustitución de importaciones".

Ya cuando la política de Martínez de Hoz hacía agua, la UIA hizo un reclamo público de cambio, las formas del "modelo" estaban agotadas y había que cambiar. Hoy se escuchan voces destacando el nivel de la deuda; Broda en una entrevista, que es un ejemplo de prognosis a lo "pitonisa", reclama un cambio y propone un empréstito patriótico, sería cambiar a los acreedores externos por acreedores internos, ambos depredadores, habría que interrogarle si sería un empréstito en pesos y, además, preguntarle porqué no cambiar de raíz el sistema tributario para que paguen lo que deberían pagar, en lugar de prestarnos lo que es del país.

> iii) "En la década actual, al igual que en la pasada, el aspecto primordial de la deuda externa estuvo constituido por los procesos vinculados al comportamiento de los grupos económicos y los distintos tipos de capital extranjero que actuaron dentro de nuestras fronteras, *mientras que la transferencia de recursos a los acreedores externos constituyó un fenómeno importante pero de menor relevancia relativa. Tan así que entre 1991 y 1997 se pagaron 59.700 millones de dólares en concepto de intereses y amortizaciones pero, al mismo tiempo, el endeudamiento aumentó en 63.500 millones de dólares, por lo cual quedó un saldo positivo de casi 4.000 millones de dólares".* (subrayado por mí J.G.)

> "En este sentido, es indudable que la mayor significación relativa que alcanzó el impacto interno de la deuda externa –vinculada al comportamiento del capital concentrado–, respecto al impacto externo –relacionado con la transferencia de recursos a los acreedores externos– replantea, en varios sentidos, la visión imperante acerca de las características y las consecuencias de la deuda externa. *Por cierto, no se trata de minimizar la notable significación que reviste el pago de los intereses y la amortización de la deuda externa para el país, pero sí de remarcar que no se trata de la única ni de la pérdida más importante que recae sobre los sectores populares".* (subrayado por mí J.G.)

De ninguna manera podemos hablar de "saldo positivo" debidos a los ingresos y egresos de dinero en la cuenta que registra los niveles de endeudamiento. El saldo siempre es mayor dependencia-subordinación del gran capital que compromete el presente y el futuro. Desde ya que las formas en que el gran capital extrae nuestros recursos y explota a nuestro pueblo son múltiples, pero en las últimas décadas la deuda externa fue una de sus principales herramientas que, y me reitero, facilitó y facilita las otras, viejas y nuevas. Y ninguna duda que liberarnos de esa "cruz" que carga la Nación y su pueblo es fundamental.

iv) "Ahora bien, la mayor significación económica del impacto interno de la deuda externa indica *que, desde el punto de vista político, la contradicción principal que se despliega en nuestro país es la que se desarrolla entre el capital y los sectores populares dado que su forma de resolución* determinará la manera en que se resuelva la disputa con los acreedores externos, o, en términos más amplios, con el imperialismo.

"En este contexto, parece evidente que la propuesta de no pagar los servicios de la deuda externa no sólo considera un aspecto parcial del endeudamiento externo, sino que no corrige el comportamiento económico que se sustenta en el funcionamiento del capital concentrado interno. De esta manera, la concentración regresiva del ingreso, la desocupación y precarización del trabajo, la transferencia de recursos al exterior y el incremento de la deuda externa *permanecerían como rasgos estructurales. En otras palabras, la propuesta del "no pago" impulsa un conjunto de alianzas sociales y políticas económicas que dejan intacto el régimen de acumulación vigente, en tanto asume que las transferencias de recursos a los acreedores externos son la principal restricción al desarrollo argentino y afectan al conjunto de los sectores sociales. En el mismo sentido, esta propuesta al definir una línea de confrontación con el sistema financiero internacional que exige la posibilidad de establecer alianzas regionales, termina desalentando la definición de políticas estatales internas que permitan configurar alianzas sociales internas.*

"En síntesis, todo parece indicar que la solución de la dramática problemática de la deuda externa se debería construir a partir de una acumulación de poder sustentado en los otros dos aspectos. Restituyéndole autonomía a la política estatal respecto a las presiones de los organismos internacionales y "disciplinando" al capital concentrado interno a través de una drástica modificación de las pautas de la distribución del ingreso, de la reconstitución de la capacidad regulatoria y redistributiva del Estado y el desplazamiento de la valorización financiera como núcleo central del comportamiento económico."

Los aspectos destacados excluyen el endeudamiento, y le da una calidad inferior, como factor de conflicto de intereses en la lucha entre los sectores dominantes locales y extranjeros y la inmensa mayoría del pueblo argentino. En respuesta a ellos me reitero con lo señalado antes: Hay un conflicto con los acreedores externos-internos, en torno a la deuda, que es imperioso resolver; conjuntamente existe el conflicto de siempre entre el gran capital y los asalariados, a los que hay que sumar como perjudicados, porque forma parte de nuestra realidad, a sectores de ingresos fijos y capas medias.

A estos sectores de nuestra población que forman el 80% de la población y pagan el 80% de los impuestos, hay que darles respuesta porque los 11.000 millones de dólares que se pagarán en el año 2000 y los $ 14.000 millones de dólares que se pagarán en el 2001 (que conforman más del 20% del presupuesto), no son una abstracción sobre la que hace falta discernir comparando con las formas viejas y nuevas de explotación recreadas por el gran capital local y extranjero y en sus diferentes composiciones y porcentajes de participación patrimonial.

Al principio del aporte el Dr. E.B. afirma que atribuir a la deuda externa un carácter esencial significaría que la contradicción principal sería Imperio-Nación, involucrando en ella a los sectores dominantes.

Creo que esa apreciación está volando sobre todo el aporte. Los sectores dominantes hace tiempo están vinculados a los intereses de los CTN, hoy no podemos identificar los intereses de la Nación con los de sus sectores dominantes.

La vieja discusión en la izquierda que impulsaba a no precisar en las consignas el concepto de Nación, porque en ella estaban comprendido los sectores dominantes de origen argentino que formaban parte, también, de la Nación, ha cambiado con la Mundialización económica y la globalización financiera.

Es difícil discernir a quienes está dirigida la apreciación advertencia del Dr. E.B. Como ejemplo Diálogo 2000, que forma parte de un movimiento más amplio que tomó el llamamiento del papa Juan Pablo II del Jubileo de la deuda, levanta en nuestro país la consigna "contra la deuda y el ajuste estructural". Con ello queda claro que ambas luchas son una y que los enemigos son los mismos, al margen de conflictos de intereses circunstanciales. Nuestra historia ha probado que llegado el caso se unen cuando el pueblo comienza a levantar cabeza.

Hoy claramente hay una contradicción entre Nación y el Imperio, también entre la Nación y el resto de los países desarrollados. Y destaco al Imperio porque nunca en la Historia de la Humanidad hubo uno de la amplitud y características del de los EE.UU. A quien todos los países del mundo, aún los desarrollados, pagamos tributo a través del dólar como moneda de curso forzoso, y por la dependencia que genera la magnitud de su mercado.

Los sectores dominantes que antes eran abarcados en la concepción de Nación hoy sólo son residentes que tienen similares intereses con los no residentes.

La Nación está en peligro por estrategias conducidas por esos sectores desde hace décadas. La Nación se ha transformado para ellos en sólo fronteras que cada vez se difuminan más; el concepto de soberanía nacional ha sido bastardeado al igual que otras Instituciones de la República. Se ha concedido más a los intereses extranjeros que los que por el Pacto federal concedían las Provincias a La Nación. Y uno de los principales instrumentos fue el endeudamiento externo.

El Plan de Convertibilidad hizo de la exclusión de buena parte del pueblo, constituyente esencial de La Nación, uno de los factores de ajuste; en ese contexto, un sector minoritario se auto excluyó de la Nación.

CONCLUSIONES

La singularidad de nuestro crecimiento estuvo marcado por el carácter de nuestro endeudamiento. A un mismo tiempo no se lo puede analizar ni entender si no se lo enmarca dentro de la dinámica sistémica de crisis que aqueja al país.

1- La deuda afecta la economía, la política, la sociedad, la ética y la cultura;
2- La deuda fue y es un instrumento de dominación –su gravedad se vincula a su magnitud pero en igual medida a sus implicancias.

3- Nada era, ni es, desconocido para los políticos y economistas que gobernaron y gobiernan. El poder ejecutivo maneja y dispone sobre nuestro endeudamiento marginando al Congreso; en la lectura del fallo encontramos los mismos nombres y similares críticas a las posibles de hacer ahora;
4- Condicionó nuestro pasado y presente ya que está entre las causas de la crisis que nos agobia;
5- De la forma de encararla depende nuestro futuro y precisa con nombre y apellido a los responsables de las políticas económicas: tanto a políticos como a economistas;
6- La vulnerabilidad externa es consecuencia de la política seguida, mal puede ser señalada como causa;
7- La desestructuración del tejido industrial es consecuencia de la política seguida, fue uno de sus objetivos; nadie puede sorprenderse;
8- Asimismo la recesión es su consecuencia y las dificultades para salir están en el sistema tributario, en las exenciones y subsidios, en las ilegalidades tradicionales: evasión, aduana; y en la corrupción institucional.
9- La estrategia es inviable, se sostiene con ajustes tras ajustes y nuevo endeudamiento; su techo es la "benevolencia" del FMI y el SFIP, su piso el aguante del pueblo y un eventual colapso;
10- Se afirma que es trascendente disminuir el déficit y para ello se dictó la ley de solvencia fiscal que nos compromete a eliminar el déficit, sin embargo hay un trabajo de la Dra. Mercedes Marcó del Pon, de FIDE, que prueba que eliminar el déficit no implica disminuir en nada la implicancia del endeudamiento externo tampoco el que siga creciendo.

Se explica porque los superávits fiscales son en pesos y la deuda en divisas; porque el país necesita constituir reservas y endeudarse ya que el endeudamiento reemplazó la antigua emisión monetaria y al ser sostén del crédito y de la expansión, el país para crecer necesita dentro del "modelo" seguir endeudándose; y necesita constituir reservas para suplir el déficit del sector privado. Ello obliga al Tesoro a seguir adquiriendo dólares menos los que ingresen por exportaciones, por endeudamiento privado e inversiones directas. Todos factores que no tienen ninguna posibilidad de concretarse en la magnitud necesaria.

11- El temor, el miedo, la "inseguridad jurídica", la imposibilidad de un camino alternativo, son los argumentos usuales para mantenernos sumisos, resignados y escépticos;
12- La respuesta es que de seguir con una estrategia que se ha convertido en una vulgar "bicicleta financiera", caeremos en una crisis más profunda y los intereses externos terminarán de imponerse subalternizando aún más nuestro país;
13- Por consiguiente reconocer la gravedad de las implicaciones de nuestro endeudamiento y plantear, cuanto antes, a los gobiernos y organismos internacionales la necesidad de lograr un consenso para sentarse a negociar con el objetivo de liberar a nuestro país de esa pesada carga, es lo único sensato, y lo que está de acuerdo con la concepción de alcanzar relaciones internacionales más equitativas y responsables.

Plantear negociar no implica oponerse a quienes reclaman el no pago, o la nulidad, ambos son argumentos válidos y fuertes que deben ser planteados.

A su vez, es necesario precisar que esa tarea no puede ser llevada adelante por los representantes del NO SFIP, ni del SFIP, que son parte interesada, tampoco nuestro país puede delegar la negociación a los Ministerios de Hacienda y afines: es tarea de políticos y en particular del Congreso que deberán tener en cuenta, en un tema tan trascendente, la voz del pueblo a través de un referéndum.

Finalmente, la lucha para frenar la lógica implacable del endeudamiento está entroncada con la lucha de cambiar radicalmente la lógica implacable del Plan de Convertibilidad (*6).

(*1) Sobre el objetivo del endeudamiento extraigo la opinión de los peritos ad-hoc Alberto Tandurella y Sabatino Forino.
"La conclusión básica y conocimientos propios de la especialidad que cultivan en el ámbito docente, el endeudamiento externo fue concebido como parte de la política económica adoptada por las autoridades de facto instaladas como consecuencia del golpe de estado del 24-3-1976, por ello en el análisis se verifica que el programa de endeudamiento externo constituía un importante elemento para alcanzar los objetivos que esa política se proponía"

(*2) Sobre los avales me remito a lo informado por los peritos ad-hoc Alberto Tandurella y Sabatino Forino.
"El BCRA exceptuó al Banco Nacional de Desarrollo y al Banco de la Ciudad de Buenos Aires del régimen general para el otorgamiento de préstamos, para que se ajuste a una relación técnica entre su monto y la responsabilidad patrimonial del deudor, esta situación fue originada con respecto a los avales concedidos a algunas empresas privadas como Acindar, Autopistas Urbanas SA, Aluar SA, Covimet SA, Papel Prensa y Parques Interama SA. Dichas excepciones fueron otorgadas por el Presidente del BCRA -o el vicepresidente en ejercicio de la Presidencia sin el tratamiento del tema en el Directorio, usando la atribución regulada en el artículo 11 de la Carta Orgánica del BCRA, sin justificar las razones de urgencia que dicha norma requiere;

(*3) En el Fallo del Juez Ballesteros se encuentra la opinión del Dr. Enrique García Vázquez. Extraígo respecto a lo acontecido con las empresas públicas:
"Endeudamiento externo de YPF, sin que las divisas se utilizaran para atender necesidades financieras en moneda extranjera, *las divisas fueron volcadas al mercado de cambio para favorecer la política de apertura de la economía,* desvío de los fondos externos del presunto destino que motivó las operaciones influyendo en la situación que llevó a YPF al aumento de su necesidad de financiamiento, a la fijación oficial de precios de los productos que comercializa y sin ajustarse a los niveles que habrían correspondido.

Las tarifas de las empresas públicas también se determinaron en niveles que obligaron a su endeudamiento, siendo impulsadas por decisiones del las autoridades económicas y financieras a optar por el proveniente del exterior, teniendo importancia el sistema financiero institucionalizado a partir de la reforma de 1977, lo que derivó en una fuerte alza de las tasas de interés para el endeudamiento en el mercado interno, estando ambas cuestiones conectadas, pudiendo comprobarse ello en la actividad realizada en la Sindicatura de Empresas Públicas en YPF y en SEGBA.

"En nuestro país, la "capitalización de la deuda externa" comienza a ser aplicada en 1985 pero sin estar vinculada a la privatización de empresas públicas. En realidad, el primer régimen de capitalización de deuda externa fue el que terminó de transferir la deuda externa privada al sector público –el régimen de capitalización de deuda externa con seguro de cambio–, al que posteriormente le siguieron otros regímenes –entre los cuales el más importante fue el destinado a deuda pública– que en conjunto comprometieron alrededor de dos mil doscientos millones de dólares capitalizados e involucraron subsidios del Estado.

Luego E.B. hace referencia a la que se denominara en esa época la "Patria Contratista" y a una evaluación "que realizaron para el mismo período distintos organismos públicos como el propio BCRA, la Fiscalía Nacional de Investigaciones Administrativas, la Procuraduría del Tesoro, etc.. Este segundo estudio, que nunca fue publicado, estimó que las transferencias totales del Estado al capital concentrado alcanzaron a 105 mil millones de dólares, es decir el valor agregado generado en un año y medio por la economía argentina. Teniendo en cuenta que el principal item que le agrega este estudio al que realizó Roque B. Fernández, consiste en los sobreprecios pagados en la compras estatales, se puede estimar que las mismas alcanzaron alrededor de 35 mil millones de dólares durante el período considerado.

(*4) Del aporte "Deuda Externa" del Dr. Eduardo Basualdo: ¿Acerca de quién pago el impuesto inflacionario?, y a quienes benefició:

(*5) Ídem Respecto a la capitalización de la deuda.

(*6) Eric Toussaint Presidente del "Comité por La Anulación de la Deuda de los Países del Tercer Mundo", escribió una nota publicada en *Le Soir*, principal diario belga francófano el 23 de julio del 2000, de la que se desprende:

La deuda pública de los Países en Desarrollo alcanza aproximadamente 1,600 billón de dólares que representan menos del 5% de la deuda mundial que llega a más o menos a 40 billones de dólares.

La deuda pública de los Estados Unidos (275 millones de habitantes) se eleva à 5 billones dólares, más de tres veces la deuda exterior del conjunto del Tercer Mundo que cuenta con más 4.500 millones de habitantes.

La deuda pública de Francia se eleva a más de 750.000 millones de dólares, más de tres veces el conjunto de la deuda exterior pública del África sub-sahariana (600 millones de habitantes).

Anular la deuda del Tercer Mundo exige de los diferentes acreedores reunidos que ellos borren de sus cuentas el 5% de sus activos. Y termina Eric T. afirmando, con razón, que esa cifra no es significativa.

ANEXO

Cuadros extraídos de
El balance de pagos y la deuda externa pública bajo la convertibilidad

Cuadro 1. Saldos del balance de pagos de 1992 a 1999
calculados con la nueva metodología, con la anterior, y diferencia
entre los saldos por cambios metodológicos (millones de dólares)

1.1. Cuenta corriente

	Metodología anterior	Metodología nueva	Diferencia
1992	-5.441	-5.521	-80
1993	-7.644	-.8.030	-386
1994	-10.077	-10.992	-915
1995	-2.849	-4.985	-2.136
1996	-3.993	-6.521	-2.528
1997	-9.332	-11.954	-2.622
1998	-11.636	-14.270	-2.634
1999	ND	-12.155	ND
Acumulado 1992-98	-50.972	-62.273	11.301

1.2. Cuenta de capital y financiera

	Metodología anterior	Metodología nueva	Diferencia	Errores y omisiones
1992	8.546	8.935	389	-140
1993	12.124	13.485	1.361	-1.205
1994	10.638	12.553	1.915	-879
1995	2.780	6.748	3.968	-1.865
1996	7.775	11.711	3.936	-1.308
1997	12.394	16.750	4.356	-1.523
1998	15.078	17.134	2.056	574
1999	ND	14.388	ND	-1.033
Acumulado 1992-98	69.335	87.316	17.981	-6.346

Fuentes: MEYOSP, *Presentación de la actualización metodológica del balance de pagos*, abril de 1999, y MEYOSP, *Estimaciones trimestrales del balance de pagos y de activos y pasivos externos*, abril de 2000.

Cuadro 2. Saldos de la cuenta corriente del balance de pagos de 1993 a 1999 calculados con la nueva metodología, con la anterior, y diferencia entre los saldos por cambios metodológicos (como porcentaje del PIB a precios corrientes)

	Metodología anterior	Metodología nueva	Diferencia
1993	3,23	3,39	0,16
1994	3,91	4,27	0,36
1995	1,10	1,93	0,83
1996	1,47	2,39	0,92
1997	3,19	4,08	0,69
1998	3,90	4,79	0,89
1999	ND	4,29	ND

Fuentes: Para las cifras de cuenta corriente, ídem cuadro 1. Para el PIB a precios corrientes: MEYOSP, *Sistema de Cuentas Nacionales. Argentina. Año Base 1993. Estimaciones trimestrales y anuales: Años 1993-1997*, junio de 1999. Para el PIB de 1998 y 1999, MEYOSP, varios comunicados de prensa.

Cuadro 3. Saldos de la cuenta corriente de 1992 a 1999 calculados con la nueva metodología, desagregados por sector económico (Millones de dólares).

	Sector Gobierno (a)	Sector Financiero (b)	Sector Privado no Financiero (c)	Saldo de la cta. corriente (a)+(b)+(c)
1992	-2509	-243	-2769	-5521
1993	-1981	-577	-5472	-8030
1994	-2284	-403	-8305	-10992
1995	-2834	-983	-1168	-4985
1996	-3470	-737	-2314	-6521
1997	-3878	-549	-7527	-11954
1998	-4231	-852	-9187	-14270
1999	-4846	-797	-6512	-12155
Acumulado 1992-1999	-26033	-5141	-43254	-74428
Acumulado 1997-1999	-12955	-2198	-23226	-38379

(a) Incluye al Banco Central
(c): Se han sumado a estos saldos los totales correspondientes a "otras rentas" y a "transferencias corrientes".

Fuente: elaboración propia en base a información de las mismas fuentes del cuadro 1.

Cuadro 4. Saldos de la cuenta de capital y financiera con la nueva metodología, desagregados en Inversión Directa y Otras Inversiones, período 1992-1999 (Millones de dólares)

	Inversión Directa Sector Gobierno (a)	Inversión Directa Total (b)	Inversión de Cartera y otras inv. Total (c)	Saldo de la cuenta de capital y financiera (b)+(c)= (d)	(b)/(d) (en %)
1992	2.853	4.339	4.596	8.935	48.6
1993	3.515	7.038	6.447	13.485	52.2
1994	501	5.594	6.959	12.553	44.6
1995	1.072	4.909	1.839	6.748	72.7
1996	481	5.913	5.798	11.711	50.5
1997	752	6.490	10.260	16.750	38.7
1998	351	4.150	12.984	17.134	24.2
1999	4.192	11.008	3.380	14.388	76.5
Acumulado 1992-1999	13.717	49.441	52.263	101.704	48.6

Obs.: En todos los casos las cifras corresponden a ingresos netos.

(a): Incluye al Banco Central
(a) y (b) incluyen los saldos de las inversiones de cartera en acciones, los que en consecuencia no se incluyen en (c).

Fuente: elaboración propia en base a información de las mismas fuentes del cuadro 1.

Cuadro 5. Composición de los ingresos por Inversión Extranjera Directa (1992-99) (Millones de dólares)

Año	Reinversión de Utilidades	Aportes	Deuda con Matrices y Filiales	Cambios de Manos	Total
1992	813	474	371	2.726	4.384
1993	870	628	248	1.017	2.763
1994	840	1.287	315	1.048	3.490
1995	609	1.685	496	2.525	5.315
1996	355	2.011	1.245	2.911	6.522
1997	716	2.541	1.014	4.484	8.755
1998	813	2.875	278	2.560	6.526
1999	888	3.389	612	18.263	23.153
Acumulado 1992-99	5.904	14.890	4.579	35.534	60.908

Fuente: elaboración propia en base a información de las mismas fuentes del cuadro 1.

Cuadro 6. Utilidades devengadas sobre la Inversión Extranjera Directa, Reinversión y Remisión de Utilidades (Millones de dólares)

Año	Utilidades Totales (1)	Reinversión (2)	Remisión (1)-(2)	Remisión Sobre Total	Remisión Sobre Stock de IED(*)	"Tasa de Utilidad" (**)
1992	1133	813	320	28.2%	ND	ND
1993	1678	870	808	48.2%	5.1%	10.6%
1994	1820	840	980	53.8%	5.5%	10.1%
1995	1893	609	1284	67.8%	5.8%	8.5%
1996	1762	355	1407	79.9%	5.1%	6.3%
1997	2331	716	1615	69.3%	4.9%	7.1%
1998	2465	813	1652	67.0%	4.0%	5.9%
1999	2298	888	1410	61.4%	3.0%	4.9%
Acum. 1992-99	15380	5904	9476	61.6%		

(*) El denominador es el acervo de Inversión Extranjera Directa al fin del año anterior.
(**) Utilidades totales sobre acervo de Inversión Extranjera Directa al fin del año anterior (es "tasa aparente de utilidad").
Fuente: elaboración propia en base a información de las mismas fuentes del cuadro 1.

Cuadro 7. Saldos de la cuenta de capital y financiera con la nueva metodología, desagregados por sector económico, período 1992-1999, (Millones de dólares).

	Sector Gobierno (a)	Sector Financiero (b)	Sector Privado no Financiero (c)	Saldo de la cta. de capital y financiera (a)+(b)+(c)
1992	1226	1016	6693	8935
1993	3991	1370	8124	13485
1994	4488	1549	6516	12553
1995	7721	2695	-3668	6748
1996	9936	-1176	2951	11711
1997	7399	-488	9839	16750
1998	8858	4125	4151	17134
1999	9864	2192	2332	14388
Acumulado 1992-1999	53483	11283	36938	101704

(a): Incluye al Banco Central

Fuente: elaboración propia en base a información de las mismas fuentes del cuadro 1.

Cuadro 8. Saldos del balance de pagos (cuenta corriente, más cuenta de capital y financiera) con la nueva metodología, desagregados por sector económico, período 1992-1999 (Millones de dólares).

	Sector Gobierno (a)	Sector Financiero (b)	Sector Privado no Financiero (c)	Errores y Omisiones (d)	Saldo del Balance de Pagos (*) (a)+(b)+(c)+(d)
1992	-1283	773	3924	-140	3274
1993	2010	793	2652	-1205	4250
1994	2204	1146	-1789	-879	682
1995	4887	1712	-4836	-1865	-102
1996	6466	-1913	637	-1308	3882
1997	3521	-1037	2312	-1523	3273
1998	4627	3273	-5036	574	3438
1999	5018	1395	-4180	-1033	1201
Acumulado 1992-1999	27450	6142	-6316	-7379	19898
Acumulado 1992-1994	2931	2712	4787	-2224	8206
Acumulado 1995-1999	24519	3430	-11103	-5155	11692
Acumulado 1997-1999	13166	3631	-6904	-1982	7912

Fuente: elaboración propia en base a información de las mismas fuentes del cuadro 1.

El saldo de la balanza de Pago resulta de restar el ingreso de la cuenta de capital y financiera ($53.483 ver cuadro 7) el saldo negativo de la cuenta corriente ($26.033 ver cuadro 3) que equivale a $ 27.450 M.

Cuadro 9. Evolución de la Deuda Externa Bruta por sector económico residente. Saldos anuales a fin de período y variaciones, (Millones de dólares).

Sector	1991	1999	Tasa anual media 1991-99 (%)
Público (*)	52739	84805	6.1
Financiero (**)	5074	23628	21.2
Privado no Fin.	3521	36224	33.8
Total	61334	144657	11.3

(*) Incluye al Banco Central.
(**) Excluye al Banco Central.

Fuente: elaboración propia en base a información de las mismas fuentes del cuadro 1.

**Cuadro 10. Evolución de la deuda Externa Bruta por sector económico residente en la segunda mitad de la década de los noventa.
Saldos anuales a fin de período y tasas de variación (Millones de dólares)**

Sector	1994	1999	Tasa anual Media 1994-99 (%)
Público *	61.274	84.805	6,7
Financiero **	10.799	23.628	16,9
Privado no Fin.	13.605	36.224	21,6
Total	85.678	144.657	11,0

* Incluye al Banco Central.
** Excluye al Banco Central
Fuente: Elaboración propia en base a información de las mismas fuentes del cuadro 1.

Cuadro 11. Evolución de la Deuda Externa Bruta por sector económico residente, como porcentaje del PIB.

Sector	1993	1999
Público (*)	22.0	29.6
Financiero (**)	3.3	8.1
Privado no Fin.	3.2	12.7
Total	28.5	50.4

(*) Incluye al Banco Central.
(**) Excluye al Banco Central.

Fuente: elaboración propia en base a información de las mismas fuentes de los cuadros 1 y 2.

Cuadro 12. Evolución de la relación entre la Deuda Externa Bruta y las exportaciones de mercancías (%).

	1992	1994	1996	1998	1999
Bienes y servicios	4.02	4.06	3.66	4.26	5.14
Bienes	5.00	4.93	4.34	5.01	6.12

Fuente: elaboración propia en base a información de las mismas fuentes del cuadro 1.

Cuadro 13. Pagos financieros externos totales sobre exportaciones y sobre PIB (%)

	Intereses sobre exportaciones	Intereses y utilidades sobre exportaciones	Intereses sobre PIB	Intereses y utilidades sobre PIB
1992	22.6	30.8	ND	ND
1993	21.8	33.5	1.5	2.3
1994	24.5	36.1	1.8	2.7
1995	25.3	35.7	2.5	3.5
1996	25.6	34.4	2.7	3.6
1997	28.3	37.4	3.0	4.0
1998	32.9	43.4	3.4	4.5
1999	40.1	50.3	3.9	4.9

Fuente: elaboración propia en base a información de las mismas fuentes de los cuadros 1 y 2.

DENUNCIA CONTRA EL FONDO MONETARIO INTERNACIONAL A SER PRESENTADA A LA COMISIÓN CORRESPONDIENTE DEL CONSEJO DE SEGURIDAD DE LAS NACIONES UNIDAS

"EL RETO DE UN DECENIO - DESARROLLO GLOBAL O FRACASO GLOBAL"

"No quiero parecer excesivamente dramático, pero a juzgar por la información de la cual dispongo, como Secretario General, sólo puedo inferir que a los Miembros de las Naciones Unidas quizás les queden diez años más para subordinar sus antiguas querellas o iniciar una asociación global a fin de poner coto a la carrera de los armamentos, mejorar el medio ambiente humano, reducir la explosión demográfica y cobrar el impulso necesario para los esfuerzos del desarrollo. Si tal asociación global no se forja durante el próximo decenio, mucho me temo que los problemas mencionados puedan alcanzar proporciones tan aterradoras que escapen a nuestra capacidad de control."

U THANT
Secretario General de las Naciones Unidas

En éstos decenios se hizo realidad el escenario temido por U Thant, y lo terrible es que el vaticinio se cumplió como resultado de políticas deliberadas orientadas por el poder coactivo de los países centrales, y sus empresas, que en la práctica impusieron políticas que continuamente disminuyeron la población activa al excluir, en una selección perversa, a miles de millones de seres humanos en el planeta. En los Países en Desarrollo, o Emergentes, la desocupación, marginación y exclusión, llega a límites extremos. La brecha entre países creció a niveles impensados.

Michel Camdessus en una reunión en Bs. As. con dirigentes cristianos, señaló: "Los subsidios al agro alcanzan U$D 320.000 M en el 2000; la ayuda a los países pobres es de U$D 50.000 M, un 16%".

Agregó, en referencia a la reunión de la Organización Mundial de Comercio (OMC) en Quatar: "No tengamos ilusiones, será difícil avanzar en una ronda de negociaciones, pues hay egoísmo, ignorancia, torpeza, intereses creados y lobby en todos los países". En París se había pronunciado sobre reiniciar la emisión de los Derechos Especiales de Giro (DEG). Anexo (*1).

De acuerdo a la FAO en su reunión en Roma, hay 54 Millones de personas que sufren desnutrición crónica en AL y el Caribe.

EN LA ARGENTINA HAY HAMBRE

Hay hambre en el que fuera denominado Granero del Mundo y que en los últimos años tuvo cosechas record, el segundo exportador mundial de soja. En la provincia de Salta, una provincia pletórica de recursos en actividad (petróleo, gas, cítricos, legumbres, azúcar), hay desocupación, pobreza e indigencia. Podemos reiterarnos con matices con cualquier provincia del país. La pobreza alcanza a 18.2 M. de personas (de ellos 8,319 M son chicos menores de 18 años, el 66% del total de menores de 18 años- 7.8 M de indigentes- desocupados 3.6 M, 25% de la PEA.). Se incrementó la desigualdad: la relación del Ingreso Familiar Per Capita del décil más alto al décil más bajo de un nivel de 19 a 1 a otro de 33,9 a 1 durante la última década.

LA ARGENTINA, a pesar de la destrucción es un país de recursos humanos, de capital y de naturaleza notables por su abundancia y homogeneidad: asalariados con tradición industrial, universidades que forman profesionales que se destacan en las especialidades necesarias para hacer frente a la revolución informacional. Gran capacidad de ahorro y generación de capitales (hay U$D 140.000 M de residentes en el exterior fugados del país).

La única explicación posible es que ello es consecuencia de la asignación ineficaz e ineficiente (utilizando la concepción de racionalidad económica, a la que recurren los teóricos de la doctrina dominante) que los Conglomerados Transnacionales (CTN) de la producción y finanzas, hicieron con lo obtenido de sus capacidades de producción y de generación de riqueza. Una "falla" del mercado que mancha al Planeta, aspecto que los organismos internacionales deberían investigar y considerar en sus recomendaciones. Sin embargo el FMI y el BM han facilitado la acción de los CTN en la súper explotación de nuestros recursos y en la acumulación de ingentes rentas que en buena parte remitieron al exterior a sus Casas Matrices, o a los paraísos fiscales.

LAS RESPONSABILIDADES DEL FMI Y DEL BANCO MUNDIAL

En las últimas décadas el FMI y el Banco Mundial han orientado las políticas económicas en los países emergentes, las de corto y largo plazo. Y al hacerlo han influenciado en su devenir social, político, ecológico y cultural. Los resultados se pueden cualificar y cuantificar analizando los Informes sobre el "Desarrollo Humano" del PNUD (UNCTAL).

Antes de las crisis asiáticas, en la Banque Mondiale de junio de 1996, hay un artículo de Zia Qureshi con el título de "¿Global capital supply and demand, is there enough to go around?", del cual reproduzco el siguiente párrafo:

> "Los niveles de inversiones progresarán, según las previsiones en todas las regiones en desarrollo. El aumento más fuerte se producirá sin duda en el Este de Asia (Hong-Kong, Singapour y Taiwan), donde el nivel de inversiones es ya el más elevado: 35%, contra 25% promedio en los PenD. "En ésta región la inversión interior bruta podrá superar el 37% del PBI en el transcurso de los diez próximos años, representando un total cercano a 650.000M por año (dólares de 1987) y cerca del 45% (contra el 28% en el transcurso de los últimos diez años) de toda la inversión de los PenD. Este fuerte incremento en Asia del Este será debido a la necesidad de aumentar y modernizar las infraestructuras existentes, ya severa-

mente solicitadas por el vivo crecimiento económico y el de la urbanización. Simultáneamente, la estructura industrial de las economías de ésta región evolucionará, pasando de la fabricación intensiva de mano de obra a sectores intensivos en capital".

El párrafo trascrito evidencia que los créditos y las inversiones directas en Asia del Este fueron auspiciadas por el Sistema Financiero Internacional (SFI). Luego de las crisis asiáticas comenzaron las explicaciones, destaquemos la comúnmente señalada:

"El impacto de la construcción en el crecimiento del PBI, en relación con la industria, y sus implicancias; el resultado de la entrada de capitales de largo plazo en inversiones directas, aunque insuficientes para cubrir la brecha entre tasas de ahorro (muy importante en Filipinas, 20% del PBI, y en Tailandia, 35% del PBI) y tasas de inversión muy elevadas, (40% del PBI en promedio en la zona). Déficit que se cubrió con inversiones de corto plazo acrecentando peligrosamente su vulnerabilidad a una crisis de confianza, o a un movimiento de tasas de interés o de cambio" (Cecille Sellier y Patri Pillon, 12/97, *Revue de économie financière*).

Es lícito reflexionar que los funcionarios del FMI y Banco Mundial deberían indagar cuáles fueron las razones que los indujeron a error; ¿por qué se equivocaron en sus previsiones?, ¿por qué fallaron sus supervisiones? Indagando en la teoría, deberían preguntarse ¿por qué los agentes económicos se equivocan?, ¿por qué se equivocaron los gobiernos y grandes empresas de esos países?, ¿ por qué se equivocaron los grandes bancos de Japón y los EE.UU. en el otorgamiento generoso de fuertes créditos?, ¿cuáles son las razones que los impulsan a reiterarse en los "errores"? Anexo (*2).

Después de todo los gobiernos y los grupos empresarios involucrados, aprovecharon todas las posibilidades de créditos que les brindaron la banca internacional y los Fondos de inversiones y de Pensión.

Si no había reglas ni tampoco instituciones que las normaran ¿por qué habrían de auto limitarse, más aún si las bancas que les otorgaron créditos y los Fondos, en conjunto, representan el Sistema Financiero Internacional (SFI)?

Es notable que -a pesar de la experiencia sufrida, del daño ocasionado a los pueblos de los países involucrados, asalariados, accionistas e inversores diversos-, nada nuevo hubo en las recomendaciones del FMI. En su Boletín del 10/11/97 reconocen que: "Gran parte de los activos bancarios no son líquidos y su valor de mercado no está objetivamente determinado, lo que no permite una evaluación fiable de la situación financiera de los bancos" y sigue con criterios similares. Los subtítulos son suficientemente explicativos de las propuestas: "Creciente transparencia"; "Limitación de las distorsiones causadas por el sector público"; "Control de los riesgos por la supervisión"; "Refuerzo del marco estructural"; "Coordinación de las prácticas de supervisión".

Son propuestas similares a las de décadas pasadas pero, a pesar de ellas, las crisis financieras se han reiterado con mayor frecuencia que en los años '20 y '30.

Valga interrogarse:

—¿Cómo coordinar las asignaciones en un país soberano que intenta competir en el mercado mundial?;

—¿Cómo conciliar, en la competencia por ese mercado, la confrontación entre la competitividad a través de los salarios reales, o la que resulta de las devaluaciones, ambas perjudiciales a los mercado internos, a los asalariados, a pequeños y medianos empresarios?

—¿Cómo satisfacer las exigencias de los sectores dominantes en cada país sin agravar el conflicto social, que en cualquier momento llega a un punto de ruptura, como lo advierten las instituciones rectoras?;

—¿Cómo coordinar, supervisar, obligar?

El FMI a lo único que obligaba es al pago de la deuda externa y sus intereses, y ello era el factor determinante en sus "recomendaciones". Pero en la medida en que la deuda externa (a la que recurrían los gobiernos) pasaba a ser una forma de gestionar la crisis, se convirtió en chantaje, el FMI se inmiscuye con mayor coacción y sin cuidado en las políticas internas.

Las consecuencias se manifiestan en dos niveles:

De un lado, en los treinta años la importancia creciente de las relaciones económicas transnacionales y la evolución en su naturaleza han engendrado para la acción del Estado un contexto nuevo y más limitativo.

De otro lado, la mundialización ha ejercido un efecto político bajo forma de una fuerte hegemonía coactiva que dificulta el necesario rigor y cientificidad para la observación de lo que acontece. Hay una aparente división entre los economistas teóricos y los técnicos, funcionarios de las instituciones multilaterales. Los pretendidos técnicos se atribuyen el rol de árbitros con el uso y abuso de un poder de decisión que afecta a buena parte de la Humanidad; ateniéndose a reglas pretendidamente prácticas, no ideológicas, pero que responden a intereses.

> "Todo Estado que toma medidas juzgadas inoportunas por los financieros internacionales es penado por una baja del valor de su moneda y por dificultades mayores en el acceso a los mercados de capitales. Es necesario considerar la experiencia de los países asiáticos. Su crecimiento fue posible por la intervención activa del Estado, su crisis fue consecuencia de la acción de los agentes privados". (Peter Evans "El eclipse del Estado", World Politics n° 50, 1997, the Hopkins University)

Los funcionarios del FMI y del BM no sacaron las conclusiones debidas de la crisis de los "Tigres Asiáticos", países con instituciones capitalistas incomparablemente más fuertes que la de los Países Emergentes, grandes y chicos, y se reiteran en sus recomendaciones.

Las posteriores crisis de Rusia y México deberían haber inducido a los funcionarios del FMI y del Banco Mundial, a reconsiderar sus estrategias. Son conocidas las recomendaciones del informe de Calomiris y Meltzer y las reflexiones del entonces Director Ejecutivo del FMI Stanley Fisher. Anexo (*3)

Es notable que los funcionarios actuantes no asuman responsabilidad alguna, gozando de la más absoluta inmunidad.

Los funcionarios del FMI y del Banco Mundial actúan con absoluta discrecionalidad, sin considerar las consecuencias de sus actos o, considerándolos, privilegian a los intereses que defienden, despreciando la conocida degradación de los niveles de vida en nuestros países resultado de ceder a sus exigencias. Tienen un Poder coactivo mayor que los países que representan.

Habida cuenta que, aún a pesar de las crisis, hubo Conglomerados Transnacionales (CTN), así como países, beneficiados o jamás perjudicados, **es lícito considerar que las** estrategias recomendadas por los funcionarios del FMI y del Banco Mundial, respondieron a esos intereses (los nombres de las empresas involucradas aparecían al irse despejando la crisis).

Esa acción se correspondió con las necesidades de los funcionarios de los Bancos Centrales (en particular de la Reserva Federal) y ejecutivos de los Fondos de Inversión, para guardar la forma y defender a ultranza la "burbuja financiera" sin caer en pánico. Saben que la raíz de los problemas esta en el SFI privado, en el abandono de las regulaciones y en la inexistencia de un SMI y saben, además, que deben encontrar la forma de seguir adelante sin conmociones, o para evitar un colapso financiero sistémico. Anexo (*4)

El problema esencial que hoy dificulta cualquier posibilidad de una estabilidad de largo plazo, habida cuenta de los riesgos sistémicos propios, es la coincidencia de:

- Flotación monetaria en el intercambio comercial y financiero;
- Liberación en el flujo de capitales;
- Desaparición de controles de los Bancos Centrales;
- Falta de normas que permitan una regulación por parte de Instituciones Internacionales;

Es necesario precisar que las estrategias aplicadas se alejaron de lo que prescribían los Estatutos del FMI y del Banco Mundial, de los objetivos que dieron lugar a su nacimiento y de la metodología de gestión, así como de la índole de desequilibrios que debían atender, cuidando de preservar con equidad y simetría a los países que los conformaron y que son sus dueños, entre ellos los llamados países emergentes. Anexo (*5)

A lo destacado sumemos sus consecuencias: la economía de guerra; la multiplicación de una economía de desperdicio; la súper acumulación relativa del capital, y sus desvalorizaciones continuadas; las lacras denunciadas, aún por las Instituciones rectoras del sistema; el narcotráfico; la evasión y la circulación de capitales negros facilitada con la conformación de los paraísos fiscales; y, a un mismo tiempo, un incremento incesante de "población sobrante", que conforma la sociedad de los dos tercios.

También es notable que los medios académicos que critican las estrategias y las medidas, y que se podría afirmar hoy son mayoritarios (vg. Paul Krugman; Jeffry Sachs; premios Nóbel como Kenneth J. Arrow; Joseph Stiglitz; Amantia Sen y Douglass North), se auto limiten a dichas críticas y no se aboquen a buscar acciones para poner punto final a las mismas. Deben reflexionar acerca de sus responsabilidades como intelectuales y ciudadanos. Los institucionalistas o quiénes siempre defendieron la necesidad de un desarrollo más equitativo deberían superar el marco de las cátedras académicas, acerca de cómo debería funcionar el sistema y sus Instituciones.

Recurriendo al mínimo conocimiento histórico que todo cientista social tiene, les es fácil concluir que las instituciones están constituidas por hombres representativos de tradiciones, culturas, moral que las impregnaron de origen y que las subalternizaron, al juego de intereses de la economía real.

El PNUD avanzando en el tratamiento del desenvolvimiento de la economía "real", propone un programa de 7 puntos: " 1. Garantizar requisitos de consumo mínimo para todos, como un objetivo normativo explícito en todos los países; 2. Desarrollar y aplicar tecnologías y métodos ambientalmente sostenibles para los consumidores pobres tanto como para los opulentos; 3. Eliminar los subsidios negativos y reestructurar los impuestos de manera de dejar de incentivar el consumo que daña el medio ambiente para incentivar el consumo que promueve el desarrollo humano; 4. Fortalecer la acción pública en pro de la educación y la información de los consumidores y de la protección ambiental; 5. Fortalecer los mecanismos internacionales para controlar los efectos del consumo a escala mundial; 6. Formar alianzas más fuertes entre los movimientos de protección de los derechos del consumidor, protección ambiental, erradicación de la pobreza, igualdad de género y derechos del niño; 7. Pensar a escala global, actuar en el plano local. Basarse en las iniciativas novedosas de la gente y las comunidades de todas partes y fomentar las sinergias en la acción de la sociedad civil, el sector privado y el gobierno".

En la tapa del Informe sobre Desarrollo Humano 2000 se lee: "Derechos Humanos y Desarrollo Humano. Toda sociedad empeñada en mejorar la vida de su población debe también empeñarse en garantizar derechos plenos y en condiciones de igualdad para todos", y luego: "Libertad de la discriminación; Libertad del temor; Libertad de expresión; Libertad de la miseria; Libertad de desarrollar y materializar plenamente la potencialidad humana personal; Libertad de la injusticia y las violaciones del estado de derecho; Libertad de tener un trabajo decoroso, sin explotación".

ARGENTINA

Nuestro país vive la crisis más grave de su historia. Su desenlace puede significar un futuro venturoso para los argentinos o hundirnos en un período, posiblemente cruento, de convulsiones reiteradas.

—Hay que considerar que salvo unos pocos años (Perón e Ilia y el primer año de Alfonsín), los últimos cincuenta nos gobernaron, con el mismo nombre y apellido, los personeros comprometidos con la oligarquía criolla y los intereses extranjeros.

Es sencillo concluir que lo que acontece no es casual, es la consecuencia de las estrategias seguidas por nuestra clase dirigente para transformar de cuajo al País, sus Instituciones, su cultura, sus tradiciones.

Lo intentaron con cada golpe de Estado, con políticas varias, hasta que en 1976 se decidieron meter el cuchillo hasta el hueso y después de un genocidio desconocido, como nunca vivimos antes, entregaron el gobierno.

Pero lo hicieron luego de haber consolidado bancos y empresas y generado condicionamientos económicos y políticos (incremento de la deuda externa, entre otros) que llevaron en la década siguiente a la hiperinflación y a la quiebra del Estado.

Desde el 76 todo se fue desbarrancando y desde el 89 todo lo perdimos. El golpe fue demasiado grande como para no generar un gran desconcierto y profundas heridas.

La Convertibilidad y la Caja de Conversión, tal como la aplicó Cavallo, fue el marco que posibilitó a la Argentina ser el más fiel cumplidor de las propuestas de las Instituciones multilaterales de crédito y de las del Consenso de Washington (por ello aceptaron su "heterodoxia"), pero lo hizo a su manera, acorde con su historia, no desconocida por los funcionarios del FMI y del Banco Mundial. Una historia en la que la impunidad fue el correlato de la corrupción institucional. En lugar del goteo teórico que traería el desarrollo, goteó la corrupción impregnando la sociedad. Es lamentable, al mismo tiempo que indicativo del estado de la economía como ciencia, que el teórico o ideólogo, de la decadencia argentina, que influencia en nuestra historia de los últimos 25 años, haya recibido la solidaridad de eminentes "científicos" y, como una mancha para su historia, de la Sorbonne. Anexo (*6).

—La propuesta de privilegiar al mercado en nuestro país fue una política deliberada de destrucción del antiguo mercado interno y posterior reestructuración en beneficio del poder económico. Deliberada porque sabían que el mercado funcionó siempre con "fallas" que imposibilitaron un desenvolvimiento más o menos estable, una de ellas fue, y es, la amplitud y nivel de oligopolización de su economía, que se incrementó en el tiempo y que fue decisivo, por el poder coactivo que los sectores oligopolizados ejercían en los sucesivos gobiernos, en la performance económica. Rasgo conocido por los funcionarios actuantes del FMI y del Banco Mundial.

—Otra "falla" trascendente, es nuestro sistema tributario: el Banco Mundial nos ubica como uno de los países de mayor regresividad e ineficacia del sistema tributario; ello es perfectamente conocido por sus funcionarios y los del FMI; asimismo dichos funcionarios saben que esa regresividad hace que nuestro sistema tributario sea procíclico, dato trascendental a tener en cuenta para el diseño de cualquier política económica; la carga tributaria es menor que en otros países (es menor que en el resto de los países grandes de América Latina y muy inferior a los países de la OCDE); igualmente el gasto público en relación con el PBI es menor que en otros países; rasgos conocidos por los funcionarios del FMI, particularmente por Víctor Tanzi y Michel Camdessus.

—Conocían la magnitud de la corrupción en el proceso de privatización y sabían que las cláusulas de sus contratos tornaban, para los años que duraran, una grave lesión a los intereses generales; perturbando una gestión pública y privada más eficiente y eficaz hacia el interior del país y de cara al exterior.

—Conocían la cultura de nuestros grandes empresarios locales (más de una vez denunciaron la magnitud de los capitales argentinos en el exterior) y también de los extranjeros.

—El FMI no podía desconocer que si hay un país en el que no funcionan las instituciones del capitalismo, particularmente, la competencia, es la Argentina; y no podían desconocer que no funcionan no por exceso de estatismo sino por un Estado "ausente", corrompido desde hace décadas por los sectores gran empresarios. La gestión corrupta e ineficaz en las empresas públicas fue el resultado de la falta de Estado y exceso de monopolización, oligopolización y extranjerización.

—Justamente desde el Estado se facilitó la entrega del patrimonio público, y el futuro de nuestro pueblo, a la voracidad de nuestros más grandes empresarios locales y extranjeros. Hubo una línea conductora, ideológica y mediática, que llevó al convencimiento masivo del pueblo de la imposibilidad que argentinos imbuidos de patriotismo y dignidad nacional, sean capaces de generar en el espacio público, tanto en las empresas como en la administración, una gestión eficiente y eficaz; y con ello desarmaron la resistencia a la privatización de sectores que fueron señeros en la construcción de nuestra identidad nacional, como las empresas de energía, la siderurgia, de comunicaciones, así como las obras y servicios sociales.

—Los funcionarios del FMI y BM debieron tener en cuenta la experiencia en los países de la OCDE, particularmente europeos, en los dos últimos años y en la actualidad: les indica que en un contexto recesivo hay que ser sumamente cauteloso con la política fiscal y monetaria para no caer en depresión y buscar, a un mismo tiempo, caminos consensuados al nivel de la ciudadanía para reactivar la economía y la provisión adecuada y oportuna de los bienes públicos indispensables. **Ello implica cuidar las instituciones y consolidar la democracia.**

—Los funcionarios del FMI y del BM no pueden soslayar el hecho de haber sido corresponsables en lo acontecido. Y su alto nivel de responsabilidad se evidencia porque

...historia de las ultimas décadas el FMI y el BM tuvieron una participación crecientemente activa y con una estrategia reiterada: saben que es imposible lograr la estabilidad de largo plazo sin transformaciones esenciales, sin embargo siguieron imponiendo ajustes tras ajustes, sin resolver la coyuntura y agravando la crisis.

—Se evidencia, asimismo, porque saben quiénes son los responsables de haber llevado al Estado, al País y a nuestro pueblo, a lo que hoy vivimos. El FMI y el Banco Mundial los puede identificar con precisión. Sin embargo, hoy, su preocupación mayor es dejarlos a salvo de cualquier quebranto.

El FMI y el BM tienen plena conciencia de las consecuencias del Plan de Convertibilidad (PdeC):

—Con la estrategia del PdeC se privó al Estado de tener políticas macroeconómicas que soslayaran los aspectos más acuciantes de la crisis. La falta de política industrial; el desatender la salud, la educación, la capacitación permanente y la vivienda; el desinterés en la creciente marginación geográfica, económica y social: son todos aspectos que fueron desdeñados y justificados desde los grupos de poder.

—Con la aplicación de las propuestas del Consenso de Washington el Estado quedó reducido a administrar los magros recursos de un presupuesto limitado; la situación social se degradó a la de los años treinta; se extranjerizaron industrias (siderurgia, petróleo) y servicios (bancos, comunicaciones y generación, suministro y distribución de energía), como en ningún otro país; se ha roto el tejido industrial; se consolidó la corrupción institucional; hubo una manipulación ideológica comunicacional basada en mentiras y omisiones que se reiteran de décadas atrás. Anexo (*7)

—Un Estado "ausente" que no controla sectores como el de Laboratorios Farmacéuticos que gozan de una rentabilidad inigualada en el mundo por los precios que impone a sus drogas; el de la energía que ha posibilitado que la Argentina sea el país productor con los precios más altos en dólares, antes de la devaluación y que sigue manteniendo una rentabilidad única en la actualidad; el automotor que siempre gozó de subsidios públicos desde su creación.

—La forma como se privatizó la seguridad social, con la creación de las AFJP significó un déficit de U$D 30.000.000 desde su creación. Cifra que bastaba para eliminar el déficit público, ya que del presupuesto anual un 25% va a cubrir los egresos para la seguridad social. Los funcionarios del FMI lo saben; saben que cobran un 35% de comisión, algo escandaloso y que les asegura una renta extraordinaria en cualquier circunstancia. Desde su creación las AFJP han absorbido el ingreso de la mayoría de los aportes de los futuros jubilados y las jubilaciones presentes siguieron a cargo de la ANSES. Comúnmente se dice que el sistema funciona con 4 asalariados activos para un jubilado, en nuestro país ha funcionado prácticamente sin asalariados activos. A pesar de que es evidente el perjuicio que ocasionan, nunca consideraron entre las condicionalidades una exigencia que lo resuelva. ¿La razón? Los funcionarios del FMI y del BM saben que entre sus propietarios están los grandes Bancos locales y extranjeros.

—El Plan de Convertibilidad nunca tuvo resultados positivos (en el año 94, considerado como el mejor del Plan, ya se habían manifestado los condicionamientos que lo harían fracasar); los funcionarios del FMI y del Banco Mundial tienen todos los elementos que ratifican lo afirmado.

—Luego de doce años no hace falta recurrir a la teoría para apreciar que la contradicción entre producción (**dirigida a sectores reducidos de la población**) y consumo (limitado por el incremento de la marginación, los altos niveles de desocupación, el deterioro de los sectores medios y su correlato en la **disminución de la capacidad de compra de la mayoría de la población**), dificulta crecientemente la viabilidad de las políticas seguidas. Los años transcurridos evidencian que, con el ajuste y el endeudamiento, arruinaron al país e hipotecaron su futuro.

—Es necesario destacar que nunca entre las condiciones impuestas, **nunca**, promovieron un cambio en ninguno de los rasgos destacados. Por el contrario sus propuestas los consolidaban.

En síntesis:

—Las medidas tomadas y enunciadas, expresan la voluntad de cargar los efectos de la crisis en las espaldas de los asalariados manuales e intelectuales, sectores de ingreso fijo y sectores medios, que son los que ya la sufren: i) -La alternativa que fracciones de las clases dirigentes cedan prerrogativas profundamente enquistadas en sus estructuras de acción y pensamiento, es imposible que se concrete. ii)-Mayor endeudamiento público para pagar el ajuste es imposible; iii)-La estrategia es la misma; iv)-El poder y su dinámica, que están en la raíz de los condicionamientos, siguen actuando como siempre; vi)-Los intereses predominantes y sus objetivos son los de siempre; vii)-El entorno mundial, con gobiernos que son sede de los Conglomerados Transnacionales (CTN), los incita a mayor rapiña y voracidad.

—Si se siguen mirando nuestras posibilidades, cumpliendo las exigencias de los responsables y beneficiarios de las políticas seguidas, obviando el estado de desesperación de nuestro pueblo, por la magnitud de la pobreza, indigencia e indefensión, que es lo que está implícito en las propuestas que se barajan, caeremos en un peligro cierto de conmoción, y en el que estará en juego la posibilidad de un desenvolvimiento pacífico, autónomo y soberano.

—Todas las formas de promoción del crecimiento vía oferta se han visto desmentidas en la práctica, así como la "teoría del goteo".

—Los funcionarios del FMI y del Banco Mundial por la validación de la experiencia empírica deberían tener claro que la única vía para superar los problemas es atender las reivindicaciones sociales de nuestro pueblo, que generarán la demanda solvente necesaria y suficiente para reactivar la economía.

Que tales demandas dejen de ser "sociales" como se las comprendió hasta ahora para convertirse en socio-económicas, cuya satisfacción implica eficiencia y eficacia aún desde el punto de vista de la microeconomía, pero en el marco de una macroeconomía que atienda a una racionalidad social en lugar de la racionalidad reduccionista de la actualidad.

Horst Köhler, Director del FMI, en una entrevista en *Le Monde* señala que "el FMI debería haber estado más atento a la solidez de las instituciones argentinas y a sus valores sociales. El desenlace de la situación política y económica es la última etapa de un declive que ya había comenzado décadas atrás y que afecta a la sociedad entera".

Köhler destaca la "falta de solidez de nuestras Instituciones". En sus declaraciones inculpa a los argentinos, Köhler se manifiesta "irritado" con nuestro pueblo como si hubiera una común responsabilidad. Una mentira evidente. Los beneficiarios, sólo un 10% al 20% de la población, están identificados con nombres y apellidos, y su conducta evidencia que no han de resignar nada. El País se incendia, pero siguen pensando en

...ar y enriquecerse. Esa es su ética y las reglas de juego que defienden. Y que ...ohler respalda.

No es posible aceptar que los funcionarios del FMI desconozcan que esas "Instituciones y los valores" se forjaron acordes con los intereses corporativos: las grandes empresas, y sus amanuenses, políticos, economistas e intelectuales, con un Estado cómplice y coactivo cuyos intereses el FMI siempre privilegió en sus condicionalidades y propuestas. Y privilegia actualmente haciendo, de hecho, lobbistas de los mismos.

Los funcionarios del FMI y del Banco Mundial saben, por la experiencia verificable en los países centros, que antes de abocarse a tratar la política cambiaria es ineludible tomar medidas que hacen a la productividad del trabajo y del capital al interior del país.

La flotación defendida por tantos fue el cambio que explica, en los años setenta, la consolidación de las políticas neoliberales. La crisis financiera en sus reiteradas expresiones en los últimos treinta años comienza con la imposición de las tasas de cambio flexibles. Ello nada tiene que ver con la teoría, es exclusivamente ideología y defiende intereses. Los funcionarios del FMI y del Banco Mundial en el entorno descrito, saben que impulsar la flotación en nuestro país tiene efectos diferentes que en los países centrales **y debieron tenerlos en cuenta antes de impulsar la devaluación; bastaba conocer en algo nuestra historia de los últimos decenios para concluir que sus consecuencias agravarían la recesión, nuestro pueblo pagaría su costo y dificultarían una salida ordenada de la crisis.** La política cambiaria debía encararse desde otra estrategia económica, social, política. La flotación sucia o limpia, no resolverá nuestros problemas, los agravará. Anexo (*8)

—Para conocer el origen, la teoría y los resultados de la instauración de la flotación, los funcionarios del FMI y del Banco Mundial deberían recurrir a la lectura de sus colegas de los años setenta previos a la Reforma de Jamaica y los que las criticaron, al igual que detenerse en el análisis del desenvolvimiento de los Países Emergentes.

—Los funcionarios del FMI y del Banco Mundial saben con certeza que en nuestro país coexisten la flotación, la libre movilidad de capitales, la apertura económica y con un Banco Central que se limitó a convalidar las acciones de los CTN bancarios y de la producción. Saben que se han roto los contratos y el derecho de propiedad, al no respetar los depósitos de los ahorristas desde la devaluación y el llamado "corralito". Saben que padecemos una recesión - depresión de casi cuatro años. Saben que se han fugado del país en el año 2001 alrededor de U$D 20.000 millones; **fuga facilitada por los mismos bancos que hoy están en default en la medida en que no atienden sus obligaciones. Default que precipitó el del país y sobre el cual los funcionarios del FMI nada dicen, y por el contrario responsabilizan al Estado por las consecuencias de las medidas que ellos impulsaron privilegiando la defensa del interés de la banca y de los CTN.**

—Sin embargo en ese contexto se reiteran en la flotación y exigen un "anclaje" que implica que al Banco Central le queden, como únicos instrumentos, la manipulación de la tasa de interés y la restricción monetaria. Semejante política agravará la recesión acrecentará la incertidumbre y alejará cualquier posibilidad de estabilidad en la coyuntura y asimismo en el mediano, o largo plazo.

—El FMI impuso la devaluación luego que bancos y empresas se llevaron las divisas y entramos en el "corralito". La forma de salir del mismo señala al ganador. La demora en la toma de decisión se debe al temor de algunos funcionarios de quedar pegados al más escandaloso latrocinio de nuestra historia y, por ser impuesta desde el exterior, a una agresión con consecuencias más graves que las de una invasión militar. Destruyeron todo salvo los edificios privados. Los funcionarios del FMI y del Banco Mundial, junto a sectores bancarios y productivos, exigen que el Estado, la sociedad, los compense en sus diferentes roles de grandes deudores y grandes acreedores, a pesar de intereses contradictorios.

—El FMI en lugar de un disciplinamiento, financiero y económico se subordinó a los intereses cortoplacistas de bancos y empresas locales y extranjeras, imponiendo condiciones lesivas para satisfacerlas en sus pretensiones.

—Los actuales funcionarios del FMI critican a los que les precedieron por que sus políticas permitieron la vigencia del "Moral Hazard". Sin embargo hoy consolidan esa concepción al no escatimar ayuda a Uruguay y a Brasil tratando de evitar el contagio con la situación en nuestro país. Lo hacen con una gran diferencia: en nuestro país el FMI la aplica de la peor manera, amparando el funcionamiento corrupto tradicional (al que por otro lado critica); consolida la historia anterior de exculpar a los bancos (y con ello a las empresas vinculadas y al resto de las grandes) por sus reiteradas negligencias, pero en lugar de ser salvados por la intervención del FMI y, llegado el caso, por la Reserva Federal, exigen que sea el Estado argentino, nuestro pueblo, el que los salve. Anexo. (*9)

Lo anterior fue escrito antes de desatado el contagio a Brasil y Uruguay y sobre la marcha cambian de estrategia: O'Neill ya hizo una declaración similar a la que hiciera sobre la Argentina cuando se comenzó a negar "ayuda". Cuando se tiene el poder y se lo usa coactivamente, frente a cada escenario cambian la táctica manteniendo su estrategia. El Departamento del Tesoro como defensor de los intereses generales de los EE.UU, no sería extraño que privilegiara la ruptura del MERCOSUR, sin importar los costos sociales y aunque en el camino queden perjudicadas ciertas empresas o bancos, que de todas maneras se recuperarán una vez consolidada la absorción de nuestros mercados y países.

En *Clarín*, 28/01/02, Anne Krueger, vice Directora del FMI, se refiere al problema de los países deudores con sus acreedores y señala que "es mucho más lógico buscar inspiración en los regímenes de quiebra empresaria".

¿Cómo se compadece tal afirmación con la exigencia primero de anular la ley de Subversión Económica y una vez sancionada con modificaciones, exigir vetar artículos que posibilitan investigar y juzgar delitos cometidos por el sector bancario y empresas vinculadas durante los últimos años que han conducido al país a la situación actual?

—Al "corralito", hay que abrirlo aplicando la Ley de Quiebra y que los bancos se hagan cargo de los riesgos asumidos y de las ilicitudes cometidas.

ANEXOS

(*1) **Utilizar los DEG como instrumento para resolver el problema de la deuda**
En *Cahiers Francais* N° 198, dedicado a la "Crise Persistante du Sistème Monnétaire International" en el "Supplément" Notice 8, se dice:
"En diciembre de 1978 y en febrero de 1979, el Fondo decidió permitir la utilización de DEG entre participantes para el pago de obligaciones financieras, en el cuadro de préstamos o aún como prendas para garantizar la ejecución de obligaciones financieras.
"Desde Noviembre de 1979, los participantes pueden utilizar los DEG en operaciones de swaps y en operaciones a términos. Un participante puede en consecuencia transferir DEG a otro a cambio de una cantidad equivalente en moneda, las

dos partes conviniendo realizar la operación inversa en una fecha posterior. Es igualmente posible comprar o vender DEG a término, es decir liberables, en una fecha posterior a cambio de otra moneda a una tasa de cambio fijada por los participantes.

"En marzo de 1980, el Fondo autorizó la utilización de DEG para donaciones. En tanto que se habla cada vez más de una aproximación entre el Fondo y el BM ésta modificación puede abrir horizontes muy interesantes: la ayuda en DEG por ejemplo. Sin dejar de pensar en el antiguo proyecto de «Lien» [El "Lien" es un mecanismo institucional que organiza, en el marco del FMI, una transferencia de recursos reales de los Países industrializados hacia los Pen D. (Réforme Monnétaire Internationale, documento del comité de los 20, FMI.,1974)

"De todas maneras, y para un futuro próximo, se puede considerar que una parte de la ayuda multilateral pública al desarrollo pasa por las redes de las organizaciones oficiales habilitadas a poseer DEG y que puedan girar en DEG".

(*2) Desde el 45 y, particularmente, desde el 71, el mundo vivió diferentes coyunturas de sobre o subvaluación del dólar, de altibajos de la tasa de interés interna de los EEUU, de su creciente déficit fiscal, o de su balanza de pagos corrientes. En cada circunstancia, como lo señalara más arriba, los reclamos del resto de las grandes potencias estuvieron debilitados por la magnitud de la demanda del mercado americano que, en general, hizo de locomotora de la economía mundial. Sin embargo, el haber otorgado al dólar el papel de moneda patrón de circulación forzosa en el entorno de un No SMI, necesariamente generó y genera condiciones para recurrentes coyunturas en las que prima la incertidumbre, la inestabilidad, y un peligro cierto de conmociones crecientes.

Entre ellas la subordinación de las políticas nacionales, de cada país, a los dictados del entorno internacional financiero, que perturban no tan sólo el desenvolvimiento económico, sino también el social con todo lo que implica, aún en los grandes PD. Las discusiones en torno a la flexibilización en las relaciones laborales y la pérdida real de las conquistas de los asalariados, manuales e intelectuales de la primera mitad del siglo, están íntimamente vinculados a la globalización financiera. Hay un sólo país que puede ejercer con relativa autonomía las políticas a su interior: los EE.UU.

Lo anterior fue uno de los factores que marcó el origen y desenvolvimiento del No SFI.

Los dirigentes de las finanzas conocían todas las circunstancias que podían desembocar en una crisis internacional: no sólo las leyeron sino que las vivieron, o fueron protagonistas. Aplicaron su concepción dogmática en cuanto a dejar la economía liberada a los designios del mercado. De acuerdo a la teoría no se puede pensar en una mala asignación de recursos por parte del mercado, sería un pensamiento ilícito cuando no impío. Fueron algunos agentes económicos. Pero, ¿quiénes forman el mercado sino los agentes económicos y, particularmente, aquellos que deciden, y que en todas las crisis son los que se equivocaron?

¿No se trata acaso que los agentes económicos responsables de los problemas obraron "racionalmente" defendiendo un interés económico particular? (como indica que deberían actuar de acuerdo a la teoría). Con idéntica reflexión: ¿aún los funcionarios gubernamentales no lo hicieron guiados por un interés similar, el de un grupo de empresas, o el que consideraron era el interés nacional? Después de todo, hasta la crisis a los países directamente involucrados les había ido extraordinariamente bien.

Cualquier persona del común llegaría fácilmente a la conclusión que, por más que se hable del mercado en abstracto, son hombres los que lo conforman y los que dictan las reglas del juego, también los que las cambian; y, asimismo, llegaría fácilmente a la conclusión que esas reglas no son iguales para todos, tampoco son iguales para todos las consecuencias de su aplicación. Y finalmente de la observación sencilla y sin compromisos de la teoría económica, reflexionaría que eso que pasa para los individuos sucede para las empresas y para los países.

Los más eficientes y las crisis limpian al mercado de los que quedan rezagados. Los agentes que ganan incrementan su poder, manejan más y mejor información, y administran precios.

(*3) FMI: RESPUESTAS A LAS CRÍTICAS Y PROPOSICIONES (Problèmes Économiques, 16 de diciembre de 1998), Stanley Fisher.

"Son las deficiencias del sistema bancario las que están en el origen de todas las crisis recientes, o en su intensificación. La mayoría de estas deficiencias descubiertas por el FMI, que había intentado persuadir a los países para que tomaran medidas preventivas, pero sin éxito. La elaboración de normas bancarias internacionales es un paso hacia delante. Pero, aunque hemos comenzado a reforzar la vigilancia de los sistemas bancarios, los medios de aplicación son defectuosos.

"El contagio de la crisis fue excesivo y es necesario encontrar un medio de contenerla. Este tema incumbe sobre todo a los organismos de control financiero, que deberán asegurar una mayor transparencia de las posiciones tomadas por los inversores y determinar cuándo el incentivo financiero puede ser excesivo.

"El FMI opina desde hace ya largo tiempo que la liberalización de capitales debe realizarse de manera ordenada: los países no deben abolir el control de salidas más que progresivamente, a medida que mejora su balanza de pagos. **En lo que respecta a la entrada de capitales, debe liberalizarse en primer lugar la de capitales a largo plazo y pasar a la de los capitales a corto plazo sólo cuando se hayan reforzado los sistemas financieros y bancarios.**

"Veamos el tema del azar moral. Debemos poner en la balanza el problema del azar moral y el costo para el sistema de una inestabilidad agravada por la falta de asistencia a los países en dificultades. Esta cuestión está estrechamente ligada a la de saber cómo lograr que el sector privado refinancie sus deudas en lugar de buscar romper el compromiso contraído a toda costa".

(*4) Robert Triffin, asesor del Presidente Kennedy, escribió en 1975, refiriéndose al carácter mundial de la inflación de las reservas monetarias, que:

«Este desplazamiento de la inflación mundial fue posible gracias a la extensión de la permisividad monetaria del campo nacional a las instituciones y políticas monetarias internacionales. Las reservas monetarias internacionales habían crecido en forma moderada desde fines de 1949 hasta fines de 1969; el incremento fue de aproximadamente 32 mil millones de dólares durante 20 años, es decir, menos del 2,7% anual. En los tres años siguientes (1970 - 1972) el ritmo de crecimiento fue diez veces mayor, con un promedio de cerca del 27% anual, que en este breve período de tiempo representa un incremento mayor que el habido en todos los años y siglos anteriores desde los tiempos de Adán y Eva.»

¿Qué diría hoy ante el fantástico crecimiento del dinero ficticio y de la "ruleta satelital" (2001)

Y agregó refiriéndose a la implementación de las tasas de cambio flotantes:

«Ni los partidarios más entusiastas de los tipos de cambio flexibles pueden afirmar que han servido para detener las tendencias inflacionarias en la creación de reservas internacionales y monedas nacionales, que han llevado a un equilibrio más satisfactorio en el sistema internacional de balanzas de pago, o que puedan constituir una respuesta constructiva al nuevo desequilibrio derivado de la crisis energética». Hoy los desequilibrios se han acumulado y multiplicado.

(*5) EL FMI EN EL BANQUILLO (Problèmes économiques, número 2595, 16 de diciembre de 1998). Política exterior, de Françoise Nicolas.

"Parece ser que una de las principales causas de las dificultades se debe a la incoherencia entre el grado de liberalización financiera y el grado de madurez de las instituciones financieras locales. Por eso, la conclusión que parece imponerse es la de reforzar las defensas de las economías emergentes que enfrentan las turbulencias provocadas por la globalización financiera. A corto plazo podría ser cuestión de reducir los efectos de la globalización limitando la movilidad de los capitales y, a más largo plazo, de lograr un escenario institucional local más sólido."

"Otro posible efecto perverso es que la condicionalidad no permite eliminar completamente el azar moral por el rol creciente jugado por el sector privado. En Asia, fueron los mercados los que debieron ser reflotados por las intervenciones del FMI ya que el grueso de la deuda había sido adquirido por operadores privados y no por los gobiernos. La intervención del FMI consistió en sacar a flote las finanzas gubernamentales para permitir al gobierno hacerse cargo de la deuda de los operadores privados.

"En estas condiciones, el FMI interviene no para sancionar errores de los gobiernos sino para corregir las disfunciones del sector privado, lo que constituye un desempeño mayor que ol de su mandato inicial. El riesgo moral se ve reforzado dado que los intermediarios financieros se sienten protegidos de los riesgos por los lazos extremadamente estrechos que unen a los dirigentes de esas instituciones con los medios políticos. Puede surgir la pregunta, entonces, de si las intervenciones del FMI en beneficio de los operadores privados no son una puerta abierta hacia las repetidas disfunciones del sistema.

"Ya que el sector privado está en el origen de los problemas, la comunidad internacional debería vigilar que este **comparta los costos financieros de las soluciones de las crisis.** La ausencia de una legislación sobre las fallas en la mayoría de los países no facilita las cosas. Es más, las sanciones no alcanzan a todos los responsables. La sanción a los operadores más aventureros se vuelve una condición indispensable para el buen funcionamiento del sistema. Por otro lado, las intervenciones del FMI en tanto prestador en última instancia no deberían de ninguna manera ser automáticas, bajo pena de hacer correr riesgos muy importantes al sistema. De hecho, toda la dificultad consiste en encontrar el medio que asegure el mantenimiento del flujo de capital destinado a las economías emergentes ofreciendo garantías a los acreedores, pero imponiendo al mismo tiempo ciertos riesgos para evitar los flujos masivos y las malas utilizaciones.

"El impacto recesivo de las políticas propuestas (contracción de la demanda interna, política monetaria restrictiva, aumento de las recaudaciones fiscales por aumento de los impuestos, etc.) no deja duda, y podemos preguntarnos legítimamente sobre lo acertado de ese tipo de políticas para un país que enfrenta una implosión de su sistema bancario.

"En este caso, la imposición de tasas de interés elevadas y de un programa de austeridad, poniendo freno al crecimiento, no contribuye en nada a la reestructuración del sector financiero, más bien todo lo contrario. El riesgo más grande es que la vía elegida termine sancionando todavía más severamente a las poblaciones de los países en dificultades y no a los verdaderos factores problemáticos (locales y extranjeros).

"Buscando corregir los deslices del sector privado, el FMI sobrepasa sus funciones y corre el riesgo de convertirse en una suerte de culpable de ingerencia en los asuntos económicos internos de los países."

(*6) 22/05/02 solicitada sobre "el milagro argentino de los 90" publicada en The New York Times- Samuelson, Robert Mundell, Robert Lucas, Robert Solow, Franco Modigliani, Paul Volker, Martín Feldstein.

(*7) Instituciones Financieras Internacionales y Producción de Bienes Colectivos Internacionales (de Joseph Stiglitz) PE N° 2611-2612

"La paz, la estabilidad económica internacional y la gestión de la economía internacional, el medio ambiente y el saber global, son parte de los bienes colectivos internacionales más importantes. Existen, además, numerosas interdependencias entre estos diversos bienes colectivos internacionales.

"El desafío del próximo siglo para las IFI es establecer reglas que puedan acrecentar los efectos benéficos de los mercados financieros internacionales sobre el crecimiento y la eficacia, reduciendo el costo de eventuales crisis desestabilizadoras. Para esto, son necesarios cambios importantes en la ideología y las prácticas de las IFI de este último medio siglo.

"Los mercados de capitales a corto plazo y volátiles pueden ser una importante fuente de shocks económicos. El hecho de que la economía no tenga más que una débil capacidad de absorción de esos shocks implica que se puede ganar intentando reducir los shocks a los cuales se enfrenta - en resumen, atenuar las fluctuaciones de movimientos de capitales a corto plazo.

"Los especuladores se han focalizado cada vez más en la ratio de reservas de cambio / deudas a corto plazo, obligando a los países que desean evitar una crisis a aumentar sus reservas de cambio al mismo tiempo que piden préstamos a corto plazo. Así, los países pobres son conducidos a pedir préstamos a tasas de interés elevadas a bancos estadounidenses y europeos, y luego represtan a bajas tasas a los Tesoros de sus países lo que han pedido prestado: ¡Extraña forma de hacerlo!"

(*8) Las razones de la aparición del sistema de tasas flotantes y la teoría explicativa

La desaparición del sistema de cambio con paridades fijas no se produjo como una reforma consciente, sino sencillamente en el marco determinado de crisis financiera y económica. Desapareció por la fuerza de los acontecimientos, prevaleciendo como siempre los intereses de los Estados Unidos y de sus empresas.

Tom de Vries, holandés ex Director Ejecutivo Suplente del FMI para Chipre, Israel, Holanda, Rumania y Yugoslavia de los Diez, en "Finanzas y Desarrollo" la revista del FMI, vol. 13, núm. 13, de setiembre de 1976 "Análisis de la reforma de las relaciones monetarias internacionales", lo precisa así:

«Los profundos cambios de los últimos años en las relaciones financieras internacionales son el resultado de una quiebra del antiguo sistema y no una reforma consciente"; da como ejemplo las tasas de cambio y dice: "Las tasas de cambio flotante han sido consecuencias del resultado no deseado de este estado de cosas". Y luego, al analizar los inconvenientes, destaca que: 1) 'la existencia del sistema anterior de paridades ajustables es incompatible con la libertad de movimiento de los capitales internacionales que da lugar a una especulación insostenible sobre las monedas'; 2) que numerosos países encontraron cómodo ajustar sus balances en dólares que aportan intereses y son fácilmente utilizables en sus reservas monetarias en lugar del oro. Esto si bien permitió aumentar la liquidez, la misma se hizo sin que tenga nada que ver con la necesidad de liquidez de la economía mundial. 'No existió ningún sistema de control internacional de la liquidez internacional'; 3) la ausencia de un activo de reserva bajo gestión internacional".

En teoría el sistema de paridades flotantes debía permitir un flujo de mercancías y capitales totalmente libre. No existiendo la limitación de la defensa de la paridad en el anterior sistema, los gobiernos podían dedicarse por entero a una gestión económica sin la restricción externa. Los desequilibrios sólo podían ser temporales produciéndose sin demora el retorno al equilibrio.

Las economías se integrarían a la economía mundial, que funcionaría con mayor productividad y eficiencia. Quedarían para el recuerdo las fluctuaciones en el mercado cambiario y los gobiernos no necesitarían constituir reservas, ya que el propio desenvolvimiento económico y el intercambio con el exterior y el flujo de capitales, permitirían soslayar los problemas de déficit o superávit de las balanzas corrientes

De esta enunciación sucinta de la teoría la realidad nos indica que sólo fue satisfecha, aunque no totalmente, el libre flujo de capitales y en cuanto a la posibilidad de liberarse de la coacción del sector externo, fue Estados Unidos el único país que pudo gozar de ello.

Hubo períodos de sobrevaluación o subvaluación del dólar, pero de una u otra forma, a veces con cargo a los presupuestos públicos, las trasnacionales fueron las beneficiarias inmediatas.

El gobierno de los Estados Unidos, soslayando el tema en algunas oportunidades o con justificaciones seudo teóricas, se movió de tal manera que la cotización del dólar no fue su problema, sino un problema del resto del mundo capitalista, tanto en el sistema de paridades fijas como en el de paridades flotantes.

En Finanzas y Desarrollo (F y D) de marzo de 1976 se publicó otro artículo de Tom de Vries: «Es algo más bien desconcertante el que el Comité de los Veinte, encargado de producir un bosquejo para una reforma global del sistema por los Gobernadores del Fondo, casi nunca delibere sobre el sistema de tipos de cambio, aunque el sistema de paridades se vino abajo durante el curso de sus deliberaciones y aunque el mundo se desplaza de los tipos de cambio fijo a los flexibles ante los propios ojos del Comité. En efecto, tres semanas después de ocurrir el colapso final del sistema de paridades en marzo de 1973, el Comité reiteraba su convicción de que le sistema reformado debería basarse en algún sistema de paridades resucitado. Y todavía en junio de 1974, Sir Jeremy Mores, Presidente del despacho del Comité de los Veinte y de sus Diputados declaraba que el sistema descrito en el Bosquejo de Reforma que el Comité había producido «ha de basarse sobre paridades estables pero ajustables, y se ha de equiparar con disposiciones de intervención y convertibilidad, que no tienen que ver con la flotación generalizada».

Qué decir de la política a seguir en nuestro país. **Aceptar la flotación, aún la sucia, es consolidar nuestra dependencia-subordinación interna- externa, que se enuncia que se quiere evitar.**
La experiencia indica que el funcionamiento económico no responde a los presupuestos teóricos del neoliberalismo tanto al interior del país como en su vinculación con el exterior. **El tipo de cambio expone la producción en competencia con los del mercado mundial, pero a partir de los costos y precios relativos reales al interior de cada país.**
"Toda relación económica con el exterior exige una operación de cambio pero lo esencial de éstas operaciones está hoy ligada al flujo internacional de capitales y no al comercio internacional.
"En la actualidad, el sector financiero es fuente en sí mismo de ganancias, acumulación y asignación, independientemente de lo que acontece en la economía productiva y aún en la de circulación de bienes. La tasa de cambio escapa a los poderes de los países para ser determinada por el comportamiento de los mercados que determina igualmente la tasa de interés a largo plazo e influencia en la de corto plazo que queda determinada por las tasas de refinanciación de los institutos de emisión en función de las políticas monetarias aplicadas.
"El funcionamiento actual del sistema internacional de pago no responde del todo a las necesidades de crecimiento de la economía".
Lo expuesto indica que el "mercado" de la economía mundial y al interior de cada país, está absolutamente perturbado por las Transnacionales de la producción y de los servicios, incluidos los financieros predominantes (que responden a políticas globales fijadas por las Casas Matrices, que por supuesto tienen un asiento nacional a cuyo interés se supeditan), que manejan precios, y rentabilidad a su total arbitrio, por la ausencia deliberada del poder público. Son sus políticas las que determinan la productividad y la competitividad de cada país.
A través de la flotación se introduce el mercado mundial. Pensar que ella permitirá que los precios relativos internos, por la competencia externa, se adecuen a ese mercado, es olvidar que también ese mercado está manipulado, en lo esencial, por los Conglomerados Transnacionales (CTN) y por los gobiernos en donde están radicados, y que en nuestro caso se tratan de los mismos CTN productivos y financieros instalados en el país.
Algunos autores atendiendo las objeciones a la implementación de la flotación, sugieren hacerla dentro de un paquete de medidas, quedando la incógnita de la secuencia de las medidas a tomar. El análisis sistémico de nuestra crisis nos conduce a que no puede haber medidas inmediatas y objetivos mediatos.
Tan grave como lo dicho es considerar la flotación como punto a concretar de inmediato, dejando lo demás para después.
El triángulo de imposibilidad nos indica que es imposible pretender una flotación sucia, o limpia, con libre flujo de capitales y apertura económica, y considerar que con ello se logra la posibilidad de gestión de una política monetaria autónoma.
De igual manera nos indica que si tenemos como objetivo la defensa del mercado interno respecto al mercado mundial en cuanto a producción y servicios, con una política monetaria autónoma y soberana: debemos regular en forma estricta el flujo de capitales de cartera; precisando pautas para la reinversión, la distribución y la remisión de utilidades para el capital de inversión; materializando lo dicho en un contexto excluyente de una severa política de control de cambio, sin descartar un

cambio único y pautado alrededor de las monedas de nuestros "socios comerciales".

(*9) La función de prestador en última instancia. Por Laurence Scialom EL RECONOCIMIENTO IMPLÍCITO DE LAS IMPERFECCIONES DEL MERCADO:

"Admitir la necesidad de un prestador en última instancia orientado a garantizar la estabilidad del sistema monetario-financiero implica reconocer implícitamente las imperfecciones de este último impidiendo a los mercados financieros funcionar conforme a lo que enuncia la teoría de los mercados eficientes.

"La asistencia del prestador en última instancia debe ser distinguida del simple refinanciamiento de los bancos así como de la alimentación del mercado monetario en liquidez por el banco central en períodos normales. **Para asegurar tal función, el banco central debe ser despegado de toda lógica de maximización y no representar más que el interés de la comunidad en su conjunto.**

"En efecto, la función de control de los bancos es absolutamente indisociable de la función de prestador en última instancia, en la medida en que genera una información que permite limitar el riesgo moral, principal efecto perverso engendrado por seguridad colectiva. El riesgo moral (término tomado de la teoría de los seguros) designa al fenómeno por el cual los agentes económicos (en este caso los bancos) en posición de trasladar sus pérdidas y sus costos a otros agentes se conducen de manera de aumentar su exposición al riesgo, léase incluso a cometer fraude o disimular las informaciones sobre su situación real."

Ing. Jacob Goransky

LÓPEZ MURPHY, ¿EL PEOR DE TODOS?

Vivimos una agudización de una crisis que afecta al país con posibles graves consecuencias. A una clara evidencia de signos de decaimiento de la actividad en el segundo semestre, se sumó el parate en la exportación por la devaluación en el Brasil, cayendo aún más el producto y la inversión; disminuyó el ingreso de capitales especulativos externos; sumemos la baja en los precios y en los volúmenes exportables del agro. Lo lógico, los sectores gran empresarios claman por una política activa del gobierno, política que hasta ahora denostaron, por la desgraciada conjunción de circunstancias desfavorables.

El Dr. López Murphy (LM) impactó a la opinión pública con su propuesta de rebajar los salarios en un diez por ciento. Le atribuyo el mérito de decir lo que piensa y lo que, sin ninguna duda y él lo sabe, piensa buena parte de los economistas de la Alianza así como del oficialismo. ¿"Rigurosidad científica", o pura ideología y cinismo? Su propuesta está en la naturaleza del neoliberalismo; si reconocemos que hay una crisis, para salir alguien tiene que hacer un sacrificio y no pueden pensar otra cosa diferente: la salida la debe pagar, excluidos los grandes empresarios, la sociedad. Lo grave es que no pueden pensar que se resuelva de manera diferente.

Todos los economistas saben que una economía con tipo de cambio fijo, o atado al dólar con fluctuaciones que en todo caso han perjudicado la competitividad externa, y abierta al comercio y al flujo de capitales, tiene que tener, entre otras cosas: alta competitividad en los bienes transables y gran eficiencia y bajos costos comparativos en los servicios que hacen a los costos finales; un Estado que tenga margen para una gestión macroeconómica; no ser vulnerable al contexto internacional de capitales; un mercado interno con gran demanda solvente; alto ahorro interno y movilidad social; un sistema tributario asentado en impuestos directos; estar integrada geográfica, económica y socialmente. Si no hay confluencia de esos rasgos, la economía colapsa y sobreviene una devaluación con efectos muy gravosos sobre la calidad de vida de la población.

Ninguno de esos rasgos se daban en nuestra economía, y vivimos sus consecuencias, es lo que sucede. Las circunstancia que desataron la crisis eran probables. ¿Por qué no las previeron?; ¿qué opción tienen a la propuesta de López Murphy?

Saben que si en ocho años se mantuvo el Plan de Convertibilidad (PdeC) se debió a la reiterada distribución regresiva del ingreso, a los ingresos por las privatizaciones y al creciente endeudamiento.

Saben que nuestra extrema vulnerabilidad se debe a los precios relativos internos; a su estructura productiva dirigida al mercado interno; a la incapacidad deliberada del Estado para una gestión macroeconómica y a las dificultades con que tropieza la sociedad para un control eficaz y oportuno de las empresas privatizadas y del sector financiero; a un sistema tributario tan regresivo que ocupa los últimos lugares en el concierto mundial, unido a una evasión y elusión extraordinaria; **saben** de la imprescindible necesidad de un cambio radical en el sistema para basarlo en los impuestos directos tal cual es en todos los países capitalistas. **Lo saben el Dr. Silvani y los funcionarios del FMI.**

El PdeC tenía, entre otros, el objetivo de modificar los precios relativos y adecuarlos a los del mercado mundial, de tal manera seríamos competitivos a nivel internacional, con el consecuente incremento en las exportaciones. Hoy, los economistas se reiteran en ello.

Sin embargo, los economistas oficialistas y de la oposición **saben** que con el PdeC, para posibilitar un crecimiento fundado en la exportación tienen que reducir, las veces que se necesite, la capacidad de compra de los sectores asalariados (con ello se aumenta la magnitud de bienes exportables) y avanzar en la distribución regresiva del ingreso en beneficio del capital, para que acumule e invierta. Caemos en lo ya dicho. **Es la teoría oficial y López Murphy debería desafiar a sus colegas a que afirmen algo diferente.**

En ocho años achicaron el mercado interno, cambiaron los precios relativos pero no mejoraron la competitividad. La distribución del ingreso es altamente regresiva, con los asalariados recibiendo el %21 del PBI y las capas medias habiendo reducido sus ingresos. Hay una demanda interna insuficiente, y exportar se vuelve urgente e indispensable, pero para ello tenemos que ser competitivos y para ser competitivos hay que ajustar y seguir ajustando. **Un círculo vicioso ¿Hasta cuándo?**

Los países asiáticos, tantas veces citados como ejemplo, no lo son para nosotros, **y lo saben.** Crecieron exportando porque eran países "vacíos" y forjaron desde el vamos una industria para la exportación con fuerte apoyo del Estado y con bajísimos salarios reales.

No era el caso de nuestro país, nuestra estructura productiva se formó satisfaciendo un mercado interno con una extensa clase media y un asalariado que en algunos momentos tuvo entre el 40% y el 50% de participación en el PBI. Para crecer como los asiáticos eran rasgos a destruir. **Lo sabían y lo lograron, deberían preguntarse ¿por qué somos menos competitivos que nunca?,** ¿en qué se dilapidó tanto sacrificio de la sociedad?

Con esa situación económica y social, ¿de qué manera pueden seguir ajustando? Nuevamente necesitan tiempo, el FMI lo dio, quedaba el frente interno, ¿qué hacer?, y caemos en la propuesta de López Murphy.

Había que salir a descubierta. López Murphy hizo el gasto y lo dijo a su manera: disminuyan los salarios o, lo que no dijo pero todos lo interpretan, habrá que devaluar tarde o temprano, más temprano que tarde, para cambiar los precios relativos y mejorar la competitividad.

Está en su naturaleza, como en la fábula del escorpión y la rana, no pueden dejar sus "paradigmas" que no tienen rigor científico. En la teoría no hay privilegios para el capital; hay sólo, y únicamente, una correlación de fuerzas en la sociedad favorable a los grandes empresarios. En éstos años se ha probado la falacia de la teoría del goteo que afirma que incrementando la torta los beneficios descenderían hacia abajo en la pirámide social. Por el contrario nunca fue tan bajo el nivel y la calidad de vida de los argentinos.

El embate ha sido fuerte y la desocupación ayuda (es el mayor disciplinador). Pero la situación se ha complicado y los sectores gran empresarios recurren a los sindicatos buscando apoyo. Las posibilidades del eterno y recurrente tome y daca se agotaron. Ya no está la inflación para ayudar, tampoco un Estado con capacidad de maniobra y con un 21% de participación no hay espacio para consensos.

En ocho años perdimos el patrimonio público, creció el endeudamiento interno y externo, creció la marginación social, se consolidó la no integración económica y geográfica. El país es más vulnerable y dependiente de factores externos y del capital transnacional, el Estado perdió deliberadamente la posibilidad de gestión macroeconómica; se incrementó la corrupción punible y la institucional.

¿Cuál es la causa de la adhesión al modelo?: si es la estabilidad, hoy está en peligro por su propia dinámica; ¿será buscar el apoyo de quienes se beneficiaron con su aplicación, no es acaso el motivo? La situación exige medidas que el modelo no admite.

Es necesario y urgente cambiar el modelo, y no se trata del uno a uno, cambiar sus objetivos, prioridades y los intereses que defiende. Es necesario tener presente el mensaje de los Obispos, con un agregado: los Obispos han dado una verdadera lección de política económica y de economía política. Es verdadera política económica la que considera al Hombre, sus necesidades y las de su entorno. La economía política es una ciencia social que tiene al Hombre por sujeto y objeto. El Hombre es más que un factor de producción: produce, consume, crea, construye, es el dueño del hacer y del saber de la Humanidad, y es el ciudadano.

Priorizan al ciudadano que vota y no al que participa, y olvidan lo demás; se equivocan nuestros políticos en el poder, los que aspiran a la alternancia, y sus economistas asesores. La situación económica-social exige una transformación radical y para ello tienen que abandonar sus "paradigmas" y defender al país y a su pueblo. Pero esa concepción es demasiado subversiva para nuestros economistas, rompe con la concepción globalizadora coactiva, está más allá de su naturaleza.

López Murphy, en un momento de sinceridad, dijo lo que otros callan.

ARGENTINA, ¿OTRO PUERTO RICO? O PRIMER PAÍS EN LA ÉPOCA DE LA "GLOBALIZACIÓN" EN ARRIAR SU BANDERA

Recuerdo que hace años cuando analizaba lo ocurrido con Malvinas, a lo que se escuchaba yo agregaba la falta de cultura y conocimiento histórico y político de nuestros militares, que equivocaron sus previsiones sobre como actuarían los EE.UU.

Idéntica reflexión se puede hacer con nuestros empresarios y políticos que consideran que su forma de actuar marginándose del derecho, de la ley, de la ética (valga la evasión tributaria y el apoyo que siempre prestaron a las dictaduras) y de los compromisos sociales, es común a los empresarios del mundo entero. Nada es menos cierto; eventualmente, desde el Estado y funcionando las Instituciones, en algún momento les recuerdan sus obligaciones.

Para no remontarme en la historia en la que abundan ejemplos, doy algunos recientes:

- Privatización del Banco Nación, quedó claro con la desmentida del funcionario del FMI que de ninguna manera el Fondo había puesto como condición su privatización.
  Es un manejo de Economía junto con banqueros.
  El Banco Nación es un ejemplo que a pesar de tener una actitud más flexible hacia PyMES y productores agrarios, tiene utilidad con su gestión. Es un argumento de hierro y sin embargo no se lo utiliza. Tampoco se defiende bien al Bapro.
- Ley sobre limitación a los intereses de las tarjetas de crédito: los bancos objetan la medida aduciendo que necesitan cubrirse de la magnitud de créditos morosos. La política de otorgamiento de tarjetas, a quién se les da y con qué facilidades, es privativa de cada institución. Si ellos las mandan a las casas sin mayores cuidados y con el único fin de sumar adherentes, es cosa de ellos y a su cuenta y riesgo, así debería funcionar el mercado.
  Es curioso y nos diferencia e identifica, los argumentos que da la banca, no creo que en otro país los utilicen.
  Ahora bien, si por su manejo oligopólico del mercado imponen tasas de interés abusivas para tomadores de créditos con tarjetas y al comercio, obligado a tenerlas como forma de atraer clientes, el gobierno debe intervenir para regular e imponer topes. Sin embargo aquí confrontan con éxito con esa concepción totalmente libremercadista y consiguen ser escuchados con argumentos como los señalados.

No es un tema menor, redistribuye rentas en el sector financiero que resta al comercio y éste a la producción, disminuyendo la capacidad de compra de los asalariados, la mayor demanda solvente para el sector industrial y agroalimentario.
El ejemplo de las tarjetas revela la concepción en general de la banca.
- La renegociación de los contratos ferroviarios, de peajes, de Aguas Argentinas, de subterráneos. En los que la inversión es a cuenta de los usuarios que, asimismo, corren el riesgo de incumplimiento total o parcial de los prestadores de los servicios.
Es un negocio sin imposición de capital ni riesgos. A lo sumo pagarán intereses si, de acuerdo a la ingeniería financiera, necesitan eventualmente recurrir a financiación de terceros, constituyéndose para la banca en otro negocio seguro, de buena rentabilidad e igualmente sin riesgo alguno. Nada que ver con la teoría, tampoco con la práctica en los países sedes de algunos de los socios.
- La renegociación de los contratos con las dos telefónicas, a las que se les aceptó incumplimientos y se les dio dos años más de monopolio.
- La actitud de las empresas automotrices que insisten en sus argumentaciones de cambio en las reglas de juego, cuando ellas conocían, cuando encararon las nuevas inversiones, que tenían un plazo a cumplir que vence ahora. No importa, insisten y tienen prensa y lobbies para imponer nuevas exacciones al fisco como lo hicieron siempre.
- En la negociación con el FMI vale lo dicho respecto al Banco de la Nación, no tengo dudas, que con la flexibilización laboral sucedió otro tanto. Economía convenció al Fondo.
- Llama la atención que, formal y públicamente, el FMI no plantee la necesidad de una reforma radical del sistema tributario. Estoy seguro que es un tema del cual se habla, en numerosas oportunidades se han publicado expresiones de funcionarios del FMI en ese sentido, aunque no constituyendo un reclamo explícito.

En cuanto a los políticos también es posible llegar a similares conclusiones citando algunos ejemplos recientes:

- La incorporación de dos senadores "truchos";
- La campaña para la reelección del Presidente Menem;
- La presión a jueces y a una Corte Suprema dócil a las demandas del gobierno.

De los ejemplos dados (que no son del tipo de "tome y daca", valga IBM o ventas de armas), asusta que se actúe y renegocie en esas condiciones, abierta y naturalmente. Lo hacen así porque así es su concepción. Están programados, políticos y empresarios, para una visión perversa y corrupta del mercado, de la Instituciones Republicanas, de sus propias responsabilidades, de sus obligaciones para con la sociedad y el país.
Tampoco en la sociedad civil hay suficiente conciencia de la calidad y magnitud de esa conducta.
Ya en el 81-82, cuando se desató la crisis de la deuda externa, escribí que nuestros empresarios, financistas y políticos, estaban delineando un escenario que terminaría con el remate de las empresas públicas. Quienes pensamos así en esos momentos, acertamos lamentablemente. Cada paso que dieron los sucesivos gobiernos nos condujo a la des-

trucción del patrimonio público en una forma que no tiene antecedentes, ni en la Inglaterra Tatcheriana, tampoco en el Chile de la dictadura, para citar dos países ejemplos.

Frente a lo acontecido en los últimos veinte años, y en los últimos diez manipulado desde el gobierno, ¿es muy loco pensar que poco a poco apareció primero una imagen difusa, luego una idea un tanto no delineada y que fue tomando forma, de producir una transformación de fondo que cale profundamente y trastoque nuestras raíces?

Con una política gubernamental deliberada el Estado se ha desprendido de patrimonio y funciones indelegables y absolutamente excepcionales en relación al resto de los países. Igualmente se han afectado las Instituciones.

Ya hemos resignado la soberanía implícita en la moneda y en el manejo de las finanzas, los bancos extranjeros actúan con mayor libertad que en sus casas matrices y sin limitaciones ni regulaciones; petróleo y gas desde los pozos al consumidor están en idénticas manos, al igual que la producción y distribución de energía; nuestra Cancillería responde en plenitud a los dictados del Departamento de Estado (las relaciones carnales); las políticas presupuestarias, déficit del comercio exterior y fiscal, van en mayor consonancia con los intereses del capital TN (local y extranjero) que las propias del FMI.

Hemos concedido más al gran capital, local y extranjero, que los atributos que la Constitución y los pactos federales acordaban entre provincias y Nación.

No se trata de que se concedieron ventajas, se está concediendo de hecho la esencia de las Instituciones que conforman la República.

Se trataría de borrar de la memoria de los argentinos la Asamblea de 1816, el Congreso Constituyente del 53 y las reformas que siguieron. Quizás sería suficiente borrar los considerandos, ya que no se cumple con sus articulados.

Lo acontecido no fue una mera reforma fue un terremoto institucional, en verdad una contrarrevolución. Dicho de otra manera con los pasos dados, ¿no nos estamos constituyendo en el primer país que abandona la pertenencia a un Estado-Nación, con todas sus implicancias?, para entregarnos en los brazos de la Globalización. ¿O justificarla en otro Puerto Rico? Y la estrategia que ampara dicha aspiración ¿no estaría compartida por empresarios, economistas, políticos, juristas, líderes sindicales y algunos operadores de medios?

Lo dicho es estrictamente objetivo, desgraciadamente; no hay prejuicio ideológico, responde a una desgraciada y humillante realidad. Miremos lo que acontece en Uruguay, Brasil, Chile o Paraguay (los países del Mercosur); o México y el resto de Latino América, o nombrar un país del mundo en el que suceda algo similar. El Estado, en general en todos ellos y a pesar de las reformas, sigue teniendo los resortes claves en su poder.

Comparemos con los empresarios brasileños con un sólo ejemplo: los industriales Paulistas llamaron a las organizaciones sindicales y PyMES a unirse contra el programa monetario del gobierno de Cardoso. Si miramos en perspectiva, la actitud de nuestro gobierno y de la cancillería, nos traerá problemas en el Mercosur.

Con nuestros grandes empresarios lo señalado no es un ejercicio de imaginación demasiado delirante, un ejemplo de "realismo mágico". Lo sucedido en el país y su reforma evidencia con nombres y apellidos quiénes constituyen actualmente los grupos que dominan en la banca, los servicios, el comercio, la industria y, hecho no menor, cómo amasaron su fortuna.

Después de veinte años lo que ya hicieron esos sectores avala lo destacado. Hemos olvidado demasiado rápidamente las denominaciones de "patria financiera" y "patria contratista". Ajustadas a la realidad y muy utilizadas por políticos y economistas del gobierno y de la oposición, hoy olvidadas cuando chocan sus codos atropellándose para ocupar un primer lugar en sus presentaciones en sociedad.

Al igual que con la economía e instituciones hay abundantes ejemplos en la cultura y tradiciones.

Y en el ejército ¿alcanza la transformación de Balza para que vuelva por sus raíces Sanmartinianas? Siempre pensé que fue Martínez de Hoz quien eligió a Videla. ¿Habrá quien se aboque a buscar un militar apto para el cambio? ¿No fueron generales los primeros en bastardear, con sus políticas y ejemplo, nuestros símbolos patrios?

Como los generales de 1982, la actitud de nuestros empresarios los puede llevar a considerar lo dicho como probable y posible, pero ¿quién en el extranjero los querría integrados a una élite de dominación? Aprovechar de ellos para hacer lo que hicieron en nuestro país, **imposible en las sedes de sus casas matrices**, de acuerdo, pero tenerlos como pares, nunca.

Entonces, nada de Puerto Rico, a lo mejor una república bananera, con minúscula, al estilo de las que existieron en América Central pero adecuadas a la modernidad globalizadora. Ya encontrará nuestro Canciller alguna de sus frecuentes boutades para instalar ese escenario.

Argentina, un ejemplo de "Realismo Trágico"

Todo lo dicho quizás sea pura especulación intelectual. Para nuestros políticos, empresarios y demás, después de todo, es suficiente con lo que ya lograron, que es contundente en sus resultados. No se trató de una conspiración, actuaron siguiendo las "reglas de arte" con las que mamaron y con las que crecieron.

Hoy están empeñados en saltear la coyuntura. Cosa que nuestros empresarios y políticos saben hacer desde siempre. Piensan que con un nuevo y fuerte ajuste y dando seguridades al capital encontrarán una salida. Al escenario descripto llegarían así espontáneamente como resultado de privilegiar sus intereses ante cualquier preocupación ética, o que implique dignidad nacional. Un ejemplo de realismo trágico. ¿Lo permitirá y aceptará nuestro pueblo?

Buenos Aires, diciembre 25 de 1998

REFLEXIONES EN TORNO AL LLAMADO PLAN DE COMPETITIVIDAD. ¿EL FINAL DE UNA REPÚBLICA?

El Plan de Convertibilidad, y los anteriores, fueron impulsados siempre por estrategias con objetivos precisos. Desde décadas atrás se repitieron los intentos de reestructuración de la economía y de la sociedad argentina, y en el 76 decidieron hacerlo a sangre y fuego. En esa fecha comienza la regresión de lo logrado a través de conflictos y enfrentamientos, también de negociaciones con el poder.

Al equivocar el diagnóstico de país y partiendo de sus falsos paradigmas, si bien lograron los objetivos (que atienden sus intereses **inmediatos**), por la coacción que ejercen en dictadura y democracia, los planes reformadores no se auto sustentan, incluido desde ya el Plan de Convertibilidad, y cada tanto hay un cimbronazo (exteriorización súbita de la crisis), que pone en serio riesgo que todo se les caiga.

Hasta ahora los cimbronazos, que reflejaron la imposibilidad que las estrategias se auto sustenten, siempre se dieron en escenarios de hechos consumados, que resultaron de las propias estrategias y, al no visualizar una perspectiva diferente, la sociedad quedó prisionera de las promesas de nuevos liderazgos, o de las dictaduras reestructuradoras.

Para el FMI el objetivo privilegiado fue, y es, crear las condiciones **inmediatas** para saldar los compromisos financieros; para los Conglomerados Transnacionales (CTN) el objetivo es mantener los niveles de ganancias esperados y poder disponer libremente de ellas. Existen, asimismo, diferencias entre los intereses de los CTN de la industria, agroalimentarios y mineros expuestos a la competencia externa y los protegidos: servicios de infraestructuras y bancarios.

Hay confrontación entre ellos pero siempre terminan subordinándose a los objetivos del FMI y del sector financiero.

Es necesario subrayar que no se trata de un eterno volver a empezar; la situación del país es más grave que a fines de los 80 en todos los aspectos y el Plan de Convertibilidad se sostiene con ajustes y endeudamiento. Debemos considerar que se ha roto el tejido industrial, que hay sectores que prácticamente han desaparecido, que la pirámide de ingresos se ha achatado con asalariados que reciben el 22% del PBI, o menos, y sectores medios muy empobrecidos, que las PYMES están en situación de emergencia.

Los niveles de desocupación, exclusión y marginación son consecuencia del Plan. Ésta circunstancia no es advertida por los economistas, o es ignorada. Lo tratan como un problema social, obviando que es causa de una estrategia obcecadamente mantenida y cuyos responsables son los sectores empresarios favorecidos, los políticos que la conducen y los economistas que la diseñan, o justifican. Al privilegiar los objetivos previstos en la estrategia, siempre encontraron una salida preservando sus intereses y agudizando la crisis sistémica del país.

Ello tiene dos consecuencias:

— Por un lado las medidas, y el cambio, suscitan esperanzas que responden más al temor y a la inseguridad, que a una expectativa positiva; sin embargo ello dificulta la efectividad de una acción política para concientizar.
— Por otro lado la amplitud de movimientos en el seno de la sociedad civil, que en numerosos casos supera la resistencia para pasar a la confrontación; el creciente fraccionamiento transversal de los partidos; la emergencia de la CTA y de la CGT disidente; en un marco de una situación objetiva de crisis y de dificultades del gobierno para encontrar una solución realmente estabilizadora: abren una posibilidad cierta para hacer política.

La salida Cavallo, implica recurrir a su pragmatismo, su audacia, su ambición y su inescrupulosidad. Hay medidas tomadas como el incremento de aranceles a los bienes de consumo, que rige para los bienes extra MERCOSUR, que pueden tener efectividad si controlan rigurosamente la Aduana; de seguir como hasta ahora nada cambia. La Industria de autopartes vinculadas a las terminales se verá favorecida y las autónomas serán sometidas a mayor extorsión, o desaparecerán. El impuesto a la cuenta corriente puede dar un respiro que es lo que buscan **pero no superan con ello los condicionamientos de siempre:**

— Corrupción Institucional consolidada por la casi nula división de poderes;
— Sistema tributario de los más regresivos del mundo, grava esencialmente el consumo, el 80% de los ingresos se recauda en los deciles inferiores de la población, pro cíclico, favorece la evasión y la elusión;
— Pérdida de la posibilidad del Estado para contrarrestar las deseconomías externas y alentar las economías externas, atado por una "seguridad jurídica" que le "impide" modificar los contratos de las privatizaciones en sus cláusulas leoninas, y sin comisiones reguladoras que los controlen;
— Sistema financiero ineficiente y extranjerizado, que opera con altos intereses, muy superiores a los que se pagan en el exterior;
— Con las más grandes empresas productivas y de servicios en manos extranjeras, que han remitido más ganancias que las que han reinvertido, que agrega un factor más a las tradicionales dificultades del sector externo;
— Un país con altos costos internos y baja productividad del capital;
— **Con un sector externo con un déficit que crece por la deuda que lo subordina a los acreedores y lo somete a una extorsión a través del "riesgo país"; deuda que tiene gran participación de capitales de residentes, (recordar que hay 110.000 M de dólares negros de argentinos) y que es imposible saldar por que se recauda en pesos y hay que pagar en dólares. Por lo demás está probado que el Estado se endeuda más de lo necesario para cubrir los saldos deficitarios de la balanza de pagos corrientes del sector privado; pensar en saldarla con la exportación es una mentira flagrante;**
— **Con un entorno internacional en el que los EE.UU. manifiestan su intención de ejercer el imperio sin ninguna clase de limitaciones, confrontando con el resto del mundo y aún con las otras potencias: como ejemplos, su negativa a**

aceptar el protocolo de Kioto, nombrar a Reich (colaborador del fascista Coronel North) como secretario de Estado para América Latina, y acelerar la firma del ALCA; completando el panorama la creciente e irreversible labilidad del sistema financiero internacional y los índices de recesión en los EE.UU. Un panorama que al tiempo que incrementa su "dependencia funcional" de los países a los que somete, los subordina coactivamente con la avidez de su mercado y con el dólar como moneda internacional de curso forzoso.

A pesar de las buenas expectativas creadas, por la necesidad de la gente de un respiro ante tanta angustia, lo más probable es que en meses caigamos en otro cimbronazo. El mensaje original del ejecutivo revela las intenciones que, aunque suavizadas en el debate en el Congreso, podrían efectivizarse cuando sobrevenga. La actitud de los legisladores y de la opinión pública mediatizada revela lo que puede suceder.

De darse, y lo pueden provocar deliberadamente, los legisladores aceptarían cualquier proyecto del poder ejecutivo que avanzaría sobre los Bancos Nación y Bapro, el PAMI, la legislación laboral y social, romper con el MERCOSUR y atarnos al ALCA y cualquier otra medida que modifique de tal manera la economía y la sociedad, que termine gravitando sobre el futuro. **De ahí la importancia de privilegiar los aspectos de la estrategia que afectan a las instituciones republicanas y a la democracia, precisando la responsabilidad de los legisladores al haber concedido la Suma del Poder Público al ejecutivo. Es el futuro de la República lo que está en juego.**

ARGENTINA: UN CASO DE APLICACIÓN TEMPRANA DE LA CULTURA E IDEOLOGÍA NEOLIBERAL EN PLENA VIGENCIA DEL PROCESO DE SUSTITUCIÓN DE IMPORACIONES Y DEL ESTADO DE BIENESTAR

"EL RETO DE UN DECENIO - DESARROLLO GLOBAL O FRACASO GLOBAL"

> "No quiero parecer excesivamente dramático, pero a juzgar por la información de la cual dispongo, como Secretario General, sólo puedo inferir que a los Miembros de las Naciones Unidas quizás les queden diez años más para subordinar sus antiguas querellas o iniciar una asociación global a fin de poner coto a la carrera de los armamentos, mejorar el medio ambiente humano, reducir la explosión demográfica y cobrar el impulso necesario para los esfuerzos del desarrollo. Si tal asociación global no se forja durante el próximo decenio, mucho me temo que los problemas mencionados puedan alcanzar proporciones tan aterradoras que escapen a nuestra capacidad de control."
>
> U THANT
> Secretario General de las Naciones Unidas

En éstos decenios se hizo realidad el escenario temido por U Thant, y lo terrible es que el vaticinio se cumplió como resultado de políticas deliberadas orientadas por el poder coactivo de los países centrales, y sus empresas. Políticas amparadas por una pretendida teoría científica: en realidad una expresión ideológica y mediática, que cooptó Universidades, Instituciones Multilaterales y Gobiernos.

En las políticas neoliberales hay una inmediatez total, una identidad entre teoría, lucha ideológica y ejercicio del poder, continuada con una relación de causa y efecto en la realidad cotidiana. La teoría neoclásica no considera el tiempo, siempre parte del presente pero termina modificando el futuro, priorizando en cada circunstancia los intereses de las grandes empresas y preservando la lógica del capital.

De tal manera la teoría-ideología neoliberal se redujo a eliminar todo condicionamiento al mercado. Las medidas tomadas y la legislación que las ampara, configuró el nuevo rol del Estado limitado a promover a las empresas de mayor poderío económico y financiero, lesionando los intereses de la enorme mayoría de la población.

Circunstancia que se agrava cuando el dominio de los mercados por el gran capital local y los oligopolios transnacionales, impone cambios esenciales en el mecanismo de formación de precios. Este deja de ser expresión monetaria del valor para transformarse en expresión monetaria del poder. Ello influye en el proceso inflacionario, en la productividad y competitividad.

El derecho de propiedad de los grandes medios de producción subordina el derecho a la vivienda, a la salud, a la educación, a una vejez tranquila, que quedan como derechos residuales, reducidos a las posibilidades de un presupuesto restrictivo. El considerar al hombre como "agente de producción" y, a través de la lente de los ideólogos y sectores decisorios del poder, le permite diferenciar las necesidades individuales y colectivas como subalternas, pospuestas y supeditadas a la dinámica del mercado.

En el neoliberalismo, al analizar el mercado el trabajo es mercancía, pero al tomar medidas de flexibilización laboral apuntan al asalariado de carne y hueso. La transformación del factor de producción capital en capitalista (propietario, asignador de la ganancia, y consumidor), y del trabajo en asalariado (productor y consumidor), es un conflicto no resuelto por sus ideólogos y al introducir al ciudadano con todos sus derechos, se evidencia un conflicto no resuelto por la democracia burguesa

Así como se denominó revolución keynesiana a los aportes de Keynes, el actual predominio neoliberal es una verdadera contrarrevolución restauradora con efectos nefastos para la Humanidad. En la práctica la contrarrevolución restauradora neoliberal es un freno al desarrollo de la sociedad; del capitalismo rescata todas sus perversiones, transformando sus virtudes en cuanto a la productividad y crecimiento, en derroche de los recursos que la Humanidad fue acumulando a lo largo de siglos.

Ese es el escenario que, coincidentemente con el vaticinio de U Thant, enmarca la consolidación de la decadencia argentina desde fines de los años cincuenta.

EN LA ARGENTINA HAY HAMBRE

· Hay hambre en el que fuera denominado Granero del Mundo y que en los últimos años tuvo cosechas récord, el segundo exportador mundial de soja. En la provincia de Salta, una provincia pletórica de recursos en actividad (petróleo, gas, cítricos, legumbres, azúcar), hay desocupación, pobreza e indigencia. Podemos reiterarnos con matices con cualquier provincia del país. La pobreza alcanza a 18.2 M. de personas (de ellos: 8,319 M son chicos menores de 18 años- 7.8 M son indigentes – 3.6 M desocupados, 25% de la Población Económicamente Activa –PEA–.). En la última década se incrementó la desigualdad: la relación del Ingreso Familiar Per Capita, del décil más alto al décil más bajo, pasó de un nivel de 19 a 1, a otro de 33,9 a 1.

Argentina: un caso de aplicación temprana de la cultura e ideología neoliberal, en plena vigencia del proceso de sustitución de importaciones y del Estado de Bienestar.

Paul Samuelson en una muy conocida reflexión, en el Congreso de la Asociación Internacional de Economistas realizado en México en 1980, señaló que si en 1945 le hubieran interrogado acerca de qué país de los subdesarrollados de ese entonces alcanzaría el pelotón de los desarrollados, habría respondido que de dos uno sería Argentina.

Tal opinión tenía en cuenta la magnitud y calidad de los recursos de capital, humanos y de la naturaleza que teníamos en la posguerra.

- Tenemos ley de enseñanza laica, gratuita y obligatoria desde hace más de 120 años y antes que muchos países de Europa; las universidades argentinas rompieron en 1918 con la escolástica y abrieron y democratizaron los claustros, antes que en casi el resto de los países desarrollados; a nuestras universidades venían a estudiar desde Centroamérica; teníamos el mayor índice de alfabetización de América Latina; casamiento Civil; voto femenino desde 1927 en una provincia y en el resto del país desde 1950. Distribución del ingreso similar a Europa hasta comienzos de los '70; legislación social muy avanzada y autofinanciada hasta esos años. Subterráneos desde las primeras décadas del siglo en Buenos Aires; 40.000 kilómetros de vías férreas e industrias, que complementaban las tareas del agro en varias regiones, desde hace más de cien años.

Sin embargo, de acuerdo a un estudio de la OCDE (*L'Economie Mondiale au 20º siècle* par Angus Maddison, París, 1989), nuestro país tiene el peor desempeño entre los países de América Latina y uno de los peores del mundo desde comienzos del siglo hasta el año 1950, 1970, 1987.

LA ARGENTINA, a pesar de la destrucción, es un país de recursos humanos, de capital y de la naturaleza notables por su abundancia y homogeneidad. Gran capacidad de ahorro y generación de capitales (hay U$D 140.000 M de residentes en el exterior fugados del país).

¿Cómo conjugar una acumulación de posibilidades, que raramente se han dado en otro país, con una manera de crecer que las desaprovechó al punto de llegar a una crisis, prácticamente única, y que fácilmente se puede señalar como inexplicable? Es lo que me habilita a comenzar hablando de decadencia cuando defino la evolución de nuestro país.

En la medida que en el país se fueron desnacionalizando los sectores claves para su crecimiento, y conformando Conglomerados Transnacionales (CTN), la única explicación posible es que nuestra decadencia se explica como consecuencia de la asignación que los Grupos locales y los CTN de la producción y servicios (financieros, comerciales, de comunicación y energía), hicieron con la riqueza generada. Fueron políticas deliberadas que nada tienen que ver con un supuesto juego de las leyes de mercado.

Nuestra crisis es el resultado de la convergencia de esa acción deliberada y de una dinámica perversa de funcionamiento del capitalismo. Es económica, política, social y, esencialmente, cultural y ética.

¿Por qué deliberada y, esencialmente, cultural y ética? Porque los oligopolios y monopolios, locales y extranjeros, con poder en el funcionamiento del mercado, actúan como capitalistas en cuanto a su afán de acumular ganancias, pero contrarían su lógica por la forma en que lo hacen y eso explica su perversidad. Las estrategias seguidas privilegiaron, en cada contexto, los objetivos de una clase dirigente conformada por los grandes grupos locales y los CTN, cuyos intereses nunca se identificaron con los de la Nación; sustentada por los economistas que hacen de correa de transmisión, políticos y burócratas sindicales. Actuaron como un cuerpo único, aún en los casos en que sus intereses difirieron.

En la Argentina falló el capitalismo. Nuestra crisis es una crisis de sistema. 50 años de nuestra historia lo evidencian. Hay que considerar que, salvo unos pocos años, siempre nos gobernaron personeros, a veces con los mismos nombres y apellidos, comprometidos con los intereses locales y extranjeros.

El proteccionismo y las promociones que sustentaron el crecimiento en los PenD durante el proceso de sustitución de importaciones, en nuestro país sirvieron para orientar los beneficios a bajos niveles de inversión reproductiva, un gran nivel de consumo en bienes durables y, esencialmente, para que los empresarios favorecidos aprovecharan un mercado cautivo para ahorrar en divisas en los años '50; hecho singular para la época.

Imposibilitada para mantener sus formas de crecer, en el marco de una legislación social avanzada y un relativamente buen nivel de vida del pueblo, nuestra clase dirigente se esforzó para transformar de cuajo al País, adecuar sus Instituciones, su cultura y sus tradiciones, a sus intereses.

Lo intentaron con cada golpe de Estado, con políticas varias (la última fue un intento industrialista en 1967-68, frustrado por un levantamiento popular), hasta que en 1976 se decidieron meter el cuchillo hasta el hueso y después de un genocidio, como nunca vivimos antes, entregaron el gobierno.

Pero lo hicieron luego de haber consolidado bancos y empresas y generado condicionamientos económicos y políticos (incremento de la deuda externa, entre otros) que llevaron en la década siguiente a la hiperinflación y a la quiebra del Estado. Desde el 76 todo se fue desbarrancando y desde el 89 todo lo perdimos. El golpe fue demasiado grande como para no generar un gran desconcierto y profundas heridas.

Desde el Estado se facilitó la entrega del patrimonio público, a la voracidad de nuestros más grandes empresarios locales y extranjeros. Hubo una línea conductora, ideológica y mediática, que llevó al convencimiento de nuestro pueblo de la imposibilidad que argentinos imbuidos de patriotismo y dignidad nacional fueran capaces de generar, tanto en las empresas como en la administración pública, una gestión eficiente y eficaz; y con ello desarmaron la resistencia a la privatización de sectores que fueron señeros en la construcción de nuestra identidad nacional, como las empresas de energía, la siderurgia, de comunicaciones, así como las obras y servicios sociales.

Las circunstancias, hechos, personas con poder político, conductas empresarias, evasión o ilícitos, debilidades, traiciones, formas de búsqueda de beneficios de los sectores agrarios, industriales, comerciales, financieros, las leyes que ampararon las privatizaciones de empresas productivas, de servicios y de previsión social, la ineficiencia de la administración pública, la falta de integración geográfica, la crisis de las economías regionales, la inestabilidad económica y política, las políticas desestabilizadoras, la deformación ideológica de nuestros militares, de políticos y economistas, la deuda externa, todo conforma nuestra crisis.

Terminada la dictadura y luego de 20 años de democracia formal, quedó claro que la crisis global de la sociedad argentina no podía ser resuelta ni siquiera tener una salida con la política seguida, que sirvió finalmente para agudizarla. **De lo anterior surge, a su vez, el interrogante de si podemos encarar una salida que supere la crisis, sin remover lo que condicionó nuestro desenvolvimiento.**

Condicionamientos

Durante décadas pasadas nos condicionaron las peculiaridades de nuestra clase dirigente apoyada en los militares;

Corrupción Institucional; subordinación al Ejecutivo del Parlamento y la Justicia, aún en democracia;

Regresividad del Sistema Tributario (evasión; elusión; exenciones); Aduana; el sistema tributario argentino fue calificado por el Banco Mundial como uno de los más regresivos del mundo

Estructura Productiva orientada a los sectores de alta capacidad de consumo; bastaba un incremento del consumo popular para que se produzcan los cuellos de botella del sector externo. El conjunto funcionando con altos déficit públicos, creciente endeudamiento externo y una inflación reptante durante todo el período;

La corrupción superó el tome y daca, hubo leyes que la ampararon, y abarca al funcionamiento sistémico; a la corrupción se sumó la impunidad. En lugar de gotear el crecimiento en el país goteó la corrupción.

Baja Productividad del Capital; baja Competitividad;

Subordinación política a los economistas y de éstos al poder económico; crisis política; crisis institucional;

En el presente nos condicionan lo acontecido en la década con la aplicación del Plan de Convertibilidad;

—Reforma del Estado, que consolidó el poder de los Grupos locales y de los CTN;

—Privatización de Empresas, cuyo manejo fue corrupto desde el inicio, sin controles y sin limitación a los capitales extranjeros, posibilitaron una extranjerización de sectores claves y estratégicos como en ningún otro país; circunstancia que influye en los precios para el consumo, en los costos para las Pequeñas y Medianas Empresas (PyMES), en la productividad y competitividad del país y en su balanza de pagos;

—Los sectores oligopolizados y extranjerizados manejan en su totalidad el funcionamiento sistémico;

—Apertura económica unilateral, empujó a la quiebra y a la desaparición de sectores industriales y agroindustriales, se rompió el tejido industrial;

—Flexibilización laboral, se incrementó la desocupación y exclusión y se perdieron logros en la legislación y seguridad social profundamente arraigados en individuos y familias;

—Mayor subordinación y dependencia al entorno internacional: crecimiento de la deuda, influencia de los capitales especulativos que gozaron de un seguro de cambio sin costo;

—Los funcionarios del FMI y del BM tuvieron una participación crecientemente activa y con una estrategia reiterada: siguieron imponiendo ajustes tras ajustes, sin resolver la coyuntura y agravando la crisis. **Saben quiénes son los responsables y beneficiarios de ese proceso con un final previsible. Sin embargo, hoy, su preocupación mayor es dejar a salvo a esos sectores de cualquier quebranto. Sus exigencias evidencian que actúan como lobbies del sector financiero.**

Con la aplicación de las propuestas del Consenso de Washington el Estado quedó reducido a administrar los magros recursos de un presupuesto limitado; la falta de política industrial; el desatender la salud, la educación, la capacitación permanente y la vivienda; el desinterés en la creciente marginación geográfica, económica y social; formaron parte de esa estrategia. Se extranjerizaron industrias (siderurgia, petróleo) y servicios (bancos, comunicaciones y generación, suministro y distribución de energía), como en ningún otro país.

Un Estado que no controla sectores como el de Laboratorios Farmacéuticos que gozan de una rentabilidad inigualada en el mundo por los precios que imponen a sus drogas; el de la energía que han posibilitado que la Argentina sea el país productor con los precios más altos en dólares, antes de la devaluación y que siguen manteniendo una rentabilidad única en la actualidad; tampoco al sector automotor que siempre gozó de subsidios públicos desde su creación.

La forma como se privatizó la seguridad social, con la creación de las Administradoras de Fondos de Jubilaciones y Pensiones (AFJP), significó al suplantar, en gran parte, al sistema de reparto, un déficit de U$D 4.000 M anuales, 30.000 M desde su creación. Cifra que bastaba para eliminar el déficit público. Los funcionarios del FMI y del BM nunca consideraron entre las condicionalidades una exigencia que lo resuelva. ¿La razón?: entre sus propietarios están los grandes Bancos.

Luego de doce años no hace falta recurrir a la teoría para apreciar que la contradicción entre producción (**dirigida a sectores reducidos de la población**) y consumo (limitado por el incremento de la marginación, los altos niveles de desocupación, el deterioro de los sectores medios y su correlato en la **disminución de la capacidad de compra de la mayoría de la población**), imposibilita la viabilidad de las políticas seguidas. Los años transcurridos evidencian que con el ajuste y el endeudamiento arruinaron al país e hipotecaron su futuro.

En síntesis:

Las medidas tomadas y enunciadas, expresan la voluntad de cargar los efectos de la crisis en los que ya la sufren; la alternativa que fracciones de las clases dirigentes cedan privilegios es imposible que se concrete. El entorno mundial los incita a mayor rapiña y voracidad; mayor endeudamiento público para pagar el ajuste es imposible.

El FMI impuso la devaluación luego que bancos y empresas se llevaron las divisas: con tales antecedentes, ¿era posible pensar que la devaluación podía tener otras consecuencias que las que tuvo? Hoy, a pesar de su responsabilidad exige que el Estado, la sociedad, compense en sus diferentes roles a grandes deudores, grandes acreedores, y a la Banca extranjera.

El Departamento de Estado y del Tesoro como defensores de los intereses generales de los EE.UU., chantajean para romper el MERCOSUR e imponer el ALCA y, a través del mismo, el Acuerdo Multilateral de Inversiones (AMI).

La respuesta al interrogante es que la historia indica que no queda otro camino que la ruptura con quiénes imposibilitan un desarrollo autónomo y soberano acorde con nuestros recursos.

Nada es posible encarar sin confrontar con el Poder económico. Ello implica transformaciones trascendentes que alcancen a cambios en la propiedad de ciertos medios de producción y, otros, a cambios en las formas de gestión.

Debemos comenzar por desbaratar los condicionamientos apuntados; promover, en todos los ámbitos, la participación y el control popular; democratizar, desburocratizar y descentralizar el Estado; incrementar los ingresos directos e indirectos de asalariados y profesionales; defender el mercado interno y terminar con la apertura económica unilateral; modificar el sistema tributario; acabar con la corrupción institucional; la deuda fue declarada por un Juez, y luego de una investigación exhaustiva, como inmoral, ilegítima y nula y, por lo demás, es imposible de ser saldada. El país no necesita del FMI (que no significa romper con el mismo). Para resolver los problemas de liquidez hay que recurrir a los DEG (DTS), particularmente con la UE.

Pero eso no basta, sería pensar que el afianzamiento de una democracia burguesa al uso europeo sería posible. La crisis es irreversible: nuestro país, es el ejem-

plo más evidente que el neoliberalismo es el capitalismo de la época y que para superar la crisis hay que superar al capitalismo.

Se hace imprescindible consolidar lo siguiente:

— Un sector público socializado, no el retorno a la estatización de los servicios privatizados: energía (gas, petróleo y derivados, generación, distribución troncal y domiciliaria), correo y telecomunicaciones, viales, de transporte ferroviario. Similar concepción para retornar al sistema de reparto de la seguridad social y de la salud. Ello implica una gestión parcialmente centralizada por el Estado pero con un papel trascendente de usuarios, consumidores y asalariados;
— Generar una legislación y una política que imposibilite el ejercicio de "posición dominante" monopólica u oligopólica; el contexto es tal, que no hay ley de defensa de la competencia que posibilite su regulación o control. Los laboratorios y las automotrices merecen un tratamiento puntual.
— Favorecer la consolidación de un sector privado constituido por las PyMES;
— Favorecer la expansión de las Cooperativas y de un accionariado obrero y profesional.

Un año atrás propuestas de éste tipo eran, para muchos, imposibles de pensar para el corto plazo; en la Argentina de hoy no sólo es factible y políticamente viable, sino que son imprescindibles para superar la crisis. Podría agregar que es imposible estabilizar una hegemonía burguesa. Parafraseando al actual presidente, "estamos condenados a romper la dependencia-subordinación externa interna". Alguien puede decir que es una terminología setentista, ¿de qué otra manera llamarla? Las alternativas posibles las hemos experimentado y así estamos.

ÍNDICE

Prólogo, por Miguel Esteban Hesayne 7

Presentación 9

La industria automotriz y el desarrollo inarmónico del país 25

¿Qué ocurrirá en el país si continúan aplicándose políticas
económicas influenciadas por el desarrollismo? 45

En torno a las orientaciones ideológicas de las políticas económicas
de 1976-82 63

Opinión sobre el desenvolvimiento de la economía argentina y las
características de su crisis 71

Aspectos metodológicos de la investigación 91

Alfonsín, 100 días después 105

Inflación 111

El gran condicionante: la subordinación a quienes detentan el poder ... 119

Plan Austral: la hora de la verdad 129

Argentina: ¿un país ingobernable? 139

Reflexiones acerca del Plan de Convertibilidad 171

Desocupación teoría e historia	187
Introducción teórica al análisis del Plan de Convertibilidad	215
El plan de convertibilidad en Argentina, ocho años después	251
Carta dirigida a los fundadores de la Alianza	279
Sugerencias para un proyecto de investigación de la crisis sistémica argentina	281
Acerca de la deuda externa	301
Denuncia contra el Fondo Monetario Internacional a ser presentada a la comisión correspondiente del Consejo de Seguridad de las Naciones Unidas: "El reto de un decenio - Desarrollo global o fracaso global"	327
López Murphy, ¿el peor de todos?	345
Argentina, ¿otro Puerto Rico? o primer país en la época de la "globalización" en arriar su bandera	349
Reflexiones en torno al llamado Plan de Competitividad. ¿El final de una república?	353
Argentina: un caso de aplicación temprana de la cultura e ideología neoliberal en plena vigencia del proceso de sustitución de importaciones y del Estado de Bienestar	357

Este libro se terminó de imprimir en el mes
de octubre de 2002 en los talleres gráficos
de GEA S. A. – Santa Magdalena 635
Buenos Aires – Tel. 4302-2014